“博学而笃志，切问而近思。”

（《论语》）

博晓古今，可立一家之说；
学贯中西，或成经国之才。

复旦博学・复旦博学・复旦博学・复旦博学・复旦博学・复旦博学

作者简介

李良荣，1946年1月出生于浙江省镇海县。1968年7月毕业于复旦大学新闻系，1982年7月获硕士学位。著名的王中教授是他攻读硕士学位期间的导师。作者现为复旦大学教授、博士生导师，复旦大学传播与国家治理研究中心主任，曾任教育部高等学校新闻学学科教学指导委员会主任委员，华中科技大学、浙江大学、暨南大学、广州大学、河北大学、安徽大学、南京师范大学等二十余所高校的兼职教授、讲席教授与特聘教授。

作者专擅新闻学理论和国际传播，致力于当代中国新闻媒体和世界新闻媒体的发展与改革，著有《新闻学概论》《中国报纸文体发展概要》《宣传学导论》《中国报纸的理论与实践》《西方新闻事业概论》《当代西方新闻媒体》《中国传媒业的战略转型》等教材、专著及一批学术论文。

近10年来，李良荣教授致力于网络与新媒体研究，出版了专著《新传播革命》，教材《网络与新媒体概论》《网络空间导论》《互联网新闻制作》，主持了“中国网络社会心态报告（2014）（2015）（2016）”“互联网与大学生系列研究报告”等大型调查，完成了全国性大型调查“新传播形态下的中国受众”。

新闻与传播学系列教材 / 新世纪版

博學

新闻学概论

（第七版）

李良荣 著

JC

复旦大学出版社

内容提要

本书自2001年首次出版，历经20年畅销不衰，总销量超过60万册，为该领域教材第一品牌。

作为新闻传播学科基础必修课的教材，一本优秀的新闻学概论不仅需要对新闻事业的理论、历史、业务进行系统、科学、准确的解释，而且能够根据新闻活动、新闻事业的发展持续更新，补充新观点、新思想、新经验。这需要作者具备广阔的视野、丰富的经验及与时俱进的精神。

李良荣教授从事新闻教育事业50多年，先后写过5部“新闻学概论”，本书是其集大成之作。本版（第七版）修订力度较大：结构上做了重大调整，知识体系更加清晰合理；诸多章节整体重写，知识点及其表述更加准确到位。详细修订情况可参阅“第七版前言”。

本书适用于新闻传播专业学生、新闻宣传从业人员以及相关爱好者。

第七版前言

从《新闻学概论》第六版出版，又快 3 年了。这 3 年，我继续在追踪互联网技术快速迭代所带来的种种变化，研究社会变迁对媒体的影响。《新闻学概论》第七版反映出这几年我的思考和探索。

《新闻学概论》第七版，我作了如下修改。

一、增加一章：第十八章"新闻报道的基本原则、专业要求和基本体裁"。本章的有些内容原先散布在不同的章节里，现在把它们归并在一起并重新编写。本章重点并不在介绍新闻报道的操作方法，而是坚守新闻报道的价值导向：对公众负责和对事实敬畏。

二、第三章"真实性是新闻的本质规定"作了全面修改，基本上重写。

三、删去原先第六章"互联网与新媒体"，把相关内容重新编写成一节"新媒体的产生"，成为第五章"新闻事业的产生"的第四节。

原先第五章第四节"近代汉字报纸产生的特殊性"删去，修改后并入第五章第三节。

四、第一章"新闻活动"第三节"变动产生新闻，关系决定需要"基本重写。

五、第二章"新闻"第二节"两种新闻定义"作重大修改。

六、第四章"新闻与信息、宣传、舆论"的第一节"新闻与信息"作较大修改。

七、第六章"互联网造就传媒业新业态"第五节"新闻体制：从单一国企体制到混合体制，形成三足鼎立"全部改写。

八、第九章"新闻事业的功能与效果"增加一节，即第六节"建设新型主流媒体"。

九、第十一章"舆论引导与舆论监督"第四节"舆论新格局"作重大修改。

十、其他小修小补之处。

第二章“新闻”第三节“新闻本源”对新闻来源作了补充。就第五节“新闻类别”中“以新闻与读者关系来分类”这一点，对硬新闻与软新闻作了补充。

第七章“新闻事业的发展及其基本规律”第四节“受众的多元需要促使媒体多样化”对第三大点“报纸”第3点作了修改，改为“以社会地位分”。

第十六章“新闻媒介的受众”第二节“受众是新闻媒介的参与者”增加一点，即“3. 决定着每条新闻(评论)的意义”。

因本版删去第六版中原第六章，增加第十八章，章节顺序已变动，而以往版本前言中的章节目录仍保留原说法，特此说明。

第六版前言

忙忙碌碌之中不知岁月匆匆。《新闻学概论》第五版推出到今天已过去四年。这四年,我主持着复旦大学传播与国家治理研究中心工作,从事着互联网的研究,以大数据挖掘来探索中国网络社会心态和网络理政,学习着,思考着。

我思考的一个中心议题是在互联网时代中国传媒业、中国新闻传播学的坚守和创新。本次推出的《新闻学概论》第六版,融入了我对坚守和创新的思考。

本次修改变动的幅度较大,从原先的十七章改编为二十章。

一、删去了第十四章"中国新闻事业的工作原则",改编为三章,即第三章"真实性是新闻的本质规定"、第十一章"党性原则是中国新闻事业的基本制度"、第十二章"舆论引导与舆论监督",这三章都重新编写。

二、增加一章,第七章"互联网造就传媒新业态"。

三、第十五章"新闻媒介的运行体系与管理模式"增加一节,即第四节"中央厨房的新闻生产模式"。

四、第十九章"新闻工作者修养"的第三节"中国新闻工作者的基本素养"全部重新编写。

五、第二十章"中国的新闻改革"原第三节"中国新闻媒介的走势"全部删去,改为"学科建设:从'小新闻'走向'大传播'"。

第五版前言

互联网发展的速度越来越快,催着我加紧修改《新闻学概论》,我原本设想对《新闻学概论》作全面的结构调整,相当于重起炉灶,写一本全新的教材,一时还难以完成。为了紧随新形势,我不得不再次在原有框架内修修补补。这次修订,是力图把学术界最新研究成果写入教材。

本次修订仍然围绕着互联网发展以及它的影响展开,也有些其他修补。

(1) 第五章“互联网与新媒体”全部重写,从3节变成5节。

(2) 第十五章“新闻选择”改为“新闻生产与新闻选择”。

(3) 第一章增加一节,即第三节“变动产生新闻,关系决定需要”。

(4) 第八章第四节“新闻媒介的传播效果”作了比较大的修订。

(5) 第十三章增加一节,即第七节“受众和媒体认知”。

(6) 第十二章增加一节,即第四节“互联网宣告精准营销的来临”。

(7) 第七章删去第四节。

期待着读者们的批评指导。

第四版前言

我这次对《新闻学概论》所作的修改,是鉴于互联网的日新月异以及日益扩大的影响。新世纪的头十年,先是电脑,后是手机,现在是平板电脑(iPad),新媒体异军突起;先是BBS,后是博客,再是微博,文字稿、音频、视频,手段日益丰富。这一切,正在深刻地改变着我国大的社会生态,改变着我们的生活方式,也改变着传媒界的整个业态。至少可以说,过去我们传媒业是以报纸、电视、电台三大传统媒体为中心,而现在传媒业的中心快速转向以新媒体为终端的互联网。这就带来一系列新变化。

正是基于传媒界整个业态的变化,我意识到《新闻学概论》的框架结构需要作大的调整。因为,《新闻学概论》不管作了什么样的修改,都是以三大传统媒体为中心展开的,难以适应以互联网为重心的传媒界新业态。但究竟作怎样的调整,我没有想好,目前仅仅处于构思阶段。为了追赶当前形势,我只能在原有框架内再次修修补补。

本次修订是围绕着互联网发展以及对传媒业产生的影响展开,同时也有其他方面补充。

(1) 互联网单独成章即本书第五章。

(2) 互联网对传媒业带来的影响,我作了如下修订和补充:

第三章第三节增加“互动构建舆论新格局”。

第六章第三节“传播工具的物理性能决定传播工具新特点”,增加“新媒体的特点”。

第十三章增加第四节“受众地位的新变化”。

第十六章第三节“中国新闻事业对新闻工作者的基本要求”第五点增加“数字化媒体对记者编辑新要求”。

第十七章第三节增加“传媒业态变化”。

(3) 第七章“新闻媒介的性质”的修补。

第一节“新闻媒介的共性、特性、个性”,增加了“新闻媒介的公共性”，强调新闻媒介公共利益至上的原则。

第三节“新闻媒介产品的商品性”，强调了商业原则为媒体带来的消极影响。

（4）第九章第一节“大众传媒与社会系统”，增加了“当代中国传媒新的生态环境”。

（5）其他修订。附录一“中国新闻工作者职业道德准则”在 2009 年 11 月 9 日经中国新闻工作者协会第七届理事会第二次全体会议作了修订。现采用新的修订版。

再次真诚地感谢读者的厚爱，期待着读者的批评指正。

李良荣

2011 年 3 月于复旦大学

第三版前言

《新闻学概论》自2003年12月推出第二版，五年已经过去。在我挥汗如雨再次修改《新闻学概论》之时，正值北京奥运会开幕之日。在奥运舞台上，中国向世界展示了灿烂的文明和辉煌的年代。也同样在奥运舞台上，中国传媒业和全球传媒业展开同场竞技，展示中国传媒业经过三十年改革的实力。

五年的时间，中国传媒业从运行理念到运作技能都跃升到一个新台阶，新闻传播学的探讨有长足的进步。这促使我对《新闻学概论》再次作重大修补。

本次修补，整体框架仍旧未变，主要修补在以下几方面：

(1) 补上了以互联网为中心的新媒体和媒体融合的内容。

(2) 重新改写了媒体管理和经营的两个章节。

(3) 在第七、第十三、第十六等章中增补了一些重要观点。

(4) 更新了许多案例。

新闻学没有文史哲那么博大精深，它是在新闻实践的不断展开中显示自己的丰富性来。中国的新闻改革在继续深化，新闻实践在不断变革，新闻传播学的探索永无止境，《新闻学概论》的修改也将继续进行。

《新闻学概论》自2001年3月出版至今，承蒙读者厚爱，七年时间共印刷20次。其间，我收到不少大学新闻传播学专业学生们的来信，我还有更多时间和全国几十所大学的学子们面对面交流。无论是赞扬，还是批评，他们的真诚都让我感动，让我体验到作为一名教师的幸福和快乐。如果说，通过讲课和教材、著作、论文的写作，我能给学生们一些知识和启迪；那么，学生们给了我学术的青春和活力，推动我永不止步去探索。我真诚地说一声：谢谢。

李良荣

2008年8月9日于复旦大学

第二版前言

《新闻学概论》自2001年3月出版，承蒙读者的厚爱，两年多时间已重印6次。但也正是在短短的两年时间内，随着中国正式加入WTO，中国经济继续高速健康发展，经济全球化不断加速。在此态势下，中国新闻媒体的生态环境发生了重大变化，传媒业从整体格局到具体运作模式已经发生了而且还在发生重大变革；报业集团化以及广播电视的专业化正趋于合理；在中央主管部门直接领导下，传媒业的结构正在做出重大调整，内部资源作进一步整合，管理模式正在作新的构建。这一切变化促使我对《新闻学概论》再作一次重大修改。

本次修改，整体框架未变，主要修改在三方面：

(1) 概括两年多来中国传媒业的最新发展，尤其在传媒业的结构变化和经营管理方面。

(2) 归纳、总结两年多来中国新闻传播学研究的最新成果，尤其在受众研究和新闻专业理念方面。

(3) 更新了许多案例，力争把这两年传媒对国际国内重大事件的报道作为本书的案例。

两年来，我陆续收到许多读者的来信。他们对本书提出了不少极有意义的修改建议，在本书修改中我吸收了大家的许多好的建议。我和这些读者都未曾见面，但他们的认真和真诚让我感动并深受教育。我把第二版修订稿交出去的时候，我深深地感念他们。《新闻学概论》是从事新闻工作或新闻学研究的入门之作。我在研究和写作中不敢稍有疏失。为此，我期待着读者继续的批评。读者的厚爱是促使我不断奋进的巨大动力。

李良荣

2003年10月16日于复旦大学

目　录

绪　论

第一节　新闻学

任何一门学科都以客观世界(包括人类社会和自然界)的某一特定现象作为自己的研究对象。新闻学是以人类社会客观存在的新闻现象作为自己的研究对象,研究的重点是新闻事业和人类社会的关系,探索新闻事业的产生、发展的特殊规律和新闻工作的基本要求。

新闻学的中心议题是: 客观社会的诸条件对人类新闻活动的决定、支配作用以及新闻活动对社会的反作用。

从新闻学的内容来说,大致可以分为理论、历史、应用三部分。

新闻理论: 总结、阐明人类新闻活动主要是新闻事业的基本规律。它从新闻实践中抽象出来,又指导新闻实践。

新闻史: 评述和研究有史以来人类的新闻活动的历史,重点是新闻事业产生、发展的历史。它既提供理论、科学的历史经验,又供当前的新闻工作者借鉴。

新闻业务: 总结、研究各种新闻业务知识和新闻工作的技能技巧,包括新闻采访、新闻写作、新闻编辑、新闻摄影、报刊发行等。

媒介管理与经营: 研究国家的新闻法规、新闻政策以及国家对媒体的宏观调控;研究媒介内部的管理机制,研究媒介的受众市场以及媒介的经营方针、策略;等等。

在上述四个方面的内容中,新闻业务、媒介管理与经营属于新闻学应用部分。新闻学这三个部分是不可分割的一个整体。如果只有理论、历史,没有实际应用的部分,那么理论、历史不能有力发挥其应有的作用;如果只有实际应用的部分,没有理论、历史,那么只能使人知其然而不知其所以然。

《新闻学概论》主要是介绍新闻学的基本知识、基本概念、基本观点，为今后进一步探索新闻理论、研究新闻史、掌握新闻业务和媒介管理经营打下基础。

世界的新闻学从18世纪开始发轫，到19世纪末初步形成。在西方发达国家，从20世纪50年代以后，新闻学逐渐融入大众传播学。中国的新闻学在20世纪20年代初步形成。徐宝璜的《新闻学大纲》（1918年在北京大学演讲，1922年正式出版）、邵飘萍的《实际应用新闻学》（1923年出版）、戈公振的《中国报学史》（1927年出版）三本著作构筑了中国新闻学的基础框架。

第二节 新闻学和新闻工作

新闻学给了我们一种从事新闻工作的思维方式，使我们善于去发现新闻、发掘新闻，给了我们从事新闻工作的基本的技能技巧。但是，在新闻学里观察、理解现实和评价事实的是非曲直、利弊得失、荣辱好恶的价值体系或参照系，还需要从其他学科（如政治学、法学、经济学、哲学、文学等）以及社会实践中吸取养料。

如果以为掌握了新闻学就可以从事新闻工作，那实在是莫大的误解。在世界上找不出只懂新闻学、不了解社会现实和其他学科的人可以成为出色新闻工作者的先例；恰恰相反，有些开始基本不懂新闻学的人后来反倒成了名垂青史的新闻记者和评论家。

新闻学仅仅是一门专业学科，而新闻工作却是多种学科和实践经验的综合运用。新闻工作者每天面对新情况、新问题，必须不断作分析、判断选择。分析能力、判断能力，这是新闻工作者最重要的素质。比如，1988年1月到3月，我国工业生产比1987年同期增长16.7%，达到前所未有的增长速度。怎么看待如此迅猛的工业生产增长势头？当时，全国许多新闻媒体都大声喝彩，而《人民日报》记者却采访一些专家，及时地提出告诫："靠过度膨胀的需求催起的工业生产增长是不牢靠的。"[①]同时提醒："原材料供求矛盾进一步加剧"，通货膨胀压力增

① 《我国首季工业生产增长势头猛》，载《人民日报》1988年4月8日。

大。事实证明,这个分析和判断具有相当的前瞻性。这是属于关系国计民生的重大题材。对此所作的分析和判断对上至国家下至企业的决策都产生了重大影响,这需要对经济学、对中国经济发展历史和现状有专业的知识和深刻的理解。

在媒介报道的专业领域,记者、编辑必须具备基本的专业知识才能作出正确的分析和判断。比如,在 2003 年全国抗击 SARS(非典型肺炎)的斗争中,关于“非典”的病原和病源的报道,给予中国媒体极其深刻的经验教训。2 月 18 日,几乎中国所有媒体都突出报道“非典”的病原是衣原体;5 月 8 日,又是几乎所有媒体再次突出报道 SARS 病毒源于果子狸。但事实证明,“非典”的病原是 SARS 病毒而非衣原体;SARS 的病源至今未找到,但肯定不是果子狸。这两次错报造成极其严重的后果。把“非典”病原归为衣原体,使人们低估了“非典”的严重性,放松了对“非典”的警惕。因为衣原体导致的疾病可以用抗生素治疗;把“非典”的病源集中到果子狸,无论是野生的果子狸还是人工养殖的果子狸均遭灭顶之灾。虽然后来不少媒体刊出“对不起,果子狸”的新闻加以补救,但其影响已不能消除。这两次错报的主要责任不在媒体,但记者、编辑如果具备基本的医疗卫生专业知识,对“非典”的病原、病源的判断就会谨慎得多,比如,可以听听专家尤其是世界卫生组织专家的意见,或许可以大大减少损失。

无论何种媒体——报纸、电视、广播——记者、编辑都需要运用语言。新闻语言要求准确、简洁,让人一看(听)就懂。例如,有一幅图片新闻《水母珍品》:美国洛杉矶港口日前发现一只异常珍贵的黑色水母。这种水母本世纪内仅出现过 4 次。这就有词语上的错误,应该改为:“这种水母本世纪内仅发现过 4 次。”因为海洋之大,黑水母“出现过几次”是人类无法知道的,而“发现过几次”则是有案可查的。另一幅图片新闻《大家庭不寻常》:美国 52 岁的休斯夫妇日前与他们收养的 10 名同母异父兄弟姐妹合影。这些 4 岁至 17 岁的孩子为 5 个不同父亲所生,1995 年被母亲遗弃。为了养活这些孩子,本该退休的休斯夫妇还得继续工作①。这又犯了词语上的错误,应该改为:“为了养活这些孩子,本想退休的休斯夫妇还得继续工作。”因为 52 岁自己想退休是可以的,但毕竟还不到法定的退休年龄。看上去是一字之差,却有准

① 载《新闻晚报》1999 年 8 月 6 日。

确与不准确之分。

而许许多多新闻报道涉及新闻学和其他学科的综合运用。我们来看看下面一篇新闻。

部分龙胆泻肝丸受害者向同仁堂提出索赔

[央视国际 2004 年 2 月 27 日 11:34]

大家都知道,吃药是为了治病,但是,对于很多经常服用中药龙胆泻肝丸的患者来说,吃药不仅没有治好他们原来的病,反而普遍出现了严重的肾损害。本月 23 日, 20 位肾病患者向龙胆泻肝丸的制造厂商同仁堂提出索赔,截止到昨天晚上,又有 11 人致电律师事务所要求加入索赔的行列。

患者:龙胆泻肝丸给我和家人带来无尽痛苦

肾病患者高女士是这次向同仁堂集体索赔的当事人之一,昨天我们的记者走进她的家里,深切地感受到了因药致病给她本人和家庭带来的巨大痛苦。

肾病患者高士敏:从 1994 年到 1997 年吃了很长时间。我数了数一共吃了 400 多袋,就断断续续的,反正身边老有它。到了 1998 年的时候到协和医院做了全面检查,已经到了尿毒症的阶段了,最后做了 B 超,肾已经萎缩了。

律师:索赔数额可能高达 2 000 万元

在已经发出的律师函中,索赔者并没有向同仁堂集团提出具体的索赔要求,但记者从代理律师那里了解到,20 位受害者的最终索赔数额可能会达到 2 000 万元。

致命龙胆泻肝丸:关木通是祸根

给同仁堂带来麻烦的龙胆泻肝丸是同仁堂集团北京中药二厂去年以前生产的药品,当时它的原料中有一味叫做关木通的中药材,正是它给消费者和生产者都带来了无穷的后患。

龙胆泻肝丸具有清热去火的功效,很多人都把它当作常用药来服用。1993 年,马兜铃酸能够导致肾脏萎缩在国外得到证实,而关木通正好含有马兜铃酸。

同仁堂集团曾经在2000年向国家药监局提出过关木通可能导致肾脏损害的问题,但并没有向消费者提示这一风险。

2003年年初,国内媒体披露了很多病人在服用龙胆泻肝丸后引起肾衰,进而导致尿毒症的消息。

当年的4月1日,国家食品药品监管局修改了药典,要求企业将龙胆泻肝丸中的关木通替换为木通。从去年9月份起,同仁堂上市销售的是新配方的龙胆泻肝丸。

这篇新闻看上去很客观,记者没有直接发表意见,却犯了新闻报道的大忌。本文的关键点是:这些肾病患者是否"因药致病"?或者说这些肾病患者是否是同仁堂的龙胆泻肝丸的"受害者"?在这个问题上,记者没有权力作判断,而需要药物专家作调查、下结论,"受害者"的最后结论还需法院最后判断,然后才能谈论赔款问题。而在整篇报道中,我们只看到病人的哭诉,委托律师的申诉,没有同仁堂的反应,没有药物专家的结论,也没有法院的判断,连意见也没听到;那么,媒体凭什么说这些肾病患者是"因药致病"的"受害者"呢?因为他们只听了一面之词,以感情代替必需的法律程序。在新闻工作的术语中叫"媒体审判",即以媒体的判断代替法院的审判。这篇新闻涉及法学、医学和新闻学三大学科。

这些都说明,新闻工作涉及经济学、政治学、管理学、法学、历史以及自然科学等等。对于立志从事新闻工作的人来说,除了学好新闻学外,应该花更多的时间、精力去学习党的方针政策、国家的法律法令,学习其他的社会科学和自然科学,到新闻实践中去刻苦磨炼,从而构造一个比较完整的知识结构。

第三节 世界各国新闻学主导性理论

新闻学主导性理论是各国新闻立法、制定新闻政策的理论依据,也是影响新闻从业人员观念的一个决定性理论主张。目前,世界各国新闻学主导性理论有四种。

一、自由主义报刊理论

自由主义报刊理论起源于欧洲,至今却盛行于北美尤其是美国。

自由主义报刊理论是为了确立、维护和发展新闻自由(当然,这里的新闻自由都是指资产阶级的新闻自由,以下皆同)所作的理论探索。力图以理论的形式来阐述、论证新闻自由的合理性、必然性;而探讨新闻自由和政府、社会、个人的关系则是自由主义报刊理论的主要内涵,并由此确立其基本原则。主要观点有以下几点。

1. 报刊独立自主,不受政府的干涉

报刊和政府的关系是自由主义报刊理论中的一个关键性问题。自由主义报刊理论主张,报刊是独立自主的,只对法律和社会负责,政府不得采取任何措施来干涉、收买或控制报刊。政府的唯一职责是采取措施来保护新闻自由,为新闻媒介的采访、发布新闻提供种种方便。

2. 报刊拥有对政府的监督权

资产阶级的理论先驱们从权力相互制衡的原则出发,认为除了立法、司法、行政三种权力之间具有相互制约的关系外,公众的舆论无疑也是约束权力的一种权力。美国第三任总统托马斯·杰弗逊把新闻自由的实践看作探索美国民主政治体制如何有效运行的伟大尝试。他反复指出:“人民的意见是各级政府的基础。”“人民是统治者的唯一监督者。”①“要使他们永远关心国事。假如他们一旦不关心公共事务了,那么你和我,以及国会和州议会,法官和州长,都要变成豺狼了。”②人民有权监督政府,那么通过什么途径和手段来实现呢?杰弗逊认为,最主要、最经常的中介就是报刊。这个思想以后就引申为:报刊是行政、立法、司法以外的国家第四势力或第四种权力。

3. “意见自由市场”和“自我修正”理论

该理论的要义指,让人民群众、让各党各派都利用报刊充分地、自由地表达各自的意见。而充分表达意见的前提是给予人民有关各项事务的充分信息。“意见自由市场”的理论最早是从英国约翰·弥尔顿的《论出版自由》一书中引申出来的。其后,有许多西方著名学者对此

① [美]杰弗逊:《杰弗逊文选》,王华译,商务印书馆1963年版,第8页。
② 同上书,第10页。

作过系统的论述。在这些论述中，一个非常集中的问题是：人民通过报刊或者报刊本身发表了错误的意见怎么办？英国哲学家约翰·斯图伍特·密尔对此作了最全面的阐述。他认为，任何试图利用权威的力量来压制言论自由表达的做法都是不合理的。他的逻辑证明是：假如被压制的言论是正确的，不仅显而易见地践踏了被压制者的政治权利，而且压制者自身也被剥夺了以错误换取真理的机会；假如被压制者的言论或思想是错误的，这也意味着大家同样失去了让真理同错误在公开的较量中使真理更加显明的机会。因此，压制人们的言论或思想使之不能自由地表达，必然是一种对个人乃至整个人类的智慧力的掠夺①。而杰弗逊则断言："如果严厉地处罚人民的错误，就会有损于唯一的公民自由的安全保障。""事实已经证明，当报刊不犯错误时，它就是软弱无力的。"②对正确意见与错误意见的辩证阐述，使得"意见自由市场"在理论上站稳了脚跟。

4. 对事实的信念

从个体主义至上的价值观出发，自由主义报刊理论强调，新闻报道的最终目的不是向公众灌输某种标准的观点，而是客观地反映现实，让人们对外部世界形成独立的见解。"公共报刊向读者提供的最崇高的服务是鼓励他们形成独立的见解。"③为了使新闻报道满足不同政治立场、不同社会阶层、不同职业的个体需要，自由主义报刊理论把客观地向公众提供事实作为新闻报道的最高标准和新闻从业人员的职业道德标准。所以，自由主义报刊理论崇尚并提倡客观性报道。可以说，客观性报道是自由主义报刊理论在新闻实践中的具体体现。

由于阶级的局限性和历史的局限性，自由主义报刊理论从其一开始就带有片面性和空想成分。绝对自由化曾使西方新闻界陷于一片混乱。进入20世纪，西方报刊的混乱情况虽然稍有改善，但基本问题依然没有解决。这个基本问题就是：支配着西方报刊的，不是自由主义报刊理论的设计者们所理想的理性至上，而是利润至上、金钱至上。利润至上的原则支配着西方新闻媒介，带来一系列严重后果，包括：黄色新闻泛滥，多元意见难以表达，公民的权利被践踏，引起读者强烈的

---

① ［美］约翰·密尔：《论自由》，许宝骙译，商务印书馆1982年版，第30页。

② 引自《托马斯·杰弗逊传》英文版。

③ ［美］韦尔伯·施拉姆等：《报刊的四种理论》，中国人民大学新闻系译，新华出版社1980年版，第32页。

不满。

自由主义报刊理论面临着深刻危机，这个危机所揭示的资本主义社会里资本私人占有和生产社会性的矛盾，在新闻事业中则表现为报刊的拥有者与读者利益、社会利益不可调和的矛盾。

二、社会责任论

社会责任论是20世纪40年代由美国一批学者正式构建，50年代被西方大多数国家所接受，并逐渐取代自由主义报刊理论成为西方大多数国家的主导性理论。这里必须强调的是，社会责任论并没有抛弃自由主义报刊理论，社会责任论的基础仍旧是自由主义报刊理论，只不过对自由主义报刊理论作某些修正、修补，或者说社会责任论不过是嫁接在自由主义报刊理论树杈上的新枝而已。

倡导社会责任论的是由一批学者组成的报刊自由委员会。报刊自由委员会在其总结报告《一个自由而负责的报刊》中要求报刊对全社会负责，对报刊提出五项具体要求，即社会责任论对报刊的基本要求①。

我们的社会今天需要的是——

1. 就当日事件在赋予其意义的情境中的真实、全面和智慧的报道

这个要求包含着三项内容：

（1）新闻必须真实、全面。这个要求看上去简单，但切中当时美国报刊的最大弊病。新闻失实已使公众对报刊失去信任。

（2）新闻报道必须理智，减少那种耸人听闻的煽情新闻，那些诲淫诲盗的细节描写。

（3）新闻要做出合乎真实的解释，即把每一项重大事件放在特定的社会背景、各种事物的联系中去分析其产生的原因、社会影响、后果。

2. 交换评论和批评的论坛

要求报刊担负起社会成员之间交流思想观点的责任，“社会中的所有重要思想观点都应该出现于大众传播机构之中”，尤其是与报刊相反的观点，报刊可以不赞成他们的观点，但应该给他们公开表达的

① ［美］新闻自由委员会：《一个自由而负责任的新闻界》，展江译，中国人民大学出版社2004年版，第21页。

机会。

3. 供社会各群体互相传递意见与态度的工具

社会责任论者认为，在现代社会，公众越来越依赖报刊所提供的情况，做出好或坏的判断。这就要求报刊对社会各集团、各种族、各阶层、各区域做出合乎实际的正确描述，彼此了解、理解，避免因误解而引起各集团的冲突，以此确保美国社会的稳定。

4. 呈现与阐明社会目标与价值观的方法

这是社会责任论者对大众媒介提出的全新要求，即大众传播媒介必须承担起教育和宣传的职责。自由主义报刊理论仅仅强调“意见的自由市场”，让各种意见都平等地表达出来，从理性出发，人们自然而然地会拥护真理，抛弃谬误。但事实上，受众或者时常跟着潮流走，醉心于时髦的思潮；或者会固执己见，拒绝服从真理。同时，伴随着各种思潮包括马克思主义的传播，社会责任论者意识到西方社会赖以生存的价值观开始动摇。为此，他们不得不大声疾呼：“我们必须承认，大众传播机构是一种教育工具，而且也许是最有力的，它们必须在陈述和阐明共同体应该为之奋斗的理想中，承担教育者的责任。”①

5. 将新闻界提供的信息流、思想流和感情流送达每一个社会成员的途径

这是对新闻完整性的要求，凡是有关国计民生的重要新闻都要及时报道，不要漏报，更不能为了某些团体的利益或政府的压力而瞒报，保证每个公民平等地分享信息。

社会责任论者还向政府发出了呼吁。自由主义报刊理论的核心是反对政府对报刊活动的任何干预。但在新的历史条件下，报刊不能真正实行自律，公众对报刊的不负责任无能为力，社会责任论者只能求助于政府来管束和制约新闻媒介。报刊自由委员会的总报告向政府提出五个方面的要求②。主要有：应该承认宪法对新闻自由的保障包括对广播和电影的保障；要求制定反垄断法来制止新闻媒介的过度集中，保持大众传播业的竞争，同时，鼓励传播行业的新投资者，以此维持思想和意见的自由市场；要求政府采取措施，保证公众及时、全面了解政府的政策以及政策制定的目的；必要时，政府可以创办自己的媒介以保证

---

① ［美］新闻自由委员会：《一个自由而负责任的新闻界》，展江译，中国人民大学出版社2004年版，第15页。

② 同上书，第51—55页。

上情下达、政令畅通;修改当时的诽谤法和煽动法,切实保障言论自由。

社会责任论在20世纪40年代中期问世,10年以后,不仅在美国新闻界得到普遍的认同,而且开始风行西方各国。从实践情况看,某些西方国家,像德国、加拿大等比美国走得更远。这说明,社会责任论在一定程度上适应了西方社会的变迁,适合西方国家的现实需要。但社会责任论的提出,只能在一定程度上缓和西方新闻媒介和公众、政府的矛盾,并不能从根本上消除新闻媒介和社会大众的对立。

三、发展新闻学(或称发展传播学)

这一理论是一个非常复杂的混合体,由西方一批学者和发展中国家一批学者共同探讨而得出。不同学者对发展新闻学的表述各不相同。

发展新闻学主要在广大的发展中国家盛行,由于发展中国家政治、经济以及文化传统上的巨大差异,发展新闻学在表述和应用方面表现出很大的差异,但其核心内容是基本一致的。发展新闻学的核心内容是:国家发展尤其经济发展是一切发展中国家的首要任务,新闻媒介必须服从、服务、促进国家发展尤其经济发展。从这样的核心内容出发,发展中国家的新闻媒介都程度不一地和政府保持一致,宣传政府的施政纲领;都十分注重新闻媒介的守望、整合、教育功能。所谓守望,就是传播国内外重大信息,改变闭目塞听的落后观念,尤其把公众的注意力集中到重要的国家发展项目,使传统社会的人民把眼光放在将来以及现在的生活形态。所谓整合,就是缓和社会矛盾,妥善处理国家内部不同民族、不同地区的利益冲突,保持社会稳定,为经济发展创造良好的社会环境。所谓教育,就是强调教育大众遵纪守法,竭力促进人的现代化,推广新的技术。

四、党报理论

该理论最早起源于苏联,后来在各社会主义国家以及部分发展中国家流行。

党报理论的核心是:新闻媒介是党和政府的喉舌即宣传工具,必须无条件地宣传党和政府的方针、政策、法规条令。关于这一理论,我们将在本书第十章论述。

第四节 学习新闻理论的意义

《新闻学概论》涉及新闻学的三部分内容,侧重于新闻理论。

新闻理论来源于实践,但又不是实际经验的简单堆砌,而是实际经验的总结和概括,即对实际经验中所含的具有普遍性的新闻工作客观规律的认识,这就对实践具有一定的指导作用。

一、指导新闻工作者自觉地从事创造性的工作

一般说来,新闻学中的应用部分着重于具体的工作方法,教会大家怎样做;而新闻理论则是从社会的新闻活动(包括专业新闻工作)的全局出发,系统地告诉大家为什么必须这样做,为什么不能那样做。感觉到的东西不一定能立刻理解它,只有理解了的东西才能更好地感觉它,更好地掌握它。只懂得应该怎么做,不明白为什么必须这样做,至多只能仿效别人成功的经验,不大可能去创造新的经验。只有既懂得应该怎么做,又明白为什么必须这样做,才可能根据实际情况,探索新的工作方法,创造新的工作经验,才能把新闻实践不断地向前推进,这就是创造性的工作。新闻理论讲的都是人类新闻活动(包括新闻事业)的根本道理,即客观必然性的道理。新闻工作者如果缺乏新闻理论的修养,就会阻碍自己前进;虽然也能学习现成的经验,但工作达到一般的水平就很难突破,很难创造新的成功经验。正确的理论是实践的向导。新闻工作也是如此。

二、指导新闻事业不断地进行正确的改革

新闻事业反映现实世界。现实世界的不断变动决定了新闻事业需要不断地进行改革。新闻改革只有遵循新闻事业的客观规律才能取得成功。只有改革的愿望,没有科学的态度,没有对客观规律的正确认识,那在实际改革过程中就会左右摇摆,或者人云亦云,不能很好地按

照新闻规律认清改革的方向。

从我们党所领导的新闻事业来看，1942 年 4 月开始的新闻改革，1956 年的新闻改革以及从 1979 年开始、至今还在进行的新闻改革，都伴随着总结新闻工作的经验教训和学习、探讨新闻理论的热潮。因为新闻工作中的许多问题需要新闻理论来阐述，新闻改革需要新闻理论的指导。

三、指导我们以科学的态度对待国外新闻工作的理论和实践经验

对于国外的新闻学和新闻工作的业务经验，我们曾经有过两种极端：一种是全盘照搬，从新闻理论到新闻业务，甚至包括报纸版面安排、编辑部的组织分工、新闻体裁，不问是否适合中国国情，都依样画葫芦；另一种是全部排斥，凡国外的东西一概斥之为资产阶级的腐朽东西、修正主义的反动东西。这种全面肯定或全面否定的简单化态度，反映出我们缺乏新闻理论修养。当提倡学习国外新闻工作的经验时，我们往往仅仅记住了新闻事业的共同规律，而忘记了我国新闻工作的特殊性；而当提出要抵制国外新闻工作中不适应中国情况的一些做法、批判一些错误的观点时，我们又往往仅仅注意到了我国新闻工作的特殊性，忘记了新闻事业具有的共同规律性。

对于国外新闻工作的经验和新闻学观点，正确的态度应该是有分析、有鉴别，取其精华，去其糟粕，这就是鲁迅所说的"拿来主义"。目前，我国实行对外开放政策，我们的新闻工作者和国外同行、国外的新闻事业接触日益频繁，树立正确的态度就显得更加重要。而我们对新闻工作的客观规律还不能说已有深刻的理解，而对国外新闻工作的理论和实践，我们有时分辨不清有用与无用、精华与糟粕，这就需要我们认真学好新闻理论，既懂得新闻工作的共同规律，又明确我国新闻工作的特殊要求。

四、指导我们正确地吸收其他学科的成果

新闻学在其形成过程中，曾经吸收了哲学、政治学、历史、文学等许多学科中的成果。在新闻学的今后发展中，还将继续吸收其他学科的

成果。过分强调新闻工作的特殊性,拒绝吸收其他学科的成果,这是狭隘的。从历史和当前的情况看,这种盲目排斥的做法不能说没有,但并非是主要倾向。由于新闻学是比较年轻的学科,与其他学科相比,它还比较幼稚,不太稳定。这就使得我们常常需要到其他学科中去寻找材料来丰富自己。但是如果对新闻学和其他学科的不同点不作区别,把哲学、文学、历史、政治经济学甚至军事学上的许多概念、具体方法简单地套用到新闻工作上来,那就既不能准确地阐明新闻理论问题,又可能使实际工作出现混乱。没有对新闻工作客观规律的深刻理解,也就难以吸收其他学科的成果。正如恩格斯所指出的,理论在一个国家实现的程度,取决于该国对理论的需求。目前我国的新闻媒体正在快速发展,从新闻体制到新闻业务都在进行深刻的变革。快速发展的实践、不断变化的媒体都迫切需要理论的总结,也迫切需要理论的指导。实践需要理论,需要创新的理论去指导新的实践。

第一章

新闻活动

第一节　新闻活动是一种普遍的社会现象

在现代社会,人们一谈到新闻,总是联想到报纸、广播、电视。报纸、广播、电视,在新闻学上总称新闻事业,在传播学上称为大众传播媒介(简称大众传媒)或新闻媒介。新闻事业的迅速发展,使得它对社会产生了巨大的影响,成为人类文明的一个标志。无论是繁华都市还是边陲山寨,读报、听广播、看电视、上网络已成为人们日常生活不可缺少的一部分。人们通过这些传播工具来了解国内外的重大事件。

但是,只要我们稍稍注意一下就会发现,在社会生活中,除新闻事业外,人们还通过其他各种途径来相互传递新闻。在茶坊中,在车船上,在亲戚朋友聚会的时候,人们总自觉或不自觉地相互打听新闻。信件、传真和电话中也有新闻。现在,手机短信、微信正成为人们相互传递新闻的重要途径。另外,我们开会、听报告、研究工作,同样可以了解到不少新闻。这说明,在人们的交往中,相互传递新闻的活动在普遍持续地进行着。因此,我们说,了解和传播新闻这样一种新闻活动是一种普遍的社会现象。从广义上说,新闻活动不局限于和大众传播工具的直接接触,还包括人们为沟通客观世界新近变动的情况所进行的一切活动。

如果我们再稍稍注意一下,还会发现另一个普遍的社会现象:在当今世界上的任何国家、任何阶层、任何行业,每天都需要获取一定的新闻,才能在社会中求得生存,求得发展。例如,作为一个国家的领导人,为了制定正确的内政、外交的方针政策,他们就得时时刻刻了解国内外形势的变化,准确及时地获得可靠、全面、丰富的现实变动的情况。不仅坚持唯物主义的领导这样做;那些在哲学上公开声称信奉唯心主义、嘲笑唯物主义的领导人,在决策过程中也同样不得不面对现实,不得不收集大量的现实变动的情况。不同社会制度下的政治家们,不惜投入难以计算的人力、物力、财力,通过公开的、秘密的、合法的、非法的各种手段,及时准确地获得可靠的情况。

作为一个企业的领导人,为了安排企业的生产和经营,他们就得随时随地了解国内外形势的变化,了解本国的以及外国的与本企业有关的法令、政策的变动情况,了解与本企业有关的其他企业的生产动态,了解市场的动向。按照中国目前的情况,一家独立经营的中型企业,需同 60 多个部门、行业发生直接的联系,也就是必须了解这 60 多个部门、行业的情况和变动,包括: 国际国内宏观形势,党和国家有关法令,党政主管部门情况,银行利率和借贷变化,原材料和零部件供应厂商的情况,同类产品企业情况,市场行情和消费者走势,新技术研制,劳动力市场变化,等等。当中国正式加入 WTO 以后,中国经济快速融入经济全球化的大潮中,中国企业不但需要了解本地、本国的相关情况,而且要不断关注该企业相关国家、世界各国相关企业的新情况。信息已成为任何企业决策的前提。因为任何一位企业领导人都懂得一个简单的道理: 在不明情况下盲目投资、盲目生产、盲目经销,必然导致企业的亏损甚至倒闭。

作为一名军事指挥员,在平时就得不断地了解敌我双方的兵力、军事装备、部署、士气等的变化情况。当两军对垒、战争爆发以后,一天 24 小时都要不断地注视战争的进程,并根据了解到的新情况修改或重新制订作战计划。“指挥员的正确的部署来源于正确的决心,正确的决心来源于正确的判断,正确的判断来源于周到的和必要的侦察,和对于各种侦察材料的连贯起来的思索。”①毛泽东同志的这段论述是古今中外战争的一条简朴真理。不随时了解情况,必然招致战争失利。

作为科学工作者,为了在科学研究中取得新的成就,就必须随时关心科学研究的动态。如果只顾埋头搞科研,不了解科研的新发展,把人

---

① 毛泽东:《中国革命战争的战略问题》,《毛泽东选集》第 1 卷,人民出版社 1991 年 6 月第 2 版,第 179 页。

家已经解决的问题当作新课题去探究,就会枉费巨大的人力、财力、物力,造成莫大的浪费。

生活在现实社会中的每个人,他们的许多行动都要以了解一定的新情况为前提,大至国内外形势、国家的有关政策,小至每天的天气、市场上的物价变动、商品供应情况。在人们的日常交往中,领导、同事、家庭成员、亲戚朋友、左邻右舍甚至发生在很远地方的情况变化都会引起每个人的关心。"家事、国事、天下事,事事关心",这不仅是从事政治活动的需要,也是人们从事日常生活和社会性生产的需要。如果一个人远离父母在外地工作,那么亲人的任何变化都会时时牵动他的心;如果人们想外出旅行,那势必要了解交通和天气变化情况;如果家里有孩子即将从中学、大学毕业,那家长、孩子本人必定想了解就业的去向,如此等等。在日常社会生活中,这样的事情何止成千上万!这些年来,城乡不少人富裕起来,家有余钱,就需要当家理财。民间谚语"吃不穷,穿不穷,算计不到一世穷",说的是当家理财的重要必要性。余钱投向哪里?股票、房产还是合伙办企业?这就必须像企业家那样,掌握方方面面的情况,了解现实的变动,并且要预测未来才能决策。

20 世纪 80 年代起,不少学者都称"世界已进入信息时代"①。信息时代有其一系列特点,知识经济的崛起是最基本的,信息以及信息产业成为知识经济赖以生存、发展的基础。大众传媒业已成为信息产业不可或缺的部分,它的地位和影响力日益提升。可以说,在信息时代,中国以及世界其他国家、地区比以往任何时候都渴求信息,为沟通信息所进行的新闻活动也比以往任何年代更加频繁,也更加复杂多样。

第二节　新闻活动是人类求生存图发展的需要

人类为什么必须进行了解新闻和传播新闻的活动?人类从事新闻活动的目的何在?对于这个问题,新闻学者提出过许多不同的观点。

---

① 1980 年美国学者阿尔温·托夫勒出版的《第三次浪潮》把信息时代称为人类发展的"第三次浪潮";1982 年,学者约翰·奈斯比特出版的《大趋势》中把当今时代正式称为"信息社会""信息时代"。

对受众(读者、听众、观众)进行的调查表明,不同的人有不同的回答。为了弄清这个新闻学的基本问题,我们从人类社会关系最原始、最简单的时期开始考察,然后依次研究社会条件发生变化以后的情况。

一、原始社会的新闻活动

原始人怎样从事新闻活动,当时并无记载。但从人类学家、探险家对18、19世纪尚残存的原始部落的考察中,我们可以推想远古原始人的新闻活动。

例如,南部非洲的土著部落什门人往往集合二三百人的队伍来协同狩猎,协同狩猎完毕以后,队伍就分散成一些小的群体。但分散以后,并未断绝相互的联系。他们经常用火作信号,彼此通报周围的情况,若发现大的猎群或敌情,就迅速地重新集合起来。达尔文在他的《研究日志》中也说到,火地岛上的土著居民(原始人)同样用火传递情况,相互联系。这是借助一定的信号(火)从事活动的例证。

普列汉诺夫在《没有地址的信》中,用不少事例证明:绘画在原始人那里首先服务于纯粹实际的、功利的目的——向同伴传递消息。在澳大利亚内地,水源奇缺,原始人在水溪周围一带的岩石上画上袋鼠和人的胳膊,告诉经过此地的同伴:附近有水源,人和动物在此饮过水。巴西的原始人在一条河岸的岩石上画了一条鱼,以此向同伴通报:此河出产什么样的鱼。这是借助于一定的符号从事新闻活动的例证。

在中国远古时代的神话传说中,常常出现"千里眼"或"顺风耳"这样的角色。他们是怎样一批人呢?在殷墟出土的甲骨文中,有一块刻着这样的字句:

> 来信自西,告曰:土方征我于东鄙。
> 来信自北,苦方又侵我西鄙里,戮二人。①

这两句的意思是说:西面边疆上的士兵报告说,名叫土方的部落来攻打我东边的地方;北方边疆来的士兵报告,名叫苦方的部落又来侵占我西边的土地,还杀了我们两个人。以此推测,所谓"千里眼""顺风

① 《古代的通信兵》,载《集邮》1964年第2期。

耳”不过是神话中的报告情况的士兵。这些士兵不就是在从事新闻活动吗?

这些事实说明：人类的新闻活动起源于原始社会，新闻活动随着人类社会的产生而出现。那么原始人为什么要从事新闻活动呢?

人类一产生就聚群而居，结成最简单的生产关系来面对自然界。这并非是上帝的安排，仅仅是因为原始人本身的生存需要。他们凭借最简陋的工具，无法在自然界单个生存下去。采集植物、猎取动物和为争夺生活资源而进行的氏族间、部落间的战争构成了原始人生活的两大部分。原始人的采集、狩猎和战争从一开始就是社会性的，是许多人一起协同的行动。

客观世界是不断变化的。植物应时而异，动物忽现忽逝，天有不测风云，随时发生的自然灾害威胁着原始人的生命。为了寻找食物，躲避自然灾害，原始人群不断地迁徙，随时可能和其他原始人群发生冲突或受到袭击。客观世界的这一系列变动，直接关系到原始人的生存。他们必须随时随地了解外界的变化，并且相互传递情况，以便商量对策，协调一致，采取行动。比如说，当一个原始人发现一只野牛的时候，他就要及时地报告同伴，组织力量来围捕；当其他部落来袭击时，他们要了解对方的情况，商量对付的办法。没有相互传递外界变动情况的新闻活动，就没有协调一致的集体行动；没有协调一致的集体行动，原始人就只能饿死或被其他部落杀死。由此可见，在原始社会，新闻活动并不是为了满足某种精神上的需要或出于政治上的考虑，而是为了满足生存的需要。

由此，我们从原始社会的新闻活动中可以得出这样的结论：客观世界的变动关系到人类的生存；人类社会性的生产和社会性的生活决定了人类从事新闻活动的需要；人类从事新闻活动的目的是为了了解客观世界的变动。

二、奴隶社会的新闻活动

随着生产力的发展，奴隶社会取代了原始社会。与原始社会相比，奴隶社会的社会条件有了很大变化：一是产生了阶级和阶级斗争，出现了日益庞大的国家统治机器；二是出现了社会分工：农业与牧业，农业与手工业、商业，脑力劳动与体力劳动。社会关系比原始社会复杂得多了。这样,人们不但需要了解自然界的变动,还必须了解各种各样的社会关系的变动。这就使奴隶社会的新闻活动比原始社会频繁得多,规模大得多。

奴隶主阶级的统治集团为了运转国家机器,上下左右就需要互通消息,使各部门协调一致。为了维护统治,还得随时注意奴隶的举动,以便镇压他们的反抗。社会产生分工以后,从事不同产业的人们为了交换产品的需要,就得彼此了解,尤其是商业活动更需要大量的信息。

在原始社会,由于产品仅够维持每个人的生命,无力供养大量专门从事新闻活动的人,而且也并无此种需要。到奴隶社会,生产比过去发展了,社会有了剩余产品,就有余力来养活一批采集、传递新闻(情报)的专职人员(首先是在军事上,以后用在政治、经济上)。春秋战国时期,由于社会变动频繁,新闻活动也活跃一时,各国都雇佣一大批人来专门刺探对方的政治、军事、经济等情报。谁的消息灵,谁就有克敌制胜的主动权。春秋末期的《孙子兵法》有一章专论《用间》,用“因间”“内间”“反间”“死间”“活间”五种方法刺探敌情,作为决策依据。战国时期的魏公子信陵君,门下食客逾千,有不少人从事情报活动达到运用自如的境地。《史记·魏公子列传》载:

> 公子与魏王博,而北境传单烽,言“赵寇至,且入界”。魏王释博,欲召大臣谋。公子止王曰:“赵王田猎耳,非为寇也。”复博如故。王恐,心不在博。居顷,复从北方来传言曰:“赵王猎耳,非为寇也。”魏王大惊,曰:“公子何以知之?”公子曰:“臣之客有能深得赵王阴事者,赵王所为,客辄以报臣,臣以此知之。”

赵王的举动,包括打猎游玩,信陵君的食客都向他报告,使得信陵君可以稳坐钓鱼台。

三、封建社会的新闻活动

到了封建社会,社会关系进一步复杂化,人们彼此之间的联系更加密切,这就使社会对新闻的需求量比奴隶社会大得多。

第一,国家的形式更加完备,建立了中央集权制。中央集权制的巩固始终和灵敏的情况反映相联系。为了维护日常统治,中央政府制定了许多法令、政策，向全国传递；同时要监督各级官吏，了解各地的情况。没有灵敏的情况反映，中央集权就会动摇。中国历代王朝修驰道，建驿站，除运兵、运物外，另一个重要目的是互通情况。意大利旅游家马可·波罗在他的游记中，这样描写通信工作：

> 从汗八里城（元朝首都，今北京城——引者注）有通往各省四通八达的道路。每条路上，也就是说每条大路上，按照市镇坐落的位置，每隔40公里或50公里之间，都设有驿站……每一个驿站，常备有400匹良马，供大汗信使来往备用……
>
> 在各个驿站之间，每隔约5公里的地方，就有小村落，大约有40户人家。这里住着步行信差，也同样替皇帝陛下服役……（每名驿卒只跑约5公里）一站站地依次传递下去，效率极为神速，所以，只消两天两夜，皇帝陛下便能接到远方的信息……如果遇某处发生骚乱，或某处首领造反，或者其他重大事件，需要火速传递消息的话，那么，驿卒们一日飞驰320公里，有时甚至是400公里。在这种时刻，他们身上带有一块画有隼的牌子，作为紧急和疾驰的标志。①

这实在是规模巨大、完整的通信网。有了这样的通信网，中央对各地发生的情况可随时做出反应，统治集团的上下左右能协调行动，把国家机器运转起来。

第二，在整个封建社会，农民不断地举行武装起义，敌对双方都需要了解对方的情况，摸清对方的政治、军事、经济等任何变动；同时敌对双方的内部也需要大量的新闻（情报）传递工作，以便协调一致。尤其在农民组织起义的前夕，需要大量的联络发动工作。

第三，封建社会的农民，虽然由于政治压迫、经济剥削产生了对地主的人身依附及自给自足的自然经济把他们束缚在狭小的圈子里，但毕竟有了一定的人身自由，一定的自主权。这样就和外界发生了不可避免的联系，需要了解一定的情况来维持正常的生产和生活。例如，对官府衙门（主要是缴捐税、打官司），对市场，对发生租佃关系的地主，

---

① ［意］马可·波罗：《马可·波罗游记》，陈开俊等译，福建科学技术出版社1981年版，第118—121页。

对亲戚朋友等,农民都需要了解情况,这就要从事一定的新闻活动。

第四,在封建社会,地主阶级仍然坚持用武力来维护对农民的剥削,但正因为农民已有一定的人身自由,仅用武力是不够的,还需要从思想上软化或者说奴化农民。地主阶级奴化农民,除了利用儒家学说和道教、佛教等实施思想统治外,还把新闻用作宣传,宣扬皇帝、地方官吏、地主的所谓德政、威严。

第五,社会分工比过去更加明确,尤其是大量城镇的出现,城乡之间、城镇内各行各业之间的联系频繁起来,这就需要有更多的新闻活动。

我们看到,从奴隶社会到封建社会,社会条件改变了,但和奴隶社会相比,新闻活动有两点没有改变:首先无论是统治阶级还是被统治阶级,都必须要有一定量的新闻才能生存下去,从事新闻活动的主要目的是为了了解客观世界的变动;其次驱使人们不由自主地从事新闻活动的原因是人类相互之间的联系和客观世界的永恒变动。

但是,从奴隶社会到封建社会,随着社会条件的改变,和原始社会相比,人类的新闻活动在不断地向前发展。首先,新闻活动的规模越来越大。过去仅几十人、几百人的一个原始人群,新闻传递不超过几十里;而在奴隶社会,尤其是封建社会,新闻活动在整个国家内进行,一个信息可以传递到几千里外。原始社会没有脱产的专职人员;奴隶社会,尤其是封建社会,有一大批脱产的专职人员。其次,新闻的内容大大丰富了、复杂了。原始人的新闻活动集中于了解自然界的变动、部落间的战争,并不频繁;而在奴隶社会,尤其是封建社会,人类的新闻活动除了了解自然界的情况外,还包括政治、经济、军事、文化等等。再次,传递新闻的手段多样了。原始社会只有语言和极为简单的符号、信号;奴隶社会开始用手写的文字作媒介,封建社会还有了印刷品。

奴隶社会、封建社会的新闻活动情况告诉我们,社会条件的改变引起人类社会交往密切程度的提高,各行各业、各个阶级阶层、整个社会对新闻的需求量增加了。正是新闻需求量的增加,迫使人们不得不扩大新闻活动规模,扩大新闻内容,增加新闻传递的手段。社会对新闻的需求量直接决定了人类社会新闻活动的规模、方式和内容。而社会对新闻的需求量又是由社会生产力水平所决定的。从原始社会到封建社会,我们可以看到,社会生产力水平越高,人类相互之间的关系越密切,社会的变动就越剧烈。社会变动越剧烈,所产生的新闻就越多;人类相互之间的关系越密切,社会对新闻的需求量也越大。由此我们可以得出这样的结论:变动产生新闻,关系决定需要。

第三节 变动产生新闻,关系决定需要

变动产生新闻,关系决定需要。这一命题从根本上回答人类为什么需要从事新闻活动以及新闻的本质。

无论自然界还是人类社会,世界处在永恒的变动中,人们必须了解这样的变动,并依据新的变动制定新的行动方案,人们才能有效地生存下去。新闻报告世界的最新变动,这就是新闻的本质。人们只有获得新闻、了解世界变动,才能有效地从事政治、经济、军事、文化等活动,才能有效地在世界上求生存、求发展。变动产生新闻,不变动就没有新闻。例如,火车按火车时刻表每天进进出出正常运行,媒体从来不会报道。只有更改火车时刻表,媒体才会报道,或者火车出事故,像 2011 年 7 月 23 日两列动车在温州发生追尾事件,媒体才会大量报道。

世界万事万物总在变动之中,有微变、有剧变,有量变、有质变,有小范围变动、有大范围变动,有人们预料中的变动,有人们预料外的变动。"黑天鹅事件"是人们十分关注的变动。17 世纪以前的欧洲人认为天鹅都是白的,后来在澳大利亚发现了黑天鹅,人们原有的观念被颠覆。"黑天鹅事件"寓意着不可预测、出乎人们意料之外的重大罕见事件,而且对一个国家、对全球产生重大影响。这些年来,2016 年特朗普当选美国总统,以及英国公投脱欧是两个最大的"黑天鹅事件"。因为 2016 年美国大选,全球都以为美国民主党候选人克林顿 · 希拉里稳操胜券,谁知却是一名从未有从政经历的地产商、共和党候选人特朗普意外当选。英国脱欧公投,原本以为只不过是走个程序的投票游戏,谁知弄假成真,全民投票公决英国真的需要脱离欧盟。这两件大事,彻底颠覆了全球的政治版图、经济版图,其冲击波至今仍有影响。

世界万事万物时时刻刻都在变动,那么,我们究竟需要了解什么样的变动呢?新闻工作者需要什么样的变动来做成新闻进行公开报道呢?这就是"关系决定需要",即人们了解世界的万事万物变动的需要是与该变动对人们的影响度联系在一起的。如果与"我"无关,"我"何

必去关心它呢？

关系决定需要，这里的“关系”指的是关联，是人与人的关联、人与自然的关联、人与物的关联。关联的密切程度与经济社会发展水平密切相关。在自给自足的经济条件下，人与外界的关联度很低，人们自然不必过多地去关心外界的变化。在工业化时代，生产分工、社会分工越来越精细，迫使人们必须关心与之相关的一切变化。而在当下的全球化时代，生产要素全球化配置，产品全球化分销，例如生产一架飞机，上万个零件在几十个国家的上千家企业生产，任何一个零部件断供，飞机生产就要停摆。作为生产飞机的总公司就得时时刻刻关注每个国家、每家企业的变化。正是在全球化时代，微小的变动可能会引发全球震动，形成所谓“蝴蝶效应”。“蝴蝶效应”指的是，南美洲亚马逊河流域热带雨林中的一只蝴蝶，偶尔扇动几下翅膀，可以在两周以后引起美国得克萨斯州的一场龙卷风。其原因就是，蝴蝶扇动翅膀的运动导致身边的空气系统发生变化，产生微弱的气流，而微弱气流的产生又会引起四周空气或其他系统产生相应的变化，由此引起连锁反应，最终导致其他系统的极大变化①。在新闻学里，“蝴蝶效应”是指一次小变动引发全球大震动。例如，2008 年全球金融危机就是典型案例，这场金融危机的起因是美国银行的次贷危机：一批信用度较差的居民到银行按揭买房，后来银行贷款利率提升，买房者因还不起房贷而断供，引发银行危机，导致一批大公司倒闭，一批银行倒闭，最终引发全球性金融危机。

关系决定需要，又和关系的面相关。有些变动只关系个别人，只有个别人需要它；有些变动只关系少数人，只有少数人需要它；有些变化则关系多数人，那么就有大批人需要它。比如生孩子，一个普通家庭出生一名新生儿，全家都兴奋异常。新生儿的第一张照片印出来，发给家里的亲朋好友，大家都对此表示祝贺。但谁也不会到马路上把照片发给陌生人，因为陌生人与新生儿“没有关系”。但 20 世纪 80 年代，日本影星山口百惠生孩子却是轰动全球的头条新闻。山口百惠在全球尤其东南亚拥有数以亿计的粉丝，因为山口百惠生孩子保密，不知在哪家医院，日本及各国记者在日本东京各大医院门口架起“长枪短炮”，日夜蹲守，争取拍到第一张照片。这是因为山口百惠与数以亿计的粉丝“有关系”。

---

① 引自百度百科的“蝴蝶效应”词条。

变动产生新闻，那么记者必须从万事万物的变化中去寻找新闻，探究并理解这一变动的力度、广度、深度以及后续影响。这考验着记者的敏锐度和思想水平。

关系决定需要，那么记者就必须了解受众(用户)，理解受众(用户)实际需要什么，理解万事万物变化与受众的关联度、关联面。

第四节　新闻活动的渠道

在现代社会，人们获取、交流新闻的渠道、形式、手段多得难以胜数。而不同的人由于社会地位、职业、文化程度不同，各有相对固定的渠道来获取自己需要的信息。

不管是合法的还是非法的，公开的还是秘密的，人们获取新闻、交流信息的渠道，可以归纳为三类。

一、亲身传播

不管是近距离还是远距离，亲身传播都是个人对个人的传播。最常见的是两个人面对面的交谈。其实，亲身传播可采用的方法极多。主要有——

(1) 言语传播：面对面交谈，远距离电话会谈。

(2) 文字传播：私人信件、电报、传真，新的方法是电子邮件和手机短信。

(3) 体态语言传播：人们常常在一定场合以手势、眼神、面部表情等来传达一定的情感、情绪，但也常常用来传播一种信息。比如，在纽约的股票交易大厅，股票经纪人向他的委托客户以手势显示股市的涨落，客户也同样以手势传达买进卖出的要求。

(4) 信号传播：在革命战争年代，共产党的地下工作者常在窗外悬挂实物显示安全或危险；海上航行时，舰船上信号员互打信号旗，都属于这一类。

亲身传播的最大特点是信息传播有明确的对象，属于定向传播。其好处是传播信息针对性强、反馈快、互动快，可以迅速调整传播内容和方法。而与其他传播方式相比,其不足之处是传播面窄,传播速度慢,保真度差,一个信息经人们口口相传,越到后面越失真。中国古代“掘井得人”的故事正说明了在口头传播中人们对信息添枝加叶,以致最后完全走样。

二、大众传播

在中国,大众传播习惯上只包括报纸、广播、电视三种媒体,现在再加上网络媒体,号称第四媒体或新媒体。而西方国家还包括杂志、书籍、电影,总共七种媒体。大众传播的最大特点是一个媒介面向全社会传播信息,没有明确的传播对象,所以是一种无定向传播。它的长处是传播速度快、传播面广、保真度好。一条报纸上的新闻,白纸黑字,不管有多少人读,都是一个样,尽管人们理解不同,但原始样本总是一样的。然而,正因为它没有明确的传播对象,所以它的反馈很慢,互动性差(除了网络媒体)。

三、群体传播

群体传播指一个人面对一群人所进行的传播,我们常见的有群众集会、新闻发布会、座谈会、各种讲座、报告会、小组讨论会,大到几千人,小到几个人。它既属于定向传播,又属于无定向传播,需要依具体场合、参与人数来定。它的长处和不足都介于亲身传播与大众传播之间。

需要说明的是,亲身传播、大众传播、群体传播,是人们和外界沟通的三种方式或三种渠道。通过这三种渠道获得的当然不全是新闻,但人们从外界获取或交流新闻,都是通过这三种渠道。

第二章

新　　闻

第一节　新闻的基本特点

新闻与生俱来的基本特点是两个：一是真实，二是新鲜，由此而延伸出新闻报道上迅速及时的要求。这两点是新闻最为基本、最为核心的规律。

新闻为什么必须真实和迅速？这不是某个人的规定，而是出于人类求生存、求发展的需要。人类是聚众而居的高等动物，每一个群体（部落）都必须以集体的力量来面对来自自然界和其他群体的挑战。为此，他们必须及时地了解周围世界的变动，以便及时做出决策，采取行动。一切正确决策的前提是情况报告（我们可以称为新闻或消息，亦可称作信息）必须是真实的、全面的，而且采取恰当行为的前提是情况报告必须及时。

从原始人到现代人，经历了数百万年，人类传播新闻的手段（新闻运载工具）日趋丰富、复杂，但新闻的真实、迅速的特点并没有改变，改变的仅仅是人们对新闻真实、迅速要求的程度不同而已。

从古代人到现代人，经历了数千年，人类社会越来越复杂，人类感知、认识外界和协调内部的方式、手段越来越多样，不同的方式形成不同的学科，各有其自身特点。它们经过时间的积淀，数代人、数十代人的努力，在量上和质上变得丰厚充盈和精粹深刻。唯独新闻，本性不变，依然以真实、迅速作为区别于其他学科的最为明显、最为独特的标识，向人们传递世界的最新变化。

在现代社会，新闻真实、迅速的要求决定了新闻工作的方向，塑造了新闻媒介以及新闻工作者的品格，决定了媒介的形式和技术的采用。

人类社会的新闻传播工具，经历了口头新闻、书信新闻、新闻书、新闻周刊、日报、电台、电视台再到网络、多媒体这样一个演变过程，或者说，从人体器官到印刷媒介再到电子媒介的过程。人类对于传播工具的选择归根结底是由新闻的特性决定的。因为，印刷媒体比起口头新闻来，新闻传播具有了广泛性和保真度，千百万读者可在几乎相同的时间内获得相同的新闻。在印刷媒介中，新闻周刊比新闻书快，日报又比周刊快；而电子媒介的传播速度则大大快于印刷媒体，此外，声音和画面也比文字更具有真实感。因此在电子媒介中，电视比电台广播更显著的长处是有现场的画面，更具真实感。“适者生存”，进化论的这一著名论断恰好也是对新闻选择传播工具演进过程的描述。一切适合新闻特性的传播工具都可被人们采用并且可以经久不衰。就以报纸为例，1663 年德国的《莱比锡新闻》是世界上最早的日报，它一开始就是两面印刷的散页，300 多年过去了，报纸的内容天天在变，但报纸的外观——散装活页却至今不变，而且世界上任何国家的任何报纸都是如此，不同的仅仅是版面的多少而已。为什么人们不去改变它？不是不想变，而是无法改变，因为报纸的散装活页能够印得快（省去了书本、杂志的装订时间）、读得快（读者一下子可以看到一个版面上所有的新闻内容，省去了翻阅的时间）。可见，是新闻迅捷的要求塑造了报纸的外貌。

在现代社会，新闻媒介处于激烈的竞争之中，竞争的目的当然是争取受众。那么，新闻媒介靠什么来吸引受众？就新闻而言，归根结底是依靠真实和迅捷。任何一种媒介，只要受众认为这家媒介在隐瞒事实、歪曲事实，它就会被受众遗弃。1981 年，美国《华盛顿邮报》的年轻记者珍妮特·库克以一篇《未来的世界》（1980 年 9 月 28 日发表）的特稿获取美国新闻界最高级别的普利策奖。该报道讲述这样一个故事：8 岁黑人孩子吉米因母亲的男友吸毒并让他嗅海洛因气味，从而吸毒成瘾。但调查结果是，该新闻纯属无中生有的编造。库克的奖励被取消，《华盛顿邮报》被迫向读者公开道歉并开除库克，但报纸还是声誉大跌。而在 2003 年的五六月间，另一家美国顶级报纸《纽约时报》的一名资深记者布莱尔的一系列假报道引发了全美以及世界报业的震动，

"由于布莱尔新闻造假,《纽约时报》的声誉权威已遭受重创"①,《纽约时报》执行总编与常务总编双双宣布引咎辞职。

在新闻报道的速度上,新闻媒介之间的竞争是以分、秒甚至零点几秒来计算的,就像奥运会中的百米竞赛。美国三大广播公司,1995 年全年各自播出上万条重要新闻,为争夺观众,它们各出绝招争先报道重大新闻。但一年竞争的结果是,它们在报道时间上累计总和相差不到一分钟。这是何等残酷的竞争!这正是新闻特征的表现。

真实和迅速的要求还决定了对新闻工作者素质的基本要求。无论是什么社会体制下的新闻从业人员,无论从事何种媒介的传播工作,对他们的素质都有一个共同要求:首先必须诚实、公正和严谨,其次必须有敏锐的反应和判断能力,这一切都是从保证新闻的真实和迅速出发的。

第二节　两种新闻定义

拿起任何一张报纸,数数新闻的条数,一版大约都会有 20 条左右。打开电视机,看看新闻节目,半小时的新闻节目大概会有 60 条左右。但是,在日常生活中,我们常常会听到这样的对话:小王正在翻看报纸,小张进门来问:"今天报上有什么新闻?"小王把报纸一扔,回答:"看了半天,一条新闻也没有。"报上一条新闻也没有?那么,报纸上那么多的"本报讯""新华社电""据路透社电"等等都不是新闻?是,都是新闻。那么小王回答错了?也不是,小王的回答没错。问题在于:在新闻工作和日常生活中,存在着并行不悖的两种新闻定义。

新闻定义 1:新闻是新近发生事实的报道。
新闻定义 2:新闻是新近事实变动的信息。

这两个定义的共同点是:它们都概括或反映了新闻的"真"和"新"这两个基本特点。它们的区别在于,去掉中间的限制性定语,就变成了:新闻是(一种)报道(新闻定义 1);新闻是(一种)信息(新闻

① 新华社(2003 年 6 月 6 日电),载《广州日报》2003 年 6 月 7 日。

定义2)。

新闻是报道,表达出新闻的形式,也就是我们通常从报纸、电台、电视台、互联网上看到的新闻作品。

新闻是信息,表达出新闻的实质。

这两个新闻定义互为表里,在不同的场合各有不同的内涵和功能。报纸上一个版20条左右的新闻,这是以新闻定义1来衡量的;小王说报纸上“一条新闻也没有”,这是以新闻定义2来衡量的。他的意思是说,报纸上没有一条可以让他感兴趣的信息。

新闻是报道,报道的要求是什么?怎么从事新闻报道工作?这是新闻媒体的内部专业要求,我们将在第十七章里专门阐述。这里讲新闻定义2——新闻是新近事实变动的信息。

新闻是新近事实变动的信息,信息是“消除随机不确定性的东西”,给人们行为的预期。这对人类社会太重要了。预期,是人们一切行为的前提,没有预期,人们寸步难行。比如说天气,人们常说“天有不测风云”,尤其在春天,天气就像小孩的脸,说变就变。“不测风云”就是不确定性。有了每天的天气预报,那就消除了随机不确定,人们依据天气预报安排农事、安排交通(例如航空)、安排出行等各项生活、生产活动。随着生活、生产节奏加快,互联网上时时刻刻都有天气预报。面对种种不确定性因素,没有信息、没有预期就采取行动,那是盲动、冒险,会产生严重后果。比如,不知道天气变化就安排飞机上天,那就可能机毁人亡。正因为信息是人们一切行为(政治的、经济的、社会的、军事的、生活的等等)的前提,而新闻就是提供信息的,这才显出新闻报道和政治、经济、军事、社会与人们的日常生活紧密关联在一起,显出新闻报道在现代生活中的极端重要性。

第三节 新闻本源

新闻本源探讨的是:新闻是从哪里生出来的?或者说,记者从哪里去发现新闻?

先有事实,后有新闻;事实是第一性的,新闻是第二性的。这是新闻界对新闻本源的普遍表述。它对于我们坚持新闻的真实性,反对凭空捏造新闻具有重要意义。但这样的表述对于新闻工作是不够的。

世上万事万物，日出日落，面对大千世界，记者从哪里去找新闻？街上车水马龙，人来人往，面对熙熙攘攘的场面，记者从哪里着手采访？

我们说，记者不仅仅要从事实出发找新闻，而且必须从事实的变动中着手找新闻。因为，变动产生新闻，变动是新闻之母。

日出日落，谁也不会把它当作新闻来传播。但当太阳黑子活动加剧，引起气候异常，影响到人们日常生活、工作时，就成为新闻媒介经常报道的题材。火车站每天进进出出的火车几百车次，如果天天基本上准时发车或抵达，那构不成新闻。只有当火车时刻表发生变动，那就成为新闻媒介的重要新闻。城市的公交车每天按时行驶在固定的路线上，谁会把它当新闻来传播呢？比如，上海26路无轨电车天天在繁华的淮海路上正常行驶，记者不会去采访。但忽然有一天，电车冲上了人行道。这件事就登上《解放日报》，并且作为改革开放以后全国第一条社会新闻而评上1980年全国好新闻①。商业街上熙熙攘攘，人来人往，比如，上海的四川北路是上海三大商业街之一，每天何止成千上万的顾客徜徉在街上和各商店。如果一位来自边寨小山村的人回去告诉他的乡亲们，兴许人们还有兴趣。如果登在上海新闻媒体上，人们准会当作一件“新闻”传——不是传这条新闻本身，而是传上海新闻媒体闹上大笑话。但是，1997年3月间，有那么一两天，四川北路的晚上竟冷冷清清，这就成了大新闻。不明真相的人肯定要弄明白，为什么人们晚上不再去四川北路商业街？原来是附近街区出现一名罪犯，专门在晚间从背后敲砸妇女脑袋，吓得人们晚上不敢上街。最后该罪犯被公安部门抓获，四川北路才重现昔日繁华。

有些人可能因此认为，记者就是唯恐天下不乱，不乱没有新闻，乱了才有新闻。其实并非如此，无论是形势由顺变逆还是由逆变顺，事情由好变坏还是由坏变好，一个事件由吉变凶还是由凶变吉，一个国家由强变弱还是由弱变强，等等，凡是引起人们关心的变动都可能成为新闻。这就是新闻最主要的功能：反映世界的最新变动。新闻报道不是太阳，把一切都照亮，让人们把一切都看清；它只能是探照灯，照亮世界的最新变化和人们最关心的事情。正因为变动产生新闻，变动越是剧烈，越是反常，也就越乱，新闻自然也越多，人们也越关心，众多记者

① 《一辆二十六路无轨电车翻车》，头版载《解放日报》1979年8月12日。

就会蜂拥而至。

变动产生新闻,那么就应该从事物的变动着手去寻找新闻。这就是新闻记者应该具有的新闻敏感。无论是从宏观层面上报道大的局势,还是从微观层面上报道一个具体事件,都是如此。

世界是相互联系的整体:一个事物的变动可能波及其他事物;一个细微变动的背后可能有惊天动地的大事情发生;一个具体的事件可能意味着一个重大决策的产生。能否从人们看得见、摸得着的变化中探究它的影响、意义,追寻出更大的事件,这可以衡量出记者的水平。这样的事件不胜枚举。美国总统尼克松的"水门事件"是最典型的。"水门事件"的初始只不过是登在《纽约时报》内页上一块"豆腐干"式的小新闻,说民主党竞选总部发现一根窃听他们谈话的电话线。除了两个人,谁也没有去注意这条新闻,这两个人就是《华盛顿邮报》初出茅庐的年轻记者罗伯特·伍德沃德和卡尔·伯恩斯坦。他们抓住这条新闻,穷追不舍地采访了几百个人,最后迫使尼克松辞职下台。

与新闻本源容易混淆的一个概念是新闻来源。新闻来源是指新闻从何处获得,所以又称新闻出处。在新闻报道中,西方国家的新闻媒介都明文规定:所有新闻都要交代新闻来源;在中国,也已有相当一部分尤其是重要新闻都要交代新闻来源。交代新闻来源的最大目的是让受众了解该新闻的权威性、可靠程度。同时,要揭示提供或散布新闻的意图。在特定的情况下,新闻来源比新闻本身重要得多。2007 年 4 月中旬,当时俄罗斯总统普京决定访问伊朗。伊朗当时正因浓缩铀活动和西方主要国家闹得不可开交,美国甚至多次暗示要对伊朗动武,普京在此当头访伊,自然引起世界极大关注。正在这当口,一条惊天消息"恐怖分子将暗杀普京总统"不胫而走,成为全球头版头条新闻。正如《环球时报》所言,"外界真正担心普京会出事的人不多,因为暗杀者接近普京这样的领导人毕竟太难了。倒是谁透露了普京成暗杀目标的消息,成了媒体追逐的更大谜团"①。"谁"透露消息为什么重要?因为不同的人有不同的目的:一是恐怖组织自身散布,这样可以扩大影响;二是西方某些情报部门散布,以此阻止普京访问;三是普京身边人炮制,以进一步塑造普京无所畏惧的领导人形象;四是俄内强力部门散布,借此强化自身的影响力。

---

① 载《环球时报》2007 年 4 月 17 日。

新闻来源一般有三条路径：一是记者采访他人；二是记者在现场亲眼目睹；三是查阅有关资料或他人来信。

由于很多突发性重大事件在瞬间爆发，记者不可能及时赶到现场，有些重要会议、重要场合也不允许记者现场采访。在实际工作中，记者在现场亲眼目睹获得第一手资料的机会很少，重大新闻往往来自“他人”陈述，即第二手资料。“谁”（新闻来源）告诉记者显得十分重要，因为这个“谁”可能带有自己（或机构）的特别意图、个人偏见。“不轻信”是记者采访的第一信条。

清楚地交代新闻来源十分重要，但现在，有不少新闻往往很模糊地交代，如“据内部人士透露”“据内部可靠人士指出”“据不愿透露姓名的官方人士提供”等等，其真实性是很令人怀疑的，这种新闻的实际价值大打折扣。

第四节　新 闻 要 素

新闻要素是指构成新闻的必需材料。好比人有五官才能构成一张完整的脸，新闻有五要素才能构成一条完整的新闻。

新闻五要素是指：发生新闻的主角（谁）、发生的事情（什么）、发生的时间、发生的地点、发生的原因。五要素用英语来表示就是 who（谁）、what（什么）、when（时间）、where（地点）、why（原因），它们都以 W 开头，所以，新闻五要素又简称为新闻“5W”。也有些教材把事情经过（how）作为要素。但一般通用五要素。

明确新闻五要素，对新闻工作有三大作用——

第一个作用是有助于记者在采访新闻时迅速地弄清每一个事实的要点。从这个意义上说，新闻五要素是弄清每一个事实的阶梯。在采访过程中，被采访对象不可能有条不紊地把“5W”都讲清或者在叙事过程中可能讲错，记者有必要从五个方面一一核对清楚，以此保证新闻来源不失实。当然，弄清每一个事实的“5W”，对于采访来说是远远不够的。比如说，还需要抓住重点、弄清细节，需要理解重要事实的内涵，需要明白背景，等等，这是新闻采访写作课的任务。但是，弄清每一个事实的“5W”，是弄清每一个事实的基本前提。

第二个作用是有助于记者迅速地抓住新闻的重点，尤其在新闻导语的写作中。最早的新闻导语就是把“5W”都浓缩在一个段落里，称为“小结论式的导语”。这种导语的好处是让读者在短时间内明白一个事件的全貌。但其短处也显而易见：主次不分，把读者最感兴趣或最有意义的部分淹没在冗长的陈述中。现代新闻写作，除了继续保留“小结论式的导语”外，总是千方百计地突出“5W”中一两个最重要、最有意义、最让读者感兴趣的要素。

有些导语突出事情(what)，例如：

本报22日讯 20世纪最好的100部英文小说评选出炉，詹姆斯·乔伊斯的《尤利西斯》位居榜首。

这100部当代小说，由兰登书屋现代图书馆的编委组织评审，评审员均为当代小说理论家。评审是昨天结束的。①

在上述这条新闻的导语里连时间都未写明。因为在20世纪最好的100部英文小说中，哪一部小说应列榜首是读者最关心的，记者就把读者最关心的事写在导语里，非常醒目。读者就有兴趣读下去。

有些导语突出了人(who)——新闻主角：

据新华社桂林6月×日电 美国总统克林顿今天上午乘坐总统专机从上海抵达桂林，进行他中国之行的第4站访问。

……

克林顿一行随后从机场前往桂林七星公园。他在那里就环保问题举行了一个小型座谈会，并发表演讲。演讲结束后，克林顿一行乘船游览漓江，途中还参观了漓江下游的兴坪渔村。

7月的桂林是旅游旺季，游人如织，但极少有人能作为新闻主角被登在报上。但克林顿不同，美国总统1998年6月到中国进行国事访问，是中美关系史上的重大事件，引起世界瞩目，克林顿到哪里访问都是令人感兴趣的新闻。所以，导语里突出“美国总统克林顿”。

有些新闻突出的是地方(where)，比如：

---

① 载《新民晚报》1998年7月22日。

本报讯 吐鲁番消息：一向以“火洲”著称的新疆吐鲁番将通过“西水东调”水利枢纽工程解决用水紧张难题。通过该工程，吐鲁番流域内5条河流的水资源将得以平衡，东部经济发达区将不再受制于水资源短缺。

新闻一开头就把吐鲁番写上来，就因为吐鲁番在读者心目中有相当高的知名度。

第三个作用是有助于明了新闻体裁的要义。虽然所有新闻都必须明确地交代五要素，但不同体裁对五要素有不同侧重点。消息，尤其动态消息侧重发生了什么（what），通讯的侧重点是经过或过程（how），深度报道的侧重点在揭示原因（why）。

第五节 新闻类别

研究新闻分类，是为了了解不同类型新闻的特点。新闻有各种分类的方法，最常见的有以下几种。

一、以新闻内容来分类

在中国，可以分为政法新闻、经济新闻（有些称工交新闻、财经新闻）、文教卫生新闻（包括文艺）、体育新闻、社会新闻。综合性日报往往以此把报社分为政法部、经济部、教卫部、体育部等等。报纸内版面有些也以此划分。

不同内容的新闻对采访、写作，对记者的知识结构有特殊的要求，有些新闻院、系开设“专题报道”来研究它们。

二、以新闻发生地来分类

一般的地方报纸、电台、电视台，把新闻分为三大块：国际新闻、全国新闻、地方新闻。报纸往往按版面来划分。比如2020年上海的《解放日报》，每天出12个版，新闻有6个版，除去第1版为要闻版外，其余

5 个版中,国际新闻 2 版,全国新闻 1 版,本地新闻 2 版。

国际新闻、全国新闻、地方新闻的版面配置,反映出一家新闻媒体的编辑方针,也折射出该媒体的新闻观念。

三、以新闻的时间性来分类

这种分类把新闻划分为两大类:突发性新闻、延缓性新闻。突发性新闻是对出乎人们预料而突然爆发的事件的报道。例如,突然发生的灾难(空难、火灾、车祸等等),突然爆发的战争,突然生变的政局,不期而至的天灾(地震、海啸、暴风),等等。这类新闻常常是新闻媒介的主角。延缓性新闻是对逐步发生变化的事情的报道。例如,天气渐渐热起来了,物价在慢慢降低,青少年的平均体重逐步增加,等等。

突发性新闻有明确的发生时间,精确到几点几分几秒;而延缓性新闻却很难有明确时间,往往只能以“近来”“最近”“近日”之类的模糊词汇来写出时间的概数。

四、以新闻与读者关系来分类

这种分类把新闻分成硬新闻与软新闻。这是本节重点讲述的问题。

什么是硬新闻?关系到国计民生以及人们切身利益的新闻。包括党和国家重大方针、政策的制定和改变,政局变化,市场行情,股市涨落,银根松紧,疾病流行,天气变化,重大灾难事故等。这类新闻为人们的政治、经济、工作、日常生活的决策提供依据。

硬新闻有极严格的时间要求,报道必须迅速,越快越好,在有些场合,可以说失之分秒,差之千里,比如在期货市场、股票证券所里,在伊拉克战地,在奥运会现场等等,各家通讯社、新闻媒介为争先发表重大新闻不惜工本,采用一切先进技术。新闻事件现场真正称得上是争分夺秒的战场。

硬新闻的另一个要求是报道尽可能准确,信息尽可能量化。请看下面一则新闻:

国际油价盘中首次突破每桶147美元

新华网纽约7月11日电(记者　杨蕾)　由于市场担心中东地区局势紧张有可能影响全球原油供应,国际油价11日再次刷新历史最高纪录,纽约、伦敦两地油价首次在盘中双双突破每桶147美元。

当天,纽约商品交易所8月份交货的轻质原油期货价格创下每桶147.27美元的盘中新高后,收于145.08美元,较前一交易日上涨3.43美元。伦敦国际石油交易所8月份交货的北海布伦特原油期货价格上涨2.46美元,收于每桶144.49美元,盘中最高见每桶147.50美元。

分析人士指出,国际油价11日大幅上涨的主要原因仍然是中东局势持续紧张导致市场担心全球原油供应不足。伊朗本周在军事演习中成功试射多枚导弹,其中部分导弹射程可覆盖以色列全境及美国设在中东地区的军事基地。美国国务卿赖斯10日警告伊朗,美国将坚决捍卫海湾地区安全及盟国的利益。

尼日利亚南部产油区局势不稳以及巴西石油工人可能在下周举行罢工等消息也加剧了投资者对全球原油供应紧张的担心。

此外,11日美元对欧元汇率下跌,推助以美元计价的原油期货价格走高。

当天,纽商所8月份交货的汽油期货价格每加仑上涨5.23美分,收于3.5632美元。8月份交货的取暖油期货价格每加仑上涨3.92美分,收于4.0766美元。8月份交货的天然气期货价格每千立方英尺下跌39.6美分,收于11.904美元。①

这则新闻几乎全是由数字构成的,数字精确到小数点后两位甚至更多,而这正是了解当时世界油价变化情况所必需的。

而软新闻正相反。什么是软新闻?富有人情味、纯知识、纯趣味的新闻。它和人们的切身利益并无直接关系;它向受众提供娱乐,使其开阔眼界,增长见识,陶冶情操,或作人们茶余饭后的谈资。

软新闻的发生往往没有明确的时间界限,多数属延缓性新闻;软新闻的公开发表也没有时间的紧迫性,它耐"压",早一天迟一天往往无

---

① 引自新华网(www.xinhuanet.com),2008年7月12日。

碍大局。

然而，软新闻很讲究写作技巧，须用生动活泼的文笔来写，写出情趣来，即人们常说的“散文笔法”。请看《杭州“南屏晚钟”获新生》一文①：

> 21日上午10时许，108下雄浑壮阔、沉郁磅礴的钟声，回荡在杭州群山、碧湖上空，宣告绝响百年的“南屏晚钟”的新生。“南屏晚钟”是净慧寺的美称，为著名的西湖十景之一。铜钟在连年战乱中悄然消失，钟声沉寂近百年。现在的钟是日本佛教界1984年10月捐资相助，重铸而成的。……

这条新闻既有趣味，又含知识，作者用散文笔调对钟声作了描绘，读来兴味盎然。

虽然不同的人（或群体）对新闻有不同的需求，但从总体上说，人类必须在硬新闻获得满足以后才会需要软新闻；从总体上说，新闻媒介也是以传播硬新闻作为生存、发展的基础。

硬新闻与软新闻在分类上是严格区分的，但在新闻实际工作中，硬新闻与软新闻是可以转换的。“一个关于犯罪的报道如果以肮脏的犯罪事实开头后转向对趋势、源头以及解决方法的分析，可以被称作是硬新闻。反之，如果一个犯罪报道只是报道了犯罪细节、描述了受害者的眼泪以及受害者亲朋好友的悲伤，那就是软新闻。”②同一个题材，不同的重点、不同的视角，形成两类不同的新闻，这就是所谓的“硬新闻软包装”，以娱乐化的视角来报道硬新闻。随着竞争加剧，媒体的娱乐化取向加剧，“硬新闻软包装”的使用越来越普遍。

2020年7月10日，由于连日暴雨，新安江水库开闸放水泄洪，这是61年来新安江水库第四次放水，而且第一次9孔闸门都放水，成为历史上最大一次泄洪。泄洪共8天，下泄水量总共达30.98亿立方米，相当于214个西湖。这样的大流量泄洪淹没了新安江水库下游富春江、钱塘江两岸的大片农田、村庄、街道、工矿企业，损失惨重。伴随着新安江水库泄洪是壮观的泄洪场面以及库里养殖的大批大批鱼群随流

---

① 载《人民日报》1986年11月22日。

② ［美］W. 兰斯·班尼诗：《新闻：政治的幻象》，杨晓红、王家全译，当代中国出版社2005年版，第15页。

而下。很多大鱼游到被淹的街道以及一些家庭的厅堂里。这本来就是一条灾难性新闻,属于硬新闻。但我们在网络媒体里看到的,却是万众欢呼新安江泄洪的壮观,人们在街道上追逐抓鱼的欢笑,在居民家厅堂里鱼群自由穿梭的奇观。而农田被淹、街道成泽、家庭进水给社会、给居民带来的灾难全不见了。这样的新闻当然带来极震撼的视觉冲击,点击率创下新高。但这样报道实实在在是“把丧事当喜事办”,把自己的欢笑建立在别人的痛苦之上。严肃媒体、主流媒体绝对不应该这样报道。所以“硬新闻软包装”要慎重对待,并不是所有硬新闻都可以软包装的。

第三章

真实性是新闻的本质规定

真实是新闻的生命，坚持新闻的真实性是新闻工作最基本的职业属性。事实是神圣的，敬畏事实是任何新闻工作者的第一信条。无论在任何国家、地区，在任何历史时期，新闻工作都要以坚持真实作为起点，以追求真相作为理念，以认识客观事物作为基本预设，以厘清来龙去脉作为基本逻辑。

第一节　新闻真实性的基本要求

新闻真实性指的是在新闻报道中的每一个具体事实必须合乎客观实际，即表现在新闻报道中的时间（when）、地点（where）、人物（who）、事情（what）、原因（why）和经过（how）都经得起核对。这个要求看上去很简单，但一到实际工作中就显得很复杂。复杂的基本原因在于：任何新闻报道都是经过选择的。这种选择有两个层面的含义：一是新闻工作者必须从每时每刻变化着的世界中选择极其有限的事件用以公开传播；二是对选中的每一个事件还得再选择其中的部分事实公开传播，这里有个主次、重轻、缓急的选择。在这样的选择过程中，必定会有不同的认识、不同的价值取向。于是，同一个事件，不同传媒报道出来可能会大相径庭，但谁都会宣称自己的新闻是唯一真实的。

举个例子，2020 年 4 月，美国明尼苏达市一名用假币买东西的黑人弗洛伊德被当地一名白人警察抓获，后又被这名警察按倒在地，跪压颈部窒息而死，旋即爆发全美抗议运动"Black Lives Matter"（BLM，黑人命也是命）。

全球各家媒体都在报道这场席卷美国、声势浩大的抗议浪潮，但呈现在我们面前的景象却有巨大反差。有些媒体集中于黑人、白人、亚裔、拉美裔联合在一起，举着标语牌，要求消除种族歧视，和平游行。有些媒体在表现游行抗争的同时，大量镜头集中呈现一批黑人打、砸、抢、烧，许多城市的街头一片狼藉，如同战后叙利亚的街道。有些媒体报道弗洛伊德之死引发人们的哀悼，有些媒体却爬梳出弗洛伊德偷窃、抢劫的种种劣迹。从新闻真实性要求来看，所有报道都是事实，没有捏造、歪曲，只是重点不同而已，但呈现在我们面前的是完全不同的景象。为什么会这样？要弄清这个问题，就要了解和新闻真实直接相关的几组概念。

一、真实性与客观性

新闻真实性与客观性是紧密相连的一组概念。新闻报道客观性的核心是把事实与意见分开。把事实与意见分开，不仅指新闻只呈现事实、评论才发表意见，更主要的是传播主体（记者、编辑）要克服个人的偏见，"不能用自己的意识、意志、情感等改变对象的本来面目"[①]，以不偏不倚的超然态度实录事实的本来面目，这是实现新闻真实的前提。客观性原则在具体操作中，有三条基本要求：完整——该事件的基本构件不能缺失，防止以偏概全；平衡——不同见解得以平等表达，防止一面倒；中性词汇——防止带有情感的、偏向性的词汇。从这个意义上讲，客观性原则以及操作方法是确保新闻真实性所必需的。在BLM运动的报道中，有些媒体的报道偏离了客观性原则，造成以偏概全，产生了完全不同的景象。

二、真实与现实

世界上任何事物都是相互联系的。新闻报道要真实地反映一个事件，必须注意到上下左右的联系。这就要求新闻工作者从事实的全部

---

① 杨保军：《新闻真实论》，中国人民大学出版社2006年版，第168页。

总和中抽取事实，而不是带着固定的观点到现实中找例子，或者孤零零地表现一个事件。列宁说过："社会生活现象极端复杂，随时都可以找到任何数量的例子或个别的材料来证实任何一个论点。"[①]但罗列一般事例没有任何意义，甚至会起相反的作用。因为在具体的历史情况下，一切事情都有它个别的情况。我们说"四人帮"控制下的报纸弄虚作假，这不仅指他们大量地制造假新闻，像《天安门广场的反革命政治事件》（1976 年 4 月 8 日《人民日报》）、《大辩论带来大变化》（1976 年 1 月 14 日《人民日报》），关于"风庆"轮首航报道《独立自主、自力更生的一曲凯歌》（1974 年 10 月 12 日《人民日报》）等等，而且是指他们还玩弄个别事件，制造"形势大好，越来越好"的假象。"文革"十年浩劫，已使国民经济濒临破产。但中国如此之大，要找几十个、几百个生产发展的例子并不困难，要找人民生活得到改善的少数例子也很容易。

又比如当下的西方媒体，一个不成文的规定就是不能报道中国的正面新闻。于是，在这些媒体镜像下的中国，不是"中国威胁论"就是"中国崩溃论"。就算他们每一篇关于中国的报道都是真实的，但中国如此之大、如此复杂、如此变化迅速，要找几十个、几百个负面新闻并不困难，因此他们形塑的中国整体形象却是虚假的。正如列宁所说，如果新闻所报道的事实"不是从全部总和、不是从联系中去掌握事实，而是片断的和随便挑出来的，那么事实就只能是一种儿戏，或者甚至连儿戏也不如"[②]。西方一批严肃学者对新闻媒介也提出类似的要求，形成大众传播社会责任论的《一个自由而负责的报刊》一书，对负责任的报刊提出五点要求，其中第一点就提出："对每日事件给予真实的、全面的和理智的报道，并将它们置于能显示其意义的特定的前后联系之中。"[③]

三、真实与真相

报道真实的新闻不易，揭示事情的真相更难。一个事件的发生，人们看得见、摸得着，而真相隐蔽在事件背后，错综复杂、扑朔迷离。

---

① 《列宁全集》第 2 卷，人民出版社 1956 年版，第 37 页。

② 《列宁全集》第 23 卷，人民出版社 1957 年版，第 279 页。

③ ［美］新闻自由委员会：《一个自由而负责任的新闻界》，展江译，中国人民大学出版社 2004 年版，第 21 页。

有些事件的真相是错综复杂的权力斗争、经济利益斗争,相关的人和机构会设置种种障碍,甚至威胁到相关人员的生命,调查美国“水门事件”的两名《华盛顿邮报》记者鲍勃·伍德沃德和卡尔·伯恩斯坦花费一年时间才揭露真相,而“水门事件”吐露真相的马克·费尔特(时任美国联邦调查局副局长)过了30年才敢公开承认自己是“水门事件”的深喉。

还有许多真相可能永远都无法查清。例如,2014年3月,马来西亚航空公司MH370航班突然在南印度洋上空消失,机上227名乘客和12名机组人员失踪。2014年7月17日,又是马来西亚航空公司MH17航班,突然遭受外来袭击,坠毁在乌克兰东部边境,机上283名乘客和15名机组人员全部遇难。空难发生后,经过多年调查,至今没有查清原因,真相不明。

真相决定着每一个事件的本质(性质),是需要艰苦探索的,正如马克思所说:“如果事物的表现形式和事物的本质会合而为一,一切科学就都成为多余的了。”①“透过纷繁复杂的现象反映带规律性的东西”,要经过相当艰苦甚至相当漫长的道路,这基本上是科学研究机构的任务,新闻媒介无论如何承担不了。

第二节 真实性是新闻的生命

一、真实性是新闻工作的职业要求

每一个职业(行业、专业)都承担着社会赋予的职责,这是人类求生存、图发展的本质。现代社会,新闻业的基本社会职责是瞭望者,而不是调解员或者慈善家。新闻业承担着向社会提供信息的职责,这是人们决策的前提。没有真实可靠的信息,人们就无法即时、全面、准确地了解客观世界,做出恰当的决策。因此,真实是新闻的生命。坚持新闻真实性是新闻工作的起码要求,也是最高要求,新闻必须真实,是新闻工作的第一信条。无论是资产阶级新闻事业,还是无

① 《马克思恩格斯全集》第25卷,人民出版社1975年版,第923页。

产阶级新闻事业，新闻必须真实，这是共同的要求。联合国国际新闻信条第一条规定：报业及所有其他新闻媒介的工作人员，应尽一切努力，确保公众所接受的消息绝对正确，他们应该尽可能查证所有消息的内容，不能任意歪曲事实，也不可以故意删除任何重要的事实。

这是世界各国绝大多数的新闻机构共同承诺的。除此之外，世界各国的新闻机构还通过各种形式，例如新闻法、记者公约等规定了新闻必须完全真实的条文。无论是在过去还是在现在，西方一些比较著名的大报对新闻真实性一直比较重视。例如，美国著名报人普利策在主持《世界报》（从 1883 年到 1911 年）期间，一再对记者强调“准确、准确、准确”，“光是不登假报道还是不够的……必须把每一个人都与报纸联系在一起——编辑、记者、通讯员、改写员、校对员——让他们相信准确对于报纸就如贞操对于妇女一样重要”①。

二、在我国坚持新闻真实的极端重要性

我国新闻事业所以要特别强调新闻的事实性，是出于对党和人民事业高度负责的崇高责任感。

1. 坚持真实，才有助于党和人民正确认识客观世界，更好地改造客观世界

我们在第一章中反复说明，一切正确的判断和决策都建立在真实的、全面的情况之上。人们获得客观世界变动的情况当然会通过各种各样的途径，但大众新闻媒介无疑是人们获得国内外所发生的重大事件信息的主要渠道之一。它对于人们的思想、行动，不论是领导机关的重大决策，或是企业单位的生产安排、人们的日常生活，都有巨大的影响。

搞假报道对我国的政治、经济所造成的严重恶果，最明显的例子莫过于 1958 年至 1960 年报纸上的浮夸风和十年内乱时期的“造谣新闻”。这两次性质不一样，但对政治、经济所造成的破坏力都是很大的。就像 1961 年 5 月，刘少奇同志在详细分析了《人民日报》过去 3 年

---

① 引自美国英文版《约瑟夫·普利策和新闻事业》，美国 U&C 出版社 1966 年版。

的错误后指出[①]：

> 三年来[②]，报纸在宣传生产建设成就方面的浮夸风……对实际工作造成了很大恶果。你们宣传了很多高指标，放卫星，在这个问题上使我们党在国际上陷于被动，报纸宣传大办万猪场，结果是祸国殃民。

这两个例子都发生在特殊时期，在平时，新闻失实同样会造成恶果。2008 年 9 月 11 日，《京华时报》刊登题为《招行投资永隆浮亏百亿港元》的消息，引发了股市巨大波动，报道当日招商银行的股价暴跌，导致 A 股流通市值损失 127.5 亿元。虽然第二天招商银行发布声明澄清真相，指出所谓的“浮亏百亿港元”是媒体数据采集错误，但是所造成的经济损失已经无法追回了。

同样是数据取用不当，2011 年的另一条假新闻可害苦了广东的蚝农。2011 年 11 月《羊城晚报》报道了广州建滔（南沙）石化公司排污口邻近海域海洋生态环境质量处于差的状态，并援引专家的话提醒市民，重金属容易富集在海洋生物体的肾、肝脏、性腺、鳃中，如市民经常食用的生蚝中，铜元素和镉元素分别超标 740 倍和 90 倍。这条新闻一出，立刻引发了社会广泛关注，随即生蚝销量大减，仅阳江市红光村，蚝农日损失就接近百万元。事实上，“生蚝铜元素超标 740 倍”的说法是媒体摘自中科院南海海洋研究所一位博士的论文，该论文标注相关数据引自 2004 年公开发表的另一篇论文，但后者全文并无此类表述。这组带有瑕疵的数据被草率地传播出去，让蚝农有苦说不出，只能咽下媒体酿的苦水。

新闻的真实性直接关系我国的政治、经济、军事、文化工作和人们的思想、日常生活。这就需要新闻工作者以高度的责任感来维护新闻真实性，细心谨慎地对待每一个事实。

2. 只有坚持真实，才能坚持真理，我们的宣传报道才会有力量，人民才会跟着共产党走

列宁说过：“如果认为人民跟着布尔什维克走是因为布尔什维克

---

① 引自 1961 年 5 月 1 日刘少奇《关于人民日报工作的讲话》。

② 指 1958—1960 年。

的鼓动较为巧妙，那就可笑了。不是的，问题在于布尔什维克的鼓动内容是真实的。”①

无产阶级新闻事业的全部历史证明了这一点。在革命战争年代，尽管我们党的新闻事业的物质条件极差，规模也很小，但它却能赢得人心，并击破国民党的谣言攻击，一是靠我们的新闻事业为人民说话，二是靠真实取信于民。人民决不会担心上当受骗，他们义无反顾地按照报纸上指点的去行动。报纸能够得到人民如此的信任，该会有多么强大的力量，那的确是“一枝笔抵上十万支枪”。而报纸上只要有一个事实失实，人们就会怀疑九十九个事实的准确性。一旦人们对报纸心存戒意，将信将疑，“假作真时真亦假，真作假时假亦真”，报纸的宣传作用就将大大降低，甚至完全丧失。

2012 年 11 月 17 日，浙江日报报业集团所属《今日早报》在头版刊登了一张女兵学习十八大的照片，图片说明为：“11 月 16 日，温岭市石塘镇雷公山民兵哨所的女哨员们，正在学习党的十八大会议精神。”细心的网友将照片上 7 个女兵拿的报纸一一核查，发现手持 14 日《人民日报》的女兵在看第四版，而第四版的内容是珠海航展；拿着《台州日报》的女兵是在看第十二版，该版是整版的苹果手机广告，很明显这是一张摆拍的照片，网友纷纷留言表示：“抵制摆拍！”这本是一条反映基层民众对十八大关注的好新闻，却因为摆拍弄巧成拙，使基层记者职业操守受到质疑，大大削弱了新闻宣传的效力，其负面影响不容小视。

3. 只有坚持真实，才能切实加强党和人民的联系，才能使人民和党心连心

党的方针、政策，总是根据现实的变动、考虑到全面的情况来制定的。要使党的方针、政策为群众所理解、所接受，不但要讲清道理，还需要把现实情况真实全面地告诉人民，让人民和党一起来思考，人民才能正确地理解它，自觉地去执行。同时，党的领导机关也需要通过新闻机构来了解政策在实际执行中的情况，了解人民的反映，根据实际情况，加以修订、补充，不断趋于完善。保证新闻真实和情况反映真实，是党和人民相互联系的这座桥梁上的钢铁支柱。一旦真实性原则产生动摇，这座联系的桥梁也将动摇。关于这一点，刘少奇在《对华北记者团的谈话》中有中肯的论述：

---

① 《列宁全集》第 30 卷，人民出版社 1957 年版，第 273 页。

> 你们的报道一定要真实，不要加油加醋，不要戴有色眼镜。群众对我们，是反对就是反对，是欢迎就是欢迎，是误解就是误解，不要害怕真实地反映这些东西。唯物论者是有勇气的，绝不要添加什么，绝不要带着成见下乡。党的政策到底对不对，允许你们去考察。如果发现政策错了，允许你们提出，你们有这个权利。如果你们看到党的政策大体上是对的，但是还有缺点，也要提出来。这是不是不相信党的政策呢？不是的。党的政策是否正确要在群众实践中考验。你们要把党的政策的执行结果如实告诉我们，中央时刻在准备考验自己的政策。中央是这个样子，各级党委也应该是这样子。如果政策有错误，就改正它，如果它是不完全的，就把它补充得完全起来。马列主义的领导，应该如此……你们不要怕反映黑暗的东西，当然，有的是不宜发表的。①

刘少奇在《对华北记者团的谈话》中，是从加强党和群众的联系方面来论述新闻真实的极端重要性，反复告诫记者："党依靠你们的工作指导群众，向群众学习。因此，你们做得好，对党对人民的帮助就大；做不好，帮助就不大；如做错，来个'客里空'，故意夸大，反映得不真实，就害死人了。"②这个论述是很深刻的。

4. 只有坚持真实，才能使我们的新闻事业取信于民，赢得人民的尊敬和信任，我们的新闻媒体才能具有权威和公信力

宣传要使人民信服，最重要的因素是什么？是宣传者(宣传机构)在受众心目中的信任度。信任度越高，宣传就越能取得效益。最好的宣传者是受众把他们当作"自己人"，这就是"自己人效应"。很明显，信任的，人们就不会怀疑；怀疑的，人们就不会信任。一旦受众怀疑宣传者的诚实，那么宣传者即使讲真话也一时难以使受众信服。

在当前开放的环境中，新闻媒介在受众心目中的信任度显得更加重要。现在，外国电台、电视台、报纸、杂志通过各种手段瞄准中国，和我们的新闻媒介激烈地争夺受众。在此格局下，谁在受众的心目中信任度高，谁就能争取到受众；同一事件，不同的说法，哪家新闻媒介的信任度高，受众就相信哪一家的说法。要取得受众的信任，最主要的就是必须坚持真实，向人们说真话，向人民宣传真理。

---

①② 《刘少奇选集》上卷，人民出版社 1981 年版，第 402—403 页。

2003年“非典”期间，广州媒体由于没有及时对病情进行报道，结果使“禽流感、炭疽、霍乱爆发”的谣言满天飞，不仅使“非典”病情扩散恶化，而且刮起板蓝根、白醋、口罩的抢购潮，使整个广州城市陷于强烈的不稳定状态中。8年之后的2011年，日本大地震和海啸造成的核泄漏并未影响到中国，中国却突然掀起一阵抢购食盐风潮。自3月16日起，全国部分地区四处可见排队购盐的长龙，购者成箱整捆地搬运，场面好不壮观。商家火了，个别的还趁机涨价。手机短信“你买盐了吗”满世界飞，很快，一些商场挂出了“本店食盐已售完”的牌子。这一次媒体果断地做出了判断，在24小时内展开调查报道，对谣言予以反击。事件在3月18日后渐渐平息，老百姓恢复理性购买。应该说，由于及时地进行正确的报道，在这场与谣言的战斗中，媒体打了一次胜仗①。

5. 只有坚持真实，才能“让中国了解世界，让世界了解中国”，营造有利于中国发展的良好国际氛围

当前，经济全球化不可阻挡，尤其是中国在2001年正式加入WTO以后，中国经济加速和国际接轨，中国公众通过媒介来了解世界，世界各国公众同样通过媒体了解中国。特别是近10年来，中国经济高速发展，国际地位日益提高，世界各国对中国的变动日趋关切。新闻报道的真实性，直接关系到中国对世界事务的判断，和世界各国对中国事务的判断。

2010年7月27日环球网报道了当时正在青岛举行的军事演习。该新闻连环套般地引用了三家境外媒体的报道——美国世界新闻网(华文报纸《世界日报》所办的网站)7月27日引用台湾“中央社”的报道称，美韩联合军演正在日本海如火如荼举行，中国人民解放军在黄海已“先发制人”，26日晚上，在濒临黄海的解放军北海舰队的总部所在地山东青岛，全体市民都目睹了空中一幕：数百架战机呼啸着飞过上空，持续时间长达40分钟。该文章引述香港《明报》报道称中国这种大规模的军机调动，若不是大规模军事演习的前兆，就是对内对外的强烈警示。7月30日，国防部新闻发言人耿雁生在新闻发布会上指出，据他了解，根本没有“数百架战机飞越青岛的上空，并且时间长达40分

---

① 李林：《“抢盐风潮”：来也匆匆，去也匆匆》，载《人民日报》海外版2011年3月22日。

钟”此事，耿雁生说，在这些媒体报道中国军队军事演练的消息中，“有些是子虚乌有、以讹传讹”①。

政治、经济、军事、外交等重要领域的严肃新闻常常直接关系国家形象、民族形象或国家、民族利益问题，记者在处理时要慎之又慎。这则由外国新闻媒体炮制、被国内权威媒体传播的报道，不仅是对中国军队正常训练活动的过度猜测和解读，而且与我国军队谋求更加开放、务实和透明的初衷背道而驰，不仅抹黑了我国军队和国家的形象，还对地区安全未定局势带来负面影响，危害不可谓不大。

第三节 新闻失实的主要表现及性质

一、新闻失实的主要表现

从全球、全国情况看，对全球、对国家、对公众造成重大伤害的新闻失实主要是三个方面。

1. 无中生有，捏造事实

20世纪后期，美国发动的两次海湾战争都从捏造事实开始，以此博得公众支持。美国学者苏珊·L. 卡拉瑟斯在《西方传媒与战争》中指出：每当战争来临的时候，真实性总是“第一个受害者”②。这似乎已经成了一条不变的真理。两次海湾战争就是生动例证。1990年8月2日，伊拉克入侵科威特并宣布吞并科威特。1991年1月17日，以美国为首的多国部队在取得联合国授权下进攻伊拉克。而在此之前，美国进行了一系列舆论准备，其中最著名的是一位名叫Nayirath的15岁科威特女孩，在美国国会声泪俱下地诉说抢掠成性的伊拉克军人将婴儿从医院保育箱中扔出去，这大大激怒了国会议员们；而时任美国总统布什在5个星期里5次重复这个故事，从而激怒了美国公众，他们一边倒地支持美国政府出兵严惩“当代希特勒”伊拉克总统萨达姆。战后，人们发现，这个故事中的小女孩实际上是科威特驻美大使的女

---

① 参见《2010年十大假新闻》，载《新闻记者》2011年第1期。

② ［英］苏珊·L. 卡拉瑟斯：《西方传媒与战争》，张毓强等译，新华出版社2002年版，第28页。

儿，她声泪俱下的故事是由美国一家希尔公关公司杜撰的，但美国政府的目的达到了。第二次海湾战争是2003年3月20日以美英军队为首联合多国军队绕开联合国对伊拉克发动进攻。在战争爆发前，美国政府故伎重演，向全球散布"伊拉克违背联合国决议，拥有生化武器等大规模杀伤性武器，并暗中支持恐怖分子"的信息，为其进攻伊拉克造势。但事后，美国军队把伊拉克翻了个遍，也没有找到任何大规模杀伤性武器，也没有暗中支持恐怖分子的任何材料。目前，在国际局势风云激荡之际，无中生有、编造谣言已成为国际舆论战的基本手段。

在国内，近些年来，各类谣言常常搅得社会鸡犬不宁、骚扰不安。2011年3月11日，日本发生大地震，核电站被毁，引发核辐射的危险。此时，一条"含碘盐可以防辐射"的谣言忽然传遍大江南北，从而引发大规模抢购市场碘盐风波，有些市民甚至一下子购买万斤以上海盐，市场上一盐难求。后经各地政府做工作，很快得以平息。而在2020年年初的新冠疫情期间，各种各样的谣言像病毒一样传播，搞得人心惶惶。有些专家曾说：现在我们在与两种病毒作斗争，一种是新冠病毒，另一种就是谣言。

2. 似是而非，歪曲事实

这一类新闻失实的共同特点是：以一个（件）事实为依据，增增减减，曲解原意，搞成似是而非，很具迷惑性。常见做法是：或添枝加叶，任意拔高；或张冠李戴，移花接木；或故意遮掩部分事实，要件残缺；或偷梁换柱，因果不符；等等。以上这些都是长期以来新闻失实的重要手法，但都是旧套路。近些年来，"悬疑新闻""标题党"和曲解文件、谈话的原意以制造轰动效应，是三种新手法。

第一类是"悬疑新闻"。"悬疑新闻"是指对尚未发生的或者尚待求证的新闻事实进行不置可否地报道，并试图通过这一点悬疑（或者说存疑）来吸引和满足受众知情的期待[①]。如"湖南'摩的'司机疑遭钓鱼执法后自杀""'亡命之途'西汉高速：或因节约成本酿成'8·10'事故""传云南小学生用江水泡饭　校长称是生活习惯"等，"悬疑新闻"常将"疑""或""传"等推测性质的词写入新闻标题[②]。

---

① 引自《新闻实践》2009年第3期专栏《多棱聚焦　悬疑新闻》的"编者按"。
② 李浩燃：《"悬疑新闻"当休矣》，载《人民日报》2014年9月9日第4版。

第二类是"标题党"。"标题党"这一称呼泛指那些利用各种颇具"创意"的标题赚取点击率的网民和网站管理者①。2017年6月10日，美国《纽约时报》发表文章《中国工厂遇到了美国工会》，称中国企业家曹德旺在美国创办的工厂内部发生人事与管理纠纷，员工自发组建工会。这一事件被互联网用户以充满情绪化的标题改写和传播。如"曹德旺花10亿美元在海外建厂，却换来辱骂、游行、冲突、罚款"等。曹德旺对此批评说："我更希望看到的是中国国内媒体的严肃报道和分析，而不是夸大其词和编造谣言。靠谣言来吸引眼球并赚钱，不但卑鄙，而且也太可怜了。"②

第三类是曲解原意。我们来看一条新闻：2020年4月1日，各大网站疯传一条爆炸性新闻，特朗普酝酿最重大决定：所有美国公司全撤离中国，搬家费政府出。看这条新闻，似乎中美经济要全面脱钩、一拍两散？但实际上，这条新闻来自白宫经济顾问委员会主任拉里·库德罗在FOX频道上的一次谈话，白宫正考虑美国在华企业搬回美国的费用可以在财务上作税前列支，说白了就是可以让企业少缴点税，但大部分搬迁费还得企业自掏腰包，绝非由政府全部买单。

以上三种手法的共同点是：似是而非，似真而假，还很难以"制造谣言"来定罪。你批评他造谣，他辩称"我已说了这是疑似"；你批评他歪曲，他辩称"我只是理解不当"；你批评他故弄玄虚，他辩称"我的新闻主体部分没错"。这就是所谓的"打擦边球"。

3. 隐瞒、掩盖重大事件、重大事故

新闻失实不仅仅指已经公开报道的新闻，同样包括隐瞒、掩盖重大事件。隐瞒、掩盖重大事件对国家、公众的伤害可能比公开报道新闻的弄虚作假还严重。在近代史上，最严重的瞒报事件就是苏联的切尔诺贝利核电站爆炸。1986年4月26日，该核电站因违规操作引发爆炸以后的7天时间内向外只称发生火灾，并非核事故。结果，致命的核灰尘向西飘到欧洲各国，瑞典政府紧急向苏联报告，苏联才明白事故的严重性，不得不公开核电站爆炸真相。由于未能及时防护，大概有9.3万

① 赵强：《警惕"悬疑新闻"背后的"标题党"》，载《人民日报》2014年9月12日第4版。

② 案例引自微博"清华孙立平"2017年6月19日博文《对曹德旺，你幸灾乐祸的是什么?》，http://www.weibo.com/1082896707/F8AHHpTSr? type=comment。

人死于核辐射,20 万人因核污染致癌,直接经济损失达 2 000 亿美元,而核辐射的影响至今还在。

正是基于对瞒报、谎报重大事件所产生的严重后果,我国党中央、国务院严查、严惩一切瞒报、谎报事件,2011 年 6 月 15 日专门颁布《生产经营单位瞒报谎报事故行为查处办法》。在 2020 年年初新冠疫情暴发后,党中央、国务院多次强调严查、严惩一切瞒报、谎报、迟报疫情,对于有效控制疫情产生重要影响。

二、故意性失实和非故意性失实

新闻失实,就其性质来说,可分为两种: 故意性失实和非故意性失实。

1. 非故意性失实

在采、写、编新闻的过程中,作者并没有觉察到自己报道的事实与实际情况不符。这种失实主要是媒体从业者的专业能力不足造成的。有的记者采访不深入,以讹传讹,造成失实。也有编辑把关不慎、核对不严造成新闻失实的。

2013 年北京时间 9 月 8 日凌晨,国际奥委会第 125 次全会在阿根廷布宜诺斯艾利斯进行,对 2020 年夏季奥运会承办权进行投票。央视提前宣布“东京被淘汰”,新华社在凌晨 3: 04 分发了通讯稿,新华网也在 3: 10 分发布快讯“伊斯坦布尔胜出”。而最终的结果却是东京获得了 2020 年夏季奥运会的举办权,这是怎么回事呢? 原来,本次参与最后申办 2020 年夏季奥运会的城市有 3 个,分别是伊斯坦布尔、东京、马德里。先是第一轮投票伊斯坦布尔与马德里得票相同需要加投的时候,被央视误认为东京首轮即遭淘汰。然后在马德里和伊斯坦布尔的直接竞争中,伊斯坦布尔获得 94 票中的 49 票,超过马德里而顺利胜出。此时,新华社却似乎将“加投”错误理解成“决胜”,以为伊斯坦布尔战胜马德里,直接发出“伊斯坦布尔获得 2020 年夏季奥运会主办权”的快讯。最终,北京时间 4: 20 分,国际奥委会主席罗格亲自宣布: 获得 2020 年夏季奥运会举办城市——东京。

这次媒体的报道失误,要么是相关记者对申奥的程序不了解、不熟悉,要么就是粗心大意,搞错了简单事实。虽然仅仅是技术性错误,是非故意性失实,但对央视、新华社的声望,对全国报业造成的损失是巨大的。实名认证为“长沙晚报社副总编辑”的微博称，新华社的“乌龙”害苦全国报纸，《长沙晚报》几十万份报纸被紧急追回、改版、重印，损失巨大①。

2. 故意性失实

明明知道自己所写的新闻与实际情况不符，却明知故犯，造成新闻失实。其原因比较复杂，有新闻队伍内部问题，也有社会原因。这样的新闻失实是对新闻理念与价值的巨大伤害。20 世纪著名的新闻骗局——“捷克大学学生之‘死’”——就是一个典型案例。

1989 年 11 月 17 日，路透社驻布拉格记者让科夫斯基发出一条电讯，称当天布拉格青年举行的纪念捷克斯洛伐克爱国青年奥普列塔被纳粹杀害 50 周年的游行中，一位名叫马丁·什米德的大学生被警察打死。这一消息立即被“美国之音”等西方新闻媒介大量传播，“舆论都被动员起来反对当局”，诱发了一系列剧变——

11 月 19 日，布拉格发生上万人参加的抗议游行，示威者从传说中大学生死亡的地点向瓦茨拉夫广场行进。不久布拉格发生百万人大示威，捷共总书记雅克什被迫辞职，捷克斯洛伐克议会修改宪法，取消关于捷共领导作用的条款。反对派组织“公民论坛”领导人哈韦尔当选新总统。

事件真相究竟如何？

事变后当了新总统新闻秘书的前路透社记者让科夫斯基（捷公民）一语道破：“事后查明该消息果然是假的。”他说，是乌赫尔打电话告诉他的。他承认，“技术上说，乌赫尔应该继续服刑。他和我都报道了假消息，而且很具有煽动性，实际上可以造成很大破坏。……幸而结果‘一切大吉’”②。

第四节 “后真相时代”与新闻失实

只要有新闻就会有新闻失实，维护新闻真实性是一个永恒的话题。

---

① 参见《2013 年虚假新闻研究报告》，载《新闻记者》2014 年第 1 期。

② 宋坚：《“二十世纪最大骗局”——捷克大学生之“死”和蒂米什瓦拉“屠杀”假消息出笼真相》，载《国际新闻界》1991 年第 1 期。

从近些年的实际情况看,新闻失实呈现如下特点和趋势——

(1)纯粹假新闻越来越多,新闻失实愈演愈烈。虽然专业媒体故意造假的新闻已不多见,但社交网络的繁荣,公众参与新闻生产、利益团体的斗争等使得纯粹假新闻层出不穷。最典型的案例就是2016年英国脱欧公投和美国总统大选期间假新闻的泛滥。大量虚假新闻在Facebook、Twitter等社交媒体平台上流传,被认为是影响美国总统选举的一个重要因素。新闻真实性原则正遭受着前所未有的挑战和危机。

(2)虚假新闻呈现出高度的媒介融合特性。互联网环境下,在虚假新闻的链条上,往往是新闻网站、客户端、微博微信公众账号、传统媒体等不同形态的媒体都参与其中。从新闻内容形态来看,以图像、视频为主的融合新闻产品逐渐占据新闻生产和传播的主体地位,不同表现形式的虚假新闻"异彩纷呈"。

(3)社会敏感问题成为虚假新闻高发区。在相当一段时间里,新闻失实主要集中在娱乐新闻上,虽然假新闻总令人厌恶,但娱乐圈里的假新闻与公众切身利益关系不大,从而对公众利益损害不大。而近些年,新闻失实向公共领域蔓延,危及大众的切身利益,包括衣、食、住、行以及大众的日常生活、与工作密切关联的方方面面,甚至捏造政府的公共政策,比如2013年央视报道的假新闻"中国将全面推行先看病后付费制度"。一些假新闻正是搭上了社会敏感问题、公众关切热点的"便车",才能迅速走红网络,轰动全国。例如,2016年的"上海女逃离江西农村""回乡不能上桌吃饭,城里媳妇掀了桌子""礼崩乐坏的东北农村"等虚假新闻的滋生,都与城乡差距大、农村社会问题多有关;《新安晚报》报道的"丢肾风波"、山东电视台生活帮栏目"纱布门"事件,都涉及人们十分关注的医患矛盾。

(4)虚假新闻的存活周期较短,往往很快就被发现和揭露。虽然互联网时代虚假新闻出现的频率高,传播得十分广泛,但伴随而来的是虚假新闻被揭穿、被澄清的速度也大大加快。各种新媒体工具的应用提高了新闻的可视化程度,增强了新闻的透明性,也在客观上为社会各界揭露虚假新闻提供了便利。

这一切,都宣告"后真相时代"已然来临。

2016年,英国《牛津词典》选择"post-truth"(后真相)一词为2016年关键词,并对"后真相"作了注解:"诉诸情感与个人信仰比陈述客观事实更能影响民意。"过去我们说"事实胜于雄辩",现在则是"雄辩压倒事实”,这使得“谎话、流言、绯闻以真相的幌子在网络上肆意流传”①。为什么呢?因为人们判断、认定新闻的真假,不是以自身的经验、理性的分析,而是以是否合乎我的“政治正确”、是否合我的口味、是否适合我的情感。凡是符合我的思想、立场、态度、情感、偏好的,都是真相,假的也是真的;否则,都是假的,真的也是假的。这就使假新闻有了广泛的民粹市场。

而造成这一状况的,又和网络相关。《牛津字典》认为,主流媒体提供的事实越发不被人们信任,而社交媒体成为主要新闻来源。《经济学人》杂志几乎将“社交媒体时代”等同于“后真相时代”②。而社交媒体的用户是圈层化的,共同的价值取向,共同的立场、态度、见解和共同的情感形成一圈圈的群体,他们排斥一切与他们的取向不同的新闻、见解,这就是“后真相时代”深厚的社会土壤。

网络还为假新闻的制作、传播提供了最便利的条件。制作、传播假新闻几乎不需要花费多少成本,却几乎可以带来巨大的政治、经济收益。在叙利亚发生内战之前,流亡在美国的一小群人以“叙利亚之友”的名义,用一台破旧的电脑,每天向全球发布叙利亚政府惨无人道杀害公民的假新闻,西方各大媒体都纷纷转载,造成巨大轰动效应。

在中国,制造谣言更多是谋取经济利益。源源不绝的谣言背后是巨大的经济利益诱惑。食品安全领域一直都是谣言传播的重灾区,特别是一些以视频形式传播的谣言,给受众造成一种“不得不信”的假象。食品安全领域的谣言常常与人们的日常生活密切相关,会引起人们大范围长时间的焦虑与恐慌。谣言在利益助推之下,获得了比真相更多的优先权。2017 年 2 月,一条展示“紫菜是用黑色塑料制作”的视频被大量转发,对紫菜产业造成了非常严重的影响。谣言爆发不久,相关企业收到了勒索电话,称如果不给对方 10 万元钱,这个视频将会继续传播。“神药益生碱”的谣言背后也是一条黑色利益链条。2016 年国家全面放开二孩政策,迎来新一波生育高峰。一种“生男神药”在网络上走红。它是根据生育二胎家庭的普遍心理,编造“碱生男,酸生女”的“科学神话”,以每条帖子 3.2 元的酬金雇用网络水军,集中时间在网站发帖。这些帖子都要求模仿真实用户,用生活化的语言、用社交

① 阮凯、杜运泉:《多维视野中的后真相时代:问题与对策》,载《探索与争鸣》2017 年第 4 期。

② “Art of the lie,” *Economist*, http://www.economist.com/news/briefing/21706498.

化的方式制造的谣言有很强的迷惑性，用谣言来激发人们对现实问题的关注，再利用人们的关注来推广产品。谣言的背后是一个围绕着新的社会需求而存在的利益闭环①。

随着网络视频化、智能化时代的来临，“谣言”也开始“智”造，将会给社会带来更多的危害，这些“智”造的假新闻、假事件具有以下特点：

第一，仿真度很高，欺骗性很强，成本却很低。人工智能的仿真度达到以假乱真的地步，因为人脸可以移植，声音可以复制，只需十来分钟时间就可以制作出一个仿真的短视频，一般人很难辨别真伪。2019年3月，有犯罪分子使用类似AI技术，模仿英国某能源公司在德国母公司CEO的声音，诈骗了220 000欧元。

第二，识别很难，成本极高。正因为人工智能的仿真度高，识别就得很多投入，甚至得请专家来做。过去新闻报道，构成新闻的5W，可以一一去核对，相对容易些。现在采用大数据、人工智能，真假的识别极难。比如，大数据新闻让我们更全面、更立体了解一个新闻事件，但也因为数据大，一旦数据造假，我们怎么去核对？数据重新爬梳、清洗、整理，那得花多少时间？所以，大数据新闻可能成了“大忽悠”。还有AR/VR新闻，事过境迁，我们怎么去核查？

第三，传播时间快、传播面大。5G时代，视频更加清晰，传播速度比4G快10倍甚至百倍，一段假新闻，瞬间传遍全球，封都封不住。这大大提高了假新闻的杀伤力。

第四，制作面更广泛。因为成本低，制作方便，效果超强，助燃了网民的集体狂欢，无意的“闹着玩玩”，有意的“故弄玄虚”。特别值得警惕的是一批青少年，会成为制造假新闻的“快手”“高手”。2016年3月，一名未满16岁的新加坡男学生对李光耀被频频假传去世的谣言感到不满，为了证明谣言容易散布，他制作了一张看似新加坡总理公署网站文告宣布李光耀去世的截图。结果他的举动反而掀起了另一波的谣言，他自己则成为造谣者。许多西方媒体率先中招，导致一些国内媒体也信以为真。造假者的水平不高却令众多媒体难堪不已。这条又以极快的速度得到澄清：3月18日21点50分被爆出，22点15分开始，各网纷纷辟谣、致歉，短短25分钟，假新闻从出炉到广泛传播，再到辟谣，

---

① 郑子愚：《传谣一次赚3.2元！记者潜伏“水军”平台，揭开谣言背后的黑色利益链》，载《上观新闻》2017年8月20日。

直到辟谣本身成为新闻，以致有人感叹这真是一个“快速催熟”的新闻时代①。

这些年来，从中央到地方各级网络管理部门，为制止谣言和假新闻付出巨大努力；各大网络公司都在努力查谣言，不少网民在网络上发起追查谣言的民间组织，成绩斐然。但从历史发展看，新闻与假新闻如影随形，只要社会需要新闻，就一定会有假新闻，只是手段不同而已。防止假新闻、打击谣言，永远都在路上。

① 参见《2016年虚假新闻研究报告》，载《新闻记者》2017年第1期。

第四章

新闻与信息、宣传、舆论

第一节　新 闻 与 信 息

在前面,我们曾讲过“新闻是新近事实变动的信息”,新闻在本质上是一种信息。人们从事新闻活动,无论是口头的、书信的,还是读报、听广播、看电视、上网络,根本目的还在于获取外界变动的信息。信息是整个新闻活动的一根主轴。

一、信息的定义

信息是什么? 国内外学者对信息下过上百种定义,根据所指内涵不同,大致可以分为狭义的信息定义、一般性的信息定义和广义的信息定义。

狭义的信息定义由美国信息科学奠基人香农在 1948 年的论文《通信的数学理论》上提出的:“信息就是用来消除随机不确定的东西。”

一般性的信息定义由美国控制论创始人维纳在 1948 年的《人有人的用处》一书中提出:“信息是人们在适应外部世界,并使这种适应反作用于外部世界的过程中,同外部世界互相交换的内容和名称。”

广义的信息定义最具代表性的是中国著名的信息学专家钟义信教授提出:“信息是事物存在方式或运动状态,以这种方式或状态直接或间接的表述。”

狭义的信息指的是事物的最新变化(新情况、新问题、新发现等等)。新闻工作采用的信息概念就是狭义的信息定义,就是我们所说的,信息用来消除随机不确定性。

一般性的信息就是指人们对外部世界的了解、认识、认知活动,特别是社会交往、社会交流、社会沟通。在互联网上,一切社交平台(包括微博、微信、QQ 群等)上的交流都在一般性的信息概念里。

广义的信息是万事万物的信息,是物质、能量外的第三种资源,或者如维纳所说的,信息就是信息,既不是物质,也不是能量。万事万物都在运动,运动需要物质,也需要能量,同时传递出信息,反映出物质的运动状况。信息的传递需要物质作为载体,所有物质都成为信息的媒介,这就是“万物皆媒”。所以,“万物皆媒”中的信息是广义的信息概念。

正如香农在《通信的数学原理》一书中所指出的:“接收信息和使用信息的过程就是我们对外界环境中的种种偶然性进行调节并在该环境中有效地生活着的过程。”这里的偶然性就是随机不确定性。理解这段话的含义就以一个故事来说明。2020 年 5 月中旬,随着新冠疫情缓解,全国许多高校开始复课了。某学校的一批学生正在教师里听老师上课,突然间,一名学生站起来说,他感到发烧了、浑身怕冷,要求去医院。这一下子就紧张了,课堂老师马上报学校,学校马上报省里,省里马上派救护车接学生去医院,同时,封锁整个教学大楼,不准任何人进出。这名学生发烧,有三种随机不确定性:第一种是普通感冒;第二种是身上其他部位有炎症引起发烧;第三种就是新冠肺炎。如果是第三种新冠肺炎,那事情就大了,得全程追踪病历史,一切密切接触者都得隔离,那就涉及几十名、几百名人员。这名学生在医院检查期间,从省里领导、学校领导到整个学校的师生都在忐忑不安中煎熬。最后,经过了三小时检查、反复确认,这名学生仅仅是普通感冒。三种可能性只取其中一种即消除了随机不确定性,整幢大楼、整个学校的师生欢呼雀跃。这就是信息的重要,这就是新闻的重要。

信息是新闻传播学研究的核心概念。在 20 世纪八九十年代,新闻传播学采用的信息一词基本上指狭义的信息概念。到了 21 世纪以后,随着互联网的迅猛发展,新闻传播学中的信息一词既包括狭义的,也包括一般性的、广义的。这大大拓展了新闻传播学的研究领域,但同时也带来一定的混乱。为此,当我们在运用信息一词时,一定要明确,信息的含义究竟指什么。因为,信息的三个概念,其内涵和外延还是很不相同的。

二、信息的特点

正因为信息能够而且必须消除人们的随机不确定性,因此,信息必然包含着新的情况、新的知识、新的内容。这是信息最基本的特点。

在一般信息的范围内,这一切只能称资料,不能称作信息。除此之外,从与新闻报道相结合的认识角度出发,信息还具备以下五个特点。

1. 共享性或称使用不灭性

这是信息和物质的显著区别。单一的物质,无法共享或同时占有。我给你一个苹果,你给我一个苹果,我们两人各只有一个苹果。但是,你给我一条信息,我给你一条信息,我们两个各拥有两条信息。正由于信息的共享性,才使信息得以传播。一条消息一经新闻机构发布,就可以使亿万受众同时享有。

2. 扩缩性

信息在传播过程中可以压缩也可以扩展。譬如 1999 年 3 月 16 日,华尔街股市道 · 琼斯指数在一片欢呼声中登上万点大关,这是华尔街股市 114 年来第一次。这条消息都被世界各国报纸登在很醒目的位置上。长的不过 500 字,短的只有 100 字,但它也可以浓缩为一句话: 1999 年 3 月 6 日,华尔街股市道 · 琼斯指数突破万点大关。加上标点也只有 30 字,但已把事情讲清了。然而,3 月 28 日上海的《国际金融信息报》发表一整版通讯《华尔街鼓足牛气破万点》,下分 6 小节: ① 破万点,道指又创里程碑。叙述 114 年来,尤其近 10 年来华尔街股市的发展历程。② 领风骚,高科技股创辉煌。剖析道 · 琼斯指数破万点的直接原因是高科技股表现异常活跃,异军突起,一路攀升,反映出美国经济已进入高科技时代。③ 遇良机,经济增长唱主角。分析道指突破万点的最基本因素是经济发展强劲,吸引了世界各国的投资者。④ 望前景,格氏扮演掌舵人。反映各界人士对华尔街股市前景的不同看法和未来走势。⑤ 众揣测,神经牵连华尔街。美联邦银行行长格林斯潘警告股指过高以后,各种股民做出不同的反应。⑥ 保坚挺,家庭财富作后盾。美国经济发展的强劲,以国民消费为第一驱动力;股市的消涨与消费消涨有密切关系。这样一篇通讯洋洋万字,但也只不过写出华尔街股市冰山一角。围绕着道指突破万点,还可以写出一长串文章,比如,它对欧洲、南美、东南亚股市以及经济的即时、未来影响;道指突破万点,究竟有多少泡沫?国外资本涌入美国带来的利弊,等等,还照样可以再写一万字、两万字、十万字。从30字的简讯到几万字的通讯,讲的都是同一件事,这说明信息是可以无限发掘的。

3. 组合性

两个以及两个以上的信息的有机组合,可以产生出新的信息来。

1999年年初,美国国内的一些媒体和政客再度掀起反华浪潮,由头是中国窃取美国核技术机密,故事是一名美籍华人李文和在美国一所实验室工作期间向中国泄露关键性核技术。这实在是子虚乌有的一件事。美国国防部、核技术实验所都出来辟谣,但一些媒体和政党仍然咬住不放。原因何在?目的何在?不同的媒体从不同的角度来分析,它们所组合的信息不同,得出的结论也不同。美国《洛杉矶时报》2005年3月9日发表《从莱温斯基到李文和》一文,把李文和与莱温斯基小姐的性丑闻联系在一起,放在共和党和民主党为争夺下届总统的背景下来看,认为美国国内一些势力掀起反华浪潮旨在打击克林顿总统,为共和党夺取白宫作舆论准备。而《亚洲华尔街日报》3月12日文章《美国内例行的春季反华攻势又开始了》,细数多年来美国春季总要以各种借口,掀起一股反华浪潮,其目的是为延长中国最惠国待遇制造麻烦,迫使中国做出种种让步。而3月15日出版的《亚洲周刊》刊登《美在亚洲军事扩展的一步棋》,把李文和案件和美国不断增长的军费开支联系起来(在2000年度财政预算中,军费增加120亿美元,以后6年将增加1 100亿美元),从而揭示出美国政客们的真正用心:为了美国的军事扩张、独霸全球制造假想敌。而3月23日的日本东京《时报》报道《从间谍案看美国种族政治歧视》则把李文和案放在美国种族歧视的背景下来考察,揭露美国人权的双重标准的本质。同一个信息(李文和案件)和不同的信息组合,显露出新的信息来(新动向、新观点、新情况)。

人的大脑既是信息的贮藏库,又是信息组合的加工厂。这就是我们经常说的联想——当接收到外界的新信息时,把新的信息和原先贮存的信息结合起来,从而产生新的信息(新的认识、新的观点等)。

对信息进行组合的能力,反映出每一位记者的水平。新闻界越来越认识到,新闻背后的新闻往往比新闻本身还重要。

4. 信息运用的多角度性

这是信息和物质的又一显著区别。物质的使用属性在生产过程中已确定下来,但人们对信息的认识却往往"仁者见仁,智者见智",因而也会从不同的角度运用信息。1999 年 4 月 20 日、21 日,全国最大的两家彩电生产企业四川长虹和深圳康佳先后宣布大幅降价,其他彩电生产企业也表示要降价。消息一经发布,有些媒介报道中认为"这给消费者带来福音",也有报道分析"中国彩电生产从此真正走上微利时代";但《经济日报》以此发表《彩电降价再给我们上课》的分析报道(1999 年 4 月 22 日),指出:这是重复建设导致的市场恶性竞争。作者从彩电降价看到了我国投资上的问题。一个彩电降价的事件,不同人有三种不同认识:福音、趋势、问题。

人们对信息的认识,当然有正确与错误、深刻与肤浅之分,但可以从不同侧面、不同角度来认识。信息像一面多棱镜,从不同侧面可以看出不同的色彩,得到不同的认识。

5. 相对性

信息的相对性是和人们对外界信息的选择性注意密切相关的。对纷繁复杂的大千世界的种种变化,人们通常只能注意到一部分信息;所注意到的信息又和接受者的内在需求相关。信息的这一特点,就要求新闻工作者了解、熟悉受众的需要。不同的媒介有不同的受众;不同的受众对信息有各种特殊的需要。尤其随着信息化时代的到来,受众细分为各种群体,小群体趋势日渐明晰,受众对信息的需求更趋多样。

三、信息对新闻工作的要求

针对信息的概念和特性,新闻工作者首先在观念上必须明确——

1. 提供信息是新闻媒介的首要功能

长期以来,我们总习惯地把宣传当作新闻媒介首要的,或者主要的甚至唯一功能。而现在,中国新闻界已达成一个基本共识:虽然不同的新闻媒介在功能的定位上有不同的侧重,但从整体上看,新闻媒介以向社会提供广泛而及时的信息作为其生存前提,或者说,社会需要新闻媒介,首先就因为它们能满足人们获取信息的需求。一切宣传都必须建立在提供信息的基础上,因为信息是人们任何行为的先决条件。

2. 新闻必须致力于消除读者的不确定性

回答人们所关心、所渴望了解的情况,每一条新闻至少不应该使读者产生新的疑惑。法国新闻学者莫列尔在《报刊的精神作用》一书中指出:“读者应当有权完整而公开地了解所发生的一切事情,这种思想是信息报纸的理论基础。”①如果新闻不能提供足够的事实来消除读者的不确定性,而是首先考虑如何教育读者,向读者灌输某一种思想,那么,不但新闻失败,宣传也失败。

除了观念、意识之外,针对信息的特点,当代新闻工作也在业务上体现出新的要求和特色。

1. 变一次性的终端报道为分阶段的连续报道

任何事物的变动都有预兆、发生、发展和结果这样几个阶段。我们现在的新闻报道绝大多数“一次性处理”,即等到事情有了结果,写一篇新闻作全面概括。这样的终端报道今后还会大量存在,但对有些题材的报道却需要作些改进。

信息的作用在于为人们的决策提供依据。为决策以及随之而来的行动的需要提供信息,就要有一定的提前量。如果等到事情完了、有了结果再让人们知道,很多事情已来不及采取对策,只能留作总结经验教训之用。当街上流行红裙子的时候,有些厂家再决定生产,经过设计、采购面料、生产、推销、上柜供应,一系列程序下来,红裙子时过境迁,厂家只好削价处理。信息强烈的时间效应要求我们变一次性的终端报道为“事前有预测报道,事件发生时有动态报道和追踪报道,事后有反馈总结报道”这样分阶段的连续报道。

2. 加强深度报道

深度报道是依据信息可以扩缩的特点,对信息进行深加工,即抓住一个社会现象,穷根溯源,一层一层地开掘下去,直到找出事情发生的直接原因或根本原因。

3. 加强新闻的综合评述

这是信息的组合性特点在新闻报道中的具体运用。综合评述要求作者把一个事情相关的各个方面加以综合,从而显示事情的社会影响,揭示其发展趋势。

4. 加强全方位报道

这是运用信息使用的多角度特点,对新闻作多侧面、多角度的报道。全方位报道又称作“全息”报道。对于一个重大的新闻事件或社

---

① 转引自刘建明:《法国的大众传播研究》,载《国际新闻界》1982年第3期。

会现象，既从微观上看，又从宏观上看；既作纵向比较，又作横向比较；既从积极方面看，又从消极方面看；既立足于当前，又放眼于未来。这样的报道，不是孤立地、就事论事地反映某一个新闻事件或社会问题，而是把它放到中国历史、现实、未来的立体交叉发展的大网络中加以全方位、全景式的扫描。

第二节 新闻与宣传

新闻学为什么要讲宣传？因为新闻与宣传、新闻工作和宣传工作往往紧密相连，新闻媒介既传播新闻，也从事宣传，中外皆然，只不过深浅重轻不同而已。因此，研究新闻，也必须了解宣传，认识宣传的特点，辨清新闻与宣传的区别和联系，掌握新闻媒介的宣传技巧。

一、宣传和新闻

在日常生活中，许多人把宣传和新闻视为一体，新闻、宣传两词常常并用。的确，宣传和新闻一样，是一种普遍的社会现象；宣传活动也和新闻活动一样，从人类一诞生就开始了。因为人类一开始就聚众而居，必须宣传一种理念来凝聚内部，协调行动，教育下一代。在实际生活中，人们又常常利用新闻来进行宣传，这在中国的新闻媒介中运用得尤为普遍，两者的联系尤为密切。但新闻和宣传毕竟是两种不同的社会现象。

新闻是新近发生的事实的报道，它的基本职能是告知人们所需要的信息。宣传是运用各种有意义的符号传播一定的观念，以影响人们的思想，引导人们的行动的一种社会行为，它的基本职能是传播一种观念（理论、方针、政策、伦理道德、立场态度）。新闻传播信息，宣传传播观念，这是两者最基本的区别，由此引起其他一系列区别。

1. 出发点不同

宣传的出发点是出于宣传者自身的需要，他们把一定的观念传播出去，让受众了解、理解、接受，从而争取受众的信任和支持。而新闻的出发点是出于受众的需要。因为信息是消除人们认知上的不确定性，是人们一切行动决策的前提。充足的信息是人类社会有理智地生活的必备条件。人们为了求得生存、求得发展，必须千方百计地追逐信息，甚至不惜花费巨大的人力、物力、财力去获取信息。电影《渡江侦察记》描述一个班的解放军战士，为了了解敌军榴弹炮阵的确切情况而历尽艰险，甚至有的战士为之牺牲，这也是为了获取信息。因此，我们说，宣传活动是宣传者出于自身的生存、发展的需要去追逐受众；新闻活动却是受众出于自身的生存、发展需要而追逐信息。宣传追逐受众，受众追逐信息。这就是为什么宣传者自己花钱花精力从事宣传，而受众自己花钱花精力花时间打听新闻的原因。

2. 归宿点不同

宣传者传播一定的观念，其最终目的是要人们理解它、接受它、支持它。宣传者在宣传之前，有自己的主观意图，通过宣传，力图影响人们的思想，让受众自觉自愿地按照宣传的意图去行动。用一句最直率的话说，宣传是为了“收买人心”。“美国之音”一年花费几亿美金，绝非一无所获，那是为了让全世界对美国产生好感。而新闻发布者(如果他们没有宣传意图的话)发布新闻，除了以新闻谋利外，对新闻本身没有自己的主观意图，任凭新闻接受者自己去分析、判断，做出决策。

3. 传播的方式不同

信息是消除人们随机不确定性的东西。对受众来说，信息总包含着新的原先人们不知道的东西：新的事实、新的问题、新的情况、新的思想、新的知识等等。因此，一条信息的传播从来是一次性的，第二次、第三次都成了“明日黄花”，它们可以证实第一次转播的可靠性，但已不是信息。在一张报纸上，绝不可能重复刊登内容一样的一条消息。但宣传常常需要重复，无论是意识形态还是商品广告，为了加深人们的印象，利于人们了解和理解，往往用同一形式或不同形式向人们重复地宣传一种观念。

4. 传播的要求不同

信息沟通要求定量的准确，具体要求是：

(1) 真实。不容许有任何夸大或缩减，当然更不容许凭空捏造。虚假的信息必然导致错误的决策。

(2) 全面。构成一个信息的各种要素必须齐备，一个决策所需要的信息必须周全。片面的信息使人们或者无法决策,或者得出片面的结论,导致错误决策。

(3) 客观。信息的传播者在传播信息时不能以个人的好恶来取舍信息,只能尽可能地按事物的本来面貌来叙述。

(4) 公正。不管是多数人意见还是少数人意见,是赞成还是反对,是令人喜悦还是令人沮丧,都要如实传播。

(5) 及时。信息以时间为生命,同样内容的信息,如果迅速及时,可能一字千金,一旦延误,人们来不及采取对策,那只能成为一堆垃圾。

(6) 准确。一是一,二是二,"可能""大概"对信息沟通是忌讳的字眼;"基本上""多数""少数"也要尽可能少用。最准确的语言是数学语言,在信息沟通中,一切凡是可以用数学语言来表达的都要用数学语言,而不是模糊的语言。

而宣传要求定性的准确,即观点和材料的统一。观点要求正确、鲜明;材料要求真实、典型,能够恰到好处地说明观点的正确。在宣传上,凡是能够证实观点的所有材料,只要是真实的、典型的都可以用,不管是新近的还是历史的,是新鲜的还是人们所熟知的,是国内的还是国外的。

尽管新闻与宣传从定义、特点和职能出发均有着原则性的区别,但在实际生活中,特别是在实际的新闻工作中,两者之间的关系又错综复杂,出现一定的特殊的复合现象。即媒介的所有者(包括私人、集团、阶级、政党)或新闻工作者自身出于某种目的,自觉或不自觉地利用新闻报道宣传一定的思想、观念,表达自己对新闻事实的理解和评价。必须强调的是,当人们把新闻与宣传结合在一起或者利用新闻做宣传时,一定要尊重新闻传播信息的基本要求,不能把新闻当作宣传品——只有宣传味,没有新闻味。对此,最经典的阐述莫过于胡乔木同志在《人要学会写新闻》中的观点:"最有力量的意见,是一种无形的意见——从文字上看去,说话的人只是客观地朴素地叙述他所见所闻的事实(而每个叙述总是根据一定的观点的),这样,人们就觉得只是从他那里接受事实而不是从那里接受意见(而每个有自尊心的人一般都是不愿相信意见,而宁愿相信事实的)。新闻就是这种无形的意见,愈是好的新闻,就愈善于在内容上贯彻自己的意见,也愈善于在形式上隐藏自己的意见。"这就是所谓"用事实说话"。既有受众所需要的事实(信息),又有编者的观点。

二、决定宣传效益的因素

任何宣传包括媒介所做的宣传都是为了达到预定的宣传目标，即争取良好的宣传效益。要做好宣传，媒介工作者必须了解宣传效益的因素，在遵循新闻基本规律的前提下做好宣传工作。宣传作为一个传播过程，共有 7 个环节组成：

- 宣传者——谁来宣传（who）
- 被宣传者——向谁作宣传（whom）
- 宣传内容——宣传什么（what）
- 宣传场合——在什么样的社会环境、什么地方作宣传（where）
- 宣传时机——在什么样的时机作宣传（when）
- 宣传动机——为什么要宣传、要达到什么样的预期目的（why）
- 宣传方法——怎样宣传（how）

上述 7 个环节，总称 6W 1H。这 7 个环节也就是决定宣传效益的 7 个因素。我们分别作简单的阐述。

1. 宣传者

这不但指某一个人，也包括一个团体或宣传机构（例如报社、电台、电视台）。宣传者不但是宣传活动的组织者，是一切宣传的信源，而且宣传者的自身形象是决定宣传成败的重要因素，在有些情况下，是决定性因素。宣传者的自身形象主要是指宣传者在受众心目中的信任度。信任度和宣传效益成正比。毫无疑问，受众相信的人就不会怀疑他，受众怀疑的人就不会相信他。

2. 宣传对象

宣传对象在宣传中占有什么地位？这在宣传中具有至关重要的意义。在漫长的宣传活动史上，宣传对象始终处于被动的地位。在奴隶社会、封建社会中，宣传就是居高临下的命令。宣传对象只是俯首帖耳的听众。在近代、现代资本主义社会中，宣传对象也只不过是宣传者可以任意操纵的机器。最著名的莫过于 20 世纪二三十年代在西方各国风行一时的“魔弹论”。按此论之义，宣传对象仅仅是毫无防御能力的“固定靶”，宣传者只要对他们作宣传，宣传对象就像中了“魔弹”一样应声而倒，对宣传者百依百顺。但事实证明了这些理论的荒谬。宣传对象是一批人，一批活人，他们有自己的利益，有自己的认知结构，有自己的记忆和思想。对于一切宣传，他们会做出能动的反应，在整个宣传活动中，他们是积极的参与者，会以各种方式影响宣传过程。宣传对象是宣传效果的承担者，也是宣传效果的最后鉴定者。

3. 宣传内容

在宣传效益中，起最后决定性作用的是宣传内容。这包括——

宣传者是宣传真理还是宣传谬误？真理有时可能掌握在少数人手里，可能一时不能被人们所理解、接受，但真理总是会给自己开辟前进道路的，总是会赢得人心的。在马克思主义刚刚诞生的时候，信仰它的不过几个人，几十个人，在工人运动中也不占统治地位，但经过一百多年的宣传，在工人运动中占据了无可争议的统治地位。谬误有时候可能"金光灿烂"，迷惑一些人，但终究会被人民所唾弃。

宣传者是提供真实材料、向受众讲真话，还是弄虚作假？真实的东西是经得起历史考验的，终究会被人们所信服。有些假话尽管可以使一些人上当受骗，但终究会被揭穿。

宣传内容是维护人民利益还是损害人民利益？一切维护人民利益的内容（理论、方针、政策等等）必然为人民所欢迎、所接受；一切损害人民利益的内容必然会被人民所反对、拒绝。

4. 宣传场合

从宏观的社会背景来说，有封闭环境和开放环境。在封闭的环境下，信息渠道单一，外界的干扰小，没有竞争性的或敌对性的信息、观点，宣传就容易取得预期的效果。在开放的环境下，信息渠道多样，各种各样竞争性的或敌对性的信息、观点都设法争取受众，受众的思想比较复杂，宣传要取得预期的效果就比较困难。从微观来看，在不同的场合下，有不同的宣传气氛，受众就会产生不同的心情和心理定势，同一内容的宣传所取得的效果也大相径庭。比如，有些场合比较严肃庄重，有些场合比较轻松活泼；有成千上万人参加的大场面，有十几个人参加的小范围座谈，也有两个人面对面交谈的场合；有办公室里的谈话，有家庭氛围中的交谈，有散步时的谈心；等等。场合不同，宣传的具体内容、方法也不同。善于组织和选择具体的宣传场合是取得预期效益的重要一环。

5. 宣传时机

在不同的历史时期，人们对宣传需求是不同的，宣传效益也不同。

从大的方面看,有局势相对平稳和局势比较动荡的时期。在局势动荡时期,各种新情况每日每时都会出现,社会问题错综复杂,发展趋势捉摸不定,人们不能把握自己的命运,急于寻求各种解决问题的方法,澄清各种疑虑。这样,宣传对于受众有很大的吸引力。相比之下,在局势平稳时期,信息的透明度高,人们对前途充满信心,人们对既定的方针、政策,对自己已有的思想观点充满信心,强化宣传是最易被人们所接受的。相反,在遇到挫折、遭到困难的时候,人们感到老的一套办法不灵了,人心思一变,就比较容易接受革新宣传,对强化宣传会产生厌烦。对每个人来说,在不同时机每个个体的心理状况也不同,在取得成绩和遇到挫折时心理不同,在愉快和心情烦躁时心理状况不同,宣传需要针对各个个体在不同时机的不同心理状态,才能取得预期效益。

6. 宣传动机

宣传的动机不同,宣传的效益也必然不同。宣传要取得成功,动机必须纯正,那就是要为人民利益而宣传。为小团体的利益而损害广大群众利益,或为个人自私的目的而进行宣传,那必然口是心非,文过饰非,这样的宣传终究要失败。同时,宣传目的要十分明确,“以其昏昏,使人昭昭”,这是无法办到的。

7. 宣传方法

这包括所采用的媒介、途径和宣传的手段、技巧。任何宣传都必须借助于一定的媒介、途径,采用一定的手段、技巧。问题在于宣传者是否运用得当、运用得巧妙。高明的宣传者都是宣传艺术大师。各种媒介、途径各有特点,宣传的手段、技巧也多种多样。

宣传的成败是上述7种因素共同作用的结果。在一次成功的宣传中,可能有其中的一两种因素起突出的作用,但并不等于其他因素不起作用。

第三节 新闻与舆论

在现实生活中,人们常把新闻界称作舆论界,把新闻媒介称为舆论工具。新闻媒介与舆论相生相灭,互为依托。新闻媒介从舆论中吸取力量,在西方各国号称除立法、司法、行政以外的第四势力;舆论借助新闻媒介作为公开展示力量的舞台。

一、舆论的定义和特点

舆论是在特定的时空里，公众对于特定的社会公共事务公开表达的基本一致的意见或态度。

舆论作为公众意见（公共意见）是社会评价的一种，是社会心理的反映，它以公众利益为基础，以公共事务为指向，并因此具备许多独有的个性。具体表现在以下几方面——

1. 公开性

从分散的个人意见到成为群体性的公众意见必须经过公开的社会讨论和交流，而已经形成的公众意见要发挥其影响力，必须面向社会公开传播，作为民意的显示，实现舆论对于社会公共生活的直接或间接干预。也可以说，舆论在公开讨论中形成，又公开表达以实施干预。而且需要强调的是自始至终，它都是在社会公共领域内产生并发挥作用的。

2. 公共性

舆论既然始终在公共领域内产生并发挥作用，那么公共性就不可避免地成为舆论最重要的特性之一，这种公共性的具体体现就是舆论指向的公共性和作用目标的公共性。

要吸引公众参与，形成广泛的社会讨论，最终整合形成一致意见，那么，这一意见指向的事物必须具备公共性，即利益上对公众而言的切近性，或说涉及公共利益。个别的、仅涉私人的小事是不可能引发广泛的社会舆论的，而与某种普遍利益关联的公共事务（如下岗再就业、反腐倡廉等）往往能够很快成为公众关注热点，形成舆论。即使是某个偶发的突然事件，能够引发大面积的强有力的社会舆论，也必是因为事件的原因、过程、结果、影响、实质等构成要素中，蕴含某种或涉及公众人物或关系公益等触及公共领域生活的因子，具备了公共性，契合了公众关心公共事务的内在心理。

3. 急迫性

舆论涉及的都是近在眼前而且迫切需要解决的问题，这就是舆论的急迫性。

公众意见的指向是特定的公共事务，既然是公共事务必定是一种客观社会现象存在，很难想象，千余年前的历史旧事会成为舆论热点，因为它距离现实的公共生活太远了。只有现实的带迫切性的问题才能引发舆论,不但如此,公众形成舆论的目的就在于让问题解决,事件的进展能尽量、尽快(甚至立竿见影)顺乎公众的共同的现实意愿,合乎公众的利益,在这一点上,舆论的现实功利性表现得淋漓尽致。

指向与目标的现实迫切感决定了舆论的社会急迫性。

4. 广泛性

舆论的广泛性是指舆论存在范围的广泛性和影响范围的广泛性。

舆论是现实的、功利的、急切的,随着各种各样的问题、现象、事件的产生而产生,又随着它们的消失而消失。它经常突如其来,又倏忽而逝,但它又无所不在,像空气一样弥漫在我们周围,随时随地人们都能感觉到它的存在,无时无刻人们不身处舆论的氛围和影响之下。

这种存在和影响的广泛,原因主要在于舆论主体公众聚合的随机和多元舆论,以及意见指向的涵盖范围的广阔。

公众是群体的集合概念,数量上总是多数,而这个多数又是个相对概念,小到一个班级、一个学校、一个工厂,大到一省、一地、一国乃至全世界,随着地域范围的不同,相对多数的公众范围也不同,有公众就有舆论,舆论的存在和影响自然会变得广泛起来。再看舆论涉及的公共事务。它也是个覆盖面极大的概念,只要是与社会上不同范围内相对多数人的共同利益相关都可包括在内,小到行人乱穿马路、公共场所违规吸烟,大到反贪倡廉、民族矛盾、经济危机、贸易摩擦、国家冲突都可定义为公共事务,这样当然随时随地可能引发舆论。

5. 评价性

舆论是一种意见,它不是一般的客观陈述,而是对事物(包括社会人物、事件、问题及其方方面面的社会联系等)做出的判断,带有明显的主观倾向,也就是具备了一种评价性。

二、舆论的社会功能

舆论作为公开的社会评价,它所实现的社会功能是以公开表达的集合式的公众意见直接或间接干预社会生活,这是由其"民意表达和民众力量的显示"的本质特性所规定的。

正是"民意表达和民众力量显示"的本质特点,成为舆论巨大力量的源泉:人是社会的产物,每个人都生活在广泛的社会联系中,一旦被社会孤立将很难立足。人们出自社会生存的本能,都会很自然地追求广泛的社会支持,寻求广泛的社会认同,从而产生自发的从众心理。一般情况下,人们也会有畏惧和顾忌违逆、背离民意的心理,所谓民意难违、众怒难犯、“得民心者得天下,失民心者失天下”等都可以看作民众力量的最大显示。

既然舆论有着如此强大的影响力,那么这些影响力又指向何处,即其具体社会功能何在?舆论是公众针对特定公共事务的一致意见(态度),其目的就是要使公共事务最大限度地符合公众共同的意志和要求。从这个角度出发,我们可以认为舆论的主要功能是对涉及公共事务的组织、人员的行为实行监督,进行有效的制约和限制,使之服从、服务于既定的公众共同意志,符合公众共同利益。它是社会控制的有力形式之一。舆论的这种控制作用主要表现在两大方面——

1. 对国家政权、政府行为的监督和制约

舆论针对公共事务,在一个社会中,国家权力是最重要、最大的公共权力,它成为舆论监督和制约的最主要的对象。法国18世纪的启蒙学者卢梭曾把舆论比作“国家真正的宪法”,认为没有一个政府能在舆论面前走得太远①。

这种控制又体现在对国家政府决策过程、决策施行结果和相关决策执行人物的监督这三个方面。

(1)对国家政府决策过程的监督制约。政府决策主要是适应国家社会的长期和近期发展目标,针对一系列相应社会公共事务制定具体的政策,采取一定的措施。现代社会的舆论制约可以表现为监督决策过程科学化、民主化和法治化的程度,监督决策过程是否符合既定的法律程序和规范等,但最主要的是监督决策目的朝向是否在于维护公众的共同利益,因为公益是舆论最根本的出发点和最终的目标。特别是在某些涉及面广、与人民利益密切相关的重大决策上,舆论监督作用更加重要,制约作用也更加明显。

(2)对决策执行过程和执行结果的监督。决策朝着维护公众利益方向努力,按此原则产生,但它是否最终维护了公益,还要看决策的执行和执行后的结果。从维护公众共同利益出发,舆论对此也要施行有效的制约。实践过程遵从了国家既定的法律和制度,没有伤害公民正当的权益,实践结果也确实维护或促进了社会公益,那么证明是正确的

---

① [法]卢梭:《社会契约论》,何兆武译,红旗出版社1997年版,第99页。

决策,社会舆论给予及时的肯定和促进。如果实践与决策初衷相左,执行过程中出现了危害公益的现象,或从执行结果看,与实际期望存在一定距离,甚至完全相反,舆论则及时发出警告或呼吁,引起决策部门和执行部门的重视,同时给其施加强大的社会压力,促使其及时修订、完善相应政策,或者中止政策措施的执行、更改或重新制定政策,纠正决策失误,弥补错误决策造成的损失等。

(3) 对于决策和执行人物行为的监督。舆论的决策监督和制约是一个完整的过程。它不仅指向决策内容和执行过程、结果,也同样指向决策参与、执行的主体——决策者和决策执行者,主要是对国家公务人员行为的限制和约束,促使其在合法的范围内,在维护公众利益前提下制定和执行政策、措施,正当地、规范地行使权力,履行责任。在现代民主体制下,上至国家最高行政领导,下至基层公务员,只要是负责处理公共事务者,都在社会舆论广泛的监督和限制之下,一旦出现有损公益的行为,就很容易受到社会舆论的强烈谴责。

2. 对公众行为的鼓舞或约束

鼓舞公众成员合乎社会公德的行为,约束、制止损害公德的行为发生。这是舆论控制作用的又一表现。社会公德是全体社会成员认同的共有的道德规范,自然是作为公众意见的舆论所极力维护的对象。任何符合公德的行为就会受到舆论的赞扬,促使更多的社会成员更自觉地效仿,例如舍己救人、见义勇为,在任何社会中都是符合社会公德、受到舆论赞扬的正义行动。公众成员从多次同类事件的舆论肯定中得到鼓励,更加认同这一道德规定,更自觉地模仿、重复,从而不断强化和维护这种公德。相反,某些损害公众利益、违背社会公德的消极行为,就会受到舆论的谴责。例如,人们通过科学研究证明,吸烟不仅危害了吸烟人的身体,而且会损害周围人的身体健康,因此很多时候禁止在公共场所吸烟、保护公众健康成为普遍认定的公德,一旦有人违反,就会受到公众言语意见的指责或通过某种情绪、态度(如眼神、表情动作等体态语言)传达否定意见,形成舆论压力,促使其改变、中止这一行为。处于公众的心理压力中,多数情况下人们都会服从舆论意见,修正自身行为。这是舆论以压力形式表现出的对社会成员行动的限定性作用之一。

舆论鼓舞公众符合职业道德的行为,约束和制止公众成员违背职业道德的行为。公众作为社会一员,从事一定的社会职业,服务于其他社会成员,这使其职业和职业行为具备了和公共利益的相关性,自然被纳入舆论监督和制约范围内。其作用过程与对公德的作用行为相类似,以肯定和否定的意见倾向产生公众压力,鼓舞或限制公众职业行为,促其遵从社会普遍认同的职业道德规范。

从综合舆论对公共决策和公众成员个人行为两方面的监控作用可以看出,对一个社会的整体维系和稳定,健康发展的舆论是不可或缺的重要力量。此外,舆论还常常在社会改革和革命中担当启蒙思想、争取群众的先导作用,为改革和革命赢得人心,获取正确的社会评价铺平道路,这时,它又成为先行者和启蒙者。

但是,仅从积极一面强调舆论作用是不够的,我们必须清醒地意识到,舆论虽然是公众集中意志倾向的表达,但由于公众认识水平等自身条件的限制和外在客观条件的制约,这种集中立场并非在任何时候都是正确的。某些特殊情况下,真理可能掌握在少数人手中,所谓"千人之诺诺,不及一士之谔谔",这时舆论就可能代表错误倾向,甚至扼杀真理。布鲁诺道出真理却被烧死在火刑柱上,这种钳制思想的暴行并没有被当时的舆论谴责,反而获得赞同。第二次世界大战期间,希特勒蛊惑人心的法西斯宣传也曾蒙蔽人民,获得德国国内舆论普遍支持,结果给国家和人民乃至整个世界带来深重灾难。

舆论是一把锋利的双刃剑,"公共舆论中发现和无穷错误直接混杂在一起"①,大多时候它是促进历史进步的催化剂,但有时它也扮演过不光彩的绊脚石的角色。换言之,舆论的作用是正负双向的,它的质量并不是恒定不变的,而是存在高低之分、好坏之别。衡量舆论质量的标准是舆论作用于社会实践的后果,包括直接与间接、长期与短期结果等。

三、新闻媒介与舆论导向

现代社会中,新闻媒介与舆论之间建立起一种天然的、密切的关系。

新闻媒介凭借其自身的特性,不时介入舆论产生和作用的各个环节中。这种介入构成了它与舆论的千丝万缕的关联,归纳起来,主要体

① ［德］黑格尔:《法哲学原理》,范扬、张企泰译,商务印书馆 1961 年版,第 333 页。

现在以下三个方面。

1. 反映并代表舆论

分散的个人意见要公开表达,参与大范围的社会讨论,最终形成的一致意见也要公开表达,才能作用于社会,成为具有实际意义的公众意见。公开表达对于舆论既是必要条件又是最后形成的标志,而公开表达又必须借助于一定的媒介。新闻媒介履行的是面向全体社会成员的大众传播,对社会全面开放,其传播涵盖范围之广、公开性程度之高都是其他传播渠道所难以比拟的。同时,它的传播又是持续、大规模的运作。这样,公众就很容易、也很自然地选择在新闻媒介上发表评论,最后的"达成一致"通常也是在新闻媒介上形成并广为传布的。舆论形成的自始至终,都少不了新闻媒介这条最公开的渠道。马克思曾把报刊比作驴子,每天驮负着公众舆论在社会成员面前出现,让人们评价;也曾认为"报纸是作为社会舆论的纸币流通的"①。报刊如此,此后兴起的广播、电视等媒介亦是如此。

正因为有了最初也是最经常的承载作用,在人们眼中,新闻媒介与舆论之间的关系越来越紧密,加上新闻媒介传播活动的专门化和职业化,久而久之,逐渐衍生而为专职性的舆论工具或曰舆论机关。在现代社会中,新闻媒介鉴于其最直接、最经常、最普遍的反映公众意见的舆论表达作用,逐步从单纯的表达渠道"晋升"到了公众代言人、民意代表的地位,成为"广泛的、无名的社会舆论的工具"②,也就是我们前面所说的"拟态公众"。这样,在不经意间,新闻媒介在舆论领域实际已同时扮演了公众论坛和公众代言人的双重角色,它既是舆论的载体,又常常是舆论主体(公众)的影子。

2. 引发舆论

舆论要形成,必须要有意见指向——特定公共事务,即公众必须首先了解、认识与自身利益相关的事务的信息,才有可能发表意见,而公众又是如何认识这一事务的? 实际生活中,我们所接受的来自外界的重要信息主要来自新闻媒介,甚至可以认为,我们对外界信息重要程度的判定也主要依据新闻媒介判定的顺序。比照传播学中的"议程设置"理论,人们生活在由新闻媒介提供的源源不断的信息流中,新闻媒

① 参见《马克思恩格斯全集》第7卷,人民出版社1956年版,第523页。

② 同上书,第117页。

介也许不能从根本上决定人们如何判断和思考，但至少它能在很大程度上决定人们思考什么、关心什么："新闻界也许不能经常成功地告诉人们持什么观点，但它能极其成功地告诉读者应该考虑些什么问题。"①这种理论认为新闻媒介报道外界信息是经过仔细筛选与过滤的，并采用种种手段把媒介认为重要的信息加以凸显，使之成为公众焦点，进而引发公众舆论。这是一个严格选择与精心突出的过程。新闻媒介设置的议题常常衍生为舆论的源头——公众关注的公共问题（事务）。这是新闻媒介长期、潜在地影响舆论的最重要手段之一。

3. 引导舆论

新闻媒介的主要功能在于向社会公众提供大量准确、及时的信息，供人们了解外界变化，引为决策参考和行动依据。但这并不意味着新闻媒介在舆论形成中只是个材料供应者和意见反映者，也不仅是个问题设置者，事实上，现代新闻媒介很多情况下已上升为舆论的积极引导者。这种引导主要体现为两点。

（1）通过持续不断的信息流，构筑现代信息环境，作用于人们的认识，引导舆论。现代人已日益浸润在媒介信息的汪洋大海中，人们眼中的现实，是媒介有意无意地营造出来的媒介现实，是媒介拟态环境。"回过头来看，对于我们仍然生活在其中的环境，我们的认识是何等的间接。我们可以看到，报道现实环境的新闻传给我们有时快、有时慢；但是，我们总是把自己认为是真实的情况当作现实环境本身。在涉及现在我们行动所遵循的信念时是较难回想起这一点的。"②信息是舆论的建筑材料，它决定着人们对事实掌握的程度和对外界的感知，是意见态度形成的基础，是人们判断的依据。公众在形成意见态度的过程中，实际早已在不知不觉间受到媒介信息环境的制约，这种信息钳制式地作着引导，若隐若现，潜移默化，作用更持久，作用力也更大。

（2）通过直接或间接的意见表达引导公众意见。这是指新闻媒介通过报道中隐含的意见倾向（即通常所谓"用事实说话"），或者通过直接的评论，表达观点立场，引导舆论。依照德国学者诺依曼提出的著名的"沉默的螺旋"理论：在舆论形成过程中，分散的公众成员在发表意见时会受到从众心理的很大制约，出于避免被孤立的很自然的想法，会

---

① ［美］库恩：《新闻界与外交政策》，转引自张咏华：《大众传播社会学》，上海外语教育出版社 1998 年版，第 32 页。

② ［美］李普曼：《舆论学》，林珊译，华夏出版社 1989 年版，第 2 页。

自觉不自觉地受到占优势地位的多数意见的影响或左右。这种对于外界优势多数意见的感知主要来自人际传播和大众传播,在现代社会,则尤其是来自面向大众的新闻媒介。由于新闻媒介常以公众代言人姿态出现,它的意见传播具有公开、广泛、持续时间长、声势浩大,在社会意见中具有独特的权威感,这是媒体意见独有的、很难被超越的优势,也因此使之很容易成为主流意见(优势意见)。公众感知外界意见时也往往将其视为多数意见。如果自己与媒介见解相同就大胆发表,如果不一致就保持沉默或干脆改变原有想法,顺从媒体意见。如此发表的结果,主流意见会吸引越来越多公众的依附,少数意见则会越来越减弱,好像一个上大下小的"螺旋"。这种对于媒体意见的遵从、附和,往往也就是媒介有意识引导的过程,它是新闻媒介对舆论最积极的作用方式,也是其强大影响力的最鲜明的体现。

由上述三个方面可以发现,新闻媒介的确与舆论紧密相关,它反映、代表舆论,引发舆论,必要时主动引导舆论的方向。这就提醒我们,在认识舆论强大社会功能的同时更要明确新闻媒介在其间的重要作用,特别是导向作用。要善于正确利用这种作用,为营造良好、健康的舆论环境,充分发挥公众舆论的积极正面的作用奠定基础。这一点在面临前所未有的社会变迁的当代中国显得更加紧迫和重要。

第五章

新闻事业的产生

既然人类社会不可避免地存在着新闻传播活动，那么必定要有传播新闻的工具。新闻传播工具的演进在一定程度上反映出人类文明的发展。加拿大著名传播学者 M. 麦克卢汉在 1967 年提出“媒介即讯息”的论点，试图以媒介作为人类文明发展的阶段性标志。这一论点虽然备受争议，却以极端语言显示媒介——新闻传播工具——对于人类社会发展的重要意义。

第一节　中国古代社会的新闻传播工具

从原始社会到封建社会，新闻传播工具随着新闻活动规模的扩大而不断发展，随着生产力所能提供的日益增多的物质手段而不断创新。新闻传播工具的演进在一定程度上反映出人类文明的发展。在原始社会，生产力水平低下，社会规模狭小，基本上是一个部落一个社会。原始人主要以人体器官——嘴巴——作工具来传递新闻，就可以满足需要。但是，人的活动特点在于能制造和运用自身以外的工具。到原始社会末期，人类创造了文字，新闻活动开始了用文字传递新闻的新阶段。到奴隶社会，已形成了口头、信号、文字三者并存的新闻传播媒介。

新闻活动依赖于交通、通信工具和其他物质手段。以中国的情况来看，秦始皇统一六国后，实行书同文、车同轨、修驿道、通水路等措施。在唐朝，水陆交通更为发达，在水陆主要干线上设驿站，每 30 里一站，全国有驿站 1 639 所。韩愈曾有诗形容驿站:“府西三百里,候馆同鱼鳞。”陆路上传递邮件的速度,一般每天 70 里,最快达 500 里,速度惊人,大大便利了新闻的传递。我国秦朝开始用笔书写,东汉蔡伦造纸以及唐朝(公元七八世纪时)印刷技术的发明,对于文字媒介的发展起了巨大促进作用。口头、信号、文字三种传播媒介,各有各的用处,不可相互取代,每一种媒介,随着时代的发展,创造出日益增多的具体形式,其中尤以文字为甚。

一、口头新闻

口头传递新闻,很简便,消息不胫而走,只要不是哑巴,人人都会,具有广泛的群众性。但口头新闻最大的缺点是新闻保真性差,新闻越传越走样,同时传递速度慢,覆盖面窄。口头新闻在古代社会是一般群众传递新闻的主要形式。在日常生活中,田头、屋场、旅店、市场到处是群众传播口头新闻的场所。中国的茶馆、西方一些国家的咖啡馆,是口头新闻的重要集散地,号称新闻市场。许多重大新闻都可以在茶馆、咖啡馆打听到。即使在新闻业十分发达的现代,茶馆、咖啡馆作为新闻集散地的作用也还存在,尤其是在农村。

在古代社会,用口头传递新闻的事例最著名的莫过于马拉松的故事。公元前 490 年,希腊人抗击波斯入侵,在马拉松那里打了胜仗。战后,一名身强力壮的战士连续跑 42.195 公里,把胜利的喜讯传到雅典,这位战士最后精疲力竭而死。

二、信号媒介

信号作为媒介传递新闻,最大的好处是迅速,但传递复杂的信息比较困难,一般只用来传递简单的信息。信号媒介最著名的莫过于我国古代的烽火台。台上“广积秆草,昼夜轮流看望,遇有紧急,昼则燃烟,夜则举火,接递通报”①。在明朝燃放烽火时还鸣炮。举放烽火报警,可以根据不同情况,采取不同的放烟举火办法。《史记·信陵君列传》称,边关戍卒用烽火向魏王先后通报两个信息,先是报赵王入侵,后是

① 《明会典》卷 123。

赵王打猎，那就得发出两种不同的信号。明朝规定："若见虏十至百余人，举放一烽一炮；五百人，二烽二炮；千人以上，三烽三炮；五千人以上，四烽四炮；万人以上，五烽五炮。"①同时还采用不同的举放花式，或排成直线，或排成十字交叉等等。烽火台设置，五里一燧，十里一墩，三十里一堡，百里一城寨，一节节传下，速度极快。汉武帝时，卫青和霍去病率领几十万军队分头出击匈奴，以举火放烽为发现敌情、协同进攻的信号。两军相距三千多里，仅一天工夫，信号从河西传到辽东。这在当时可以说是最迅速的通讯方法。

敲锣报警也是古代社会传递信息的一种方法。遇到紧急情况，紧锣密鼓，声震四乡，聚集群众。这种方法至今还在交通和通讯不发达的农村山区使用。

三、书信新闻

这是中外古代社会远距离传递信息的主要方式。书信新闻主要通过邮路来传递。书信新闻包括军报、官书，还有民间书信往来。在中国古代，由于驿站发达，书信新闻传递得很快。在唐朝，明文规定了邮件传递速度，陆驿每天 70 里，紧急公文一天 400 里。安禄山在范阳造反，唐明皇在临潼寻欢作乐，两地相隔 3 000 里，唐明皇 6 天之内接到紧急军书，速度惊人。唐人有诗来形容："一驿过一驿，驿骑如星流；平明发咸阳，暮及陇山头。"这并非夸张之辞。到宋朝，紧急军书每天速度达 500 里，误时杀头。在古罗马，罗马执政官安东尼曾专门雇佣一批通讯员到各地去了解情况，一有动静马上写信报告。

传递书信的办法，还有风筝、信鸽等。信鸽常用于军事、航海中。当航海出现紧急情况，就在鸽子腿上缚以简信，让鸽子飞回去，以便家中采取紧急救护措施。

四、印刷媒介

在古代社会，中国是世界上印刷业最发达的国家，但并没有产生过像近代报纸那样以新闻为主的定期连续出版物。这里说的印刷媒介，

① 《明会典》卷 123。

主要指古代“邸报”。它基本上没有自己采写的新闻，而是刊登皇帝的谕旨、大臣的奏折等政府公文。但“邸报”客观上起着沟通统治阶级内部消息的作用。

五、其他传播方法

1. 露布

《文心雕龙》称：“露布者，盖露板不封，布诸视听。”始于战国，在南北朝时，“桓温北伐，令袁宏倚马撰露布”，布告天下。后来，逐渐专用来传布战争捷报。南北朝时，“后魏每征战克捷，欲天下闻知，乃书帛建于漆杆之上，名为露布”。写着捷报的大幅帛书，高高地悬挂在竹竿上，将士们擎着它，快马送往京城，沿路民众都可以看到。这可以说是我国比较早的向公众发布新闻的形式之一。唐朝时，大将李晟击败背叛朝廷的军阀朱泚，攻克长安，用露布报捷，有这样一段话：“臣已肃清宫禁，祇谒陵园，钟虡不移，庙貌如故。”①军事捷报公开张扬，其目的在“欲天下闻知”，鼓舞士气、民气，威慑敌军。

2. 牌报、旗报

这是露布的一种转化形式，在明末李自成起义军中广泛使用，把起义军的战果和作战情况写在布旗上（称旗报）、木牌上（称牌报），由人手持，沿途供民众阅读。下面是李自成起义军的两块牌报②：

今报：长安二府由绥德、汉中高赵从西河驿过河，统领夷汉番回，马步兵丁三十万。权将军刘（即刘宗敏）统兵十万过河，从平阳北上。

又报：皇上（指李自成）统领大兵三百五十万，七月初二日从长安起马，三路行兵，指日前来。先恢剿宁武、代州、大同、宣府等处，后赴北京、山海，剿除辽左叛逆官兵，尽行平洗。顺我百姓，无得惊遁。

永昌元年七月初七日（即1644年7月22日）

① 《旧唐书·李晟传》。
② 《明末农民起义史料》，中华书局1960年版。

后一块牌报，报告了李自成起义军向明王朝发起进攻的行动，宣扬了起义军的赫赫声势。七月初二的行动，七月初七就发出报道，在当时是很迅速的，可以想见李自成起义军很重视新闻、宣传活动。

3. 悬书、揭帖

悬书出现于战国时代的郑国。乡人把情况和意见、要求写在缣帛上悬挂出来，内容既有消息又有议论，多是对当局者的批评和指责。可能影响很大，遭到以“不废乡校”著称的子产的明令禁止。悬书后来发展到“揭帖”，用毛笔写在纸上，贴在墙上，供过往行人观看，多为匿名。揭帖的内容有些是标语、口号，有些则是在新闻基础上加以评议，是一种夹叙夹议的写法。

原始社会、奴隶社会、封建社会，由于各自的生产方式不同，人类的新闻活动在不同时期各有不同的特点。但和近代、现代社会的新闻活动相比，整个古代社会的新闻活动又有共同点。

（1）古代社会始终没有停止过新闻活动，但没有产生过以收集和公开向社会发布新闻为职业的机构。也就是说，古代社会只有新闻活动，没有新闻事业。

（2）和近代、现代社会相比，古代社会的新闻活动规模小，新闻基本上是定向传播，即传播有明确的、具体的对象，而基本上没有无定向的大众传播。以口头、书信为主要手段的新闻传递，基本上是在个人与个人之间进行的，是一种“你问我答”的形式。这使新闻活动和情报活动很难区别开来，在许多方面，新闻活动就是情报活动。

（3）统治阶级内部的新闻活动在规模上大大超过被统治阶级。可以说，古代社会的新闻活动基本由统治阶级所垄断。

上述种种情况说明，在封建生产的土壤中，尽管已具有印刷报纸的物质手段和传递条件（活字印刷、纸张和四通八达的邮驿），但不可能产生面向社会大众的报纸。在这里，起决定作用的是经济条件。从战国到清朝前期，中国社会虽然在发展，但发展的节奏极其缓慢。在数百年间常常变化不大，秦锄汉犁，持续2000年。变化产生新闻，既然社会的发展节奏慢、变动少，那么这种社会中的新闻也必定很少；社会的变动少，那么人们就很少有必要费心去打听新闻（指硬新闻）。同时，由于广大农民和外界的联系很少，一个一个的村落像一盘散沙一样，外界的变动对农民的影响极小。关系决定需要，联系少，信息的需求必然少，这就使新闻业的产生缺乏赖以生存的基础。唐朝一位名叫孙玄的人说过一句话：

"恨天下无书以广新闻",其实孙玄如果在那时想办一份面向社会的报纸来"广新闻",即使不被封建专制扼杀,也必定会因为没有销路而自行消亡。

第二节 西方报纸是资本主义商品经济的产物

在14、15世纪,封建社会的后期,在西欧已出现了资本主义生产关系的萌芽。但正如马克思所说:"资本主义时代是从16世纪才开始的。"①16世纪至18世纪,是封建制度解体、资本主义生产关系发展时期。在封建社会向资本主义社会过渡时期,产生出最早的新闻事业。

马克思在谈到需要和生产时揭示了一条朴实的真理:"没有需要,就没有生产。"②报纸的产生以及它的大量生产,正是适应了当时社会对信息的大量需求。而社会对信息的大量需求,根源于资本主义商品经济的出现。报纸伴随着资本主义商品经济来到了世上。

资本主义时代是从16世纪开始的。资本主义商品经济出现以后,引起了整个社会的改变,几千年来凝固不变的社会秩序一下子被打破了。《共产党宣言》描绘出一幅世界发生翻天覆地变化的生动情景:第一,社会的规模大大地扩大了。"不断开拓产品销路的需要,驱使资产阶级奔走于全球各地。……使一切国家的生产和消费都成为世界性的了。不管反动派怎样惋惜,资产阶级还是挖掉了工业脚下的民族基础。……过去那种地方的和民族的自给自足和闭门自守状态,被各民族的各方面的互相往来和各方面的互相依赖所代替了。物质的生产如此,精神的生产也是如此。"第二,社会的变动大大加速了。"资产阶级除非使生产工具,从而使生产关系,从而使全部社会关系不断地革命化,否则就不能生存下去……生产的不断变革,一切社会关系不停地动荡,永远的不安定和变动,这就是资产阶级时代不同于过去一切时代的地方。"③第三,生产的分工大大地精细了,从而各行业、各部门之间互

① 《马克思恩格斯全集》第2卷,人民出版社1972年版,第222页。
②③ 同上书,第94页。

相联系、互相依赖的程度大大地加强了。资本是集体的产物,它只有通过社会许多成员的共同活动,而且归根到底只有通过社会全体成员的共同活动,才能被运用起来。第四,从封建社会向资本主义过渡时期,资产阶级、封建阶级(包括各种教派)、工人阶级彼此之间的斗争激化了。

社会规模的扩大,打破了自给自足的自然经济,使得世界各地的任何重大变动都和人们的切身利益发生直接的关系。人们不但需要了解本地的情况,还必须关心世界各地的重大事变。社会急剧的变动,各阶级之间斗争的激化,使得社会每日每时涌现出大量新闻,而人们为了适应这种变动的需要,不得不每日每时去追逐新闻。社会分工的精细,使得每个生产单位都不能埋头生产,而只有在首先摸清与它有关的一切企业生产情况的前提下才能生产。处在这样的社会背景下,人们迫切需要大量的政治、军事、经济、文化等方面的信息;而且,各阶级、各派政治力量、各种职业,尽管抱有不同的动机,对世界上的重大事件都表现出共同的关心,这是以往任何一个历史时代都不可比拟的。社会对信息的渴求达到什么程度,从下面的事例中可见一斑。1660 年,英王查理二世复辟,上台伊始,下令封闭所有报纸,唯有一位绅士麦迪曼获得发布国内新闻的特权。他不用印刷,而是雇人抄写新闻,每周一期,每期售价 5 英镑(相当于现在 50 英镑),贵得惊人。但是一般的商人、外交官、咖啡馆老板、金融界的老板却忍痛出高价订阅。麦迪曼为此大发横财,发布新闻权一时成为英国最大肥缺之一。那么高的售价为什么还有人订阅?很简单,这批资本家、外交官若不了解国内外变动是无法开展业务的。咖啡馆历来是新闻市场,人们来喝咖啡,重要的目的是打听新闻,咖啡馆老板消息不灵就不能招徕顾客。麦迪曼正是看中了这一点,把权力转化为货币。

社会对信息量的需求在激增,需要信息的人在激增。古代社会那种狭小的新闻活动规模已不能适应新的变化,过去像传递情报式的新闻活动方式也已不能适应新的要求。于是,社会需要分出一部分人来专门收集、发布新闻,公开出售,以满足人们了解新闻的需要;社会需要创造出一种新的运载新闻的工具,以便让新闻传得更远更广。“需要是同满足需要的手段一同发展的,并且是依靠这些手段发展的。”①资

① 马克思:《资本论》第 1 卷(下),人民出版社 1975 年版,第 559 页。

本主义商品经济不但使新闻事业的产生有了社会必要，而且为新闻事业的产生准备了全部物质手段。

报纸要有一定的读者群，读者的必要条件是有一定的文化水平。随着大工业生产的发展，各类学校大量地兴办起来，整个社会的文化水准在提高。这倒并非出于资产阶级的仁慈，而是为了训练雇佣劳动者的需要。因为，企业之间的激烈竞争，资本家需要雇佣大批知识分子来改革生产工具，需要发展科学技术和其他文化事业；而生产工具的不断改革，产品越来越复杂、精细，需要越来越多的有文化的技术工人，否则工人连图纸也看不懂，更谈不上生产了。这样，使得初等、中等、高等的学校大量地兴办起来。这就客观上为报纸创造了读者群。

资产阶级还创建了大量巨大的城市，使城市人口比农村人口大大增加起来。这就便利了报刊的新闻采集和报刊发行。资本主义的大工业生产要求各企业之间紧密协作，工厂就需要相对集中并靠近交通要道。这就使城镇大量地兴起，城镇人口急剧增长。比如在英国，曼彻斯特、利物浦、伯明翰、波尔顿等新兴工业城市都是在17、18世纪逐步形成的。1770年，曼彻斯特人口才1万人，50年后达到35万人。人口确实以几何级数在增加。城镇大量兴起，人口骤增，使新闻采访比较容易，报刊发行既集中又方便，保证了报刊的销路。在一定意义上也可以说，报纸是城市的产物。

交通、通讯的迅速发展保证了新闻采集、发布的迅速及时。交通、通讯是资本主义商品经济的输血管。随着资本主义的发展，交通、通讯的发展特别迅猛。在17世纪，欧洲各国的邮路已连成一片，公路大量修筑，新闻的传递和报刊的发行随之加速。

印刷、纸张等工业的日趋发展，保证了报刊的物资需要。

最后，资本的原始积累在增加，资本的集中加速，使资本家有可能独资或合资办报刊。资本家为推销商品，需要大量地刊登广告，报纸从广告中可以获得大量利润，使报纸成为有利可图的企业。从17世纪开始，报纸就和广告结下了不解之缘。可以说当时无报不登广告，有的报纸几乎完全刊登广告。

植根于这样深厚的社会经济土壤之中，报刊的产生成为历史的必然。在新闻史上，我们尽管可以列举不少报纸创始者的名字，我们也的确不应该抹杀他们的功绩，但处于当时的社会背景之下，报纸不由他们来办，还会有其他人出来创办。所以，我们不应该把报刊的产生仅仅归于某些天才。并且，这些创始人创办报刊的动机并不是天上掉下来的，不是灵机一动想出来的，在他们创办报纸的动机背后蕴藏着深刻的社会经济原因。

报刊的问世既然是历史的必然，不以人们的意志为转移，那更是任何人为的外界暴力都不可阻挠的了。报刊的产生发展是个十分曲折、艰难的过程。它作为资本主义商品经济的产物，却在封建社会末期出现。它有利于资本主义商品经济，但对封建统治却无多大好处。相反，报纸沟通政治、经济、军事等信息，却会使封建统治赖以维护的愚民政策发生动摇。因此，报纸的迅速发展引起封建统治者的本能恐惧，他们采取种种手段力图扼杀或控制报纸。有的封建王朝用强力来取缔报纸，像普鲁士国王威廉一世（1713 年至 1740 年在位）一上台，就下令封闭所有报纸，连仅仅传播商业信息的报纸也不例外，违者处以重刑。有的制定出版法，提出种种苛刻的条件压制报纸，像法国封建王朝在 1724 年至 1763 年两度颁布法令，严格限制书报出版，违者重罚。有的限制民间报纸，用发行官报的办法来控制新闻，像英国、意大利皆如此。但不管封建势力怎样做，报纸在产生后却此起彼伏，波浪式地向前发展。因为国王、教会的权力虽然大，但终究无法抗拒社会生产力发展的力量。封建势力既然无法铲除资本主义的生产方式，也就无法清除植根于资本主义生产方式土壤中的一切事物，包括报纸在内。

第三节　报纸、广播、电视的产生

报纸、广播、电视合称新闻事业，又称大众传播媒介①，简称大众传媒。大众传媒是集合名称，与此相对应的单称是新闻传播媒介，又称新闻媒介，简称传媒。

---

①　在西方各国，大众传播媒介包括报纸、广播、电视、书刊、电影、戏剧。在中国，大众传播媒介习惯上只包括报纸、广播、电视。互联网诞生以来，又把互联网以及新媒体称为大众传播的第四媒体。

一、报纸：以刊登新闻为主的定期连续向大众发行的印刷品

最早的新闻媒体是报纸，这是由当时生产力所能提供的物质手段所决定的。报纸比起广播、电视来，物质要求较低。

16 世纪至 18 世纪，报纸的产生大致经历了三个阶段。

1. 第一阶段：手抄新闻的出现和盛行时期

这是古代社会书信新闻的继续。手抄新闻最早在意大利的威尼斯兴起。14 世纪至 15 世纪，意大利由于处在与近东贸易有利的地理位置上，成为欧洲资本主义商品经济最早萌芽、最发达的地区。威尼斯处于意大利的东北部，濒临爱琴海，特别优越的地理位置使它成为西欧最大的商业都会和海上强国。它几乎垄断了和近东的贸易，成为各国注目的中心。世界各地的政客、商人需要了解威尼斯的情况，这就促使威尼斯逐步地产生出一批以专门代客打听、供应新闻来谋生的人。这批人自己去收集新闻，自己抄写，自己发行。这些新闻大多是手抄的，俗称手抄新闻。因为它发源于威尼斯，有些新闻论著也称之为“威尼斯公报”。

手抄新闻是公开发行的。发行的办法有几种：一是贴于公共场所，用绳或栏杆围起来，凡进来阅读者须付一枚小铜元，意大利文称 Gazette，以后这个词成为报纸的代名词。二是把手抄新闻张贴在一间房子的墙上，像开展览会一样，凡需要阅读者同样收取一个铜元，这种房子称新闻房。三是抄写多份，沿街叫卖、兜售，像卖日用商品一样，每份收取腓币一枚。四是接受加工订货，谁需要什么新闻，这批人就代为打听，收费也较高。五是定期寄给订阅者。据记载，在罗马梵蒂冈图书馆中，还保存着两本当时一位银行家收集的手抄新闻，一本是 1554—1571 年，另一本是 1565—1585 年，可以想见这位银行家是定期订阅手抄新闻的。

由于社会对信息的需求，手抄新闻很快从威尼斯流行到各地。据现在发现，罗马、巴黎、里斯本、里昂、布鲁塞尔、伦敦等地都有手抄新闻发行，17 世纪初叶达到高潮，到 17 世纪末逐渐消亡。

手抄新闻集编、写、发行于一人，这些人是名副其实的个体劳动者，但他们是世界上第一批真正靠新闻为生的职业新闻工作者，是新闻事

业的真正开山祖师。

2. 第二阶段：新闻书的出现

新闻书的发行周期比手抄新闻长，但它沿用了古代印刷书籍的办法，用铅字印刷，可以大量地发行。据现有资料，最早的新闻书在德国的法兰克福发行。法兰克福地处欧洲中心，也是商品经济发展较早的地区。该地每年春、秋各进行一次集市贸易，欧洲、近东各地商人云集。1588年奥地利人艾青氏（Micheal von Aitzing）印刷出版了新闻书，每年两册，每册系统地刊登过去六个月内欧洲、近东各国的重大事件，其中以政治、军事内容为主，兼有商业行情。在现在看来，像本大事表，但在当时还颇受欢迎。新闻书在市场上设摊公开发售，据说很有销路。1620年，荷兰人在阿姆斯特丹开始印刷新闻书，报道德国和欧洲大陆其他国家的政治、军事、商业等新闻，还运往英国高价出售，获利颇厚。在大英博物馆目前尚存有这种刊物，出版日期为1620年2月2日到1622年9月18日。在英国，最早出版的《西班牙新闻》（1611年）、《德国新闻》《英国新闻》（均为1625年）皆为新闻书。

这种新闻书已有刊名，但基本上是不定期的，中间间隔时间很长，新闻迟缓；没有固定的订户，只在市场上像其他书一样公开出售。出版者多为印刷商，以印刷其他书本为主，附带出版自己编写的新闻书。

3. 第三阶段：周刊（周报）、日报的勃兴

由于新闻书的种种缺陷，它在各国并没有盛行，很快就出现了新闻周刊。1609年，德国奥格斯堡发行的《德国观察周刊》，可能是世界上现存最早的印刷周刊，每星期一张，仅刊登一项新闻。不久，《福兰克福邮报》（1616年）、《马德堡新闻》（1626年）等周刊先后问世。周刊定期出版，由邮局发行，马上吸引了不少固定订户。读者可以定期阅读一周内的要闻，办报者有了稳定收入，这就刺激了周刊的勃兴。欧洲各国几乎都在17世纪上半叶有了周刊，法国于1631年在巴黎出现《法国公报》（初为周刊，后改为半周刊），英国的周刊更兴旺一时，在17世纪40年代就有《国内纪闻》（1641年）、《国会每日纪闻》（1642年，10天一期）、《国内新闻周刊》《每周纪事报》《英国新闻周刊》（1644年）。

这种周刊基本上还未脱离书本模样，它们以刊登政治、经济、军事等动态为主，兼有言论，但也有些周刊只有新闻无言论。

到1663年，德国莱比锡出版了《莱比锡新闻》，最初为周刊，旋改为日刊，通常被认为是世界上最早的日报。但它仍采用书本形式。

1665 年 11 月 16 日，英国的《牛津公报》问世。它在世界上第一个采用单页两面印刷，一反过去书本模样，这就加快了印刷，争取了提前发行的时间。《牛津公报》全是新闻，没有言论。英文报纸（新闻纸）一词 newspaper 自该报始。但《牛津公报》还是份周报。

直到 1702 年，伦敦出版了《英国每日新闻》，按日出版，四开小张，两面印刷，成为现代日报的始祖。

周刊、日报的产生，使得个体劳动不能胜任。采访、编辑、排版、印刷、发行，报纸出版的整个过程，需要有一批人分工协作。这就需要资本家出资来添置设备、雇佣人员。于是，报纸正式成为一个资本主义企业，成为社会的一个新兴行业——新闻事业。

报纸产生的三个阶段，并无绝对的时间界限，是交叉发展的。但就整个发展过程而言，报纸的发展经历了从无到有、从少到多、从简单到复杂、从模仿到独创的过程，朝着迅速（出版周期越来越短）、广泛（发行范围越来越大）的方向发展。

中国早就有了生产大众传媒——报纸——的技术条件：纸张、活字印刷以及相当发达的交通道路，但并没有产生报纸，因为并没有生产报纸的社会条件：发达的生产力水平和广泛的读者群。

中国古代有类似于报纸的媒体：邸报。邸报是各地方政府的驻京办事处，他们把皇帝的批示、圣旨以及大臣的奏折抄报给各地方政府。明清两朝，朝廷开始统一发布朝廷文书，并统一印刷，发往各地，统称京报。京报内容不变，皇帝的批示、圣旨，各大臣的重大事情、重大议题、重大决策，是各地方政府的官员必须了解的动向。所以，邸报（京报）是沟通统治集团内部信息的媒体。现有史可查，邸报基本上没有自己采写的新闻和言论。正是在这一点上，邸报和近代报纸有根本区别，或者可以说：邸报不是报（纸）。近代报纸是以自己采集并向社会发布新闻为职业的。而邸报仅仅转抄政府所发布的材料，报房也仅仅是印刷工场，相当于现代的印刷厂。因此，不能把邸吏和现代的新闻记者并论，因为他们并不采访新闻；报房也不能比作现代的报社，因为它没有编辑部。

近代中文报纸是舶来品，是从西方资本主义国家移植过来的。16 世纪至 18 世纪，当西欧各国先后进入资本主义社会时，中国正是明末清初，虽然已有资本主义的萌芽，但极其微弱，对整个社会的影响极小，整个社会处于自给自足的自然经济之中。从历史总趋势来看，封建势力已走下坡路，但依然是强大的。从中国当时的政治、经济条件来看，还不可能产生新闻纸。

第一批近代中文报纸是在19世纪初由英国传教士创办的。主要有：《察世俗每月统纪传》，1815—1821年，在马六甲出版，运到广东散发；《特选撮要每月统纪传》，1833—1838年，在广东、新加坡出版；《东西洋考每月统纪传》，1833—1837年，在广东出版。

19世纪初，英国已成为世界霸主，为了推销商品，到处寻找市场。打开闭关自守的中华帝国的大门，是英国对外侵略的一个重要目标。传教士是侵略中国的开路先锋。利用报刊来传教，对中国进行文化侵略和思想奴化，被看作是打开中国大门的重要手段。一位传教士曾供称：在中国这样一个地域广阔、人口众多的国家里，一个能使传教迅速奏效的办法，就是出版书报。

外国传教士办的第一批近代中文报纸以传教文字为大宗，也有办报人自己编写的新闻和言论。不同于邸报仅是官方文件的选编；它面向社会公开发行，不像邸报基本上在一定范围内发行。以现在的眼光看，这类中文报纸上的新闻、言论不但数量极少，写法也十分幼稚。但这批传教士所办的报刊，已经突破了中国封建性邸报的那种模式，属于近代化报刊的范畴了。

鸦片战争后，资本主义列强用炮舰轰开了中国大门，在沿海的通商口岸出现了一批外商办的中文报纸，逐步取代宗教报刊，成为外国人在华报刊的主干。

从维新运动开始，中国资产阶级登上了政治舞台，开始了中国人自办中文报纸的局面。到20世纪初，资产阶级改良派、革命派以及一些资本家创办了或从外国人手中接办了一大批报纸。中国人自办的报纸便成为中文报刊的主干。

二、广播（广播电台）：以无线电波（或导线）所传送的声音为媒介的大众传播工具

广播的诞生累积了几代科学家坚忍不拔的努力。1819年，丹麦科学家奥斯博士发现了电与磁的关系；1831年英国科学家法拉第确定了电磁感应定律；1864年英国科学家马克斯威尔发现了无线电波，并测定无线电波的速度和光速一样，每秒30万公里，而德国科学家赫兹用实验方法证明马克斯威尔理论，发现了产生、发射、接收无线电波的方

法。赫兹的研究报告《电磁波及其反应》在 1888 年发表。过了 7 年即 1895 年,意大利人马可尼和俄国科学家波波夫同时发明了无线电报。

1899 年 3 月 28 日,意大利人马可尼成功地将一份电报自英国跨越英吉利海峡拍发至法国;1901 年又完成了横越大西洋电报的发射。至此,无线电报得到了正式的确认,并得到迅速的发展。但那个时期,无线电报主要用于航海通讯。

自从无线电通信问世以后,科学家德法雷斯特、匹兹堡大学教授范斯顿先后发明了电子三极管和外差式线路,使微弱的电信号放大传到远方,并使声音传真度大为提高。1906 年的圣诞节,范斯顿在他设于马萨诸塞州的实验电台首次作实验性广播,将谈话、歌唱及音乐等声音传播出来。从广播工程的技术标准上看,广播从此诞生。自此,美国各地掀起了无线电热,无线电爱好者纷纷安装私人电台,这些电台都以播放音乐为主。可以说,广播电台最早是娱乐工具。

1920 年 8 月 31 日,美国底特律 8MK 实验电台广播了一条关于密执安州州长的新闻。这条新闻被认为是最早的广播新闻。

1920 年 10 月 27 日,美国商务部向匹兹堡的 KDKA 电台颁发营业执照,根据美国商务部记载,这是具有合法经营权的第一家电台。11 月 2 日晚上 8 点,KDKA 电台开始播音,第一条新闻就是总统选举的结果:共和党候选人哈定击败了民主党人考克斯而正式当选总统。KDKA 电台的播音标志着广播事业的正式诞生,掀开了世界新闻事业新的一页。

自此,世界各主要国家纷纷建立广播电台。1922 年年初,英国下院批准设立英国广播公司,简称 BBC;法国在 1921 年由邮电部经手建立第一座广播电台,1922 年成立国家广播电台;1922 年 5 月,苏联的莫斯科无线电台开始试播,11 月 7 日改名为共产党国际广播电台,正式播音;1924 年 3 月 25 日日本出现第一家私营的东京广播电台,1925 年,三家电台合并成立日本广播协会(又译为日本放送协会),简称 NHK。

1923 年年初,美国记者奥斯汀利用华商资本在上海外滩开设“中国无线电公司”,呼号为 ECO,1 月 24 日正式播音,播送音乐和新闻,被认为是中国第一家广播电台。1928 年 8 月 1 日,国民党政府在南京开办的“中央广播电台”开始播音。1940 年 12 月 30 日,延安的新华广播电台开始播音,呼号为 XNCR,发射功率约 300 瓦,这是中国共产党所创办的第一个广播电台。1940 年 12 月 30 日被定为中国人民广播事业创建纪念日。

三、电视：以无线电波（或导线）所传送的声音和图像为媒介的大众传播媒体

电视是 20 世纪人类最伟大的发明之一，同样经历了几代科学家不屈不挠的努力。1873 年，英国工程师约瑟夫·梅发现了硒的光电效应。他当时无法预计这个发现有什么意义，但电视的发明正是建立在硒的光电效应的科学基础上的。1884 年，德国科学家保罗·尼普柯运用硒的光电效应发明了电视扫描盘，即电视机荧光屏的雏形。

20 世纪 20 年代各国科学家从各个方面对电视技术进行攻关突破。1926 年，英国科学家贝尔德综合各项技术，完成了电视画面的完整组合及播送，于 1 月 26 日在伦敦作公开示范表演。1928 年，贝尔德将电视画面由伦敦发射到格拉斯和纽约，证明电视画面可以由无线电波作远距离的传送和接收。1930 年，英国广播公司和贝尔德合作，试验成功了有声的电视图像及其传送。

1936 年 11 月 2 日，英国广播公司在伦敦亚历山大宫建立了世界上第一个公共电视发射台，定期播出电视节目。此后，许多国家相继开展电视的实验播出。但第二次世界大战的爆发，使电视的研究、发展暂时中断。

“二战”结束后，电视业迅速发展，尤其是 20 世纪五六十年代，彩色电视的崛起震动了世界。

美国无线电公司于 1940 年首先试制成功彩色电视，经过改进，于 1946 年宣布“点描法彩色电视技术标准”，1953 年美国政府宣布采用此标准，通称 NTSC 制。1954 年，美国全国广播公司（NBC）首先正式播送彩色电视节目。到 1966 年，美国彩色电视机已超过 1 000 万台。

此后，世界各国的电视业以空前速度、规模发展。苏联于 1939 年开始电视实验性播出，1950 年恢复电视节目播出，1967 年正式播放彩电节目；日本的电视事业始于 1953 年，1960 年播出彩色电视节目；法国于 1938 年开办电视节目，1967 年播出彩色电视节目；德国于 1935 年开始播放电视节目，1967 年开办彩色电视节目。

目前，世界上流行的彩电制式有三种，即美国的 NTSC 制，德国的

PAL 制,法国的 SECAM 制。采用 NTSC 制的,除美国外,还有加拿大、日本、菲律宾、韩国、中国台湾地区等;采用 PAL 制的,除德国外,还有中国内地、澳大利亚、比利时、英国、丹麦、西班牙、瑞典、巴西、中国香港地区等;采用 SECAM 制的,除法国外,还有独联体各国、保加利亚、匈牙利、捷克、伊朗、伊拉克等。

中国在 1958 年 5 月 1 日成立北京电视台,不久,改名为中央电视台,正式开始播出电视节目。1973 年开办彩色电视节目。

报纸、广播、电视的诞生虽经历数代人坚忍不拔的努力,但也并无神秘之处。它们随着生产力,尤其科学技术的发展而发展。生产力能提供什么样的物质手段,人类就根据新闻所具有的特点来运用这些手段。从报纸到广播再到电视,从印刷文字到声音再到声画合一,传媒朝着更迅速、更广泛、更逼真的方向发展着。更快、更广、更真,这是新闻的品格,也是传媒发展的最基本要求。

第四节　新媒体的产生

互联网,又称因特网(Internet),是国际互联网(International Net)的简写。美国联邦网络委员会将其定义为"Internet 是全球性的信息系统",它有三方面的含义:在逻辑上由一个以国际互联协议(IP)及其延伸的协议为基础的全球唯一的地址空间连接起来;能够支持使用传输控制协议和网际互联协议(TCP/IP),或其他 IP 兼容协议的通信;公开或不公开地提供利用通信和相关基础设施的高级信息服务①。

互联网的前身是美国国防部高级计划研究署 1969 年与美国一些大学共同开发的军用计算机网络 ARPAnet,又称阿帕网。研究人员试图设计一种在冷战时期可以不被核弹攻击击毁的通信系统。冷战结束后,互联网逐渐从军事、科研转向商业应用。

伴随着互联网的飞速发展,新媒体迅速崛起。联合国教科文组织最早给出新媒体的定义:新媒体就是网络媒体。美国《连线》杂志将新媒体定义为"所有人对所有人的传播"。国内外相关研究机构、组织、

---

① *Definition of "internet"*, http://www.nitrd.gov/fnc/internet_res.html.

学者纷纷从不同角度对新媒体进行界定，但几乎所有的相关研究都认可互联网在新媒体中的主体作用。互联网既是新媒体的重要表现形态，也是新媒体发展的深刻动力。新媒体与互联网相伴而生。

新媒体是伴随着互联网发展，以数字技术、计算机网络技术、移动通信技术为主要支撑，以数字化、交互性、超时空为主要特征的一系列新媒体形态。

一、数字化

数字化是新媒体的显著技术特征。

在现代计算机技术发明之前，几乎所有的计算和传播系统都是模拟的。除了实物媒体，如书、报、刊物等，传统的广播、电视等电子媒体都是模拟式的电磁媒体，运用电磁模拟声音和图像，传播信息量小，难以交换。

新媒体运用数字语言进行传播，具有全新的信息量单位——比特。数字化技术（即把文字、声音、图形、图像等模拟信息转换成 0 和 1 的计算机可读信息）是新媒体技术的基础，它与其他相关技术结合，像处理数值一样处理所有形式的信息，彻底改变了数据和信息的生产、获取、处理、传输和储存方式，并在互联网传播平台上得到综合，大大提高了传输效率。正如著名未来学家尼古拉斯·尼葛洛庞帝在《数字化生存》中指出的那样，未来是“比特的时代”，数字技术将在未来社会占据主导地位。

关于数字化，有以下三点颇为重要。

第一，新媒体与生俱来就是全媒体、融媒体。与传统媒体相比，新媒体的数字化特征拓展了传输手段、接收终端和表达形式的多样性。借助文字、图片、图像、声音、动画、视频，传播活动愈发多媒体化。新媒体将传统媒体的长处集于一身，最大限度地实现了传播形式的兼容并包，为信息传播带来更加真实、具体、生动的效果，充分满足了受众的各类感官需求，亦为多层次、多角度地理解信息提供了可能性。

第二，数字化的新媒体打破了报纸、广播、电视等媒介之间的壁垒，使得同一内容具有了多介质传播的可能，大大增强了不同形式的媒介之间的互联性，传播呈现出立体化、全景式的特点，媒介融合得以实现。

第三，数字化技术为海量信息传播提供基础。任何传统媒体如报纸、广播、电视等，信息容量都会受到版面、时间、播出时段的限制。以数字化技术为特征的新媒体基于互联网平台，将全世界的计算机和计算机网络连接起来，形成巨大无比的数据库，几乎可以无限量地储存和传播信息并进行高效信息管理。在信息爆炸时代，每 10G 硬盘即可储存 45 亿汉字的信息量，大大超越了传统媒体的传播效能。

二、交互性

交互性是新媒体的本质传播特征。

尽管传统媒体注意到了受众参与的重要性，但由于本身缺乏交互性的结构，读者来信、热线直播、收视率调查等方式的互动效果都相当有限，不可避免地具有滞后性。

数字技术的发展使得新媒体的信息采集、制作与传播愈发便捷，运用电脑、手机、数码相机、数码摄像机等新媒体，每一个受众都能变成传播者，每一个人都可以检索、接收、发布、回复、评论各种信息，信息的传播者与接受者之间随时随地能够进行双向交流。

互联网打破了传统媒体时代传者和受者的严格界限，传播方式由单向线性传播发展到双向交流甚至多向交流。曾经的点对面传播转化为点对点、面对面传播，“所有人对所有人的传播”成为现实。互联网开放的信息平台与便捷的信息传播方式凸显了受众的自主选择与反馈，传、受双方的角色不断切换，个人不再只是被动接受信息的传播对象，而是可以最大限度地参与信息传播。

新媒体的交互性特征，不仅体现在传播的方向上，还体现在整个信息形成过程的改变带来的信息控制力的变化。在新媒体传播过程中，信息不再依赖某一方发出，而是在传者与受者的交流过程中形成。互联网时代，传播者对信息传播过程的控制程度与范围得到极大的拓展和增强。

另外，交互性还带来了信息传播的个性化。传统媒体的点对面传播模式决定了受众只能被动接收信息，很少有主动选择的余地，个性化需求受到压制。新媒体的点对点传播模式，使得多元传播主体间一对一的个性化信息服务得以实现。新媒体环境下的信息终端在互联网上都有固定地址，包括 IP 地址、手机号、电子邮箱地址、QQ 号码等，能根据地址确定一个或多个受众。信息传播者可以运用信息推送技术精准、明确地传播特定信息。与此同时，受众自身也可以利用新媒体在数据库中各取所需，根据自己的喜好和要求选择信息渠道、订阅新闻内容、定制界面风格。

三、超时空

超时空是新媒体的外部效果特征。

报纸传递新闻通常以天为单位，受出版与发行时间的制约极为明显。广播和电视播报新闻，虽然比报纸要快，但仍然受到播出时段的控制；尽管必要时可以进行现场直播，但为此所需的准备工作费时费力。

相比之下，新媒体具有传播上的快捷性和时间上的自由性，能够轻易做到即时传播。数字信号的传递以每秒30万公里的速度，瞬间可达世界上任何地方，新闻信息的更新也达到了按秒计算。智能手机等移动通信设施可以让编辑、记者随时随地"面对面"交流，24小时不间断发稿、播报新闻。信息的采集、加工、制作、传递几乎实现了同步，传播时效性大大提升。在国内外众多突发事件报道中，"打响第一炮"的早已不再是传统媒体，而是新媒体。

另一方面，传统媒体主要依靠地面信息传递系统，各个国家之间出于文化控制的需要对境外媒体在本国的传播亦存在诸多限制，报纸、广播、电视等媒体通常只能在有限的范围内产生有限的影响。而新媒体利用全球互联的网络系统和通信卫星技术，突破了地理区域的局限，具有传播的全球性和空间上的无限性。新媒体时代的国家、地区界限逐渐模糊，麦克卢汉预言的"地球村"呼之欲出。任何信息一旦进入互联网，就几乎可以同时被分处在世界各地的网民看到。新媒体成为全球性的媒体。

借助互联网，中国的新媒体在20世纪90年代开始萌芽。

1994年中国有了自己的BBS网站。BBS在开办之初，上网交流的人极少，影响甚微，却标志着一个新时代来临：每个人都可以借助互联网向全国、全球发布信息和意见。从此，大众传播不再由少数精英垄断。

1995年1月，由当时国家部委主办的《神州学人》杂志上网，向广大在外留学人员传递信息，这是中国第一份中文电子杂志。

1997年1月1日，由《人民日报》主办的人民网进入国际互联网络，这是中国开通的第一家中央媒体新闻网站。之后，1997 年 11 月，新华社建立新华网；1998 年 1 月，中央人民广播电台在互联网上开设网站；1998 年春节前，中央电视台通过互联网传送春晚节目，一批名牌节目如《焦点访谈》《综艺大观》《实话实说》等纷纷设立自己的网页。至此，三大央媒先后上网，设立网站、网页。

1997 年 2 月，中国第一家民营网站瀛海威创办，3 个月内在北京、上海、广州等全国 8 个大城市开通，发布各种信息。这是新中国成立以后的第一家民营新闻机构。从此以后，民营网站破土而出，最具影响力的四大门户网站网易（1997）、新浪（1998）、搜狐（1998）、腾讯（1998）以及搜索引擎百度（2000）先后问世。到 1999 年底，共有 45 家全国性媒体上网，20 个省市 200 家地方报刊设立网络版，16 个省市 45 家电台、电视台在网络上建立自己的主页。新媒体蔚然成风。

第六章

互联网造就传媒业新业态

第一节　新媒体持续冲击大众传媒

以手机、电脑、平板电脑为三大终端的新媒体在新闻传播方面拥有三大传统媒体无法企及的优势：海量、即时、互动及全媒体表达。互联网进入 Web2.0 时代以后，其优势越发明显，任何人可以在任何时间、任何地点接收、发送任何信息（包括新闻、言论）。这对传统大众传媒带来强烈冲击，受众持续地不可逆转地脱离传统媒体，进入新媒体。而且，脱离传统媒体的主要人群是中青年（18—50 岁左右），这是传统媒体的黄金受众。比起广播电视，纸质媒体（报纸、杂志、书籍）受到的冲击更甚，在不少国家，报纸主要读者群体是 60 岁以上的老年人。

在中国，报纸发行量 2013 年比 2012 年下降 5.1%，营业收入下降 8.9%，利润下降 11.7%；而 2014 年报纸出版的品种、总印数、总印张及营收、利润全部负增长，营业收入减少 10.15%，利润下降 12.81%[①]。而报纸广告收入，2013 年比 2012 年下降 8.3%，2014 年比 2013 年再下降 18.3%[②]。电视受到的冲击虽然不如报纸那么严重，但网络视听节目如雨后春笋般遍地开花，夺去电视大批忠实观众。

截至 2014 年年底，全国共有 604 家机构获准开办互联网视听节目服务；全国获批的网络广播电视台 29 家，手机电视集成播控服务平台

---

① 国家新闻出版广电总局：《2014 年新闻出版产业分析报告》。

② 中国广播电视协会：《中国报纸广告市场 2014 年度报告》。

6 家,互联网集成平台 7 家,自此,IPTV 集成播控总分平台架构基本形成[①]。人们随时随地可以上网收看广播、电视节目,也可以上传自己录制、拍摄的节目,大批中青年都离电视机而去,仅 2014 年一年,就有 4 000 万人不再看电视,尤其城市里的青年人视电视机为“老古董”。电视逐渐沦为老年人专场。

伴随着受众的转移,广告投放也跟着转移,纸质媒体的广告受冲击最大。从 2010 年开始,中国报纸广告每年以 5%—8%的速度下降,报业连连发出“报纸广告跳水式滑落”“报业广告崩溃”的惊呼。电视广告虽然还有新增长,但增幅已大幅下滑。与此相反,互联网广告已连续 10 年增长,中国的互联网广告自 2010 年以来,每年以平均 30%速度增长,截至 2019 年年底,全球广告支出总共 6 126 亿美元,其中互联网广告占 44. 7%,电视占 31. 2%,预计到 2020 年,互联网广告将占据 44. 2%。在中国,2019 年,互联网广告 520 亿美元,超过 165 亿美元的电视广告收入[②]。

伴随着受众流失、广告下降,许多报纸入不敷出,倒闭、缩编、上线、裁员成为基本选择。2009 年,美国拥有百年历史的《基督教科学箴言报》停止发行纸媒而改出网络版;2013 年,拥有 80 年历史的美国老牌杂志社《新闻周刊》也停刊,推出全球统一数字版并改名为《全球新闻周刊》。在中国,如果除去行政补贴的经费,整个报业已全行业亏损或接近于亏损。随之而来是大批报纸或倒闭或停刊,只发行网络版。

面对如此严峻局面,“媒体转型”成为传统媒体的共识,“媒体融合”成为传统媒体的共同方向。

第二节　新闻生产:从专业化到社会化

传统媒体的新闻生产就是一群训练有素的专业(职业)新闻工作者(记者、编辑)生产,面向全社会传播信息,或者说是一个机构(报纸、广播、电视)面向社会生产、传播信息。办报纸、办广播电视都要经过

---

① 中国广播电视协会:《2015 年广电蓝皮书》,2015 年 7 月 22 日。

② 引自世界广告研究中心(WRC)2020 年 6 月发布的报告。

国家机关的批准才能被允许，所以，生产新闻的机构是受法律保护的，是垄断性的。

新媒体彻底打破了新闻生产的垄断格局。如前所述，现在，任何人在任何时候、任何地点可以自由地接收、发送任何信息，从而把宪法赋予公民的传播权利(right)变成了实实在在的传播权力(power)。于是，新闻生产从少数社会精英的专业化行为变成了泛社会的全民性行为。

新闻生产从专业化走向社会化，导致新闻生产从理念到模式发生巨大变革。

首先，在重大事件尤其突发性事件中，在第一现场、第一时间发出新闻的往往不再是记者而是事件的当事人、参与者或现场亲历者。2005 年 7 月 6 日，伦敦成功申办 2012 年奥运会，第二天 7 月 7 日伦敦地铁爆炸，伦敦从狂欢一下子陷入混乱，人们不知所措，因为爆炸现场一片混乱，任何人都无法进入。而一名困在爆炸现场的亲历者亚当·斯泰西通过手机发出第一张现场照片。这离爆炸仅仅 3 分钟，BBC 网站立刻转发，成为来自现场的第一张图片，随即这张照片登上世界各大新闻网站、各报纸、电视台的头条。“7 月 7 日，是人类灾难史上的一个节点，却是新闻史的一个转折点。”①自此以后，震撼世界的一大批突发性新闻，例如 2006 年泰国政变，2011 年日本大地震，2013 年波士顿爆炸案，第一时间发出的新闻都来自公众。过去，任何媒体都以第一时间发出第一条重大新闻尤其突发性新闻作为媒体竞争力的标志。现在，传统媒体在和新媒体的竞争中已败下阵来，传统媒体之间的“第一时间”的竞争已不复存在，不得改变报道模式，比如深度追踪报道、深度解读报道等等。

其次，许多事件、许多真相被新媒体揭开，其中最著名的就是新闻网站“德拉吉报道”。它率先报道美国前总统克林顿与白宫实习生莱温斯基的性丑闻案轰动全球，而这一丑闻最先获取的却是《新闻周刊》记者，但杂志主编却以还需加工为由砍掉了这篇报道。

再次，一系列新的新闻生产模式逐步成型。主要流行的有：

UGC(User-Generated Content，用户生成内容)，受众通过互联网发布文字、图片、影像等资讯和观点，相关媒介组织通过各种网络(如博客、微博、Facebook、Twitter 等)抓取相关信息编辑成完整新闻加以报

---

① 中央电视台：《互联网时代》，北京联合出版社 2015 年版，第 126 页。

道。例如美国一家名为 Inside Climate News 的网站利用业余摄影爱好者上传的图片、博客写文章揭露加拿大沥青管道泄漏事件,由此获得美国 2013 年普利策"国家报道奖",评委们认为他们"严谨地"报道了国家原油管道的制度缺陷。

众包新闻(Crowdsourcing),最著名的莫过于维基百科,突发事件一旦发生,一两个小时内维基百科依据网民上传的信息编辑出一个页面,一条最初的新闻,一两天内可能有数百次上千次编辑,更新程度远胜任何新闻媒体。

迭代新闻(Iterative Journalism),就是新闻报道一层一层向纵深挺进,使新闻由浅入深,揭示事件真相,探究事件起因。一般分成快讯、初稿、报道、背景、分析、互动和定制 7 个阶段。

上述新闻生产模式都是专业新闻工作者和公众采取不同方式相互协作的过程,使新闻报道从静态走向动态、从一次成型到逐步成型的过程。

近几年来,还有一个特别令人关注的新现象:自媒体的快速崛起。什么是自媒体?目前很难有统一提法,但自媒体与一般博客、微博、微信参与者不同。自媒体是经营者独立生产原创内容的媒体。除此之外,自媒体经营者越来越多地成为专职从业者,为此,他们的自媒体投入商业运作,带来一定收入。自媒体的经营者中有相当数量来自大众传媒的记者、编辑。

自媒体自我作主,包括一个人作主或一个运作团队,不再会有大众传媒那样的把关人。为了吸引公众,自媒体必须要有鲜明的个人风格,这包括内容的选择和表达风格。为此,绝大多数自媒体都只在一两个专业领域深耕,比如股市、汇率、财经、军事、国际、时尚等等,发相关新闻,更发表有独特个人见解的评论、博文。自媒体作者一天都有数条新闻、评论上线,不断更新。从收入来说,自媒体大多数靠广告,有少数一些自媒体凭借兴旺人气发展会员、收费入门。

第三节 新闻接收:从受众到用户

受众是大众媒体报纸、广播、电视的读者、听众、观众的统称。无论是“消极受众”(只接受不作反馈的)还是“积极受众”(积极反馈),在大众传媒面前,基本上只能被动接受,“你播我看,你写我读”,他们的权利就是选择——看或不看,看多或看少。

到了新媒体时代,受众变成了用户,媒体与受众的关系发生了巨变。

一、从消费者变成既是消费者也是生产者

除了生产新闻,公众通过新媒体还生产知识、娱乐,新媒体极大地展示了公众的才华,迸发出巨大的创作热情,真正成了“大众创业,万众创新”的平台。如 2009 年网民创作的部分平台如下(表 6-1)。

表 6-1 发布平台以及实例一览①

内容类型	用户生成内容的类型描述	发布平台	实 例
文 学	原创型文学作品,或是在已有作品的基础上进行二次创作,或是针对某一作品展开的讨论	博客,或一些专属网站	Fanfiction. net “榕树下”
图 像	由用户拍摄并上传,可公开获得(部分公开)的数字图像资料,或是在已有作品的基础上进行二次创作的图像内容	图片博客、SNS,或一些专属网站	Flickr “图客网”
音 频	由用户录制、编辑并上传,可公开获取(部分公开)的数字音频资源	播客、P2P,或一些专属网站	Audiomash-ups “豆瓣网”
视 频	由用户录制或编辑并上传,可公开获取(部分公开)的数字视频资源,包括原创型内容、剪辑混搭型内容等	播客、P2P、流媒体,或一些专属网站	Youtube “土豆网”
聚 合	聚合性的内容资源,如新闻内容的聚合,社会化标签的聚合,大众评论的聚合,或是超链接的聚合	RSS、博客,或一些专属网站	digg. com “点评网”
文 件	文件资源共享型网站,文件的格式各异,主题多样	博客、P2P,或一些专属网站	scribd. com slideshare. net
教 育	由学校、研究机构或相关正规组织开发的针对教育的内容资源,用以学习交流	专属网站	H2O Wikipedia

① 参见赵宇翔、朱庆华:《Web2.0 环境下影响用户生成内容的主要动因研究》,载《中国图书馆学报》2009 年第 9 期。

二、信息接收：从统一发布到私人定制

三大传统媒体报纸、广播、电视虽然介质不同，但有一点是共同的：所有内容都统一发布，无论在全国、全球任何一个地方，看到的《人民日报》、央视节目都是同一版本，受众只能选择看或不看，看多看少。新媒体给用户一个不同体验：他们不再被动地接收，而是主动寻求自己感兴趣、适合自己的内容，为自己量身定制信息，各取所需。新媒体真正实现了小众化、个性化。

在互联网上，每个人的私人定制主要途径有三种：

（1）绑定适合自己或喜欢的网站、网页、专栏、论坛、自媒体等等。这些包括新闻类、评论类、娱乐类、知识类都有。这类内容的特点基本上都是专业类而不是综合性的，用户通常选择与各自职业、兴趣相关的一两个领域。

（2）搜索引擎。搜索引擎是用户主动获取信息的重要工具，其使用率自2010年后保持在80%左右水平。随着云计算的发展，互联网用户将获得更好的信息搜索体验，按需定制信息，体验高质量、个性化的搜索功能。

（3）协同过滤。相较于搜索引擎，协同过滤的优势在于可以为用户提供个性化的信息，或者为信息添加上用户所需的针对性信息。比如中国的豆瓣网，它不提供图书分类，而依用户为条目添加的标签而形成内在逻辑关系，不仅可以为用户提供合适的信息，而且还可以帮助用户搜索和发现新的兴趣爱好。当前各类网络中，最著名的提供个性化推送节目、内容的应数今日头条。

三、从受众反馈到用户体验

用户体验就是“人们对于正在使用或期望使用的产品、系统或服务的认知、印象和回应”①。过去受众对于报纸、电台、电视台的反馈都是被动的且延缓的，而用户体验与反馈的不同就在于新媒体传

① 转引自郑胜利、张敏：《用户体验——信息服务研究的新视角》，载《图书与情报》2008年4期。

播的交互性,媒体与用户形成即时的、充分的双向交流。媒体可以根据用户的点击量即时获取新闻的受关注程度,并对用户关注的热点新闻进行跟踪报道;在网上可以组织较大规模的民意调查,以较低成本在短时间内掌握用户对新闻事件的态度或对媒体的看法、要求;网络媒体可以通过多种途径使得用户能够迅速、自由、充分地与媒体交换意见,提供新闻线索或投稿。由于反馈和互动得到广泛加强,网络传播可以根据用户的要求及时调整传播策略,获得最佳的传播效果。

从受众到用户,当我们在赞美新媒体带给公众巨大自由、极大满足公众的个人需要的同时,也不得不思考新媒体带来的新挑战。当用户可以自由地在网络上发声,可以上传图片、视频,就可能传播谣言或谬误,也可能侵犯个人隐私。

另一个还未引起人们重视的挑战是:互联网虽然把世界连成一片,却让社会支离破碎。过去的报纸、广播、电视的主流媒体基本上都是综合性媒体,各类信息全面兼顾,便于公众了解全局。它们都以统一版本向外发布,各类信息、言论都体现出基本相同的价值观,在许多重大问题上易于达成社会共识。从受众到用户,公众的信息需求私人定制,他们只定制符合自己价值观的新闻,形成志同道合的小团队,这就在网上编织了一个个"信息蚕茧",他们拒绝听取与他们观点不符的信息、意见,而且越来越固执己见,甚至走向极端化。这样一来,"信息蚕茧"之间不再有沟通,整个社会就碎片化了,在一些基本问题上很难达成社会共识,这是在互联网时代我们必须面对的问题。

第四节　新闻机构:从单一媒体到融合媒体

目前国内外对"媒体融合"并无统一的定义,大体可以从广义和狭义两个角度来理解。从狭义上讲,"媒体融合"指不同的媒介形态融合在一起,形成一种新的媒介形态;而广义的"媒体融合"则包含一切媒介及其相关要素的结合、汇聚和融合,如媒介形态、传播手段、所有权、组织结构等要素的融合①。

媒体融合是指各种媒体形态的边界逐渐消融,多功能复合型媒体逐渐占据优势的过程和趋势。它不是单纯媒体形态的融合,更是一种全方位、深层次的融合。

考察媒体发展的过程,会发现任何时代"新"的媒体都是融合媒体,且基本上都会将当时传统媒体的已有功能一网打尽。

报纸,从手段上看,融合了文字、图片(画作与照片),图文并茂;从内容上看,融合了新闻、评论、广告与文学作品(诗歌、散文、戏剧、小说等)。

广播,从手段上看,融合了文字与声音,声情并茂;从内容上看,融合了新闻和各类音乐、曲艺作品。

电视,从手段上看,融合了活动影像与报纸、广播,声画并茂,是更高层次上的融合媒体;从内容上看,融合了新闻、影视作品、综艺等。

与报纸、广播、电视不同,互联网作为一个全新媒体融合了人类以前所发明使用的一切信息传递的载体和介质,把文字、声音、影视、图像等都融合在一起。文字、声音、图像、视频四种方法还可以有多种组合,这就极大丰富了人类传递信息的手段。公众可以自由地生产、传递信息。丰富多彩的内容,丰富多变的传递样式,快速便捷的传递方式,这就是互联网的媒体融合,产生了人类传播史上一场新的革命。

由丰富多样的手段来生产新闻,现在称作融合新闻。融合新闻可以运用多样手段来全方位呈现重大新闻事件的全过程并深入揭示其成因、性质、意义、影响。

尽管互联网为新闻工件者(包括专业的、业余的)提供了全新的新闻生产手段,但真正要运用它,还在学习、探索过程中,原因主要有两个。

一是新闻机构的结构问题。中国及世界各国,过去媒体机构都是单一媒体,报纸、广播、电视都各自独立,而新媒体的运作要求把所有媒体都融合在一起,需要长时间的整合。

二是记者、编辑的素养和技能问题,对应报纸、广播、电视各自独立运作,记者、编辑分工明确,有文字记者、摄影记者、广播记者、拍摄记者,还有播音员、节目主持人,等等。而新媒体要求的记者、编辑是全能

① 徐沁:《媒介融合论:信息化时代的存续之道》,中国传媒大学出版社 2009 年版。

的：写、拍、编、播都是一个人完成，采、写、编、评要样样都会。这样的全能记者需要相当长的时间培养。

鉴于新闻从业者对新媒体的把控，从一开始各大媒体都是从“+互联网”开始实行媒体融合。所谓“+互联网”就是“报网互动”“台网互动”，即在报纸、电台、电视台正常运行外开设网络版，把报纸、电台、电视台的内容转移到网络上。近几年来，有不少媒体开始让网络版独立运作，除了转载媒体上内容外，再增加网络自己采编的内容，并出现独立的微博、微信、公众号、客户端、手机报等等。虽然有不少办得很精彩，有很高的社会知名度，但基本上还是“+互联网”。而新闻报道尽可能用上多元素、全元素的手段，其基本模式是“一条文字新闻+一段视频+一段音频+一些图片”，但新闻的核心信息量没有增加，只增加了手段，只能称作叠加新闻，而不是融合新闻。

随着对新媒体认识逐渐深化，中国传媒界开始从“+互联网”走向“互联网+”。所谓“互联网+”就是以互联网为平台来统率文字、视频、音频、图片对信息的表达，各种媒体以其不同介质来扬长避短，例如报纸就应走“深度”之路，深入调查呈现事件真相，深度解读探究事件原因，深刻评论求解事件本质；电台还要走“短、平、快”之路；电视还要追求现场的逼真性、事件的全面性以及场面的宏大。而互联网新闻应更多选择“深度数字化”，尤其数据新闻能全面展示丰富的互联网手段。也就是说，各种新闻报道要选择各种资源、各种手段的最佳配置。

媒体各种资源的最佳配置，就是以互联网为平台进行统一整合。为此就要改造编辑部，改造生产的流水线。目前，中国有近 20 家媒体率先实行“中央厨房式”的编辑模式。所谓“中央厨房式”模式就是“新旧融合，一次采集，多元生成，多元发布”①，也就是记者把采集到的所有数据都放在内部网络平台上，各家媒体依据总编室的调度，依据各自特点和需要生成不同形态新闻作品来发布。这样，可以避免各家媒体到现场一哄而上抢新闻，大大节省了人力成本，同时，各家媒体可以依照各家特点分工协作来报道。

当然，“中央厨房”模式只是一种新探索，如何发挥新媒体作为融合媒体的优势，还要继续探索下去。

---

① 温建梅：《基于“中央厨房”制的全媒体运作模式探讨》，载《中国出版》2011 年第 12 期。

第五节　新闻体制：从单一国企体制到混合体制，形成三足鼎立

在很长一段时间内，我国的新闻传媒业一直是单一的国有体制：传媒资本归国家所有，实行企业化管理，尽管部分业外资本可以进入媒体的经营性业务，但仍必须坚持"宣传和经营两分开"和"国有传媒资本控股"的基本原则。

20世纪90年代，中国进入互联网时代，民营资本开始进入互联网。1997年2月，瀛海威全国大网开张，3个月在北京、上海等8大城市开通，成为全国最早、最大的民营网站。不久，最具影响力的四大门户网站网易（1997）、新浪（1998）、搜狐（1998）、腾讯（1998）以及搜索引擎百度（2000）都先后创办，颇具规模。这是中国新闻史上石破天惊的大事，标志着新的新闻体制出现，即从单一的国企体制走向公私并举的混合体制。但在早期，民营网站对新闻版块并不重视，无论其市场占有率还是社会影响力都不大。进入21世纪，网民与日俱增，上网人数、时间都以令人瞠目的速度激增。网络媒体越来越引发中央关注，尤其是十八大以后，新老媒体融合发展上升为国家战略性举措。党媒加速部署；以BAT（百度、阿里巴巴、腾讯）为首的互联网公司在国家媒体融合的政策扶持下，大举向网络媒体进军，快速占领市场；而原先社交媒体上的大V、中V都携带众多粉丝，统统转向自媒体。到2018年，在网络媒体上，党媒（即党主办的媒体）、民媒（民营机构媒体）、自媒（特指个人开设的媒体）形成三足鼎立之势。

据我们调查到的数据，党媒在"两微一抖"上影响力突出；民媒客户端使用量令其他媒体望尘莫及；自媒在垂直方向快速布局，做得风生水起。

一、党媒拥有"两微一抖"的强大影响力

党媒是党和政府主办的媒体，依托国家与地方的行政资源，以传达国家相关政策、传播社会主义核心价值观及向善向美的主流意识形态为主，对国际和国内的重大变动提供权威的解读，发挥凝聚人心、鼓舞

干劲的作用。互联网环境下党媒坚持"群众在哪里,阵地就在哪里"的传统,纷纷上网,并依照不同平台的网络生态,逐渐形成各自的特色。

新网媒格局下的党媒有三个特征:其一,都是从传统党媒衍生出来的,都受原先传统党媒的领导,并拥有传统党媒的行政资源、品牌优势和社会资本;其二,由此,它们都是党和政府的喉舌,坚持以党性原则为办网的指导思想;其三,它们以报道严肃新闻尤其时政新闻为主。

新网媒格局下,党媒的影响力依然卓越。新榜以其综合性的"新榜指数"评出的《2018 年中国微信 500 强年榜》中,党媒的微信公众号占据绝对的头部优势。"新榜指数"以总阅读数、最高阅读数、平均阅读数、头条阅读数和总点赞数五个指标来对账号进行评估。将每个指标的原始数据参照所属维度的标量数值进行比照,得出一个相对的位置指数。在前 20 名的榜单里,党媒占据 10 名(表 6-2)。

表 6-2　党媒在微信端的影响力

党媒账号主体	新榜指数排名	注册时间	地位与影响力
人民日报(rmrbwx)	1	2013-2-21	中央级时政新闻报道与舆情引导的第一移动端账号
新华社(xinhuashefabul)	2	2014-1-22	原创内容生产能力最强大的中央级媒体账号
央视新闻(cctvnewscenter)	3	2012-11-23	提供多元新闻信息和服务信息的中央级综合新闻类媒体账号
人民网(people_rmw)	4	2013-1-18	民生内容为本,以情感共鸣促进主流意识形态建构的权威平台
环球时报(hqsbwx)	5	2013-4-11	能以多元视角深度解读复杂国际国内事件
参考消息(ckxxwx)	6	2012-11-23	拥有最权威的外媒资源,提供精选的外媒每日报道
新闻夜航(yehang82898289)	11	2013-5-14	日均阅读量最高、10 万+文章数量最多的省级电视台媒体账号
央视财经(cctvyscj)	14	2012-12-20	最权威的财经类内容原创平台
新华网(newsxinhua)	15	2014-3-12	新华社的新媒体舆论主阵地
澎湃新闻(thepapernews)	16	2014-5-26	提供原创新闻和深度思想的时政新媒体,报业集团改革典型成果

数据来源:新榜《2018 年中国微信 500 强年报》。

除了官方微信号之外，很多党媒积极建设有特色的平台账号，以更加灵活的形式和从党报母体继承的规范化操作与技术、人才优势，也使党媒的影响力大为提升。例如人民日报中央厨房大江东工作室，出品了大量“爆款”文章，赢得了大量“80后”“90后”年轻粉丝的信赖与追捧。微信公众号侠客岛，从名称到内容都充斥侠义正气，独特的IP凝聚了大批粉丝。侠客岛入驻各大传播平台，社交平台账号体量轻、开口小，但常常四两拨千斤，成为重要的新媒体舆论阵地。

二、民媒占据移动客户端的传播力优势

新网媒格局中，互联网民营企业在打造各自的经营系统过程中，将新闻资讯版块的建设纳入其中，积极推进内容建设。新网媒格局下，民媒区别于党媒和自媒的主要特征是：其一，它们大多数依托一家大型的互联网公司或者说是由大型互联网公司创办，可以依仗这些互联网公司雄厚的资本和技术优势；其二，它们都实行市场导向，实行商业化运作，获取市场份额和赢得利润是它们的基本目标；其三，它们面向社会大众，以民生新闻、娱乐新闻为主打。

民媒大多没有新闻采访权，却是主流媒体生产的新闻内容的重要分发平台。民媒以技术创新来促进新闻类业务的发展，最终是为了获得利润的增长。同时民媒的主要阵地是移动客户端，各家媒体积极扩大新闻客户端的下载量和活跃度，一些超级新闻资讯平台被打造出来。根据国内领先的第三方数据平台易观千帆的统计数据，移动客户端月活跃用户数量排名前20名的头部网媒几乎全是民媒(表6-3)。

表6-3 民媒在新闻客户端的传播力

APP	MAU[1]（月活跃用户数量）单位：万	资讯类APP活跃度排名	新闻版块的战略性价值[2]	地位与影响力
今日头条 2012年8月上线	29 596.30	1	字节跳动公司坚持内容与分发相分离的媒介未来发展思路。不断扩张业务，导致资金紧张，综合资讯类产品今日头条是其广告收入的主要来源	最先推出基于数据挖掘技术分析用户的信息偏向，进行新闻资讯精准推送服务，是最有影响力的聚合类新闻客户端

续　表

APP	MAU[1]（月活跃用户数量）单位：万	资讯类APP活跃度排名	新闻版块的战略性价值[2]	地位与影响力
腾讯新闻 2010年10月上线	21 670.4	4	腾讯已建立了一个涵盖网络游戏、文学、视频、音乐、新闻及漫画的内容生态系统，其新闻信息流业务令广告收入显著增加（腾讯，2019b）	拥有一支从传统媒体转型的专业新闻采编团队，强调“事实派”的专业定位；打通腾讯不同产品之间的用户壁垒，占据用户活跃度的绝对优势
趣头条 2016年6月上线	8 139.28	6	专注于下沉市场和用户洞察，大量费用投入于研发和营销。根据用户行为，优化新闻资讯的内容推荐。增加的用户黏性与DAU，公司的营收能力依赖于用户流量货币化的能力和由于公司规模扩大带来的广告收益（趣头条，2019）	目标定位下沉市场，建设了大量兴趣频道，满足用户各种长尾兴趣需求。2018年全年营收达30.2亿元，同比增长484.5%，是增长最快的新闻资讯类应用。2018年9月在美国纳斯达克上市，是移动内容聚合的第一股
凤凰新闻 2011年下半年上线	6 164.05	7	2019年第一季度付费服务增长66.1%，未来将继续投资扩大原创内容，多元化产品供应，积极探索对优质内容的潜在投资（凤凰网新媒体，2019）	用凤凰新闻客户端的立场价值观与用户互通，深度影响高端用户群体。位列国内新闻APP用户健康度指数首位，付费类新闻客户端用户满意度和活跃度最高
搜狐新闻 2010年4月上线	5 886.69	8	搜索及搜索相关广告业务收入是搜狐营收的主要来源，但增长缓慢，搜狐媒体方面不断完善推荐系统和新闻阅读体验，以丰富收入来源（搜狐，2019）	国内最早的门户网站新闻客户端产品，一度领跑。定位“订阅平台+实时新闻”，最早提出个性化阅读理念，同内用户数最先破亿
网易新闻（官方）2011年3月上线	5 824.05	9	传统广告对网易营收增长贡献式微，电商成为网易的成败关键，网易新闻成为电商导流的关键（网易，2019）	“内容消费升级引领者”，强调“各有态度”，始终保持市场领先地位

续　表

APP	MAU[1]（月活跃用户数量）单位：万	资讯类APP活跃度排名	新闻版块的战略性价值[2]	地位与影响力
新浪新闻 2013年4月由“掌中新浪”更名新浪新闻	5 788.56	10	2018年新浪主要营收来自微博广告和直播业务（新浪，2019）；新浪新闻与微博互动，推广硬核政经新闻IP矩阵以优质内容取代用户红利作为竞争新战略（消费日报网，2019）	借助与微博社交平台共享的用户与话题，以及门户网站的天然优势，进行多渠道布局，是综合资讯行业领跑者
天天快报 2015年6月上线	3 106.22	12	定位“个性阅读，快乐吐槽”，借助腾讯集团QQ与微信的用户资源，快速识别用户兴趣，关注用户体验。战略意义服从腾讯在竞争中争夺资讯入口	依靠腾讯的战略布局，在新闻资讯类应用排行榜中迅速上榜。也因作为腾讯在兴趣阅读产品研发和争夺流量方面的战略性产品而广受关注
惠头条 2017年6月上线	1 686.11	17	深度挖掘用户心理特征，以轻松有趣的新闻资讯为载体，宣称“看新闻能赚钱”，满足目标群体“轻松赚钱”的需求，获得平台活跃人数持续增长	新闻资讯界的行业独角兽，占领了三四线城市用户流量市场。多次领跑新闻资讯类MAU千万级应用月活跃增幅
一点资讯 2013年7月上线	1 306.97	19	独创“兴趣引擎”（Interest Engine）专利技术，理念从“流量”转向“兴趣”，形成独特的内容生态，并通过定制化广告实现内容变现	在资讯类APP当中，用户覆盖增长最快，也是第一家获得《互联网信息服务许可证》的民营互联网企业

数据来源：易观千帆（2018）。

三、自媒面广势众、风生水起

新网媒格局中的自媒是与党媒、民媒不同的一种信息平台。自媒的独特性在于：其一，专业化是自媒的第一属性，自媒依靠专业化垂直分布获取流量，增加竞争力；其二，自媒以个人名义创办，创办者的个体价值认知对平台的风格定位起到主要影响；其三，中国自媒相比于西方We media概念，具有更强的经济属性而非政治属性。

根据各种调查显示，目前自媒体的公众号数量已超过2 000万家，在垂直化的细分领域里，布满了大大小小的自媒体，可以说“群众在哪里，自媒体就在哪里”。社会生活的方方面面，各类人群的兴趣爱好，再小众的东西都有自媒体。与此同时，一批头部自媒体，其传播力、影响力已不容小觑。在新榜2018年中国微信500强年榜中，有400强是自媒体。知名度和影响力比较高的前10名如下（表6-4）。

表6-4　新自媒的专业化与垂直分布

自媒体	所属的垂直领域	排名	创办者	经历与背景	主要特点及影响力
占豪 zhanhao668 2013-10-08注册	时政	7	占豪	投资专家、财经时事评论员	评论冷静客观，以理据谈爱国，粉丝以中产群体为主
十点读书 duhaoshu 2012-11-26注册	文化	9	林少	工科男，“80后”，机械专业毕业，爱好在各互联网平台读书并分享读书心得	文化类公众号的全国第一号，引导大批粉丝爱上阅读
有书 youshucc 2014-12-20注册	文化	10	雷文涛	计算机专业毕业后曾入职在线教育、创办团购网站	搭建立体的互联网读书服务体系，平台定位“读完的书成就期待的自己”契合中产定位
卡娃微卡 kawa01 2015-01-07注册	情感	22	纪卫宁	中山大学计算机软件专业毕业，多次创业者	最有影响力的情感大号，企业化运营。以卡娃微卡为核心，形成多领域覆盖的自媒体矩阵
视觉志 iiidaily 2012-11-22注册	情感	25	沙小皮	中文系毕业，原山东省国企职工，怀自媒体创业致富梦想	通过细分账号垂直精准满足用户的多元化内容需求，强调公众号的个人化特征，以价值观影响众多粉丝
唐唐频道 big322 2014-04-25注册	搞笑视频	28	任真天（唐唐）	做自媒体之前是电视台购物栏目主持人，曾在优酷制作搞笑视频，并成为网红	语言风格幽默、喜感的同时注重内容反讽，激发用户思考，在价值取向上和大众契合

续 表

自 媒 体	所属的垂直领域	排名	创办者	经历与背景	主要特点及影响力
同道大叔 woshitongdao 2014-08-11 注册	情感	30	蔡跃栋	清华大学美术学院毕业，曾经互联网创业	以十二星座系列漫画解析社会与人格
冯站长之家 fgzadmin 2014-03-13 注册	财经	33	冯国震	曾就读于浙江大学、清华大学和香港中文大学，从1996年开始从事互联网相关的运营工作	内容源自主流媒体，用百姓视角讲人话。每天早上推送“三分钟新闻早餐”
军武次位面 junwu233 2016-09-27 注册	军事	34	毕蜂	四川人，中国传媒大学研究生毕业，曾任《锵锵三人行》节目的编导和主编	向年轻人传播爱国主义和尚武精神，探索男性垂直细分领域，实现创收和发展
丁香医生 DingXiang YiSheng 2012-11-23 注册	医疗	35	初洋	曾主持医学脱口秀《太医来了》，是知乎大V，坚持医学科普	发文揭发权健集团虚假营销，引爆舆论。用专业能力和态度赢得粉丝信赖，依靠内容营销实现变现

数据来源：新榜《2018 年中国微信 500 强年报》。

正因为面广势众，许多不知名的小号也能成为煽动网络舆情飓风的蝴蝶。2018 年，新榜样本库内监测到 125 篇点赞超 10 万+的作品，其中有 27 篇都来自新榜指数低于 800 的小号（新榜，2019）。2018 年被称为“自媒体元年”，因为这一年，几场引发网络舆情大风暴的始发者都是自媒体。7 月，自媒“兽楼处”的文章《疫苗之王》引发长春长生生物的全民讨伐；10 月，范冰冰逃税事件引发席卷整个娱乐圈的风暴；12 月，自媒体丁香医生的原创文章《百亿保健帝国权健和它阴影下的中国家庭》使苦心经营几十年、资产达数百亿的保健帝国在舆论风暴中几乎一夜崩塌；而 2019 年 4 月，自媒体博主发布奔驰女维权的微博视频，再次引发山呼海啸的公民维权声浪。而且，在引发网络舆情过程中，一些自媒体开始结成松散的联盟，相互声援，甚至一呼百应，更壮大了自媒体的声势。

党媒、民媒、自媒因为资源禀赋、市场定位、运作方式各有优势，谁也取代不了谁，而且你中有我、我中有你，形成既竞争又合作的态势。三足鼎立的格局在未来相当长一段时间内将维持下去。

第七章

新闻事业的发展及其基本规律

16 世纪至 18 世纪是新闻业产生和初步发展时期，这是个缓慢、艰难的过程。但进入 19 世纪，新闻业加速发展，从 20 世纪起，新闻业进入黄金发展期。

从全球范围看，报纸、广播、电视三大媒体，在 20 世纪各领风骚数十年。在 20 世纪初的头 20 年，报业迅猛发展，在 30 年代达到鼎盛。广播在 20 年代起步，30 年代发展，40 年代伴随着二战而达到鼎盛。电视在 40 年代重新起步，50 年代、60 年代发展，80 年代达到鼎盛。而号称第四媒体的互联网在 80 年代起步，90 年代发展，进入 21 世纪开始加速，方兴未艾。

第一节　政治、经济制度决定新闻体制

新闻体制指的是新闻事业的所有制性质、决策机构的构成、新闻事业的结构和国家社会对新闻事业的制约机制等等。不同的新闻体制是由不同的政治、经济体制决定的。

从目前世界各国的情况看，新闻体制因各国国情不同而五花八门；而且，在同一国家，不同时期、不同传媒有不同体制，这使情况更加错综复杂。

一、从新闻媒介的所有制性质来看

新闻媒介的所有制性质是新闻体制中的核心,决定了媒介的管理方式、与政府的关系以及媒介的运作方式。从世界各国看,新闻媒介的所有制基本上有三种。

1. 私营媒介

完全由私人独资或集股兴办(股份制)。西方国家的报纸基本上都是私营媒介,从国别上看,私营媒介以美国最具代表性,除少量公共电台电视台外,所有报纸、电台、电视台都是私营的。私营媒介的基本特点包括6个方面。

(1) 董事会为实际上的最高决策机构,负责媒介的财政预决算,任命媒介的负责人,确定媒介的基本方针。

(2) 依托财团。大多数私营媒介都有财团的背景,像美国三大广播公司和摩根财团、洛克菲勒财团关系十分密切。所以,它们在不同程度上代表各大财团的利益。

(3) 以赢利为目的。私营媒介的最高目标之一是赢利,赢利是所有私营媒体的基本方针。所以,它们基本按商业原则来经营媒介。

(4) 广告是主要收入来源。无论是报纸还是电台、电视台,私营媒介的主要财源是广告收入。私营报纸的发行基本都亏本,靠广告来弥补,报纸上的广告一般都占整个版面的60%—70%,如果低于60%,整个报社就将入不敷出,面临倒闭的危机。电台、电视台也主要依靠广告收入来维持。所以,广告客户是所有私营媒介真正的衣食父母。在重大问题上,绝大多数私营媒介都不敢得罪广告客户尤其大客户,即著名的大公司。所以,西方的许多新闻学者都尖锐地指出:媒介以自己丰富的节目来吸引受众,然后把受众卖给广告客户。

(5) 迎合受众。为了吸引广告客户,提高广告收费,必须提高发行量、收听率、收视率。这样,私营媒介的节目从内容到形式必须不断追随受众的兴趣,加上私营媒介的机制比较灵活,所以节目更新很快,不断推陈出新。从总体上说,私营媒介的内容丰富多彩,形式活泼多样,新闻力争迅速,报道面广,同时有大量煽情性内容。

(6) 监督政府有一定力度。私营媒体往往以"民众代表""舆论代表"自居,为了争取受众抨击政府的纲领和政策,尤其对政府的丑闻更是不遗余力地进行揭露。由于独立负责,立场、观点不受政府制约,有些新闻、评论有一定的深度,有独到的见解。

2. 公营媒介

以英国广播公司、日本放送协会和德国广播联盟为代表。世界上绝大多数国家都有公营电台、电视台(又称公共电台、电视台),这就是教育电台、电视台,以播放社会教育和少儿节目为主。公营台都通过国家立法而建立,并受政府保护。西方目前还没有公营报纸。公营台的基本特点包括5个方面。

(1) 相对独立的管理机构。公共媒体既不属于私人,也不属于政府,而是属于全体公民所有,公营的管理机构或由政府提名,议会批准,或由原先的管理机构提名经议会批准。但公营台的管理机构一经成立就独立运作,不受政府的领导或控制,从办台方针到财政预决算,节目制作、播出,都由管理机构最终决定。

(2)半官方机构。公营台名义上是独立的,但和政府有着千丝万缕的联系,所以,公营台本能地偏向政府,本能地反映政府立场,在某些枝节上的批评,也是“小骂大帮忙”。当然,在某些特定情况下,公营台也会和政府对着干。例如BBC,一般情况下都忠实地反映、鼓吹政府立场。但在2003年7月初,连续播出英国政府要员伪造情报、欺骗议会和公众以赢得出兵攻打伊拉克的支持,甚至指名道姓指责国家安全委员会主席,给当时声望日益低迷的布莱尔工党政府沉重打击,引起BBC和政府公开冲突。其实,BBC敢于向政府叫板,也是因为布莱尔政府民众支持率已持续下跌,BBC为争取公众,不得不在此事上和政府划清界限。

(3) 以视听费为主要收入来源。公营台的财源主要依靠收取受众交纳的收听、收看费(或称执照费)。视听费由政府邮政部门代收。

(4) 强调对公众负责。正因为公营台以受众的视听费为主要经济来源,受众成了公营台真正的衣食父母,再加上近几年公营台都受到来自私营台的强有力挑战,所以,公营台特别强调对公众负责、为公众服务。这就决定了公营台节目的特点:重视新闻、服务、社教类节目;新闻重视真实、全面、客观、公正;娱乐节目比较健康,基本不播煽情性内容。公营台一般都重视受众调查,试图根据受众要求来更新节目。但公营台面对的两大难题是:多层次的受众常常对节目提出截然相反的要求,一台难调众口,使公营台莫衷一是;当受众的观点和政府立场鲜明对立时,公营台左右为难。

(5) 不播广告。公营台以受众的视听费为主要收入,所以,公营台在节目中一般不播商业广告;有些国家,像丹麦、瑞典的公营台虽然也插播商业广告,但数量极有限,且基本上都是与教育文化有关,像购买电脑、新书,介绍新电影之类。

3. 国营媒介

除了一批社会主义国家的新闻媒介都属国营外,西方发达国家也有一批国营的新闻媒介,其中以法国在20世纪80年代中期以前的电视一台、二台、三台,以及意大利国家电视台最具代表性。国营媒介的基本特点包括三个方面。

(1) 完全信赖政府。国营媒介的领导由政府任命,工作方针由政府决定;经费全部或大部分来自政府提供。

(2) 政府的宣传机构。国营媒介自觉地站在政府立场上,宣传政府的施政纲领、方针政策。

(3) 节目严肃但呆板。国营媒介以新闻、言论、教育节目为主,娱乐节目强调健康,节目内容很严肃。但国营媒介内部缺乏活力,层次多,节目更新慢,形式呆板,且职工缺乏积极性、主动性,很少有创新。

二、从国家制度上看

1. 以中国等为代表的社会主义国家新闻媒介的基本特点

(1) 新闻媒介作为关系国计民生、攸关国家安危的部门,一般都属国家所有,不容许出现私人垄断,更不容许敌对阶级分子办新闻媒介。

(2) 新闻媒介以有利于国家利益、人民利益为最高宗旨。社会主义的新闻事业必须讲究经济效益,但社会效益始终是新闻媒介追求的首要目标。

(3) 新闻媒介自觉地接受共产党领导,党委确立新闻媒介具体的编辑方针。

(4) 党和国家从多方面支持、扶植新闻媒介。

2. 西方发达国家资本主义制度下新闻媒介的基本特点

(1) 西方发达国家的主要政党(无论是在台上的执政党还是在台下的反对党)和政府,基本上没有自己直接控制的新闻媒介。当然,这决不意味着政党、政府不从事宣传,而是借助各种媒介进行巧妙、灵活的宣传。

(2) 除美国以私营独占媒体外,西方其他发达国家都存在着私营、公营并存的格局。从近 10 年的发展趋势看,新闻媒介私营化在加强,新闻媒介私营的比例在上升。

(3) 在西方发达的资本主义国家,报纸杂志无须登记,可以自由创办。电台、电视台的创办却往往需经严格审查。不过,只要资本雄厚,一般都能批准。从这个意义上可以说,真正的新闻自由属于大资本集团所有。

3. 除中国之外的其他发展中国家的新闻体制的基本特点

(1) 一般发展中国家都存在着新闻媒介多种所有制并存的格局;而且除少数国家外,多数国家随着政府更迭,不同政府实行不同的新闻政策,新闻媒介的所有制也处于不断变动之中。

(2) 新闻媒介大多数有一定的政府或政党背景。

(3) 发展中国家由于经济相对落后,国家发展成为最优先的目标。所以,新闻媒介一般都会把国家发展尤其是支持国家经济发展作为优先考虑的目标。

我们虽然可以把世界各国的新闻体制分成几种类型,但即使在同一社会制度、同一类型内,新闻体制也有许多差异。世界各国新闻体制都是从各国的具体国情出发,由他们的政治、经济体制所决定,同时也受到他们的文化传统的影响。

第二节　生产力水平决定新闻事业的发展水平

报纸最早产生于意大利的威尼斯,因为当时威尼斯是欧洲经济贸易中心。16 世纪以后,随着地理大发现,威尼斯远离新的运输航道,经济逐渐衰退,而处于有利地理位置的比利时、荷兰、西班牙崛起成为经济强国,这一地区随之成为世界新闻事业最发达的地区。17 世纪以后,英国又取而代之,成为世界上首屈一指的经济大国,世界的新闻业中心也转移到英国。到 19 世纪后期,美国的经济实力赶上英国,美国的新闻事业迅速发展,其规模也很快超过英国。

从当前世界各国的情况来看，新闻事业比较发达的国家和地区，也都是经济比较发达的国家和地区。而经济比较落后的国家，新闻事业相对也比较落后，目前全世界尚有50个国家或地区没有日报，绝大多数是经济比较落后的第三世界国家。在世界10个最不发达国家，每千人拥有的电视机平均不到5台。这说明，世界各地区的新闻事业总是如影随形地跟随着经济实力的兴衰而兴衰，生产力水平和新闻事业的发展水平有着直接的因果关系。这是因为——

（1）随着生产力水平的提高，整个社会的经济活动规模越来越大，分工日益精细，人们对政治、经济、军事、文化等各方面的信息需要日益迫切。这就大大刺激了新闻事业的发展。

（2）随着生产力水平的提高，整个社会受教育面扩大，文化水平不断提高，这必然使读者群越来越大。

（3）随着生产力水平的提高，广告越来越多，新闻事业日益成为国民经济中获利丰厚的企业，这就刺激了投资和扩大再生产。

（4）随着经济、科技的发展，社会为新闻事业的发展提供日益先进的物质手段。近几十年来，科学技术加速运用到新闻事业上来，新闻手段日益现代化。

新闻事业随生产力水平的发展而发展，生产力水平的高低直接影响新闻事业的发展速度和规模大小，这是新闻事业发展的一条客观规律。因此，当我们构想新闻事业的发展和改革时，必须从生产力的实际水平出发。脱离生产力的实际水平去构想新闻事业的发展，那只能是一种空想。

第三节　传播工具的物理性能决定传播工具的特点

在大众传播工具的发展过程中，广播的产生曾使人担心报纸存在的价值，电视的产生又使人担心广播的生存。像广播、电视发展较早的美国新闻界，就曾出现过这种心理。《美国新闻史》一书写道：电台的产生使报纸产生恐惧，只十来年，其广告收入已和报纸不相上下，威胁着报纸的生存。电视产生以后，当时许多观察家说，电视宣告了电台的死亡[①]。但事实证明这种担心是多余的。

以我国为例。从1979年到1999年,在收音机、电视机拥有量成倍增长的同时,公开发行的报纸从400多家增加到2 200家,期发量从4 500多万份增加到1.8亿份。从世界各国情况看,受众对于三种传播媒介的爱好程度,或者兼而有之,或者各有自己的喜爱。在中国,三种传播媒介在受众中的影响平分秋色。从职业上看,干部、知识分子多喜欢读报,而工人、农民比较喜欢听广播、看电视;从文化程度上看,文化水平越高,越喜欢读报;从年龄上看,中青年人喜欢读报,少年儿童、老年多偏爱广播、电视。

报纸、广播、电视能够同时存在、同时发展,因为它们各有自己的特点——长处和短处,不能相互取代。而这种特点是由三种传播工具的物理性能——各自所采用的媒介所决定的。互联网的出现,让三大传统媒介挑战与机遇并存。

1. 报纸的特点

报纸以印刷文字作为媒介。这决定了报纸的长处:① 记录性好,便于读者反复阅读、深入研究,并可作为资料长期保存;② 选择性强,便于读者自由安排时间、自由挑选内容来读;③ 材料运用自如,不受空间、时间的限制,纵横数万里,上下数千年,从宏观到微观,从现象的描绘到本质的揭示,从人的外表到人的内心活动,都可以跃然纸上。但和广播、电视相比,报纸工作程序多而繁杂,故而新闻时效差;阅读报纸受文化水平限制,群众基础不及电视、广播广泛;文字远不及声音、图像那样真切、逼真,有感染力。

2. 广播的特点

广播以无线电波所传送的声音为媒介。这决定了广播的长处:① 传播迅速,时效性强。电波传播速度为每秒钟30万公里,这使广播可以对正在发生的新闻事件作同步报道。广播电台如果作现场报道的话,世界任何国家、任何地区都可以同时收听到新闻现场的情况。② 渗透性好。在传播过程中,电波不受空间和交通条件的限制,传播的范围大,可以"无限发行"。③ 对象广泛、群众性强。收听广播不受文化水平的限制,从大学教授到文盲,都可以听广播。④ 感染力强。

---

① [美]埃德温·埃默里、迈克尔·埃默里:《美国新闻史》,苏金虎等译,新华出版社1982年版,第533页。

广播的语言和音响生动活泼，具有文字无法代替的感染力。但以无线电波所传送的声音为媒介的广播也有其天生的不足：一瞬即过，过耳不留，使受众难以进行仔细的研究和推敲，难以一边收听一边思考，听众的注意力只能被迫跟随广播；听众必须按照电台安排的节目顺序收听，不能自由选择。

3. 电视的特点

电视以无线电波所传送的图像和声音为媒介。这决定了电视具有广播所具有的一切优点，而且还有独特的长处：① 强烈的现场感。电视把视觉形象和音响、解说结合在一起，把新闻事件的现场直接展现在受众眼前，受众所看到、听到的，都是正在发生的事情（过去正在发生、现在正在发生），从而使受众更感逼真。② 亲切感。观看电视大多是在家庭范围之中，面对小屏幕，观众感到自己仿佛在和电视上的人物作面对面的交流，仿佛自己身临其境，参与新闻事件。这是报纸、电台都难以达到的境界。③ 简洁明了。尽管语言是丰富的，但和现实生活相比，语言毕竟是贫乏的。许多复杂的场景、精彩的镜头，千言万语有时也难以言尽。但电视却把受众带到了现场，短短的一两分钟的画面，受众就明白了、理解了。电视同时有它先天的不足，除了有广播所存在的缺陷外，还有：电视的视觉性同时带来局限性，长于报道外在的看得见的动态新闻，而对复杂的题材作深度报道比较困难；电视新闻的采访、制作有较高的物质技术要求，受到发射距离和收看设备的限制。

4. 互联网的特点

（1）传播上的快捷和时间上的自由性。报纸传递新闻，通常是以天为单位的，受出版与发行时间的制约极为明显。广播和电视播报新闻，虽然比报纸要快，但仍然要受播出时段的控制；尽管必要时可以进行现场直播，但为此所需的准备工作往往费时费力，只可偶尔为之。

相比之下，网络在传播时间上有明显的优势，能够轻易做到随时发布新闻。在国内外许多重大新闻尤其是突发新闻报道上打响第一炮的，已经不再是传统媒体，而是网络媒体。

（2）传播的全球性和空间上的无限性。由于受到传播能力和市场利益的制约，报纸、广播和电视通常只能在有限的范围内产生有效的影响，而网络则几乎不受这种限制。一家新闻网站能够让全世界的网民都成为自己的受众，也能让远在千里之外的竞争对手轻而易举地争夺你的受众。网民可以最大限度地参与网络新闻的互动,成千上万的网民可以在互联网上读到这些报纸即时更新的报道评论。任何信息只要一进入互联网,就几乎可以同时被分布在世界各地的网民看到,不分疆界,没有地域。从这个意义上说,互联网是全球性的媒体。

传播空间的无限性是指网络媒体本身在新闻和信息容量上的无限性,这是任何传统媒体都望尘莫及的。人们常常把网络上的无穷内容称为“海量信息”。借助于信息存储空间的优势,以及搜索、链接、订阅等功能,网络新闻可以比传统媒体做得更加立体、丰富、饱满。

(3) 传播的多样性和沟通的交互性。比之传统媒体,网络新闻的传播形式更灵活多样。它不但可以提供详尽的背景材料,还可以随时刷新播出的最新消息。它能够提供各种个性化的服务,让受众根据自己的喜好和要求选择信息渠道、订阅新闻、定制界面风格。

沟通的交互性是由网络媒体的形态特性决定的。尽管传统媒体也注意到了受众参与的重要性,但是,由于传统媒体本身缺乏交互性的结构,读者来信、热线直播这些方式的效果都比较有限,并且还受到版面、栏目的种种限制。而网络可以同时接纳人们对媒体的参与和交流。网络颠覆了传统媒体时代传者和受者的严格区分,传播方式由传统的单向传播发展到双向甚至多向交流。个人不再只是被动接收信息的受者,只要愿意,每一个人都是可以检索、接收、发布、回复、评论各种信息的一个“媒体”,网民可以最大限度地参与网络新闻的互动。

报纸、广播、电视和互联网的不同特点,向新闻工作者提出了如何扬长避短、发挥各自优势以吸引受众的问题。从当前世界许多国家以及我国的新闻事业发展趋势看,报纸应从自身特点出发,下功夫发掘新闻事件的内在本质,揭示新闻事件的社会意义、影响和发展趋势,为此而加强综合分析报道、深度报道,加强评论,多设专栏。广播也应从自身特点出发,力争新闻的短、快、新,加强现场录音报道。电视则应加强现场新闻报道,加强有节目主持人的节目。而互联网则应该在媒体融合以及快速、互动上下功夫。

不管是有意无意,报纸、广播、电视为争取受众(包括读者、观众、听众)必然地存在着竞争,这在任何社会里都是无法控制的。为了求得自身发展,不被淘汰,都需要扬长避短,尽量发挥自己的优势,这是新闻事业发展的又一条不以人们的意志为转移的客观规律。因此,当我们构想新闻事业的发展和改革时，必须从传播媒介的自身特点出发。

在当今世界上，除了上述几种新闻传播工具外，还有一条特殊的新闻流通渠道：通讯社。通讯社并不直接向社会大众发布新闻，它仅仅向各新闻单位提供新闻稿或称新闻原坯，经各新闻单位采用才公之于世。通讯社是在报纸增加到一定数量时才出现的。报纸不但需要报道本地新闻，还要报道全国、全世界的重大新闻事件。开始时，报纸少，各报只好自己独自采访新闻。但任何一家报纸的人力资金都有限，不可能派出大批记者分赴世界各地，并且一报一个巨大的通讯网，势必会造成人力、财力的巨大浪费。所以，当报纸发展到一定数量时，对全国、全世界的重大新闻事件有了共同需要，新闻稿有了一定的销路，就诞生了通讯社。通讯社向各报社发新闻稿，收取一定的报酬，成为有利可图的企业；报社对报道全国、全世界的重大事件有了可靠的新闻来源，省去一大批人力和财力。从这一点上来说，通讯社是适应各种报纸的共同需要而产生的，可以用来补充各报通讯网之不足。当广播、电视产生以后，通讯社又为广播台、电视台提供新闻稿。但通讯社只能满足各新闻单位的共同需要，各新闻单位的特殊需要还要靠各报自己去采访。

世界上第一个通讯社创办于1835年，那是西欧各国报纸迅猛发展时期，由法国人哈瓦斯创办，称哈瓦斯社，即法新社的前身。开始是复写的手抄新闻，后改为油印，通过邮局递送到各报社。1840年用信鸽在各国首都传送重大新闻，1848年起用电报。1850年，德国人路透办了通讯社，后迁往英国，这就是著名的路透社。美国在1848年由六家报纸联合采访欧洲船只带来的新闻，成立一个通讯社，史称港口新闻社，即美联社前身。至1880年，该社订户已达355家报纸。上述几家是世界上最早的一批通讯社。以后，许多国家都纷纷建立通讯社。据联合国教科文组织近年统计，全世界国家级通讯社有178家。

我国的新华通讯社（简称新华社）脱胎于江西瑞金的红色中华报社，1932年开始向国内发布新闻，1937年1月在延安红色中华通讯社正式改名为通讯新华社，并在各主要抗日民主根据地建立了分社。1949年10月，中华人民共和国成立后，成为国家通讯社。随着我国国际地位的提高，新华社在世界上的影响也越来越大。

第四节 受众的多元需要促使媒体多样化

从报纸产生到现在,已有300多年历史。报纸的发展经历了从少到多、由简到繁的过程。在早期,报纸的读者群小,读者的类型比较单纯,报纸的销路差,类型简单,一般是商业行情报纸和综合性报纸两种。随着读者群不断增大,读者的类型日益复杂,读者的需要越来越多样。任何一种类型的报纸,要想满足如此众多复杂的受众的需要,显然是力不从心了。为此,报纸不断地进行分工,各自侧重于一个方面,满足某一部分受众的某一部分需要。于是,报纸的类型越来越多。广播、电视经历了和报纸同样的历程。

20世纪80年代,世界进入信息化时代。正如托夫勒在《第三次浪潮》中所指出的,信息时代的一大趋势是非群体化,过去一致性的需求被多样化的需求所替代。媒体也同样如此。"由于第三次浪潮的赫然来临,群体化传播工具不但没有扩大,反而突然被迫削弱了。它在很多战线上,正在被我称之为'非群体化的传播工具'所击退。"①

非群体化就是受众的细分,受众的分众化、小众化。俗话说,物以类聚,人以群分。受众由于所在区域、职业、年龄、收入和文化教育的不同,日益显示出不同的兴趣、对传媒不同的需求。过去那种老少咸宜、雅俗共赏的传媒已不再能满足不同群体的特殊需求。于是媒体开始分化,针对社会某一部分特殊受众创办特殊媒体。同时,新技术的运用为传媒的细分创造了必要条件。对电视来说是有线电视,尤其是光纤电缆铺设,使频道资源不再稀缺;20世纪90年代以后,数码技术的采用,使广播电视的频率资源大为扩充。高速印刷机的应用使报刊印刷不再犯愁。这一切使得传媒的非群体化时代真正来临。

最早开播的电视专业频道是1980年美国人特纳开设的有线电视新闻网,即CNN。当时,美国电视业认为CNN要和美国三大电视网相抗衡,简直是鸡蛋碰石头,甚至讥讽CNN是"鸡汤面条网"(Chicken

---

① [美]阿尔温·托夫勒:《第三次浪潮》,朱志焱等译,三联书店出版1983年版,第218页。

Noodle Network)。但 CNN 成功了,现在已成为全球最具影响力的新闻网。这就是因为 CNN 顺应了非群体化的社会潮流。CNN 的成功大大刺激了电视的频道专业化和电台的频率专业化。

中国的新闻媒体在 20 世纪 80 年代前期,从中央到各省(市)、地(市)的基本格局是整齐划一的一报两台。一报就是一份综合性日报即党报,两台就是一家电台、一家电视台,那时是综合台。报业的分众化从 80 年代中期开始,90 年代加速;电台、电视台的分众化从 90 年代开始,到 21 世纪初加速。

一、电台

20 世纪 30 年代,世界各国尤其是西方各国电台兴旺一时,40 年代达到顶峰,50 年代受电视冲击,60 年代、70 年代电台曾奄奄一息。但 80 年代以后,西方各国电台开始实行频道专业化,重现生机。

我国的电台在 20 世纪 90 年代开始分化。最初从综合台分化出经济台,再分出文艺台、交通台。到 21 世纪初,真正实行频率专业化。各省(市)一般有新闻、交通、财政、戏曲、音乐、体育、少儿等频率。

二、电视台

西方各国在 20 世纪 90 年代基本上都实现了电视频道专业化。在欧、美、日各国家庭,电视机可以接收到 100—400 个频道,除了 3—4 个新闻频道外,其余都是专业频道,以新闻、影视、音乐、体育、时尚为大宗。比如 90 年代末,美国波士顿地区观众可选择的频道有 151 个,其中有 3 个新闻频道,91 个影视频道,24 个体育频道,33 个流行音乐频道[①]。这些频道基本上都在有线网络中,在美国,有线电视订户已达 6 500 万户,占全美家庭总数 65%以上。常规的有线电视月租费 25 美元/月,额外的付费节目再加 25—50 美元/月不等。同时还有点播节目。美国有线电视收费 2000 年达到 400 亿美元,相当于广告收入。免费看无线电视已不多,一般只有 10 多个频道。丰厚的收入培育了一批

① 《波士顿环球报》1998 年 11 月 15 日,载《参考消息》1998 年 12 月 7 日。

具有世界影响的频道，像CNN、探索、MTV、地理、历史、HBO（家庭影院）、SHOW TIME（播出时间）、野生动物等等。

中国电视的分化从20世纪90年代起步，开始有经济、体育、文艺等频道，21世纪初正式迈向频道专业化。到2003年，中央台已有12个专业频道，并于5月1日正式播出全新闻频道。地方台也开始了专业化，省一级的电视台一般都有8—10个专业频道，一般是新闻综合频道、财政、影视、体育、戏曲、音乐、生活时尚等等。

中央台加上地方台、各省（市）在当地落户的卫视，目前中国内地一般可接收到40个左右的频道。

三、报纸

报纸的分类比电台、电视复杂，不同研究目的有不同分类方法，大致可分为5种。

1. 以办报方针分

（1）政治性报纸。它们以追求政治利益为目的，多由政党、政治团体、国家机关来主持，用以宣传一个政党、政府的政治主张、纲领、政策。报纸新闻以政治、经济、军事等硬新闻为主，并且非常重视言论，像中国的《人民日报》、日本的《赤旗报》、意大利的《团结报》等。

（2）商业性报纸。以追求利润为主要目的。为此报纸竭力扩大销路以争取广告客户，提高广告收费标准。为了追求销路和利润，报纸的内容一味地迎合读者，读者要什么就提供什么，有时连报上的政治观点也竭力迎合读者，摇摆不定。商业性报纸一般不重视言论，有些以消息的量多、迅速而吸引读者，有些以凶杀、色情、祸害、奇闻趣事等新闻刺激读者。旧中国著名的《申报》《新闻报》（1938年以前）都是商业性报纸，英国发行量最大的《每日镜报》、美国发行量最大的《纽约每日新闻》皆是商业性报纸。

（3）政治性的企业报（政企合一型）。既追求利润又追求政治利益，经济上作为信息产业独立经营，政治上有既定的目标。目前，西方有影响的大报多属这种类型，像英国的《泰晤士报》，美国的《纽约时报》《华盛顿邮报》，法国的《费加罗报》，日本的《朝日新闻》《读卖新闻》等。旧中国著名的《大公报》是中国第一张政企合一型报纸。

2. 以报纸内容分

在我国和有些国家中，以报纸内容分，可以把报纸分为两类。

（1）综合性报纸。面向整个社会，包括各行各业、各个阶层、各个年龄层次的读者，刊登政治、经济、军事、文化、社会等各方面的新闻，像我国的《人民日报》《文汇报》《羊城晚报》等。综合性报纸应满足读者了解世界、国家或本地区全面情况的需求。

（2）专业性报纸。集中地反映一个行业、一个系统或某一阶层、某一年龄层次的读者所需要的新闻，像中国的《体育报》《健康报》《中国教育报》《中国法制报》《少年报》等。

在西方，以报纸的内容分，也把报纸分为两大类——

（1）严肃的高级报纸。以刊登政治、外交、经济、军事等硬新闻为主，内容严肃，格调较高，一般不刊登黄色新闻和黄色广告。它们以政府官员、高级知识分子、社会名流为主要读者对象。

（2）大众化的通俗报纸。以刊登社会新闻、文化娱乐、知识介绍为主要内容，这类报纸往往有许多黄色新闻。它们以社会下层群众为主要读者对象。

在当今中国，上述报纸两大类的分野也渐趋明朗，即以各级党报为代表的严肃高级报纸和以晚报、都市报为代表的大众化通俗报纸。

3. 以社会地位分

（1）主流媒体。以社会上主流人群为主要受众群，是提供信息的主渠道，守护并弘扬主流文化、主流价值观，对社会舆论产生重大影响。

（2）非主流媒体。以边缘群体或某个专业领域群体为主要受众，受众面较窄，对社会影响相对比较小。

4. 以发行范围分

（1）全球性报纸。面向全世界发行，并在世界各国具有一定的影响。像英国的《泰晤士报》、美国的《纽约时报》《华盛顿邮报》等，已成为世界不少国家政治家、外交家每天必读的报纸。这类报纸大量地刊登世界各国的重大新闻事件。

（2）全国性报纸。面向全国发行，像中国的《人民日报》《经济日报》《光明日报》。这类报纸大量刊登世界和全国性的新闻。

（3）地方性报纸。在本国以一个区域为主要读者对象，像我国的省(市)、县(市)报。这类报纸以刊登本地新闻为主。

5. 以出版时间分

(1) 日报。每天出版一次,一般在上午发售。这类报纸人们大多在工作时间阅读,大多数日报以刊登硬新闻为主,要求迅速及时地报道国内外或本地的重大新闻,为人们在工作中决策提供依据。

(2) 晚报。每天下午发售,供人们在晚饭前后阅读。这类报纸比起日报来有更多的趣味性、知识性新闻和文章,以便人们工作一天后调节一下身心。

(3) 周报(包括周二、周三报)。每周发行一次或二次、三次。周报介于报纸和杂志之间,既有报纸的特点又有杂志性内容。由于出版周期的限制,周报在新闻时效上无法和日报竞争,往往在报道深度上下功夫。

按上述 5 种分类法,每一张报纸同时就有 5 种成分,彼此之间并不矛盾。这就产生了各种各样不同类型的报纸,从而使报纸各具特点,丰富多彩,满足读者多种多样的需要。

截至 2016 年年底,在我国公开发行的 1 894 种报纸中,大致有三种类型。

(1) 共产党县、市级以上的机关报。共 514 家,约占全部报纸的 23%。党委机关报处于中国新闻媒介的核心地位。它是以刊登政治、经济方面的硬新闻和发表阐述党的方针政策和国家法令的言论为主要内容的综合性报纸,其中 70% 为日报,具有相当的权威性和社会影响力。

(2) 晚报、都市报。晚报,共 140 家,占报纸总数的 6.4%。晚报一般在午后 2 点面市,主要供读者茶余饭后阅读。所以,和日报相比,它有更多的娱乐消闲性。社会新闻、文艺体育新闻、服务类新闻以及副刊的消闲文字是晚报四大主要内容。

在 20 世纪 90 年代前期,中国的晚报曾兴旺一时,在 90 年代中期达到顶峰,晚报的总数虽然只有党报总数四分之一,但发行总量已和党报持平。老的三大晚报《北京晚报》(北京)、《新民晚报》(上海)、《羊城晚报》(广州),新的三大晚报《今晚报》(天津)、《扬子晚报》(南京)、《钱江晚报》(杭州)名噪一时。

都市报大约有 300 家,约占报纸总数 13.6%。都市报面向市民阶层,尤其上班族,以市民关心的国内外重大新闻、实用的股市信息为主要内容。一般在早晨7点以前面市。自1994年中国第一份都市报《华西都市报》(成都)问世以后,都市报如雨后春笋,风靡全国。《京华时报》(北京)、《成都商报》(成都)、《大河报》(郑州)、《华商报》(西安)、《楚天都市报》(武汉)、《南方都市报》(广州)等迅速崛起,走红市场,发行量都在50万份以上,广告年收入都在5 000万元以上。如《新闻晨报》(上海)从创办到50万的发行量,只不过短短5年时间,广告收入已迈过亿元。

都市报的迅猛发展,除了内容更贴近市民,更贴近生活,更贴近市场以外,还得益于大城市作息时间改变,交通状况改善。过去大城市上班一般在8点钟,现在基本上都改到了9点,多了1个小时,部分留给了读报时间。交通的改善,使上班族可以在车上(公交车、地铁、自家轿车)阅读。这使早报市场兴盛起来。

晚报、都市报也都是综合性的,和党报相比,它们基本上以平民百姓为主要对象。从这个意义上说,党报是一种严肃、高雅的报纸,晚报、都市报是一种通俗的大众化的报纸。

(3)专业性报纸。这类报纸数量多,也很复杂。它包括过去的行业报(比如教师报、卫生报、法制报),对象报(比如青年报、少儿报、老年报、妇女报),趣味报(比如体育报、文学报),信息类报(比如经济信息报、市场报、文摘报)等等。它们的共同特点是有特定的读者群,满足一部分读者的需求。在一个区域内读者群有限,所以专业报都力争在全国范围内发行。如周刊在新闻时间性上要求不高,为周报在全国范围发行提供宽裕的时间。

目前,比较兴盛的有国际新闻类周报(比较出名的有《环球时报》《二十一世纪环球报道》《国际先驱导报》)、财政类周报(比较出名的有《二十一世纪经济报道》《经济观察报》《中国经营报》)、体育类周报(比较出名的有《体坛周报》《新民体育》)。

传媒由少到多、由简单到复杂的发展,除了受到社会生产力水平和社会制度的制约外,还遵循着它的自身规律。不断地适应受众的需要,这是传媒发展过程中一条起决定性作用的客观规律。传媒的多样化,归根到底是为了适应各种各样受众的需要以及受众多种多样的需要;传媒的任何改革,归根到底是由传媒和受众矛盾运动引起的,是受众需要这一客观存在作用于传媒的意识的结果。

四、新媒体

新媒体——电脑、手机、平板电脑——是由用户控制的个人化媒体。对于受众、用户来说,新媒体和传统媒体区别在于:在传统媒体面前,受众只能被动接受,你给我什么,我就只能选择地看(听)什么。新媒体用户是我需要什么,就去拉什么,用户处于主动地位。用户依照各自的职业、收入、文化程度、地位、性别、地域以及各自的业余爱好,面对网络海量的信息,各取所需。为了满足这种个性化的需要,一方面,那些大的门户网站不断开辟各种栏目,比如新浪网,光挂在主页上方的栏目就有60余种,这是传统媒体无法想象的。另一方面,各种各样的专业网站如雨后春笋般冒出来,三百六十行,行行都有自己的网站;从中央到省(市、区)、地级市、县(市)都有自己的区域网;每个大的行政、事业、企业单位都有自己的局域网。

用户对海量信息各取所需,这必然导致阅读的碎片化。网络和新媒体宣告了媒体小众化时代的真正来临。

第五节　反映现实生活的需要决定新闻体裁的多样化

在新闻媒体发展过程中,新闻的体裁和新闻的写作方法也同样经历了由少到多、由简单到复杂的过程。

在报纸刚产生时,新闻的品种比较单一,以船期、行情为大宗,还有少量政治、军事新闻。随着社会日趋复杂,受众迫切要求全面了解现实世界的变动情况,新闻媒体不断开拓自己的报道面,使新闻内容越来越多样。

和早期报纸上的新闻内容比较单调相一致,早期报纸上的新闻体裁也比较简单,而且是从模仿文学手法开始的。因为世界上第一批报纸产生的时候,不可能有一套现成的新闻文体与之相适应。在新闻文体的产生和发展过程中,中国和外国都经历了同一条道路:从简单到复杂,从模仿到独立。在初创时期,报纸都用当时流行的、为人们所熟悉的文学体裁来写新闻、写言论。

英国报纸上的文体开始基本上用当时英国流行的散文来写新闻，把叙述、抒情、议论混合在一起，讲究词藻，文字优雅、冗长。法国报纸上的文体搬用法国宫廷文学的写作方法，新闻写得庄重典雅，辞章华丽。美国报纸上的文体则受英国文学的影响，许多新闻工作者刻意模仿英国著名作家约瑟夫·安迪生（1672—1719）和理查德·斯蒂尔（1672—1729）的文笔，把新闻写得像小说、散文一样。

外国传教士办的最早一批中文报纸，刻意模仿中国古典文学的各种文体，新闻的写法五花八门，有的用汉赋形式写新闻，有的以讲故事的方式写新闻，还有像古典小说那样的新闻。到 19 世纪 70 年代以后，一批中国旧式文人开始主持报纸文字，运用中国古典文学中的笔记文、游记、纪传等手法来写新闻，用古代的“史论”“策论”“政论”“八股文”等方法来写作报纸的言论。可以说，中国古代的记叙文中有多少表现手法，新闻就有多少种写作格式；古代议论文中有多少种形式，言论就有多少种写法。中国近代报纸早期新闻写作总的特点是：先远后近，先人后事，先因后果。言论写作总的特点是：先一般后个别，先议论后摆事实，先立观点后找例子。这和现代新闻、言论的表现手法很不相同甚至相反，却正符合中国古代记叙文、议论文的一般特点。

报纸上文体单一，新闻和言论不分，消息和通讯不分，这也是中外报纸在初创时期文体的共同特点。报纸毕竟是一种新颖的新闻传播工具，它要迅速地、多方面地、准确地反映现实的变动，并且面向广大公众。随着读者群不断扩大，社会变动日趋加快，现实生活日趋复杂，古典文学的体裁尽管丰富多彩，但已无法胜任迅速反映现实、准确传递新闻的要求。报纸的文体开始遵循报纸传播新闻和解释评述新闻的特殊要求进行变革，一面吸取古典文学的营养，一面逐渐地突破旧文学的樊篱，最后形成了适应报纸需要的独立的新闻文体，逐渐形成一套大致的写作要求。

新闻——要求准确、具体、简洁、直截了当，让读者迅速地、一目了然地获取其中的信息。

评论——从人们共同关心的社会现象或重大新闻事件出发，加以分析，简洁、明快地指明事件发生的原因、性质、影响，阐明自己的观点，表明自己的立场、态度。

这样的写作要求，就把新闻文体从古典文学中解放出来，把新闻文体和文学、历史、学术论文等区别开来，成为独立的有自身特点的一种文体。

报纸文字体裁的品种也由单一变成多样了。人们不能离开历史去创造历史，总是在原有历史的基础上去创造新的历史。各国报纸文体总的特点是一致的，但由于它们所继承的各民族的文学传统不同，民族特点不同，国情不同，报纸文体的品种也有所不同。

一、报纸的新闻文体

目前，世界各国的报纸基本上由四大块内容构成：新闻、言论、副刊（专版）、广告。我国报纸的文字体裁，经过长期的新闻实践，尤其是新民主主义革命时期和新中国成立以来党领导下的革命和进步报纸的新闻实践，逐渐形成具有中国特色的新闻和评论的表现形式，而且随着社会生活的发展而不断丰富和发展。

我国目前报纸上尚在流行的报纸文字体裁主要有三大种。

1. 新闻

分为消息和通讯两种。

（1）消息：迅速、准确、简要地报道一个新闻事件。

（2）通讯：详细地报道一个新闻事件的来龙去脉，一个新闻人物的所作所为，以补消息之不足。

2. 言论

（1）新闻评论：配合当天报纸上的新闻而发的评论，简明扼要地分析其发生的原因、影响、事件的性质。报纸上的部分本报评论员文章、短评、编后、编者按都属于新闻评论。

（2）时评：以当时的一种社会现象或新闻事件为评论对象，揭示其内含的意义、性质，引发公众的关注。报纸上的部分本报评论员、言论专栏多为时评。

（3）政论：阐释党和国家新出台的政策、重大举措，或者就某一重要事件阐明本报立场、态度。

3. 杂交品种

杂交品种是指新闻、言论、文学、历史有机地结合而产生出来的一批边缘文体，主要有五种。

（1）新闻特写：新闻和文学的杂交。就像电影中的特写镜头，抓住新闻事件中一个富有特征的片断，或一位新闻人物活动的片断，采用文学笔法加以细致地描绘，使读者身临其境、如见其人，从而获得具体的印象。亲切、具体、形象，是新闻特写的长处。

（2）新闻述评：新闻和评论的杂交，夹叙夹议。它把一个新闻事件的起因，在一段时间内的发展情况加以综述，在综述过程中加以分析、评论，预示其发展趋势、对社会产生的影响和后果。记者来信、采访札记也属于新闻述评。

（3）调查报告：新闻、历史、评论的杂交。它围绕一个新近发生的事件或人们关心的某方面的问题，全面地、系统地、精确地报告其发展的历史和现状，并力图揭示其本质或问题的症结。

（4）深度报道：也是新闻与评论的杂交。它抓住重大或令公众关心的新闻事件、社会现象，以大量的背景材料来揭示其发生的原因，分析其利弊得失、是非曲直。

（5）杂文：文艺性的评论，是文学和评论的杂交。

上述这些文体，是当前我国报纸和其他新闻传播工具反映现实的主要手段。这些手段当然不会是一成不变的，随着时代的发展，有些可能会被淘汰，也会有更新的文体出现。西方各国报纸的新闻文体和中国有些不同。以美国为例，他们报纸上的言论比较单一，就是社论和读者来信两种。新闻的表现形式分成四种。

（1）纯新闻（Straight News Report）。又称客观性报道，迅速地报道在一个短时间里发生了什么，向读者提供一个有价值的纯粹事实。一般用倒金字塔结构来写。

（2）解释性报道（Interpretive Report）。又称新闻分析，它集中回答新闻事件中的“为什么”，即围绕一个读者有疑问、社会有争论的事件或社会问题，提供大量的背景材料，来揭示事件或问题发生的原因，比较隐蔽地表达记者的观点或倾向。

（3）调查性报道（Investigative Report）。有些称“揭丑报道”，它用大量的事实揭露一件丑闻或秘密交易，鲜明地表达作者的观点或倾向。

（4）特稿（Feature）。上述三种手段都是向读者提供有关的信息，特稿却是捕捉读者的爱好。它抓住新闻事件的特征、细节，用优雅、幽默的笔调加以详细的描述。

二、广播的新闻文体

目前，世界各国的广播电台的节目由五大块内容构成：新闻报道、文艺节目、服务性节目、教育性节目和广告。在新闻报道中，中国各广播电台采用的方式主要有——

（1）消息报道。这是中央广播电台和各地方广播电台的新闻联播节目的主要方式。

（2）现场直播新闻。和新闻事件同步的报道。

（3）人物访谈。和新闻人物对话，多采取一问一答的方法。

三、电视的新闻文体

目前，世界各国的电视节目也由五大块构成：新闻报道、综艺节目、社教节目、电视剧和广告。其中，电视新闻的主要样式有——

（1）消息报道。由播音员（节目主持人）播报，同时出现画面，也有少数没有画面的口播新闻。

（2）现场新闻直播。与重大新闻、重要比赛同步播出。

（3）纪录片。类似报道上的通讯，对某一新闻事件、人物作全景报道。

（4）新闻述评（新闻透视）。中央电视台的《焦点访谈》《新闻调查》是此类新闻的代表作。它不但客观地描绘新闻事件，也追索此类新闻产生的原因，阐述其影响，探索解决问题的途径。

（5）新闻特写。它抓住新闻事件典型的瞬间，调动电视表现的各种技法，从各种角度、侧面把细节呈现在观众面前，并对此进行描绘、分析、评论。

不同媒体有不同文体，随着媒体发展，新的新闻体裁还会不断出现。但新闻文体发展都服务于新闻报道的基本要求。新闻报道的基本要求是“三真”“三公”和“三度”——

三真：真实、真相、真情；

三公：公开、公平、公正；

三度：速度、广度、深度。

我们可以说，新闻体裁由简到繁的发展，有其自身发展规律。除了受到本民族的文化传统和欣赏习惯的制约外，它总是遵循大众新闻传播工具的特点，沿着更真实、更迅速、更深刻地反映现实变动的方向发展；沿着便利于读者阅读（收听、收看）、更吸引读者的方向发展。以最省的精力让读者获取最多的信息，以最容易接受的方式使读者受到最大的影响，这是新闻事业发展的一条客观规律。

第六节　新闻教育适应新闻事业而产生、发展

世界各国的新闻教育都是很晚才开始的。原因是多方面的。新闻事业的初创时期，从业人员不多，无须教育部门成批培养。新闻事业又是一门新兴的事业，凡事总是先有术后有学，要探索其中的规律，形成一门系统的学科，尚待时间。另外，新闻工作的实践性强，又和文学、历史、哲学等学科有相通之处，新闻从业人员可以从其他学科中转过来。这样，在相当长一段时间，新闻人才没有学校培养，而是通过师傅带徒弟的办法把经验一代代传下去，从实践中学习新闻工作的基本技能技巧。

随着新闻媒体的发展，新闻专业人才的需求量越来越大；同时，社会日趋现代化，新闻报道手段的多样化，向新闻从业人员提出更高的要求。采用师傅带徒弟的办法，无论是数量和质量都不能适应现实需要，这就必须兴办专门学校来大量训练。美国著名报人普利策在 1904 年给哥伦比亚大学捐赠 200 万美元创办新闻学院，并发表文章说：

> 现在培养律师、医生、牧师、陆海军军官、工程师、建筑师与艺术家，已有专门学校，但没有一所学校是培训新闻记者的。所有其他专门职业，都已从这些专门训练中得到益处，而不将新闻事业包括在这些专门职业之内，在我看来是毫无理由的。[①]

普利策当《世界报》老板近 30 年，深感新闻人才的匮乏、新闻教育的迫切性。这也反映了当时报业主们的共同要求。

---

① 引自《约瑟夫·普利策和新闻事业》英文版，美国 U&C 出版社 1966 年版。

新闻教育在开始时，采取在其他系科开专业课、选修课的办法。1878年，美国密苏里大学在英文系开办新闻专业课；1893年，宾夕法尼亚大学商学院开了五门新闻选修课。到20世纪初，各国才纷纷开办新闻系、新闻学院。在美国1908年，开办密苏里大学新闻学院；1912年，哥伦比亚大学开办新闻学院。在英国，1919年成立伦敦新闻函授学院，同年，伦敦大学开办新闻系。在法国，1924年成立里昂大学高级新闻学院。

中国的新闻教育始于1918年，当时北京大学成立新闻研究会，旨在"输灌新闻知识、培养新闻人才"。蔡元培为会长，聘徐宝璜、邵飘萍为教师，学员有毛泽东等共55人。1920年，上海圣约翰大学开办新闻系。复旦大学于1924年在中文系设立新闻学科，1929年成立新闻系。

总的来说，解放以前，我国的新闻教育规模比较小，有的院校新闻系时停时办，很不稳定。教材基本上搬用英美的，教学偏重于训练学生的文字水平，培训新闻事业的从业人员。

新中国成立以后，党和人民政府一方面创办了一些新闻院、系，例如1949年7月在上海成立华东新闻学院（由中共中央华东局宣传部领导），1949年11月在北京成立北京新闻学校（直属中央人民政府新闻总署领导），培养人民新闻工作干部，并改造被接管的旧新闻单位的从业人员；另一方面，对旧的新闻校、系加以改造，初步改革新闻系的教学内容。在1952年我国高等学校的院系调整中，将新闻校、系、专业合并，集中力量办好几个新闻系，并开始正规的新闻教育。1954年，中央政治局通过的《中共中央关于改进报纸工作的决议》中专门就培养和训练新闻干部问题作了具体规定：在中央高级党校（即当时的马列学院）设立新闻班，负责训练省（市）一级报纸的领导干部；扩大大学新闻系的招生名额，以造就更多的新闻人才。经过数十年的努力，虽然我国的新闻教育几经曲折，但总的来说，毕竟为国家造就了一大批新闻人才，他们当中许多人已成为各新闻单位的领导、业务骨干。

多年摸索也使新闻教学取得可贵经验，教学计划、教材都相对稳定下来，确定了学生全面发展和专业训练相结合的原则，在培养学生具有扎实的基础知识（包括马列主义的基本理论，党的方针、政策，语言、文学知识）和广博的各学科知识的前提下，着重训练学生分析问题、解决实际问题的能力，采、写、编的实际操作能力，努力使学生既能适应实际工作的需要，又能勇于开创新局面。从1978年开始，我国招收第一批新闻学研究生，1981年开始招收博士生，以后每年都招收一批。这对于加强师资队伍、充实科研力量、培养我国的高级新闻记者具有重要作用。

党的十一届三中全会以后，我国新闻事业迅猛发展。新闻教育为适应新形势的需要，由各地高等学校兴办了一批新闻系、新闻专业，到2005年底，各大专院校的新闻学院、新闻系已超过300家，加上在其他系里设有的新闻专业，全国已有新闻传播学类专业660家，呈现出一派兴旺发达的景象。新闻研究机构也纷纷成立，取得不少的成果。但总的来说还不能适应新闻事业发展的需要，有待改进和加强。

第八章

新闻媒介的性质

第一节　新闻媒介的共性、特性、个性

性质是事物的根本属性，是一事物区别于其他事物的显著特征。新闻事业的性质是在与其他事物的比较中展现，并在不同层次上展示出来的。为了叙述方便，这里所说的新闻媒介的共性特指整个新闻事业比较其他事物的基本特点；新闻媒介的特性，特指一类新闻媒介比较另一类新闻媒介的基本特点；新闻媒介的个性是一家新闻媒介比较其他家新闻媒介的基本特点。

一、新闻媒介的共性

新闻媒介的共性也可以说是新闻媒介的一般性质。新闻媒介的共性指的是包括各个时代、各个国家、各个阶级、各种类型的所有新闻媒介的共同特点。这些共同特点有以下几方面。

首先，新闻媒介作为精神产品的生产机构和立法、司法、行政机构一样，同属上层建筑，在社会上具有强大的影响力。但它仅仅是舆论机构，没有立法、司法、行政机构那样的强制性和指挥权。

其次，新闻媒介作为以传播新闻为主要内容的机构，和其他传播意识形态的机构、载体的区别在于：

(1) 新闻媒介是反映现实变动的，这使它区别于一切历史作品和教科书。

（2）新闻媒介是用真实的事实反映现实变动的，这使它区别于电影、戏剧、小说、诗歌等文学作品。

（3）新闻媒介是迅速及时地（甚至是在事实发生的同时）反映现实变动的，这使它区别于书籍、杂志和文学艺术。

（4）新闻媒介传播的新闻是面向社会大众的，这使它区别于书信、内部简报、军事情报等。

所以说，新闻媒介的共性是：真实地、及时地反映世界新近变动的大众传播工具。

最后，无论是哪个国家，无论实行何种新闻体制，无论是哪种性质、哪种类型的媒体，任何新闻媒体都具有与生俱来的公共性。这是因为新闻媒体是以传播信息为主要功能的机构，而公民拥有宪法所认可的知情权，满足公众的信息需要，就是新闻媒体义不容辞的责任。

新闻媒体的公共性要求媒体承担必要的社会责任，以公众的公共利益为优先目标，或者说，公共利益至上是新闻媒体的第一诉求。

从世界范围来看，无论何种社会制度，无论何种新闻体制，无论何种媒体所有制，媒体具有公共性以及公共利益优先的原则都得到一致认可。以美国为例，美国的广播电视从一开始就实行民营制，从事完全商业化的运作，但美国国会从1927年起历次通过的相关法案，尽管规制的侧重点不同，规制执行的严宽不同，但“符合公共利益、便利性和必要性”是相关法案对电讯业一以贯之的基本准则。英国的广播电视业实行公共广播体制，BBC从开播第一天起就声称“以利他主义思想为从业者行为准则，把为公共利益而工作视为自己的天职”①。

在新闻传播学内部，学派纷呈，自由主义论、社会责任论、实证学派、批判学派，等等，不同意见的争论从未停止，但所有学派都承认：传媒业具有与生俱来的公共性，传播业必须坚持公共利益至上，争论不过是实现的手段不同而已。例如，自由主义论者认为市场竞争是实现公共利益的最好方式；社会责任论强调以专业理念和自律来强化从业者的社会责任意识，自觉服务公共利益；批判学派批判资本主义制度下的传媒业不可能实现公共利益，强调要改造资本主义的新闻体制。

对于中国传媒业来说，全心全意为人民服务自始至终是我们传媒业至高无上的宗旨，这是社会主义制度对于传媒业的本质要求。

---

① 温飚：《英国广播公司的改革之路》，载《视听界》2004年第5期。

新闻媒体公共利益至上原则包括以下要求：

（1）保障法律所保护的公众私人利益不受传媒侵犯，这主要是对公众的隐私权以及青少年的保护，不伤害社会公德，不扰乱社会公共秩序。

（2）满足公民的知情权。

（3）普遍服务原则：不分民族、不分种族、不分地域、不分性别，不论贫富、不论地位，都应该享受传媒业同等的服务。尤其是，无论是强者还是弱者，都应该在媒体上有平等表达机会。

在大众传播工具中，真实地、及时地反映世界变动，主要由新闻来承担。总的说来，新闻是报纸、广播、电视的主体，没有新闻，根本称不上新闻媒介。因此，我们可以说，新闻媒介是以采集和公开向社会提供新闻为主的传播机构。

二、新闻媒介的特性

在日常的新闻工作和新闻学研究中，人们谈论更多的是某一家新闻媒介的特性。比如有些人常常会问："NHK（日本放送协会）是什么样的电视台？"人们往往会回答："那是一家公营电视台。""它常常反映政府的立场和意见。"也有人会问："《解放日报》是家什么报？"答者会说："那是上海市委的机关报。"或说："那是家综合性日报，在上海和华东地区很有影响。"这些谈论都是从某一侧面对新闻媒介特性的描述。

新闻媒介的特性是分层次展现的，或者说在不同的场合、不同的情况下有不同的描述。这一点，我们在前文已作了陈述，为对新闻媒介的性质有一个完整的了解，这里再扼要叙述一下。新闻媒介特征的主要方面有：

1. 从所有制方面来看，有三类

（1）私营。除极个别独资外，绝大多数新闻媒介是公开或内部股份制方式创办。

（2）公营。由社会公众所共同拥有的新闻媒介。

（3）国营。由国家直接控制或国家控股的新闻媒介。

2. 从与政府或执政党关系来看，有三类

（1）独立的新闻媒介。政治上标榜客观中立，只以国家（民族）、公众利益作为是非标准，如 1926 年复刊后的《大公报》曾声称自己的报纸“不党、不私、不卖、不盲”，而在经济上完全依靠自己，不接受任何方面津贴。

（2）官方新闻媒介。代表政府（或执政党）立场，宣传政府的施政纲领。一般来说，它们往往依靠政府（或政党）的财政津贴来维持日常运作。世界各国几乎所有的对外广播都是官方的新闻媒介，尽管它们运作方式可能不同。

（3）半官方新闻媒介。名义上是独立运作的，但在重大政治问题上、重要时刻往往代表政府发言，替政府宣传，同时，政府又可以不承担这些宣传的责任。半官方新闻媒介往往从政府那里得到许多优惠，比如，获得政府独家新闻发布权、采访优先权，刊登政府发布的公告等等。

3. 从阶级性方面看，主要有两类

（1）无产阶级新闻媒介，这意味着它们代表无产阶级和广大人民群众的利益。

（2）资产阶级新闻媒介，这意味着它们代表资产阶级尤其是垄断资本家的利益。

4. 从办报（台）方针上看，主要有三类

（1）商业型。以追求利润为主要目的的新闻媒介，当然，这并不排斥它们同样具有政府倾向性。

（2）政治型。以追求政治目标为主要目的的新闻媒介。

（3）政企合一型。既追求政治目标，也同样追求商业利润。

5. 从媒介的内容上看，主要有两类

（1）严肃的高级报纸（电台、电视台）。以刊登硬新闻和评论为主。

（2）大众化的通俗报纸（电台、电视台）。以刊登娱乐、服务新闻为主。有些报纸往往有许多黄色新闻而被称作“黄色小报”。

三、新闻媒介的个性

新闻媒介的个性是指它们在内容选择、编排方式、行文风格上的与众不同之处。有鲜明个性的新闻媒介往往体现在以下几个方面：

（1）以新闻报道的迅速及时见长——这些新闻媒介尽可能作现场报道、发表独家新闻。

（2）以新闻报道的真实、客观、公正取胜。

(3) 以发表具有独到见解的评论为世人瞩目。

(4) 以编排的新颖活泼、具有独创性显得抢眼。

此外,还有以社区新闻、国际新闻或煽情新闻来显示个性的。

以英国 BBC 和美国三家电视台比较,其个性风格一目了然。BBC 的新闻严肃,比较客观、公正、可靠。而美国三家电视台的新闻争分夺秒,编排灵活,但主观倾向性外露,炒作痕迹显而易见。美国三大广播电视公司 ABC(美国广播公司)、NBC(全国广播公司)、CBS(哥伦比亚广播公司)的个性也很鲜明:ABC 的国际新闻报道周详而深刻,NBC 始终以硬新闻报道见长,CBS 则在选举(尤其总统竞选、国会选举)报道中独树一帜。

在中国,受读者欢迎的媒介都有鲜明的个性。例如,传统的三大晚报《北京晚报》《新民晚报》《羊城晚报》,历经几十年而发展势头旺盛,就在于它们鲜明的报风牢牢吸引着读者。其中,《北京晚报》具有京派文化的典雅、庄重、厚实的风格;《新民晚报》具有海派文化的实用、精致、活泼的风格;《羊城晚报》很好地体现了岭南文化的开拓创新风格。

第二节 新闻媒体的双重属性

作为反映意识形态的精神产品的生产者,新闻媒介从属于上层建筑范畴,又属于信息(娱乐)产业,这在西方发达国家已是一个常识。但在中国,有此认识还是近几年的事情。

长期以来,我们把新闻事业的属性仅定位在上层建筑内,认为新闻媒体是上层建筑的一个组成部分,并确认中国共产党领导的新闻事业是党和人民的喉舌,即党的宣传工具。这一认识从我们党的报刊一开始创办就确定下来。1921 年 8 月在上海出版的《劳动周刊》在发刊辞中宣布:"我们的周刊不是营业的性质,是专门本着中国劳动组合部的宗旨,为劳动者说话,并鼓吹劳动组合主义。"不搞经营、专事宣传,这是我们党的新闻事业半个多世纪的基本运行模式。其间,1949 年 12 月,新闻总署曾召开全国报纸经理会议,决定报纸实行企业化经营,但没过几年就停止执行;1978 年,财政部批准《人民日报》等首都报纸试行企业化经营,没过几年就停止执行。一直到党的十四大召开,确立我国要建立社会主义市场经济以后，新闻界逐渐达成一个共识：在社会主义市场经济条件下，新闻事业不但是一支强大的精神上、道义上的力量，而且还是一支强大的经济力量。新闻媒体不但要促进社会主义市场经济的发育，其本身就是社会主义市场经济不可或缺的有机组成，进而形成新闻媒体具有双重性的新认识，即新闻媒体具有形而上的上层建筑属性和形而下的信息产业属性。

“事业性质，企业管理”是上述双重属性在当前我国新闻事业的外在表现形式。这意味着，新闻媒体的性质决定它不能像一般企业那样可以自由出入市场，可以作为“无主管企业”，可以自定方针，而是必须服从党和政府领导。但可以在管理上采取企业方法。新闻媒介是独立法人，在经济上必须自主经营、自负盈亏、依法纳税。或者说，新闻媒介在政治上必须恪守党性原则，经济上则按社会主义市场经济的规则运行。

确立新闻媒介的双重属性，“事业性质，企业管理”，极大地解放了新闻媒介的生产力，给新闻媒介带来许多积极的变化。

新闻媒介形成了积极竞争的态势。竞争的直接目标是争取更多的受众——报纸要扩大发行量，电台要提高收听率，电视台要提高收视率。为了吸引受众，就要不断下功夫改进版面、改进节目，从而使宣传、新闻报道更加生动活泼，广播电视节目更加丰富多彩，使新闻媒介更加注意塑造自己鲜明的个性特点。

新闻媒介更加注重人才的培养和设备更新。竞争，归根到底是人才的竞争，也是设备的竞争。为了更真实、更迅速、更深刻、更生动地反映现实，制作受众喜闻乐见的节目，新闻单位就需要方方面面的人才，需要不断更新设备。从 1993 年以来短短几年，中国各大报都实现了办公自动化，电台、电视台的设备基本达到或接近国际水平。

新闻媒介更加注重受众的反馈。媒介竞争态势的形成标志着中国新闻媒介从过去的以传者为中心向以受者为中心过渡，新闻媒介比以前更加重视受众的需要，媒介内容向贴近生活、贴近受众倾斜，重视媒介的受众定位，不断进行受众调查。新闻媒介栏目不断变化，热点追踪不断转移，其中心轴就是受众需要。

新闻媒介更加重视自身管理，重视投入产出的效益，开源节流，发展壮大。新闻媒介在做好宣传党的方针政策的同时，放开手脚搞活经营。从 1993 年到 1998 年的 6 年时间内，全国新闻媒介的广告收入增加了6倍。结果,国家利税收入增加,新闻媒介实力壮大,新闻从业人员收入增长。

总之,对新闻媒介双重属性的认识给中国新闻媒体带来重大转机、重大变化。

当然,新的转变也带来新情况,新问题。有些新闻媒介为争取受众,不惜降低报格、台格,传播一些低级庸俗的煽情新闻和格调低下的节目;有些新闻媒介搞有偿新闻,甚至整个新闻版面标价出售给一家企业。实践证明,精神产品和物质产品在竞争过程中会走向不同方向。物质产品在市场竞争中会往价廉物美的方向发展;精神产品则不同,在竞争中,它们的自然倾向却是降低格调。为了追求受众数量,精神产品从阳春白雪走向下里巴人。在竞争中,如何保持新闻媒介一定的品位,是我国新闻媒介需要解决的问题。

第三节　新闻媒体产品的商品性

由于实践要求不同,同一事物的性质人们可以从不同方面去认识,形成几个不同的概念。报纸是商品,这是从经济学角度来认识的。报纸通过市场流通到达广大读者手中,读者花了钱来买(订阅)报。从这个意义上说,报纸毫无疑问是一种商品,这是经济学上的一个常识。

从新闻业发展史来看,把报纸当作商品,按照商业原则来办报,是新闻业的一个巨大进步。作为近代报纸直接起源的威尼斯小报,既是适应商业活动的需要而产生,其本身也是一种新的商品。美国报业从18世纪80年代到19世纪30年代,号称“政党报刊时期”,办报完全靠政党津贴,报纸卖多卖少,并不考虑,报纸从造谣到相互攻讦,无所不用其极,成为美国新闻史上最丢丑的年代。1833年以《纽约太阳报》出版为标志,开始“便士报”运动。“便士报”完全按商业原则来办报,为了推销报纸,处处考虑读者的爱好,对新闻业务作了一系列改革,产生了一批批面向大众、文字生动、报道面广、售价低廉的报纸,不但宣告美国政党报刊的灭亡,而且推动世界各国报纸的改革。以中国情况为例,1872年创刊的《申报》是第一份按商品原则来办报的中文报纸,它对中国报纸发展起了巨大的作用,掀开了中国新闻史新的一页。

回顾历史,并不是要我们重走历史的老路,而是给予它们一定的历史地位,借鉴历史的经验教训,这是历史唯物主义者应有的态度。

在整个社会主义时期,报纸也是一种商品。报纸的这一属性是不以人们意志为转移的客观存在。

对报纸商品性的疑问来自报纸行销方式具有的特殊性。对物质商品来说,它的市场价格必然要高于成本价。但正如美国一名出版商所说,“报纸大概是世界上唯一以低于成本价出售的商品”。确实,世界上大多数报纸的卖价抵不上成本,甚至一张报纸比同样大的白纸还便宜。比如,以20世纪90年代初的价格计,一份每天80版的《洛杉矶时报》成本加合理利润应该卖到1.5美元,而实际售价只有25美分。在中国沿海地区的一些大报,报纸零售价只能收回成本的50%—75%。然而,报社赢利的秘密在于它有两次买卖:一次是发行收入;另一次就是出售广告。广告当然按量按质论价,这和任何商品一样。按量就是广告的尺寸即广告占有的版面大小;按质就和一般商品不同,一是版面位置的显要性,二是报纸的发行量。归根到底是读者的多寡以及阅读率的高低。报纸发行量大,读者多,价格也就高。所以,有些学者曾指出,报纸不是把广告版面出售给广告客户,而是把读者卖给了广告客户。

说报纸是商品,大多数人还能接受,因为报纸从报社到读者手中,毕竟还有买卖过程。而广播电视节目也是商品,很多人难以理解,因为除少数付费电视频道(加密电视频道)外,受众收听、收看广播电视节目从来都是免费的。其实,电台、电视台行销手段和报纸差不多,所不同的是电台、电视台只有一次买卖,即出售一定的时段给广告客户。电台、电视台播出各种节目,吸引受众来收听收看,在节目中插播广告,让受众有意或无意、自觉或被迫地在收听收看节目同时也收听收看广告。电台、电视台的广告同样按量按质论价。按量指广告占有时段的长短;按质就是视受众的多寡而定。黄金时段(电视台一般在晚上7:00—10:00)、王牌节目的收费比较高,就因为受众多。

新闻媒介以广告费来维持自身运转和发展壮大自己,同时,广告也是沟通生产者、消费者之间的桥梁,这就是广告赖以生存的社会原因。

认识到报纸和广播电视产品也是一种商品,对我国新闻工作者有着积极意义。

(1) 经常考虑读者的需要。马克思说过:“商品首先是一个外界的对象,一个靠自己的属性来满足人的某种需要的物。"①新闻媒介如果不能满足人们的某种需要,受众就不愿去买、去看,一切意图都会落空。

(2)报纸既然是商品,那必然可以自由买卖,报纸的销售就会越出行政的区域,报业间必然存在竞争,迫使新闻工作者不断改进工作。

(3)报纸既然是商品,那就必然有价值规律发生作用。这就要求加强对报纸生产的经营管理,提高质量,降低成本。

但是,我们必须强调,无论从新闻史上看,还是从现实表现看,以商业原则指导办媒体,既对媒体有促进作用,也会带来消极后果,甚至是严重后果。

所谓商业原则,就是利润至上原则。以商业原则指导办媒体,冲击公共利益至上原则。在商业原则下,媒体不再以满足公共知情权为己任,而以报纸发行量、电视电台的收视收听率为第一诉求。为此,媒体间会展开激烈的竞争。事实证明,物质产品激烈的市场竞争,一般会使产品越来越价廉物美;而精神产品激烈的市场竞争,却往往使产品的格调越来越低下。

我们看到,近30年来,媒体的娱乐化之风越刮越猛,横扫全球。西班牙一家媒体这样评价西方电视业:"为了提高收视率,多挣广告费,西方国家的电视娱乐类把真实、煽情、刺激和搞笑发挥到极致。五花八门的'电视垃圾'日益泛滥,凸显了西方娱乐文化庸俗与病态的一面。"②最后,连新闻也开始娱乐化了。硬新闻版面不断萎缩,软新闻比例大幅上升,八卦新闻、煽情新闻、色情新闻充斥版面、屏幕。法新社以《美国媒体"八卦新闻"泛滥》③为题报道美国媒体状况时指出,八卦新闻像"癌细胞一样转移扩散,以前,它们只在特定节目中播出,如今,它们已经蔓延到主流新闻媒体。结果就是这样。这样的新闻铺天盖地,它们无处不在"。而最令人揪心的是虚假新闻频频发生。"两年来,美国报纸的头版充斥着各种捏造、抄袭和虚假的报道。就连最权威的《纽约时报》《今日美国报》也被卷进这个旋涡中。"④为什么呢?"无处

---

① 《马克思恩格斯全集》第23卷,人民出版社1972年版,第47页。

② 《电视垃圾》,载西班牙《趣味》月刊2004年4月号,转引自《参考消息》2004年5月10日。

③ 法新社2007年2月26日,转引自《参考消息》2007年2月27日。

④ 《美国媒体面临严重的信任危机》,载哥伦比亚《时代报》2004年10月5日,转引自《参考消息》2004年10月15日。

不在的商业压力改变了媒体。过去30多年里,这种压力已经使那些自称以维护公众利益为己任的新闻机构变成了牟利的机器。为了多赚钱,这些媒体拼命追求发行量和收视率。怎样才能达到这个目的呢?抢‘新闻’成了首要任务,真实、客观、公正的原则成了第二位。”①

在中国,自20世纪90年代传媒业实施“事业性质,企业管理”的运作方针以来,传媒业出现前所未有的繁荣局面。成绩有目共睹,但问题也不能忽视。媒体的娱乐化之风同样席卷全国。有不少媒体在这股娱乐化浪潮中迷失方向,为了抬升收视率、发行量,不择手段,“3xing新闻”——腥(暴力事件)、星(娱乐明星)、性(男女关系)——成为有些媒体的主打内容,虚假新闻、煽情新闻、八卦新闻成为社会三大公害,原先应该传播精神文明的传媒几成生产精神垃圾的工厂。这一切,严重损害了传媒的公信力。

传媒以及传媒产品具有商品性,这是客观存在的。而如何对待传媒的商品性,发挥其积极面、抑制其消极面是传媒治理的中心课题。在欧盟,市场效率和核心价值两大考量中,确保核心价值始终放在优先地位,“欧盟的视听政策试图保护对社会、文化、政治的优先考量,它是建立在通过多样的和‘高质量’的电视服务、在民主社会里推动多元主义的基础以上”②。而在中国,“社会效益第一,经济效益第二”是党和国家领导人反复强调、必须坚持的媒体运行的基本方针。

第四节　中国新闻事业的基本性质和特点

中国的新闻媒体除少数由各民主党派所办的报纸外,绝大多数是由共产党领导的。这样,中国新闻媒体的基本性质是:新闻媒体既是党和政府的耳目喉舌,也是人民的耳目喉舌。

这一基本特性决定了我国新闻媒体的宗旨、格局、宏观管理模式和运行模式,形成了具有中国特色的社会主义新闻体系。

(1) 中国新闻媒体的最高宗旨是:在党的基本路线指导下,始终

① 蔡玉民:《美媒体可信度大幅下降》,载《环球时报》2005年1月14日。

② [英]马克·惠勒:《超国家制:欧盟的电视政策》,载金冠军等主编:《国际传媒政策新视野》,上海三联书店2005年版,第109页。

把社会效益放在第一位，全心全意服务于人民群众，促进现代化建设。

（2）自觉地接受共产党领导，无条件地宣传党的方针政策、国家的法律法令。

（3）新闻媒体实行“全党办报、群众办报”的工作路线。新闻媒介要努力宣传党、国家的方针政策、法律法令，满足群众的需要；同时，党组织和人民群众支持新闻媒介。

（4）新闻事业是以党报为核心的多品种、多层次媒介并存的格局。党报对宣传党的方针政策、国家法律法令以及传播信息具有举足轻重的影响。

（5）新闻事业属于国有资产，是全民所有。至少到目前为止，中国还没有公开承认的私营的新闻媒介和集体股份制的新闻媒介。

（6）新闻事业基本上实行“事业性质，企业管理”的运行方式；在宣传报道上严格按党性原则进行；而在经营上，各新闻媒介是独立法人，自主经营，自负盈亏，依法纳税。

党的新闻事业的基本性质早在党的第一份机关报《向导》周刊正式出版时就确定下来了；在1942年延安整风期间则形成目前新闻体制的理论基础和雏形；经过新中国成立以后的实践，尤其1978年党的十一届三中全会以后的改革开放，才基本确立了具有中国特色的社会主义的新闻体系。

第九章

新闻事业的功能与效果

第一节 新闻事业的一般功能

任何事物的特性和作用总是联系在一起的,事物有什么样的特性就决定了该事物能发挥什么样的作用。新闻媒体的根本特性决定了新闻事业具有共同的作用。新闻事业对社会所能发挥的作用,归纳起来共有五种。

一、沟通情况,提供信息

人们接触新闻媒介,第一个目的是为获得有用的信息,了解客观世界的变动。原因我们已在第一章说过。任何一种新闻媒介,如果不提供人们需要的信息,或者没有足够的信息量,充塞着老话、套话、空话、大话,那就不可能受到人们的欢迎。从这一点上来说,新闻媒体是依赖"沟通情况,提供信息"而生存的,沟通情况、提供信息是新闻媒体的第一功能。新闻媒体的其他功能都依附在提供信息基础上。不给社会提供有用的信息,新闻媒体就没有存在的理由。

我们在前面说过,信息是人们赖以决策的前提。党和政府、各行各业、各色组织直至每个人,都需要获得足够信息才能有效地在社会上生存、发展。新闻媒体作为专职向社会提供信息的机构,在现代社会是必不可缺的。人们把新闻媒体比作"把个人和社会联系起来的精神导线",就是指每个人通过媒体来了解周围世界的变动,从而了解世界,采取必要的举措来应对世界的变化。

新闻媒体沟通信息是保持政治稳定、社会稳定的一个最有效手段，尤其在重大事件发生时，在社会处于危机状态时，新闻媒体信息沟通作用越发重要。从2003年以后，我国先后发生过“非典”（2003年）、禽流感（2004年）、雨雪冰冻（2007年冬）以及汶川大地震（2008年5月）等重大灾害，我们的信息发布越来越公开、及时，尤其是汶川大地震发生后，中央电视台连续一周时间，24小时播放灾情，中国公众不但没有恐慌，反而更加众志成城，共赴国难，中华民族显示出空前的团结、空前的振奋，显示了新闻媒体信息沟通的巨大作用。

新闻媒体的信息沟通是民主政治建设的必不可少的环节。无论是广大公众参政议政，还是对党和政府工作实施监督，其前提条件就是信息透明。所谓“让权力在阳光下运行”，就是政府工作的重大举措都要公开，让公众明了。

新闻媒体向社会提供信息，最主要是两方面：一是世界的最新变化；二是公众最关心的社会现象。

新闻事业发挥沟通情况、提供信息的作用，不但通过刊登大量的新闻，而且还通过评论和广告。

评论为什么有沟通情况、提供信息的作用？这是因为：第一，评论有时会夹带从未透露过的新闻；第二，有些评论传达政党或政府的新观点、新精神；第三，评论的措辞、语调显示出一个政党或政府对某个事件的态度的变化，这可能是有意的，也可能是不由自主的。1947年6月，国民党军队在战场上节节败退，国统区人民掀起反抗浪潮，国民党政府焦头烂额，措置张皇，急求美国援助。《大公报》发表了《政府要坚定信心》的社论（6月25日），接二连三批评“政府惊惶失措”“措置张皇”“政府如此焦急”。这篇社论原本是替国民党政府献策，但透露出了国民党集团行将崩溃的征兆。新华社时评《家臣失态》（1947年7月5日）就指出：

> 这次《大公报》竟把如此秘密的锦囊妙计写成社论，公开发表，这证明不仅仅蒋介石已经惊惶失措，就连蒋介石的老练的家臣《大公报》，自己也已经惊惶而至于失措，犯了泄露秘密的大错误，以致露出了自己的狐狸尾巴。①

---

① 复旦大学新闻系编：《中国报刊评论文选》，上海人民出版社1960年版。

二、进行宣传，整合社会

新闻媒介可以发挥、承担的宣传功能是多方面的，而且可以对现代社会产生巨大的影响力。

它要阐明国家发展的目标和社会理想，从而力图把整个民族的力量凝聚在一起，实现共同目标和理想。

它要不断分析政治、经济形势，解释国家的重大方针政策，实行舆论导向，保证政令畅通，把人民群众的注意力集中到国家的发展上。

它要惩恶扬善、扶正祛邪，维护主流的价值系统，保证正常的社会秩序。

它要沟通、协调不同民族、不同种族、不同地区、不同职业以及不同群体之间的关系，缓解社会冲突，消除矛盾，在社会规范的原则基础上齐心协力。

当然，新闻媒介强大的宣传作用是通过反映、影响、引导社会舆论来实施的。新闻事业的宣传通过社会舆论获取力量，又通过宣传来形成新的社会舆论，从而来影响、控制人们的思想和行为。

三、实施舆论监督

没有监督的权力必然是腐败的权力，这是政治学上的铁律。监督当然是多种多样的，包括行政监督、司法监督、党的纪律监督，但没有新闻媒介的舆论监督，就不可能对违法乱纪行为和腐败分子产生强大的威慑力，这在任何国家都是如此。

在一些西方国家，新闻媒介自称是除立法、司法、行政之外的第四势力，对立法、司法，尤其对行政当局实行舆论监督。但这种监督有其政治、经济背景。它们以公众代言人自居，却往往代表一个大的集团利益向政府叫板。中国的新闻媒介既然是党和人民的耳目喉舌，那么，它们理应代表国家和人民利益来实施舆论监督。

舆论监督的范围是广泛的。它监督法律条文的制定和政府重大决策的民主化、科学化，使其符合法定的程序；监督国家法令和政府纲领的执行、实施；监督国家所有公务员遵纪守法、勤政廉政；监督市场运行的公开、公正、公平。同时，它也监督社会的正常秩序，扶正祛邪，惩恶扬善。当然，不同国家由于国情不同，舆论监督具体实行的重点也是不同的。

四、传播知识，提供娱乐

新闻媒介不是教科书，它们所传播的知识，主要是和人们当前的生活、生产、工作有密切关系的，以及科学技术上的新发现、新创造，社会科学的新探索、新观点、新材料，从而使人们不断了解人类社会科学文化的发展。在我国，自从实施改革开放的总方针以来，人们越来越认识到，知识是国家、企业、家庭致富的金钥匙，对新闻媒介所传播的知识越来越重视。“北京市读者、听众、观众调查”“浙江省读者、听众、观众调查”“经济宣传的专题调查”等都显示出：各新闻媒介的知识性内容是受众，尤其是农村受众、青年最欢迎的内容之一。知识的传播，主要由新闻报道和一些专栏来承担。

新闻媒介还传播许多奇闻异事、各地风土人情、文娱节目等趣味性内容，让人们在紧张工作之余得到高尚情趣的享受，培养、提高人们的欣赏兴趣和水平，满足人们正当的好奇心理，鼓励人们发明创造才能的发挥。近几年来，随着生活水平的提高，人们对丰富业余生活有了更高的追求，新闻媒介提供娱乐的质和量也不断提高，吸引了越来越多的受众。

各种受众调查表明，电视台的娱乐节目(像电视剧)、电台的音乐节目，报纸的趣味性专栏、专版，在受众所喜欢的节目、栏目中均名列前茅。

新闻媒介的四种作用可以列表如下(表9-1)：

表9-1 新闻媒介的四种作用

	政治领域	经济领域	社会生活领域
传播信息	报道国内外政治形势、政治动向；传达国家的重大方针、政策；表达人民群众的愿望	传达国家的经济政策；报道国内外经济建设情况；提供市场行情、供需形势和趋势	反映社会秩序情况、自然界的变动；为人民群众日常生活提供服务
进行宣传	分析政治形势，解释、阐明国家的重大方针、政策	论证经济政策；分析经济信息；阐明经济建设的轻重缓急	协调公众的意愿，行使社会控制

续 表

	政治领域	经济领域	社会生活领域
舆论监督	监督国家立法和政府决策的民主化、科学化；国家政令畅通；国家公务员遵纪守法	市场运转的公开、公正、公平，打击欺诈行为	扶正祛邪，惩恶扬善，保证正常的社会秩序
传播知识	传递社会传统，介绍重大的理论知识，介绍法律知识和社会民俗	传播经济、管理、科技知识等	向社会成员传递社会规范，培养社会角色提供生动有趣的文体娱乐，陶冶人们情操，获得休息

任何一种新闻传播工具都可以发挥上述四种作用，这是由新闻事业的特性所决定的。但新闻媒体的特性也限制了任何一种新闻传播工具发挥作用的范围：

新闻媒体可以起阶级斗争工具的作用，揭露敌人，打击敌人，但不能代替枪炮大刀从物质上去摧毁敌人。我们不能低估宣传的作用，但也不能夸大宣传可以“无敌不克、无坚不摧”。批判的武器毕竟不能代替武器的批判。

新闻媒介可以揭露谴责各种不法行为，但不能代替法院去判决任何人。

新闻媒介可以批评各种错误行为，但不能代替党政部门去处分任何人。

新闻媒介可以指导人们的思想、行动，但不能代替行政业务部门去指挥、命令任何人。

新闻媒体可以介绍各种知识，但这种知识介绍仅仅限于当前人们的迫切需要的或新发现的知识，并没有系统性、阶段性，因此不能代替教科书和学校教育（我国目前的广播、电视大学是利用广播和电视传授系统的科学知识，不属于新闻媒体的范畴）。

第二节 新闻媒介的正效应与负效应

“电视统治一切。”①美国著名作家西奥多·怀特用这句话来概括

① ［美］西奥多·怀特：《美国的自我探索》，美国大使馆文化处出版，香港 1984 年版。

电视对社会的巨大影响力。这虽然是极而言之,有所夸大,但新闻媒介对各国的政治、经济、文化,对人们的日常生活的巨大影响力,谁也无法否认。

人们往往给予新闻媒介太多的赞美,很少会去考虑新闻媒介的消极影响,而教育水平越低的人,受到这种消极影响越大。从社会的实际效果来看,新闻媒介的正负两方面的影响是那么矛盾、那么错综复杂地交织在一起。

一、新闻媒介把整个世界呈现在人们眼前,但新闻失实、信息污染干扰误导受众

报纸、广播、电视已成为人们观察世界的三大窗口,新闻媒介的传播超越时间和空间,把地球上每日每时发生的重大事件迅速地传遍世界各地;它把环球各国特有的政治、经济、文化艺术、风土人情形象逼真地显示在人们面前。可以说,我们对当今世界的了解,绝大多数来自新闻媒介,个人的亲身经历或人们口口相传是极其有限的。但正因为我们对新闻媒介的极度依赖、信赖,往往使我们轻信新闻媒介,甚至上当受骗。《新闻记者》(1993 年第 9 期)曾刊登《“长城”大骗局:新闻如何走入误区?》一文,文章写道:

> 沈太福及其北京长城机电科技产业公司非法集资、侵吞集资款的大骗局的揭露,引起了人们极大的震惊。当这个骗局得手之际,沈太福曾经不无得意地宣称:“从中央到地方,主要的电台、电视台及报纸和通讯社,没宣传、介绍过长城集团的恐怕不多了。”这句话虽然明显夸大了,但毕竟告诉我们,沈太福之所以能够在短短半年内在全国 17 个城市骗得 10 亿元巨款,某些新闻媒介的误导确实起到了推波助澜的作用。

这种误导付出了惨痛的代价,许多企业、个人把几十万元、几百万元血汗钱投到长城公司账上,到头来连一半也没有收回。除了长城公司,全国各地发生的特大金融诈骗案,多多少少都与新闻媒介的误导有关。

二、新闻媒介联结了世界，却淡漠了人际关系

新闻媒介把个人和世界联系起来，增强了各国、各地区人民的彼此了解和交流。人们常说，广播电视把偌大的地球变成了一个小小的"世界电视村"。但是，在这个"世界电视村"里，构成社会的细胞——每个家庭之间却变得封闭起来，变得"鸡犬之声相闻，民老死不相往来"。美国、日本的调查表明，每人每天用于看电视、听广播的时间平均在6小时以上，我国城市居民每天看电视的时间也已达108分钟，平均每天每人拥有的闲暇时间为183分钟，占59%。这意味着，有许许多多的人下班回家后就足不出户，关起门来不是看电视，就是听广播，看报刊。过去走门串户、聊天谈心的时间现已被广播电视夺去了。人与人之间的亲身交往被人与机之间的交流所取代，人际交往日益淡漠。

而在家庭内部，广播电视有时也会成为拆散家庭的分离器。不少发达国家往往一个家庭有几台电视机，各人看各人喜爱的节目。即使是一家人聚在一起看电视，大家也都全神贯注于电视荧屏，许多人把电视机比作"傻瓜盒子"——在它面前，人人都像傻瓜。家庭成员之间的感情交流被人与电视的交流所取代，这有可能导致家庭成员间的感情淡漠。1998年法国举办第16届世界杯足球赛期间，法国及西欧许多国家出现了大群被称作"足球寡妇"的家庭主妇。因为她们的丈夫或去现场看比赛，或回家就成夜守着电视机看比赛，而且脾气也变得特别暴躁。有些家庭主妇无法忍受，干脆离婚了事。有人哀叹电视"团结世界，拆散家庭"。

而在互联网盛行的时代，人与人之间的真心交流愈来愈少，看起来沟通多了，实际上心理距离更远了。

三、丰富了知识，却降低了思考能力

新闻媒介确实是知识的"百宝箱"，人们从中了解到许多古今中外、天上地下的知识，大大丰富了人们的见闻。但除了正规的电视教学课程外，广播电视所传播的知识毕竟是零碎而不系统，肤浅而不深刻的。加上许多哗众取宠的知识节目，给人们的往往是良莠不分、模糊不清的陈年旧货。一个电视迷的脑子里充塞着许多杂乱无章的零星知

识,他们可能无所不晓,但却一无所长。

相比而言,读报纸还给人们留下思考的时间,人们可以边读边思考。但现在,人们听广播、看电视的兴趣往往胜过读报纸。听广播、看电视的特点就是受众的注意力必须始终追随节目,而且也往往全神贯注于节目之中,而不能像读报那样边读边思考、消化、分辨。一个人每天有五六个小时被广播电视“牵着鼻子走”,根本无法独立思考,这必然使他们尤其是青少年的思维能力降低,学业成绩大受影响。美国的许多研究报告都指出,今天这一代伴随电视长大的年轻人,在读、写和想象力方面,不如过去的一代人,因为电视取代了他们童年时代的传统的成长方式。

电视以其形象、逼真、保真性能好赢得了很高的可信度,这就使受众轻易地相信它们所传播的内容都是真实可靠的。而且,人们一旦坐在电视机前,绝大多数的人都是为了求得轻松,调节身心,他们一时似乎成了“思想懒汉”,懒得去分辨真伪,判别是非。这就是说,电视控制了受众的思想,这就可能使受众的思想趋于简单化。

在西方国家,一些传播学者对于广播电视使人们的智能下降表示深深的忧虑。哈里·沃特斯在《大众传播工具文化》一书中写道:“孩子们全神贯注地坐在电视机前消耗了时间,他们不得不放弃有益的读书及户外活动,甚至简单的独立思考。”美国的有些知识分子家庭,为防止孩子的智力下降,干脆不买电视机。在中国,电视对孩子的智力发展究竟有益还是有害的争论也已经开始。

互联网和新媒体出现以后,知识的碎片化、思考的碎片化更加严重,已经引起了广泛的讨论。

四、改变了人们的时空观,却诱发了个人无限的欲望

在古代社会,人们习惯在同一空间作不同时间的比较,即纵向的历史对比,或称回忆对比;而新闻媒介打开了人们的视野,人们可以在同一时间作不同空间的比较,即现实的横向比较,从而从安于现状到不满现状,最后来改革现状。这是新闻媒介导致人们思维方式的改变。

思维方式的改变,给人类社会带来积极的变化。它促使人们不再墨守成规,不能再走历史老路,“祖述尧舜,宪章文武”,死抱老祖宗的成法不变;不得不立志改革,锐意进取。

它使得人们不敢固步自封、夜郎自大,不甘心安于现状、知足常乐,而赋予人们改变现状的紧迫感、努力追赶先进的强烈欲望,从而加快了社会前进的节奏。报纸、广播、电视成了推进世界前进的一个动力源。

新闻媒介所带给人们不安于现状的强烈愿望,既可以变成改革现状、造福社会的力量,也可以诱发个人不切实际的求名、求利、求享乐的欲望。美国一位政府官员在《我们对电视做些什么?》一文中写道:"很多人认识到——也许是不自觉的,但肯定无疑地都带着绝大憎恶心情——电视本身就是一种毒品,它不断地向那些精神空虚、生活苍白的人施以实现自己抱负的诱惑,但很少能办到。"而这种诱惑使一些人铤而走险,或者由于个人欲望得不到满足而发出喋喋不休的牢骚,成为社会不安定的潜在威胁。

五、促进了人类文明的发展,却污染了社会空气

新闻媒介源源不断地向人们输送政治、经济、文化信息,沟通国内外的联系,促进了上下左右的交流,这大大加快了社会民主化的进程,加强了经济的横向联系。新闻媒介对于社会进步和繁荣的贡献是显而易见的。

同样显而易见的是,新闻媒介尤其是广播电视的不少节目污染了社会空气,这在西方社会表现得尤为明显。美国、法国、日本等国科研人员的大量调查都证明,广播电视中的黄色新闻和色情片、凶杀片泛滥成灾,直接导致了犯罪率的上升。美国科学家作了统计:一个美国人在他 15 岁之时,已经看过 13 400 次有杀人镜头的电视节目。1973 年 9 月 30 日晚上,美国 ABC 广播电视网在"星期日夜场电影"节目里,放映了一部名叫《警察》的影片,其中有一群青少年将汽油浇在街头流浪汉身上,然后点火将他烧着的镜头。两天以后,在波士顿,6 名男青年如法炮制,将一位汽车女驾驶员拖到空荡的停车场,逼她用汽油往她自己身上浇,然后把她点着,使她变成一柱火炬,而他们扬长而去。这起电视和暴力相联系的恶性事件,震惊了美国。

美国医学会前会长理查德·帕尔默指责说:"电视对那些造成空气污染的工业部门的社会责任问题很敏感,经常提出质问。依我看,电视……造成的社会空气污染问题更加严重。"

类似的情况在中国也不同程度地存在着。

卜卫女士经过长达10年的调查观察写成《大众传媒对儿童的影响》一书[①],以确凿数据显示:媒介暴力具有引发和强化儿童实施暴力行为的作用。她还列举了许多典型案例。

作者发现从20世纪80年代以来,我国已经发生多起模仿媒介暴力的犯罪行为。80年代初,美国电视系列片《加里森敢死队》播出后,我国某些地区出现了若干自称是"加里森敢死队"的抢劫、犯罪团伙。一位16岁的少年说:"看了不少外国电影里那些能偷敢盗的人,非常崇拜,我时常学着电影、电视、录像和书刊里的方法练飞刀,练飞墙走壁,想着有朝一日能成为能偷善抢的绿林好汉。后来我缺钱花,就模仿着《神秘的大佛》里的怪面人的方法干了。"1989年,电视剧《上海滩绑票奇案》播出不久,陕西省韩城市一名中学生就模仿剧中情节,将一名14岁男孩用斧头砍死后抛尸井中,然后向被害人家中投了两封恐吓信,敲诈钱财。天津市宝坻县4名12—17岁儿童也是在看了《上海滩绑票奇案》后,绑票杀人。1990年四川射洪县两名十六七岁的少年持刀劫持了三名人质,与公安干警对抗。公安干警上前一步,少年便在人质脸上划一刀。少年被捕后交代,作案手段是从电影《代号美洲豹》中学来的。

新闻媒介的巨大功能带给社会的实际影响是有利也有弊。如何兴利除弊,关键在于人们怎样运用它。美国传播学者威尔伯·施拉姆说过一句名言:"电视是20世纪最伟大的发明,但人类是否能享受到它的好处,主要取决于我们运用它的智慧是否能与发明它的智慧并驾齐驱。"当然,这个"运用",既是指新闻媒介的传者,也包括新闻媒介的受者;这是家庭、个人的问题,更是一个巨大的社会问题。

第三节　新闻媒介的功能定位

新闻媒介的功能定位和受众定位是筹划、设计新闻媒介两项最主要的工作。它决定一家新闻媒介的内容选择、报纸(电台、电视台)的风格,也在相当程度上决定着它的成败。

---

① 卜卫:《大众传媒对儿童的影响》,新华出版社2002年版。

我们在本章第一节论述新闻媒介具有四大功能，这是新闻媒介客观存在的；而新闻媒介的功能定位则是该新闻媒介的实际管理者主观决定的。当然，这种主观决定能否成功，则另当别论。

媒介的决策者当然有权决定一家新闻媒介全面发挥四大功能，目前世界上有些媒介也确实这样做。但是，由于新闻媒介间的激烈竞争，当前整个新闻界的趋势是从实际出发，选择其中的几项作为媒介的主要功能。这样，就出现了相当多的排列组合，涌现出丰富多彩的媒介世界。

纵观世界各国媒介，试图发挥全部四大功能的或只取其中一项功能的媒介是极少的，基本上是选取其中二三项功能为主，兼顾其他功能，力图稳定基本受众，再争取其他的潜在受众。基本的排列组合有五种。

1. 信息+宣传+赢利型的新闻媒介

这就是我们前面提到过的政企合一型新闻媒介。中国各级党委机关报都是这个类型的，它们既是信息的主渠道，也是宣传的主阵地，同时还是中国新闻媒介的赢利大户。

2. 信息+赢利型的新闻媒介

这类新闻媒介所传播的信息虽然也会有倾向性，但政治倾向性比政企合一型媒介要淡或隐蔽，基本上不直接发表自己的见解，主要供人们思考和决策所用。这类新闻媒介数量很大，而且还有许多亚类——

(1) 提供各种各样全面的信息。比如中国的《参考消息》，《解放日报》主办的《报刊文摘》。而世界上最出名的还数美国有线台(CNN)的全新闻频道，每天24小时不间断地播出美国和世界的重大新闻。

(2) 以提供某一类或几类信息为主。以提供某一二类信息为主的。有些以提供经济信息为主。例如中国的《经济参考》以提供宏观经济信息为主，《中国证券报》以提供股市行情信息为主。

有些以提供消费市场信息为主，我们称之为服务性新闻。世界许多国家的有线台都有一个商品买卖频道，就是以提供消费市场动态为主。

有些以提供天气预报、交通状况的信息为主。在美国几乎所有大中城市都有这样的电台。因为美国是“车轮上的国家”，几乎人人以车代步，天气、交通对驾车人特别重要。中国的大城市例如上海、广州也有交通信息台。

3. 消闲+服务+赢利型的新闻媒介

这类新闻媒介基本上都是大众化通俗报纸以及一批电台、电视台。世界上绝大多数的晚报、都市报都是这种类型。它们也刊登国内国际的重大新闻，但大多数的内容是娱乐性、趣味性、服务性新闻以及大量消闲性内容的副刊。

中国和世界其他许多国家还有一批文艺、音乐电台，专门提供文艺新闻、播放文艺节目。近些年，美国的电台很兴旺，其中听众最多、赢利也最大的就是音乐台，因为美国人大多数都是边开车边听音乐，从而吸引了大量的广告。

4. 知识+赢利型的新闻媒介

这种媒介数量极少，中国大多数的科技报属于这一类。

5. 纯宣传型的新闻媒介

世界上所有的对外广播电台都属于这一类。

新闻媒介的功能定位极其重要，又非常复杂。媒介如何定位，涉及内外诸多因素。从新闻媒介内部讲，主要是新闻媒介主持人所制定的方针以及从业人员的素质；从外部讲，主要是一个区域内媒介构成和受众的状况。比如，《南方日报》主办的《南方周末》原来以提供消闲内容为主，1996 年以后，它从维护消费者利益出发，发挥舆论监督功能，成为畅销全国、深受读者欢迎的报纸。上海的《解放日报》是份上海市委机关报，在审视上海报业市场以后，创办了《申江服务导报》，一份以服务、消闲为主的都市型报纸，恰好填补了上海报业市场空白。从 1996 年年初创办，到 1998 年年底，每期发行达 40 万份，深受上海市民尤其是年轻一代读者的喜爱。所以，一家新闻媒介功能的确立或改变，必须经过调查研究和严密论证。

第四节 新闻媒介的传播效果

新闻媒介的传播效果指的是新闻媒介所传播的信息对受众的思想、态度和行为所产生的实际影响。

传播效果的测定实在是最复杂、最艰难的一项工作。几乎人人都承认，大众传播媒介对受众具有相当的影响，但这种影响究竟有多大，却是很难准确计算的。因为影响受众思想、态度和行为的因素实在太多。而且,对受众影响的测定可以是多种层面的:是现时还是长期的,是个体的还是整个群体、整个社会的。

到目前为止,中国对传播效果的研究中最薄弱的一环,在于研究的个案很少,整体研究也比较弱。西方国家尤其是美国,对传播效果的研究始于20世纪40年代初期,积累了相当多的个案并据此提出传播效果的理论模式,可供我们作研究参考。

西方学者对新闻媒介传播效果的研究经历过三个时期,即强效果、弱效果、适度效果。

第一阶段:早期的强效果理论(1940年以前)。

20世纪二三十年代的效果研究中,人们认为新闻媒介具有横扫一切、难以抵御的传播威力,而受众则处于被动挨打、不堪一击的地位。新闻媒介的宣传就是"魔弹",而受众只是应声而倒的"靶子"。这就是所谓的"魔弹论"或"靶子论"。

这一理论问世的关键在于两次世界大战前后的宣传战和围绕它进行的大量宣传研究。可以说,"魔弹论"正是这种宣传战和宣传研究的理论化表现。1914年爆发的第一次世界大战,不仅是人类有史以来的一场全球性战争,而且也是一场规模空前的宣传大战。当时,交战各方调动一切新闻媒介开展宣传活动,德国的报纸上充满了"反抗残酷行为"的种种故事;而德国人则被协约国的新闻媒介描绘成人面兽心,因而协约国呼吁整个世界都来反对德国,以保护人类文明的成果。后来美国出兵的一大因素就是由于这种战争宣传所造成的印象。20世纪30年代,随着法西斯主义的崛起和新的战争威胁的加剧,战争中的宣传问题更加成为研究的热点,在当时那种大难将临的历史氛围中,当人们注意到成千上万的民众如痴如醉地聆听希特勒的演讲、歇斯底里地向纳粹党魁欢呼致意时,宣传的效力便不由自主地被夸大了,许多事情都归结为新闻媒介的影响,甚至连加拿大著名的传播学者麦克卢汉也相信:没有广播,便没有希特勒。正是因为战时宣传和围绕它而进行的宣传研究,"魔弹论"才得以广泛流传开来。

第二阶段:中期的弱效果理论(20世纪40—60年代)。

20世纪20年代末开始,心理学和社会学的研究有了新的发展,产生了新的理论,这些新的发展和理论不可避免地影响了对新闻媒介效果的研究。

个人差异成为当时心理学研究的焦点。研究表明,个人在需求、态度、价值观、智力等方面的差异对个人行为的形成起着关键的作用;同时,社会类型及其行为则成为社会学家关注的中心。他们所关心的是社会结构的本质和变化,以及在社会结构中处于不同地位的各种类型的人——种族集团、社会阶级、城乡大众的不同行为特点及其成因。

对个人差异和社会类型的关注对新闻媒介的效果研究产生了极大的影响。早期的"魔弹论"逐渐被抛弃,代之而起的是在 20 世纪 40 年代产生的有限效果论。这一理论认为新闻媒介所产生的效果是有限的,甚至是微弱的。一些关键性的研究实例也为这一理论提供了有力的支持。第二次世界大战爆发后,耶鲁大学心理学家霍夫兰受命领导和主持利用《战争前奏》《纳粹的进攻》等纪录影片对新入伍的士兵进行说服宣传的效果研究。结果表明,影片在传递信息、让士兵获知事实方面有效,在士兵改变对盟国的态度方面收效甚微,在鼓舞士气、加深对敌仇恨方面几乎完全无效。

约瑟夫·克拉珀在 1960 年出版的《大众传播效果》一书中对有限效果模式作了很好的说明: ① 大众传播本来并不是对传播对象产生效果的一种必要和充分的因素,而是通过中介因素的影响来起作用; ② 这些中介因素向来只赋予大众传播以一种加强现有条件中的辅助的代理者的作用,而不是唯一的因素。克拉珀的这种理论被人们视为"最小效果论"或"无效果论"。

第三阶段: 适度效果理论(从 20 世纪 70 年代开始)。

无论是"魔弹论",还是"有限效果论",对媒介效果的认识都表现出以下几个特点: ① 效果主要是发送人预期的效果;② 它们是短期的,或者说即时的和暂时的;③ 它们必然与个体的态度、信息或行为的改变有关;④ 它们相对来说又是非间接的。事实上,"效果"这一概念本身就暗示了一种过于简单化的倾向。

进入 20 世纪 70 年代以后,西方传播学者们开始修正传统的观点,探讨新闻媒介与整个社会历史变革之间的关系以及与资本主义社会制度的关系,着重研究媒介长期的、无计划的、间接的以及对集体产生的而非个体产生的影响。

首先崛起于英国的批判学派对西方传统的传播学研究特别是美国的主流学派提出了强有力的挑战。关于新闻媒介的效果研究,他们提出了这样的观点: 第一,应重视广大受众的利益需求,因为他们具有选择、分析、判断信息的能力；第二，效果研究必须和社会各种因素联系起来。传播学者们开始认识到："大众传播不仅对个人而且对整个社会或文化都有影响；它可以影响到一个团体的共同信仰和价值观，影响它对英雄与恶棍的选择，影响它的公共政策与技术。特别是媒介持续不断的信息传播，能对社会变革产生真正深刻的影响。"①

新闻媒介的效果研究经历了三个时期。在每一个时期，不同学科背景的学者从不同的角度对新闻媒介的实际效果进行调查，或对新闻媒介的一些重要案例进行分析，从而提出了不同的理论模式。

1. 魔弹论

这是早期关于新闻媒介效果研究中影响深广的代表性理论。这一理论受心理学中机械的"刺激-反应"论（S－R）的影响，认为新闻媒介发送的信息一经"命中目标"，就必然产生传播者所预期的效果。

2. 选择性理论

1960年，哥伦比亚学派的主要成员约瑟夫·克拉珀出版的《大众传播效果》，认为新闻媒介向受众传播信息的过程并非注射式的和直接的，而是必须经过中介因素，其效果只能是有限的。

选择性理论的主要观点是：受众心理倾向性势必导致受众对传播者和传播信息的选择。首先是有选择地接触，即受众习惯接触与他的现有观点、兴趣和态度相一致的大众传播内容，并有意无意地避免接触与其观念相左的信息。其次是选择性理解，即受众总是依据自己的价值观念及思维方式对所接触的信息做出独特的个人解释，使其与原有的认知相互协调而不是相互冲突。再次是选择性记忆，即受众在接触和理解信息的两个过程完成后，往往只是记住自己所赞同的内容，而忘却不赞同的内容。

3. 使用与满足模式

这是以"受众"为中心，从受众利用媒介的动机和目的是否满足来衡量媒介效果的理论。它与从传播者的角度进行研究的理论的效果完全不同。

研究者对受众使用媒介的动机和目的的类型进行了各种各样的概括和论述。如下是日本学者的归纳，较有典型性。

---

① ［美］梅勒文·德弗勒、埃弗雷特·丹尼斯：《大众传播通论》，颜建军等译，华夏出版社1989年版，第117页。

(1) 解闷消愁。

① 逃避日常生活的种种制约。

② 逃避劳苦和烦恼。

③ 解放情绪。

(2) 人际关系。

① 同节目中的人物结成假设的社会关系。

② 获得有利于日常社会关系的效用。

(3) 确认自我。

① 寻找确定自己位置的坐标。

② 学习应付现实问题的方法。

③ 强化价值。

(4) 监视环境。

4. 二级传播理论

“二级传播”理论是美国著名的传播学者拉扎斯菲尔德及其同事于1940年在美国俄亥俄州的伊里县进行总统竞选宣传调查时取得的意外收获。调查的目的是确定大众传播媒介——当时主要是无线电广播和报纸——对选举具有重大影响。然而,被调查的人当中只有少数人说他们曾经受到媒介的影响,真正影响投票的则是个人之间面对面的接触和劝说。循此深入,研究人员发现,那些接触传播媒介较多、热衷选举、关心政治问题的人能够在人际交流中对周围选民的态度产生这样或那样的影响。这些人被称为“舆论领袖”。研究人员由此第一次提出了“二级传播”的假设:概念往往先从无线电广播和报刊流向舆论界的领导人,然后再从这些人流向人口中不那么活跃的部分。这种由“大众传媒→舆论领袖→受众”构成的传播过程被称为“二级传播”。

“二级传播”理论的关键是舆论领袖。他们上通媒介,下连公众,其传播更具针对性、灵活性,更易为受众接受。研究人员由此而揭示了人际传播在大众传播中的重要作用。这是人们认识大众传播过程、探索传播规律的一大进步。

5. 议题设置理论

议题设置是指新闻媒介选择并突出报道某些内容,从而使这些内容引起公众的注意和重视。议题设置理论的主要观点有三个:

(1) 在当代社会,大众传播媒介参与了“社会现实的构建”,影响了人们头脑中对社会现实的构想。

（2）大众传播媒介从每日每时所发生的客观事实中挑选出极少数加以广泛传播，从而影响到受众对社会事务轻重缓急的考虑。

（3）事件在大众传媒中出现的频率，是受众赖以判断该事件重要性的主要依据。

6. 创新扩散理论

该理论主要研究大众传播对新技术、新观念推广所发挥的作用。

1973年，美国传播学家罗杰斯和休梅克在《创新的传播》一书中对"创新扩散"理论的研究进行了总结，提出了四个阶段的说法。

知晓：个体意识到创新的存在，并对创新的功能有所了解。

劝服：个体对创新形成一种赞成或反对的态度。

决策：个体从事于导致对采纳或拒绝创新做出选择的行动。

证实：个体谋求加强他已做出的创新决策。

西方学者一般认为，大众传播在"知晓""劝服"两个阶段可以发挥相当的影响力，而对"决策""证实"的影响力很小。所以，为了推广新技术、新观念，必须把大众传媒和亲身劝服结合起来。

7. 沉默的螺旋理论

这是德国社会学家伊丽莎白·诺埃勒-诺依曼在1974年提出的一个理论。沉默的螺旋理论阐述舆论形成过程。在一个公共的议题面前，每个人在公开发表自己的意见前，总要先听听周围人的意见，以免使自己陷入孤立的境地而受到众人责难。当他发现自己的意见与他感受到的多数人意见相同或相似时，就会大胆地大声地发表；而发现自己的意见只处于劣势一方或与多数意见对立，他往往会选择沉默或干脆转向。这样，强势的一方愈发强大，弱势的一方更加沉默，以致到最后一切反对意见销声匿迹。在这过程中，大众传媒通过公开报道或意见呈现，造成"意见环境"——什么样的意见获得多数人认可，什么样的意见受到反驳、诘难，从而影响人们的意见选择，或造成沉默的螺旋，或加速沉默的螺旋，从而显示大众传媒在形成舆论过程中的重大影响力。

8. 文化霸权理论

文化霸权理论是意大利杰出的社会活动家安东尼·葛兰西提出的理论主张。葛兰西认为，任何统治阶级维护其统治的有两种霸权：一是政治社会的政治霸权，包括军队、法庭、警察，通过暴力实施统治；另一个是市民社会的“文化霸权”，即智慧与道德的领导权，其本质是具有统治性的意识形态。这种统治性的意识形态不但是统治阶级所倡导，也被被统治阶级所认可和实行。在这样的意识形态统治下，各个阶级、各个阶层在很多问题上能达到社会共识，从而消除了被统治阶级的抗争。大众传播通过新闻报道，通过它们倡导的大众文化等各种样式，建构并维护着统治性的意识形态。

9. 新闻建构理论

新闻建构理论是从“拟态环境”的概念中转化过来的。美国著名政论家瓦尔特·李普曼在其1922年出版的名著《舆论学》中提出，人们总是依据自己头脑中所固有的一幅现实图景对现实做出反应，而随着现实世界日趋复杂，人们在相当程度上通过大众媒体提供的材料日积月累地形成了一幅现实图景。而大众传媒自觉或不自觉按照他们的想象来描绘现实，这就构成了“拟态环境”。在现实生活中，人们就会自觉不自觉按照大众传媒提供的拟态环境来思考、来行动。

在拟态环境的基础上，近年来学者们提出了新闻建构理论。新闻建构理论直截了当地认为，受众头脑中的现实世界就是大众传媒通过持续不断的新闻报道建构出来的。这种建构出来的现实世界并不是虚构的，在微观层面上，每一条新闻可能都是真实的或接近于真实。但新闻报道把某些事实凸显出来，遮蔽某些事实，从而来完成建构。“在新闻描述一个事件过程中，新闻也定义和形塑这一事件。”①权力机构、资本力量以及各种意识形态都争夺新闻建构权，力争按他们的意图来建构现实。从这个意义上讲，新闻建构是各种力量和各种意识形态博弈的结果。与拟态环境理论相比，新闻建构理论更强调新闻建构者的自觉意识。

上述的理论模式，都是在一定数量的实证研究基础上得出的，都有其成立的合理性，但都必须在一定的时间、地点、条件下才会显示出它们的实际效应。即使是被西方学者所否定的“魔弹论”，在当今世界的某些国家或地区、在某些时间内仍然在发挥效应。

---

① 张梅：《从社会建构主义到新闻建构论》，载《福建师范大学学报》2011年第1期。

第五节　我国新闻媒体的作用和任务

“党和人民的喉舌”这一特性决定了我国的新闻事业有着特殊的作用和任务。从1922年《向导》创刊到现在的90余年间,党领导下的新闻事业的作用和任务有些是一贯的,例如,向人民群众传播马克思主义,宣传党的路线、方针、政策,揭露敌人,团结人民等等。有些作用和任务是随着党的工作总方针、总任务的改变而变动,或有所侧重。

1978年年底,党的十一届三中全会确定了全党的工作重点转移到支持四个现代化建设上来。把我们国家建设成为具有现代农业、现代工业、现代科学技术、现代国防的高度文明、高度民主的社会主义强国,这是今后我们党和全国人民长期奋斗的目标。为实现这一目标而奋斗同样是我国新闻媒体长期的总任务。实现这一目标,为我国的新闻事业发挥自己的作用展现了广阔天地,这是我国新闻事业大显身手、大有作为的一个时期。

我国新闻媒体的基本任务历来都是遵照党在一段时间内的工作目标、党的基本方针政策而确定的。在当前以及今后一段时期内,就是要以十九大所确立的习近平新时代中国特色社会主义思想为指引,为决胜全面建成小康社会,夺取新时代中国特色社会主义伟大胜利而努力奋斗。

2016年2月19日,习近平总书记主持召开党的新闻舆论工作座谈会并发表重要讲话,明确提出:“在新的时代条件下,党的新闻舆论工作的职责和使命是:高举旗帜、引领导向,围绕中心、服务大局,团结人民、鼓舞士气,成风化人、凝心聚力,澄清谬误、明辨是非,联接中外、沟通世界。”

这个讲话,确立我国新闻媒体当前以及今后相当长时期内的基本任务。具体来说,有以下几项——

1. 高举旗帜,引领导向

高举马克思主义旗帜,坚持中国特色社会主义道路的政治方向,坚决维护党中央集中统一领导,持久深入宣传党的基本理论、基本路线、基本方略。在当前以及今后一段时期,要大力宣传习近平新时代中国特色社会主义思想。习近平新时代中国特色社会主义思想是我们党划时代的重大理论创新,是马克思主义中国化的最新成果,是我们党实现“两个一百年”奋斗目标的指导思想。

2. 围绕中心,服务大局

围绕党的中心开展新闻宣传是我国新闻传媒业的传统。刘少奇同志曾精辟论述党的宣传思想与党的宣传工作关系:“我们的宣传工作是不能离开当前的中心工作的,并且是为了保证各项中心工作的完成的。”①

当前以及今后相当长时期内,我国的中心任务是按照“五位一体”(经济建设、政治建设、社会建设、文化建设、生态文明建设一起协调发展)的总体布局和“四个全面”(全面建成小康社会、全面深化改革、全面依法治国、全面从严治党)的战略布局,决胜全面建成小康社会,决胜“两个一百年”的奋斗目标,实现中华民族的伟大复兴。这是我们党的中心工作,我们党的大局。新闻宣传工作就是要围绕这个中心工作展开,使党的中心工作化为全党全国全军的统一意志,上下同心同德。

3. 团结人民,鼓舞士气

这需要新闻宣传坚持正面报道的方针,弘扬真善美,传播正能量,使全体人民在理想信念、价值理念、道德观念上紧紧团结在一起。

4. 成风化人,凝心聚力

这需要新闻媒体大力弘扬社会主义核心价值观。核心价值观是一个国家、一个民族的文化之根,是一个国家赖以维系的精神纽带,一个国家共同的思想道德基础。弘扬社会主义核心价值观,营造风清气正的社会风气,形成不忘初心、砥砺前行的精神面貌,造就一个既有统一意志、又有个人心情舒畅的生动活泼的局面,是我国传媒业义不容辞的职责和使命。

5. 澄清谬误,明辨是非

实现“两个一百年”的奋斗目标,绝对不会一蹴而就、一帆风顺,前进路上我们会遇到许多困难,碰到一时的失误、暂时的挫折,境内外的敌对力量都会趁机挑起事端,或者无中生有、造谣惑众,或者夸大其词、蛊惑人心,扰乱公众的思想,挑动一些人的不满情绪。而社会上各种思潮、各种异端邪说通过网络来广泛传播,冲击社会主义核心价值观,等等。这需要我们的传媒牢牢把握传播主导权,直面现实,不回避,不失

① 新华社新闻研究所编:《新闻工作文献选编》,新华出版社 1990 年版,第 111 页。

语,揭示真相,揭穿谣言;明确立场,回击各种谬论;明辨是非,稳定社会。这是中国传媒业应有的担当。

6. 联接中外,沟通世界

中国正在和平崛起,实现“两个一百年”目标,需要一个和平的世界;随着中国综合国力不断跃升,开放的步伐越来越大,中国与世界各国交流越来越广泛,越来越深入,需要一个友好的世界;尤其是习近平总书记倡导全球命运共同体,需要各国协商、协调、协作。这一切都离不开互联互通。媒体是互联互通中不可缺少的纽带。讲好中国故事,传扬中国好声音,让中国了解世界,让世界了解中国,在未来的岁月里,中国传媒业国际传播的任务将越来越重。

第六节 建设新型主流媒体

建设新型主流媒体是在中共中央深化改革领导小组第四次会议《关于推动传统媒体与新兴媒体融合发展的指导意见》中提出的:“着力打造一批形态多样、手段先进、具有竞争力的新型主流媒体。”这是中央在宣传思想文化领域的一项战略部署。

新型主流媒体是我国重大信息发布的主渠道、宣传思想文化的主阵地、社会舆论的主控室。新型主流媒体在关键时刻对关键问题能够一锤定音,稳定人心、稳住社会;当中央发布重大方针政策和决策的时候,能够清晰地进行解读,让公众明白方针政策和决策的背景、意义并加以贯彻执行;当重大事件发生以后,能迅速呈现真相、判断性质;当国内外局势发生重大变化时,能清晰地阐述其来龙去脉,分析其意义和影响。新型主流媒体还应该有国际影响力、有国际话语权。新型主流媒体是国之重器,党的新闻舆论工作是安邦定国的大事。

一、“四力”是新型主流媒体的综合指标

习近平总书记在十九大报告中提出,“要坚持正确舆论导向,高度重视传播手段建设和创新,提高新闻舆论传播力、引导力、影响力、公信力”。“四力”是建设新型主流媒体的综合性指标,新型主流媒体当然

要考虑发行量、收视率、点击率,考虑“两微一端”的流量,这是判断媒体传播力的一个重要指标,若媒体没人关注,妄论其他。但传播力仅仅是其中一项指标,建设新型主流媒体必须以“四力”为全面指标。

二、新型主流媒体的基本特征

结合新的互联网传播生态,新型主流媒体的基本特征包含以下四个要素——

1. 党委直接领导主流媒体是前提

“党管媒体”是中国特色社会主义传媒管理制度的基本原则。主流媒体是党的喉舌,属于党的宣传系统,由党委直接管理,这一点是刚性的,须保持长期不变。党委对主流媒体的管理包括:主要领导任免权、重大事项决策权、重要资产配置权、重大报道终审权,等等。执政党有权管理媒体,也有责任管理媒体。我们也相信,执政党能够管好媒体。

2. 面向主流人群,传播主流文化、主流价值观

新型主流媒体是面向主流人群,宣传、弘扬主流文化、主流价值观的主阵地。新时代的中国,多元利益、多元文化的格局已经实际形成,多种社会思潮流行,各种意识形态并存。不同主张、不同声音、不同社会思潮有利于形成“百花齐放,百家争鸣”的生动局面。但无论如何,一个国家必须有主流价值观来支撑。新型主流媒体要以中等收入群体为主要受众群体,传播主流声音,传递主流价值,牢牢把握传播主导权,占领信息制高点。

3. 以报道时政新闻为主,做时代风云的记录者

新型主流媒体要以报道严肃的时政新闻为主。未来商业媒体和自媒体可以满足用户获取信息和娱乐的基本需求,主流媒体应当成为“严肃新闻”代表,权威解读国家的方针政策以及重大举措,冷静判断纷繁复杂的国内外局势和走向,调查公布扑朔迷离的重大事件真相。在重大时刻、重大问题上,主流媒体必须听从党的指挥,并在传媒业中产生示范效应,发挥引领作用。

4. 以互联网为主要载体

重塑主流媒体的本质是塑造互联网化的主流媒体,重建主流媒体与用户的连接,使主流媒体重新成为网络社会中的中心节点。在新型主流媒体的架构中,报纸、电视、广播等传统媒介形态将与互联网长期

共存，但主流媒体最主要的载体和传播渠道一定是互联网，特别是移动互联网。

三、新型主流媒体的基本目标和最低要求

从宏观层面来讲，新型主流媒体在内容建设上的基本目标可以概括为“四全”：

全时段——监测社会环境的实时变动，在以秒为单位的竞争中，争取首发权、议程设置权；

全方位——涵盖国内外重要领域的重大事件，既有动态追踪，又有深度解读；

全媒体——采用最新的传播技术手段，结合多元传播形态，提升用户新闻体验；

全覆盖——覆盖全体公众，既有大众传播，又有小众化、个性化的分众化传播。

在确立基本目标的同时，主流媒体还要有“底线意识”，有所为有所不为，在新闻实践中要努力做到“四不”：

不失真。工信部调查显示，提供真实可靠的新闻资讯，恪守新闻报道职业规范，秉持客观中立的态度是受访网民对网络新闻媒体社会责任感的最主要期待①。主流媒体的新闻报道必须真实，要让公众信任主流媒体，在公众中建立“只要上了主流媒体，那就可以相信”的信任感。

不失语。“互联网+”时代的新型主流媒体必须关注社会发展的关键问题，并为社会主流受众提供资讯和设置议题②。对公众所关心的一切大事件，主流媒体决不回避，决不躲躲闪闪，而是要迅速出击，增强在热点事件中的议程设置能力和舆论引导能力。

不失品。主流媒体是严肃的媒体，决不炒作，决不媚俗，部分内容生产方式的创新逻辑符合传媒市场要求，但未必会增进社会效益，主流媒体要保持审慎甚至克制的态度，避免成为大众眼中的“非

---

①　参考《2017 年中国网络媒体公信力调查报告》，http://tech. qq. com/a/20180226/021195. htm，20180226。

②　喻国明：《打造新型主流媒体价值范式与影响力的关键——以北京广播电视总台线上直播平台“北京间”G20 杭州峰会报道为例》，载《新闻与写作》2016 年第 10 期。

主流”。

不失位。主流媒体的基本功能就是宣传党和国家的方针政策，党的理论、思想、主张，培育主流价值观，弘扬正能量，宣传方法可以灵活多变，基本原则决不动摇，决不随波逐流，决不见风使舵。

第十章

党性原则是中国新闻事业的基本制度

第一节 党性原则——马克思主义新闻思想的精髓

从马克思、恩格斯到列宁，再到中国共产党的领袖毛泽东、邓小平等，他们的新闻宣传思想是十分丰富的。而党报的党性原则是贯穿于他们新闻宣传思想的一条红线。在较为成熟的马克思主义政党形成以后，党的报刊成为党的外在形象，恩格斯曾经说过："党本身正是像它在报刊上和代表大会上让公众所看到的那样。""德国《社会民主党人报》是德国党的旗帜。"[①]马克思、恩格斯虽然并没有明确使用党性原则这一名词，但他们明确地要求党的机关报必须捍卫科学理论、维护党的形象、宣传党的纲领和策略。马克思、恩格斯身体力行，利用党报、党刊和其他报刊，与形形色色的机会主义理论、思潮以及违背党的纲领的言行进行不倦斗争。在坚持党性原则的同时，马克思、恩格斯同样提倡"党内自由发表意见""自由交换意见"，包括对科学社会主义理论和对领导的批评两方面[②]。1889 年，丹麦社会民主党的温和派多数将批评他们的革命派少数开除出党。恩格斯虽然在某些问题上并不赞同革命派的观点，但是坚决反对这样处理争论。他在给革命派代表的信中指出："批评是工人运动生命的要素，工人运动本身怎么能避免批评，想

---

① 《马克思恩格斯全集》第 34 卷，人民出版社 1972 年版，第 264 页。
② 陈力丹：《马克思主义新闻思想概论》，复旦大学出版社 2003 年版，第 93 页。

要禁止争论呢？难道我们要求别人给自己以言论自由，仅仅是为了在我们自己队伍中又消灭言论自由吗？”①

明确地、正式提出党报党性原则的是列宁。列宁在《论党的改组》《党的组织和党的出版物》（1905年11月）两篇文章里反复论述了党性的极端重要性。列宁指出：

> 如果我们党有蛊惑人心的倾向，如果党性基础（纲领、策略规则、组织经验）十分缺乏或者薄弱、动摇，那么毫无疑问，这个危险是很严重的。党是自愿的联盟，假如它不清洗那些宣传反党观点的党员，它就不可避免地会瓦解，首先在思想上瓦解，然后在物质上瓦解。确定党的观点和反党观点的界限的，是党纲，是党的策略决议和党章，最后是国际社会民主党，各国的无产阶级自愿的联盟的全部经验。②

列宁坚持了马克思、恩格斯办党报的准则，并明确地把按照党的纲领、策略原则和党章办报规定为党报的党性原则。

列宁在强调党报党性原则的同时，和马克思、恩格斯新闻思想一脉相承的是同样强调发表意见的自由，提出了党内“行动一致，批评自由”的著名原则。列宁在《关于俄国社会民主工党统一代表大会的报告》中写道：

> 应该努力做到对代表大会的决定进行最广泛的讨论，应该要求全体党员以十分自觉的、批判的态度对待这些决定。……但是，在统一的党内的这种思想斗争，不应该分裂组织，不应该破坏无产阶级行动的一致。这在党的实践上还是一个新的原则，因此，正确地加以贯彻还要做很多工作。讨论自由，行动一致，这就是我们应该努力做到的。……除了行动一致外，还必须最广泛地、自由地讨论和谴责我们认为有害的措施、决定和倾向。只有这样进行讨论，通过决议，提出异议，才能形成我们党的真正公众舆论。……在还没有号召采取行动以前，可以对决议及其根据和各条规定进行最

---

① 《马克思恩格斯全集》第37卷，人民出版社1971年版，第324页。
② 《列宁选集》第12卷，人民出版社1987年版，第79页。

广泛的、自由的讨论和评价。[①]

列宁在这里对"批评自由"和"行动一致"作了初步的解释。行动一致是指对代表大会决议的事情，在行动之时，为了党的统一，必须绝对一致，不允许在行动的时候进行批评；但是在还没有号召采取行动之前，可以批评准备采取的行动，他列举的行动包括参加杜马选举、举行罢工和起义等等。

毛泽东十分重视报纸工作，他强调指出："我们地委的同志，应该把报纸拿在自己手里，作为组织一切工作的一个武器，反映政治、军事、经济又指导政治、军事、经济的一个武器，组织群众和教育群众的一个武器。"为了运用好这个武器，毛泽东高度重视党报的党性原则，反复强调"务使它们（指党报——引者注）的宣传服从于党的当前政策"，"使我们的宣传完全符合于党的政策"[②]。1948 年 4 月在《对晋绥日报编辑人员的谈话》中，毛泽东以简洁的语言完整地表述了党报的党性原则："报纸的作用和力量，就在它能使党的纲领路线、方针政策、工作任务、工作方法，最迅速、最广泛地同群众见面。""在报纸上正确地宣传党的方针政策，通过报纸加强党和群众的联系，这是党的工作中的一项不可小看的、有重大原则意义的问题。"[③]这一论述成为我们党领导新闻媒体的基本指导思想。

邓小平在叙述党内生活基本准则时强调："党报党刊一定要无条件地宣传党的主张。对党的工作中的缺点和错误，党员当然有权利进行批评，但这种批评应该是建设性的批评，应该提出积极的改进意见。"[④]

江泽民在代表党中央领导集体历次关于新闻工作的谈话中，反复强调党报的党性原则，坚持从马克思到邓小平一贯的基本主张："坚持党性原则，就要求新闻宣传在政治上必须同党中央保持一致。"[⑤]在 1994 年 1 月全国宣传思想工作会议上，江泽民代表党中央领导集体提出了新时期党性原则和新闻宣传工作的基本要求："以科学的理论武

---

① 《列宁选集》第 13 卷，人民出版社 1987 年版，第 62—63 页。
② 《毛泽东新闻工作文选》，新华出版社 1983 年版，第 96、98 页。
③ 《毛泽东选集》第 4 卷，人民出版社 1991 年版，第 1318 页。
④ 《邓小平文选》第 2 卷，人民出版社 1994 年版，第 272 页。
⑤ 《中国新闻年鉴（1995）》，中国新闻年鉴杂志社 1995 年版。

装人,以正确的舆论引导人,以高尚的精神塑造人,以优秀的作品鼓舞人。”①

进入21世纪,媒体作为执政的战略性资源,成为意识形态主阵地,影响力日益强大。为此,新一届的党中央刚产生不久就召开全国宣传工作会议。刚担任中共中央总书记的胡锦涛同志在会上强调:“我们的新闻媒体是党和人民的喉舌,一定要坚持新闻工作的党性原则,坚持团结稳定鼓劲、正面宣传为主的方针,牢牢把握正确的舆论导向,努力营造昂扬向上、团结奋进、开拓创新的良好氛围。”②

习近平同志担任中共中央总书记以后,多次视察中央媒体,就新闻舆论工作发表多次讲话,坚持新闻工作的党性原则是习近平同志一以贯之的思想。习近平强调,党的新闻舆论工作坚持党性原则,最根本的是坚持党对新闻舆论工作的领导。党和政府主办的媒体是党和政府的宣传阵地,必须姓党。党的新闻舆论媒体的所有工作,都要体现党的意志、反映党的主张,维护党中央权威、维护党的团结,做到爱党、护党、为党;都要增强看齐意识,在思想上、政治上、行动上同党中央保持高度一致;都要坚持党性和人民性相统一,把党的理论和路线方针政策变成人民群众的自觉行动,及时把人民群众创造的经验和面临的实际情况反映出来,丰富人民精神世界,增强人民精神力量③。

由此,我们可以看出,党性原则不但是中国共产党而且是整个国际无产阶级政党新闻事业一个根本性的原则,一个光荣的传统。

第二节　党性原则是中国新闻事业的一项基本制度

新闻工作的党性原则是共产党党性原则在新闻工作中的自然延伸。中国共产党的党性原则表现在:政治上,必须和党中央保持一致;思想上,必须坚持马克思主义、毛泽东思想、邓小平理论,努力实践“三

① 《中国新闻年鉴(1995)》,中国新闻年鉴杂志社1995年版。

② 《胡锦涛在全国宣传部长会议上发表重要讲话》,载《新华每日电讯》2002年1月12日。

③ 《习近平总书记召开党的新闻舆论工作座谈会》,载《人民日报》2016年2月20日。

个代表”重要思想；组织上，必须无条件地遵守党纲、党章，服从党的一切决议，遵守党的纪律。共产党的党性原则和新闻工作的规律、要求相结合，就形成了新闻工作的党性原则。长期以来，我国不少学者把党性原则仅仅看成是一种理论，一种思想。党性原则不仅仅是理论，它首先是一种制度安排，是马克思主义建党学说的重要构成，是中国社会主义制度政治体制的重要构成。

在20世纪40年代初，我党在延安整风期间明确提出党报的党性原则以后，经过半个多世纪打磨、完善，党性原则已形成一套完整的制度。这个制度包含着如下要点——

（1）对新闻媒体定性：所有新闻媒体都是党和政府的耳目喉舌。基于这一点，所有新闻媒体都必须在政治上和党中央保持一致。

（2）主要任务：党所领导的所有新闻媒体都必须无条件宣传党的方针政策、国家法令法规和政府施政纲领。

为保证准确、及时地宣传党的方针政策，从延安时期开始，党委机关报的主要负责人列席地方党委常委会工作会议。也从延安时期开始，毛泽东亲自实践并不断倡导从中央到地方各级党委主要负责人要策划、参与甚至亲自动手写作党委机关报上的重要社论或其他评论。

（3）组织原则：党管媒体。正如习近平总书记强调，党的新闻舆论工作坚持党性原则，最根本的是坚持党对新闻舆论工作的领导。党和政府主办的媒体是党和政府的宣传阵地，必须姓党①。党管媒体，具体表现在五个方面：新闻政策与新闻规则的制订权、新闻媒体主要领导的任命权、重大事项的决策权、重要资产的配置权、新闻宣传的终审权，都在党委领导机关，这是中央文件明确规定的。

党管媒体还有一个属地管理原则：除中央级媒体，例如《人民日报》、中央电视台、中央人民广播电台、新华社等之外，任何媒体都归媒体所在的区域党委、行政机关管理。

（4）坚持正面报道为主，坚持正确的舆论导向。正如习近平总书记所指出，团结稳定鼓劲、正面宣传为主，是党的新闻舆论工作必须遵循的基本方针，要增强吸引力和感染力②。

（5）为确保上述要求实施，国有资本拥有对所有新闻媒体绝对的

---

① 《习近平总书记党的新闻舆论工作座谈会重要讲话精神学习辅助材料》，学习出版社2016年版，第6页。

② 同上书，第7页。

控股权。过去,业外资本一律不准进入传媒业。近年来,对经营这一块允许吸纳外来资本,但明确规定,媒体必须控股,坚持国有资本一股独大;任何进入传媒业的单位不得参与管理,更不准干预编辑业务。

(6) 采用行政手段来扶植主流媒体,尤其是党委机关报。除了资金注入、税收优惠、邮发优惠等措施外,最主要是采用行政手段来确保主流媒体的市场占有率。例如,中央主管部门明确规定,中央电视台所有频道各地必须无条件进入有线网络;各地党委每年都发出文件,规定党政机关、国有企事业单位要优先订阅从中央到地方的党委机关报。

坚持党性原则和发挥新闻工作者的积极性、创造性、主动性是一致的。我们的新闻事业为适应市场经济的需要正在进行改革。新闻改革的重要目的之一是加强党的新闻工作的党性,而不是削弱党性。我们新闻工作者为适应新的历史时期新闻工作的要求,需要更新新闻观念。但是在新的历史时期,党性观念只能加强,不能削弱。

当然,党的新闻事业要当好党的喉舌,并不是意味着各家只能照抄照搬中央已说过的话,不能简单地理解为"上面要我宣传什么,我就宣传什么""上面给观点,我们找例子来证明"。因为这种照本宣科的宣传,不可能充当党的喉舌,只不过是传达机构,起一种扩音机、留声机的作用。

党的新闻事业要名副其实地成为党的喉舌,就必须在合乎中央的路线和政策的前提下,充分发挥新闻工作者的积极性、主动性、创造性。

从多年的新闻实践看,在贯彻党性原则中,需要处理好以下四个方面的关系。

(1) 坚持鲜明的倾向性和真实性的统一。在一些重大事件中,在一些重大的是非问题上,党报必须自觉地捍卫党性原则。在日常宣传中,应该鲜明地表达党的立场、观点、态度。列宁曾经把党报上那些超党派的自由主义论调斥责为"没有党性的宣传",把马克思主义报纸同资产阶级报纸混淆起来。中共中央宣传部在 1948 年 10 月曾批评华北《人民日报》在一条重要新闻中的客观主义倾向,认为这种新闻只是枯燥无味地罗列了许多事实,没有思想,没有分析,没有目的,忽视对群众的积极鼓舞和指导。

我们共产党人新闻事业的立场、倾向,是建立在新闻真实性的基础上,建立在尊重事实的基础上,建立在对客观规律科学认识的基础上。我们的立场、观点所以正确,所以有生命力,仅仅因为它是符合实际情况的。无产阶级不需要隐瞒事实、歪曲事实。恰恰相反,我们的认识越是接近于客观事实,我们越是能揭示出现实的客观规律,那就越是符合无产阶级的利益。这是因为无产阶级的前进方向和人类社会的历史发展方向是一致的。

（2）坚持维护党的利益和人民利益的统一。从新闻史上看,凡政党报纸都是一个政党的宣传工具。任何政党报纸在这一点上没有区别。无产阶级政党报纸和资产阶级政党报纸的区别在于:无产阶级政党报纸既是党的喉舌,又是人民的喉舌,宣传党的理论、纲领、方针、政策和反映人民的愿望、要求,维护党的利益和维护人民利益,对党负责和对人民负责是一致的。而其他阶级的政党报纸尽管口头上可以这样说,实际上无法做到。这是由政党的性质决定的。按照马克思主义的观点,共产党人没有任何同整个无产阶级的利益不同的利益,除了为民族、为人民谋利益,共产党本身无私利可图。党报宣传党的理论、路线、方针、政策,正是在维护人民的利益,因为这一切是符合民族和人民利益的;党报反映人民的愿望、要求,同样坚持了党的立场,因为这一切是正确地制定政策的出发点和执行政策的归宿点,是使我们党永远和人民心连心、立于不败之地的切实保证。

（3）坚持党的宣传原则和掌握灵活的宣传策略的统一。党的新闻事业在任何时候、任何场合都应该坚持党的立场,宣传党的主张,决不能为了扩大销售、为了多赚钱而丧失原则立场,单纯地迎合受众中的低级趣味。但是,坚持原则立场并不意味着我们的新闻事业在任何时候、任何情况下都只能是同一张面孔、用同一种腔调发言,而必须从实际情况出发,灵活地运用宣传策略。例如,当党处在革命时期(未夺取政权以前)和处在执政党地位时期,在战争时期与和平建设时期宣传的方法应该不同。在未夺取政权以前,合法的、公开出版的党报和秘密出版的党报应该有不同的宣传方法。处在执政党时期,不同的宣传对象应该有不同的方法。例如,对于不同觉悟程度的群众,对于不同年龄、不同职业、不同文化程度的群众都要有不同的方法,要从群众实际能够接受的水平出发。不根据具体的历史条件,不根据实际的宣传对象,这是主观主义的宣传方法,不可能收到实际的宣传效果。主观主义的宣传方法是党性不纯的表现。

（4）坚持严肃的态度和生动活泼的文风的统一。党的新闻事业既然是党的喉舌,那么新闻工作者的工作作风必须是严肃的,其风格应该是庄重的,特别是在宣传党的重大方针政策时必须一丝不苟,以维护党的政策的严肃性。但严肃仅仅指工作作风和工作态度，并不是意味着以严厉的态度对待群众，板起面孔来教训群众，以“指导者”“教育者”的姿态，居高临下地指挥群众。党的主张要让群众乐于接受，让群众自觉地执行，需要付出艰苦的劳动，要讲究宣传艺术。这就需要有生动活泼的文风，运用群众所喜闻乐见的多种形式。而空洞的说教、单调的形式、枯燥的语言，是不能吸引群众的，收不到实际宣传效果的。毛泽东同志说：“学风和文风也都是党的作风，都是党风。”①宣传中的八股味反映了党风不正，党性不纯。

第三节　坚持党性原则的极端重要性

那么，党的新闻事业为什么必须坚持党性原则呢？那是因为党的新闻事业是“治国理政、定国安邦的大事”②。那是因为党性原则决定了党的新闻事业的成败和优劣，从而影响到党的宣传工作的成败与优劣。

1. 坚持党性原则是使党的新闻工作永不变质的保证

既然党的新闻事业的性质是党的喉舌，那么它必须服从党的领导，必须无条件地宣传党的主张，必须和中央在政治上保持一致。为了和党中央在政治上保持一致，真正起到党的喉舌作用，那就必须用党性原则来约束党的新闻事业，用党性原则来要求每一个党的新闻工作者。如果没有党性原则，各家新闻机构自定方针，自搞宣传内容，每一个新闻工作者自作主张，按照个人的意志自由行动，各唱各的调、各吹各的号，那就不可能成为党的喉舌、党的代言人，党的新闻事业的性质就改变了。因此，坚持党性原则，这是由我们党的新闻事业的性质决定的；反过来，坚持党性原则是使党的新闻事业永不变质的保证。

2. 坚持党性原则才能使党的新闻事业保持坚定不移的政治方向和立场

党的新闻工作面对着复杂的现实世界，承担着繁重的宣传任务。

---

① 《毛泽东选集》第3卷，人民出版社1991年版，第812页。

② 《习近平谈新闻舆论工作：治国理政、定国安邦的大事》，原载中国共产党新闻网，2016年11月8日。

我们靠什么来把握方向，靠什么来完成任务？最主要的是依靠党性。只有按照党性原则，我们的新闻工作才有坚定不移的政治方向，才能在纷繁复杂的社会现象中把握事物的本质，分清是非，才会有正确的立场。例如，在向市场经济转变过程中，新的东西层出不穷，这其中，有些是代表改革方向的新生事物，反映了群众的首创精神，有些则是新形势下的新的不正之风。怎么来划清界限？那就必须从党性原则出发，按照党的方针政策、以党和人民的利益为标准来衡量。没有党性原则，单凭个人的好恶，可能会颠倒是非。

3. 坚持党性原则才能充分发挥党的新闻事业的积极作用

在我国，党的新闻事业具有很高的威望，有很大的社会影响和权威性。这种威望是从哪里来的？首先来自党。从新闻史上看，任何政党报纸的兴衰荣辱总是和政党的命运紧紧相连的。我们党的新闻事业的威信，首先来自党中央和中央人民政府的威信，来自党的新闻部门忠实地传播中央的声音。因此，只有紧紧地依靠党的领导，只有依靠党性原则，才能充分发挥党的新闻事业应有的积极作用。离开了党的领导，离开了党性原则，我们将寸步难行、一事无成。比如说，我们的新闻事业要指导、教育群众，那就必须按照党的方针政策，按照党的主张去指导、教育群众，否则，势必把群众引导到错误方向上去，或者会引起群众的强烈不满。我们的新闻事业要发扬战斗作用，开展批评和自我批评，那就必须按照党性原则，紧紧地依靠各级党组织。否则，或者不可能收到任何社会效果，或者会把事情搞乱。

4. 坚持党性原则才能划清无产阶级新闻事业和资产阶级新闻事业的界限

党性原则，是无产阶级新闻事业区别于一切资产阶级新闻事业的根本特征。我们绝不拒绝去学习、吸收资产阶级新闻事业在新闻采访、写作、编辑、传播等方面的先进技术和先进的经营管理方法，但我们必须拒绝资产阶级的那些腐朽没落思想。划清无产阶级新闻事业和资产阶级新闻事业界限的最主要标准就是党性原则，防止、抵制资产阶级腐朽没落思想的最锐利的武器也是党性原则。

5. 坚持党性原则才能推动、指导我国的各项改革(包括新闻改革)沿着健康的道路发展

在当前，坚持党性原则还有其十分紧迫的现实意义。我们国家正处于历史性的转变时期，各行各业都在进行改革，每时每刻都会出现许

多新情况、新问题。反映这场伟大的改革，推动、指导这场伟大的改革，这是党的新闻事业最重大的课题。为了完成这项艰巨的任务，新闻工作者更需要增强党性，和中央保持政治上的一致。一旦离开了中央的方针政策，在一些重大问题上自作主张，势必给改革造成严重后果。

6. 坚持党性原则才能在网络舆论场把握舆论话语权

进入互联网时代，网络很快成为舆论的主阵地。各种思潮迭起，各种观点交锋，舆情复杂，舆论多变。只有坚持党性原则，我们才能有明确的政治方向，才能把握舆论导向的主导。

第十一章

舆论引导与舆论监督

第一节 舆论监督与舆论引导相辅相成

舆论监督与舆论引导两个词中的“舆论”并非一般意义上的舆论，而是指新闻媒体，因为新闻媒体可以称作舆论界。

舆论监督就是新闻媒体公开揭露、批评政党、政府、社会团体、公职人员以及社会一切违反法律和社会公德的言行。

舆论引导就是新闻媒体劝服大众尊重、遵循、实行国家的法规、社会公德及政府的方针、政策，达成社会共识，形成共同行动。

那么，我们可以说，舆论监督、舆论引导都仅仅是新闻媒体的行为。至于新闻媒体的这两种行为能否引发真正意义上的社会舆论，这只和舆论监督、舆论引导的效果相关。如果新闻媒体的行为能引发大众的高度关注，形成社会舆论，那就有了良好效果。

从一般意义上来讲，舆论监督主要的监督对象是政府和政府的公职人员，舆论引导主要的引导对象是一般的公众，一种是自下对上的行为，另一种是自上对下的行为。看上去，这两者是对立的，但对我们国家来说，却是相辅相成的两个方面。

我国党和政府高度重视舆论引导，因为这是政府施政纲领能否顺利实施的关键一环，是党和国家命运所系。1996 年 9 月 26 日，当时的中共中央总书记江泽民同志在视察《人民日报》时就明确指出：“舆论工作就是思想政治工作，是党和国家前途和命运所系的工作。”这次视察中还提出著名的“祸福论”：舆论导向正确，是党和人民之福；舆论导向错误,是党和人民之祸①。与此同时,我国党和政府同样高度重视舆论监督,1987 年 10 月中共十三大的会议指出:“要通过各种现代化的新闻和宣传工具,增加对政务和党务活动的报道,发挥舆论监督的作用,支持群众批评工作中的缺点错误,反对官僚主义,同各种不正之风作斗争。”以后历届党的代表大会都提到重视舆论监督。党的十五大政治报告中还将舆论监督与党内监督、法律监督、群众监督并列为社会主义民主监督制度的重要组成部分②。有一种说法,似乎党和政府只重视舆论引导,而忽视甚至压制舆论监督,这完全是一种误解,是一种错误认识。

那么,为什么党和政府既重视舆论引导又重视舆论监督? 为什么舆论引导和舆论监督是相辅相成的呢?

舆论监督与其他的监督方式是要消除党内、政府内的腐败、不正之风,只有这样,才能让公众真正体会到我们党和政府是真心实意为人民服务的。舆论引导和其他的引导方式是要让大众认识真理,认清方向,认可党和政府的一系列决策。只有这样才能上下同心同德,形成促人奋进、健康向上的舆论氛围,形成如同毛泽东同志所说的“既有统一意志,又有个人心情舒畅”那么一种生动活泼的政治局面。

第二节　舆 论 引 导

舆论引导这一概念显示我们党执政理念的改变,显示党和群众的新型关系。舆论引导一词表明,我们党和政府不再把群众当作被教育对象,对群众不再采取压服手段,不再采取自上而下的灌输式宣传;表明了我们党和政府对民意的高度重视,对人民权利的尊重。

那么,在当前,党和政府为什么如此重视舆论引导呢? 这是鉴于国内外所出现的新形势、新情况。

(1) 中国已进入以多元利益为基础的多元社会,这已成为常态。互联网给予多元利益群体公开表达的机会,不同区域、不同职业、不同

① 《江泽民文选》第一卷,人民出版社 2006 年版,第 564 页。
② 陈建云、吴淑慧:《舆论监督三十年历程与变革》,载《当代传播》2009 年第 4 期。

社会阶层、不同社会地位以及不同兴趣群体都公开表达自己诉求，林林总总的各种团体都在网上集聚，甚至网上网下互动，在社会上或明或暗形成各种团队，非政府组织风起云涌。各种各样的群体在网上网下为各种不同议题分分合合，甚至争议不休，争吵不断。这给社会整合带来巨大挑战，给在国家一些大政方针上达到社会共识，形成社会底线带来极大困难。这使舆论引导变得十分迫切。

（2）互联网带来全新挑战。如前所述，在互联网的去中心化—再中心化过程中，出现了一个以网络意见领袖为代表的新的社会权力层。网络意见领袖具有强大的社会动员能量，尤其在引导网络舆论方面有强大的影响力。网络意见领袖绝对不是一股敌对势力，但事实表明，他们和我们的新闻媒体在引导舆论方面存在着舆论主导权、话语权的博弈。在不少网络事件中，他们和新闻媒体有相互配合的一面，促使事件圆满解决；也有相互对抗的一面，在不少网络事件中，网络意见领袖误导网民，激化事态爆发，激化部分群众与政府矛盾。这就使我们的舆论引导比以前要困难得多，紧迫得多，重要得多。

与此同时，网络谣言、炒作不断在兴风作浪，引发社会动荡。例如人们记忆犹新的2011年3月的“抢盐风波”，因为网络上盛传海水受到日本核事故影响，今后海盐会有核辐射元素以及海盐中含有的碘可以防止核辐射，在东南沿海的城镇突然爆发全民抢购食盐风波。又如，2015年6月，网络发出了一个帖子：“人贩子一律死刑”，“买孩子一律判无期”，短短几天，几乎所有微信、微博都在转发，形成一个舆情热潮。最后查实是一个婚恋网站的营销行为，纯属子虚乌有。

（3）国外敌对势力在中国进行“颜色革命”的活动从未停止，存在着舆论失控的危险。随着中国综合国力提升，中国国际地位和影响力在不断提升。但无论硬实力还是软实力，“西强我弱”的基本格局没有改变。西方反华的敌对势力在某些国家政府或明或暗支持下，在中国竭力煽动“颜色革命”，颠覆我国政权的图谋从来没有停止过。他们或公开传播极端宗教，煽动暴恐；或暗中浸透西方意识形态、生活方式。途径多样，手法多变，而网络更是他们的捷径。从中东的“茉莉花”运动看出，舆论失控是一个国家政权崩溃的前奏，也是共同特征。

所以这些新形势、新情况都彰示，舆论引导对于国家政治、社会、经济的安全、稳定具有极其紧迫、极其重要的作用。

从中国近30年来舆论引导的实践看，做好舆论引导的基本原则、基本态度和基本方法是：

(1) 要有理论自信、制度自信、道路自信，这些自信本质上就是相信我们最广大人民群众充分拥护党的领导，充分信任党中央，认可我们选择的社会主义制度和发展道路，这是我们做好舆论引导工作必需的自信和实力。有这样的自信，我们才会坚定不移地做好舆论引导工作。如果缺乏这样的自信，前怕狼、后怕虎，事不敢明说，理不敢明摆，情不敢明显，畏畏缩缩，舆情引导只是一句空话。

(2) 公开信息、揭示真相是舆论引导的基本原则。事实无数次证明，许多突发性重大事件，在现实社会和网络上引发公众情绪的热点事件，最后的顺利解决都是因为把真相原原本本告知公众。谣言止于真相，过激的情绪止于真相，合理的解决基于真相。

真相的背后可能会牵涉很多利益，会有不少黑幕，涉及一些政府官员甚至权重位高者，涉及权钱交易等等。所以，突发事件发生后，许多当事人总竭力掩盖真相。而掩盖真相的结果总是激发一浪高过一浪的舆论声讨热潮，有些本来简单的事复杂化，本来不大的事却膨胀起来，最终的结果还是要把事情真相和盘托出，才能平息舆论热潮。这当中，有些权重位高的当事人往往会软硬兼施、威逼利诱新闻媒体。

(3) 相信大众、尊重事实、敬畏法律是舆论引导的基本态度。尽管大众有时会有偏激情绪，会误信误传，但我们应该相信，中国的大众是通情达理的，他们相信事实，服膺真理，千万不能居高临下去训斥大众，动不动就说"一小撮别有用心的人，煽动不明真相的群众"，这只会引发公众的对抗。

尽管有不少事情会令人扼腕，有不少事实让人啼笑皆非，但事实就是事实，来不得半点虚假、扭曲捏造，尤其在新媒体时代，那么多网民会把视频、音频、图片发到网上，把事实真相和盘托出，任何虚假只能适得其反。

一切事情的是是非非、罪与非罪都得以我国的法规为准绳，千万不能以"犯法行为""犯罪言行"等来恫吓公众。

(4) 讲究舆论引导的艺术是舆论引导的基本方法。舆论引导是一门学问，得讲究舆论引导的策略。不同的情况下，舆论引导有不同的策略，但以下基本方法却是共同的。

紧贴社会热点，新闻媒体不失语。社会热点涉及大众的利益、情绪，紧贴社会热点，新闻媒体的舆论引导才会引起公众的关注。公众说东，媒体说西，南辕北辙，再引导也是白费工夫。

先发制人，抢占舆论制高点，抢占公众的“第一印象”。我们的媒体习惯于“后发制人”，但事实表明，先发制人，后发制于人，当重大突发性事件一出现，新闻媒体就紧紧跟上，那就吸引了公众眼球，舆论引导就有了主动权。

第三节　舆论监督

舆论监督是新闻媒体对党和政府机关、官员的错误决策、腐败行为、不良之风以及不当言论的揭露、批评，同时也包括对有碍公德的社会行为的揭露、批评。

如前所述，舆论监督与党内监督、法律监督、群众监督构成我国监督制度的体系，四者缺一不可。同时，又各有自身的不同作用、不同特点。

一、运用新闻媒介开展舆论监督的重要作用

“不怕上告，只怕上报”，这是在社会上流传很广的口头语，形象地反映出新闻媒介开展舆论监督的巨大威力。有些问题出现以后，上级批评，内部通报，往往收效不大，甚至硬顶软拖，迟迟得不到解决。但新闻媒介公开曝光以后，问题提到千千万万受众面前，能够把社会舆论动员起来；在强大的舆论压力下，问题就能得到较快较圆满的解决。

第一，新闻的舆论监督能产生强大的威慑力，迫使违法乱纪者不得不收敛，或改过自新，促使问题得到很快解决。我们可以看到，有些地方的问题在揭露前往往拖了数年得不到解决，媒介一曝光，几天以内就把数年的“老大难”问题解决了，充分显示了舆论监督的力量。

第二，新闻的舆论监督就是把党和政府的各级领导置于广大党员和人民群众的监督之下，把自上而下的监督和自下而上的监督结合起来，有利于防止、克服腐败行为和一切不正之风。因为一切不正之风和腐败行为的根本特点是脱离群众，损害群众。一旦把人民群众动员起来，理直气壮地和一切不正之风、腐败行为作斗争，问题就能得到较快的解决。有人想搞不正之风，也会有所顾忌，有所收敛。“阳光是最好

的防腐剂”，在光天化日之下，在众目睽睽之中，要搞腐败就很难。

第三，新闻的舆论监督有利于加强党和人民的联系，密切党群关系。党、政府内的腐败行为和不正之风，严重败坏了党的信誉，损害党和群众鱼水相依的关系，是经济建设的巨大障碍。这些问题当然不能光靠新闻媒介来解决，但运用新闻媒介公开加以揭露，开展批评与自我批评，不但有助于问题的解决，还使人民群众看到党对人民的关心，看到党在真心实意为人民谋幸福，看到党和人民是心连心的，党在人民心目中的威信就会大大提高，人民对党更加信任。

第四，新闻的舆论监督体现了我国新闻媒介的根本宗旨，是衡量新闻事业党性的一个尺度。对于我国新闻工作来说，是否敢于经常开展批评和自我批评，是否敢于公开揭露人民群众深恶痛绝的人和事，这是衡量新闻事业党性强弱的一个尺度。正如《中共中央关于改进报纸工作的决议》(1954 年 7 月 17 日中央政治局通过)所指出的：

> 各级党委要经常注意，把报纸是否充分地开展了批评、批评是否正确和干部是否热烈欢迎并坚决保护劳动人民自下而上的批评，作为衡量报纸的党性、衡量党内民主生活和党委领导强弱的尺度……

为什么这是个党性问题呢？因为这涉及党的新闻事业是不是对党和人民高度负责，是不是捍卫了党和人民利益的问题。如果党的新闻事业对于破坏党的基本路线、基本政策的行为听之任之，对于严重败坏党的信誉的不正之风和腐败行为不问不管，对于人民切肤之痛的事情不理不睬，我们的新闻事业还怎么称得上是党和人民的新闻事业？人民群众把新闻媒介能不能坚持舆论监督，作为衡量新闻媒介能不能代表人民说话，是不是党和人民的新闻媒介的一个尺度，是完全正确的。

二、我国新闻媒介开展舆论监督的性质、特点

在我国，新闻媒介开展舆论监督的出发点是非常明确的：保证中央的政令畅通，维护国家、人民的利益。舆论监督的战斗锋芒除了针对极少数敌对分子、不法之徒、腐败分子外，大多数是解决人民内部矛盾。解决人民内部矛盾的问题，要从团结的愿望出发，经过批评和自我批

评，达到新的团结，绝不是为了整人，把人批倒批臭。

它和林彪、“四人帮”所掀起的“大批判”性质根本不同。“大批判”把矛头指向革命干部和群众，以把人打倒、搞垮、“永世不得翻身”为目的，无中生有地罗织罪名，断章取义地篡改原作，无限上纲，打棍子、扣帽子，在报上一点名就等于宣布政治上的死刑。这种“大批判”造成全国成千上万件冤假错案，且株连所及，牵累几千万人民群众。这是我们党报史上最黑暗、也是最令人痛心的十年。

它和西方社会的“揭丑报道”性质不同。在西方，新闻工具也揭露“黑暗面”，这就是所谓的“揭丑”报道。西方的“揭丑”报道始于19世纪70年代的美国。在开始时，集中揭露官吏贪污的丑闻、财阀与官吏狼狈为奸的黑幕，有一定的进步作用。到后来，这种“揭丑”报道成为各财团、各政党、各派政治力量之间勾心斗角的前台表现；报纸也借“揭丑”作为招牌，来吸引读者，扩大销路。这种“揭丑”是资产阶级内部鱼死网破的斗争，直至搞倒搞臭对手才罢休。当然，我们不能否认，他们的有些揭丑报道的确能起到正面的作用，如对“水门事件”、克林顿“性丑闻”的揭露等。

它和旧中国报纸上的所谓“黑幕新闻”的性质也不同。“黑幕新闻”始于1916年上海的《时事新报》的专栏“上海黑幕”，揭露政界、商行、军界的所谓阴暗面，一时吸引不少读者，不少报纸也纷纷开辟这种专栏。实际上，这些材料不过是不加批评地记录各种犯罪作恶材料，或者是各个政治派别、流氓集团收买报纸、记者，利用报纸相互攻讦。鲁迅一针见血地说过，这些文章“丑诋私敌，等于谤书；又或有谩骂之志，而无抒写之才”①。

对于这种以小集团的政治私利为目的的“大批判”“揭丑”，我们都应加以摒弃，绝对不能把党报的批评搞成资产阶级报纸上那种“内幕秘闻”“暴露作品”“谴责小说”。

与其他的形式相比，我国新闻媒介的公开揭露、批评具有一系列的特点。

1. 权威性

由于我国的新闻事业绝大多数是各级党组织领导的，尤其是党委机关报，干部、群众习惯把报纸、广播、电视台当作党的声音的来源。正

---

① 鲁迅：《中国小说史略》，《鲁迅全集》第9卷，北京日报出版社2014年版。

由于党在人民心目中的崇高威望，报纸、电台和电视台的批评才具有很大的权威性。每一个问题被公开批评以后，总会引起有关部门的高度重视，迅速做出反应。这不像西方的新闻媒介，仅仅代表一家新闻媒介或个人的看法，对于报、台的揭露，有关部门或当事人可以置若罔闻，你批你的，我干我的。

2. 典型性

由于新闻媒介面向社会，新闻媒介所揭露、批评的问题就应该有一定的代表性，要直接关系到党和人民的切身利益，从而引起社会的广泛注意；要对社会有普遍的教育意义，从而引起人们的警觉，推动实际工作。不能事无巨细，样样拿到新闻媒介上来。报纸的版面有限，广播、电视的时间有限，现实生活中出现许多令人不能满意的事情，绝大多数只能通过其他途径来解决，新闻媒介只能选择带有普遍意义的典型事例来公开批评。

3. 紧迫性

新闻媒介所揭露、批评的问题，都应该和当前的工作、生产、人民生活有密切关系，“火烧眉毛”，非要立即下决心解决不可。

4. 重视社会效果

从有利于矛盾的转化，有利于问题的解决出发，着眼于提高人们的认识和觉悟。

三、开展新闻舆论监督的基本原则

在20世纪50年代，为了搞好新闻媒介的批评报道，毛泽东同志提出“报纸上的批评，要实行‘开、好、管’的三字方针，开——开展批评，好——开展得好，管——党委把报纸上的批评管起来”。党中央先后规定了一些基本原则，这是保证正确地开展批评和自我批评的准则。在贯彻这些方针和基本原则的过程中，各新闻单位也积累了一些经验教训。

1. 从有利于党和人民的利益出发，坚持正确的揭露批评

对于这一点，1950年《中共中央关于在报纸刊物上展开批评和自我批评的决定》中说得很清楚：

> 我们所提倡的批评，乃是人民群众（首先是工人农民）以促进

和巩固国家建设事业为目的、有原则性有建设性的、与人为善的批评，而不是为着反对人民民主制度和共同纲领、为着破坏纪律和领导、为着打击人民群众前进的信心和热情，造成悲观失望情绪和散漫分裂状态的那种破坏性的批评。

怎样才能坚持正确的批评呢？

首先得区分情况，用不同的方法对待不同性质的问题。1954 年《中共中央关于改进报纸工作的决议》指出：

在报纸上进行批评的时候，还应当区别不同的情况，采取不同的方针：对典型的坏人和那些犯有严重错误而且坚持不改正错误的分子，不只是应该进行批评，而且要进行无情的斗争，给以严重的打击和应有的制裁；而对于在工作中犯了一般性质的缺点和错误，或虽然犯了严重或比较严重的错误但是愿意改正并实行改正的同志，就应该采用同志的态度进行批评，以便大家团结起来，消灭这些缺点和错误。

2. 实事求是是保证批评报道成功的基础

批评必须实事求是，对新闻机构来说，这一点尤其重要。因为新闻传播媒介面向群众，影响广泛。报纸上的文字是白纸黑字，难以消除；电视出现的形象，一下子就印在广大观众的脑子里；广播的传播面大，如果事实有出入，势必造成不良影响和不良后果。为此中共中央的有关决定反复强调，“在报纸上发表的批评的事实必须经过认真的调查研究”①，“事实一定要核对清楚”②。

事实要核对清楚，不但包括主要事实和关键性情节，还包括有关的细节。为此，记者在调查过程中要耐心地听取各方面意见，包括被批评者的、反面的意见，切忌先入为主，切忌只听单方面的陈述。从多年的实践看来，新闻传播工作中无中生有、凭空捏造的批评比较少，主要的失实大多是在一些细节上。新闻记者对一些关键性的事实比较注意，而往往忽视一些细节。但细节上失实常使一些被批评者不服气。为了

① 《中共中央关于改进报纸工作的决议》(1954 年 7 月 17 日)。
② 《中共中央关于在报纸刊物上展开批评和自我批评的决定》(1950 年 4 月 19 日)。

保证批评稿的完全真实，许多新闻单位采取“三见面”的办法，即把小样送写稿者（或见证人）、有关部门和组织、被批评者，请他们审阅，如对其中的事实有怀疑，再一次去核对。这样做，对于保证事实的准确很有好处。

实事求是，还包括对发生错误的原因所作的分析采取全面客观的态度。犯错误的原因可能涉及被批评者的思想意识、思想方法、工作作风、工作方法，以及各种客观环境和条件，是偶然失误还是一贯的必然结果，是出于好心还是自私的动机等等。只有实事求是的分析，才能使被批评者心服口服，才有利于被批评者改正错误，并产生积极的社会效果。

为了免于陷入被动，写批评稿宁可留有一些余地，不要把话说死、说绝。有些众说纷纭、的确一时难下结论的事情，不要急于登报；倘若非写不可，就把一些主要的不同意见写上为好。

3. 适时、适量、适宜，这是批评报道取得良好效果的重要一环

适时，就是批评的内容要选择适当的时机发表，特别是一些重大的批评，能够和一个时期党的中心工作或人民群众关心的问题相配合，这样可以取得更好的宣传效果。

适量，就是批评稿的数量要适当控制，不能像搞政治运动那样，报上杀气腾腾，一派火药味。批评的数量不控制，也可能使人民群众产生一片黑暗的错觉。在报纸的版面上（电视画面上、电台的广播中），正面表扬和揭露阴暗的数量相比，应该以正面表扬为主。表扬先进，这本身也是对落后的鞭策。即使对一个重要问题的批评，也不要一哄而起，给人产生以势压人的感觉。因为批评和自我批评是针对人民内部矛盾的，不能采用鸣鼓攻之的办法。

适宜，指的是批评的内容要有一定的典型性和紧迫性。例如，首都一家大报曾刊出《北京市东城区两位副书记违反交通法规被撞成重伤》的批评稿。其中一位是星期日去参加义务植树劳动的，已67岁，过马路时未走人行道被小车撞伤；一位是骑自行车从公共汽车后方横穿马路被一辆工具车撞伤。短评中批评他们“目无交通法规，不替他人着想”，造成交通堵塞，还特别强调领导干部要带头遵守交通秩序，不能对群众严格要求，对自己放任自流。我们认为，报纸这样批评就很不适宜，一名领导同志星期天放弃休息去义务植树，不幸被撞伤，应该首先去慰问他才是。选择这样的事例来批评违反交通规则就没有典型意

义了。

还有一些群众意见很大、迫切要解决的问题，但由于客观条件限制一时难以解决的，就要从实际出发，是否适宜公开批评要从大局着眼慎重考虑，防止诱发群众的不满情绪，以免问题解决不了，反而激化矛盾。这类问题同样可以通过其他途径反映上去。

4. 保护批评者的合法权利，保留被批评者的申诉权利

中央的有关文件对这两点都有明文规定，"热烈欢迎并坚决保护劳动人民自下而上的批评"，批评"如有部分失实，被批评者应立即在同一报纸刊物上做出实事求是的更正，而接受批评的正确部分。如被批评者拒绝表示态度，或对批评者加以打击，即应由党的纪律检查委员会予以处理。上述情况触犯行政纪律和法律的部分，应由国家监察机关予以处理"①。这两点在当前尤其具有重大意义。有些人目无党纪国法，也由于法制不健全或执法不严，极少数领导干部对于向新闻单位投寄批评稿（特别是批评本单位负责人）的群众进行刁难、打击报复；也有些人，为泄私愤，或出于个人其他不正常目的，以开展批评为幌子向新闻单位投寄诬陷信，或提供假情况；还有些由于新闻单位工作疏忽，造成批评事实失实或原因分析失当，使被批评者蒙受委屈。因此，保护批评者的合法权利和保留被批评者的申辩权利，应同样予以重视。

保护批评者的合法权利，包括：为不愿公开自己姓名的投书者保密；批评者如受到打击迫害，新闻单位应给予支持，为之伸张正义，直到事情得到合理解决。

保留被批评者的申辩权利，要求对批评稿中有多少失实就更正多少，如果基本事实失实，报纸就应该公开赔礼道歉，并和有关单位一起，做好善后工作，必要时应刊登被批评者的实事求是的申辩文章。如果以维护"党报威信"为借口，对被批评者的申诉不予理睬，甚至动不动扣上"顽固不化、对抗党报批评"的帽子，那是不对的。凡确定是凭空捏造、诬陷他人的，要交有关部门去处理。

5. 既要有独立负责的精神，又要自觉接受党委领导，积极争取各级党组织的支持和帮助

多年来的实践反复证明，新闻媒介的批评报道没有党委的领导，没有各级党组织的支持、帮助，单靠新闻单位不但干不好，反而会捅出乱

① 《中共中央关于在报纸刊物上展开批评各自我批评的决定》（1950年4月19日）。

子来。因此,党中央的有关文件反复责成各地党委对新闻媒介开展批评报道要加强领导,支持新闻单位的工作,归纳起来有几个方面。

只有在党委的领导下,在各级党组织的支持配合下,新闻的舆论监督才会正确地、健全地、充分地开展起来。

但新闻单位不能由于依靠党委、党的各级组织的领导而产生依赖思想,吃现成饭,等党的纪委把事情调查好了,作了结论,拿到报纸上一登了事;或像算盘珠一样,拨一拨动一动,党委叫批评什么,就找点材料去批评一下。新闻单位应该有独立负责的精神,在党委领导下,独立自主地去开展批评报道。它应独立负责地、积极主动地去发现问题,调查事实,并对批评稿中的事实独立负责。

在实际工作中,党委和新闻媒介对一些重大批评有时会产生不同的看法。遇到这种情况,新闻单位可以向党委陈述自己的意见,争取党委的帮助。党委毕竟掌握全面情况,比较了解当前工作的重点和存在的问题,比较关心从全局考虑。同时,中央有关文件也明确规定,在批评和自我批评上,"党报编辑部和党委如有不同意见,除必须执行党委的决定外,有权向上级党委或上级党委机关报申诉"①。

新闻工作面临复杂的现实情况,不可能完全不犯错误。新闻媒介大胆地开展批评和自我批评,自己应该成为批评和自我批评的模范。如果在批评中处理不适当,出了毛病,新闻媒介应当欢迎来自各方面的批评,并做出自我批评,吸取教训,改进工作。

6. 谨防媒体审判

所谓媒体审判,就是新闻媒体有意无意代替司法部门(公安、法院)对事件定性,对案件定罪、定刑,从而有意无意干扰了司法正义、司法独立和法定程序。

新闻媒体可以客观地呈现某些事件、某些案件,并且应该基于事实,但也只能止于事实。有些事情看上去简单,但实际上错综复杂,有着与方方面面千丝万缕的关联,需要公安部门长期的、连续的侦探,才能建立完整的证据链,才能比较全面揭示真相。

司法审判需要有完整的法定程序,要有全面考量才能定罪、量刑。而有时候,有些新闻媒体却偏听偏信,要求司法部门"从重从快审判",甚至说"不杀不足以平民愤"此类偏激之词,从而激起舆论热潮,给司

① 《中共中央关于改进报纸工作的决议》(1954 年 7 月 17 日)。

法部门造成强大舆论压力。我们当然希望司法部门不受舆论干扰,独立审判,但舆论却是司法部门不能不顾的压力。新闻媒体既要报道事实,又要谨防“媒体审判”,这是舆论监督必须处理好的关系。

第四节　舆论新格局

在中国乃至全世界,新闻媒体承载着社会舆论的凝聚、公开表达的功能,人们习惯上把新闻媒体称作“舆论界”。1985 年 2 月 8 日,胡耀邦同志在《关于党的新闻工作》中明确提出:“党的新闻机关就经营来说也是一种企业,但它们首先是舆论机关。”[①]在一定程度上,新闻媒体是唯一的舆论场。

但是,新媒体的出现打破了传统媒体对舆论表达的垄断权,出现了一个全新的舆论场,形成“两个舆论场”的新格局。在中国,“传统媒体反映出来的舆论,主要体现的是媒体组织的意见,公众的意见难以得到反映,即使反映也是很少的、微弱的”[②]。而新媒体赋予公众自由表达权,从而形成了另一个舆论场,这个舆论场在相当程度上是自发的,在一定程度上代表着民意。

新媒体形成的舆论场依托着互联网,可以称为网络舆论。随着技术进步,不同时期有不同的主要平台,不同平台显示不同特点。

第一个主要平台是博客,兴盛于 2000 年至 2007 年,这是以记者、律师为主的社会精英主导网络舆论的阶段。写作博客,有两个基本条件: 一是有相当的财力,因为电脑在当时是贵重的,而且只能接电话上网,一般平常百姓都没有这个条件;二是要能写,有理有据有法,才能吸引人、说服人,才能形成舆情。以记者、律师为代表的社会精英阶层成为天然的舆情引导者。广州的孙志刚案成为这一阶段网络舆论的代表,显示了博客的强大影响力,彰显了网络舆论的强大威力。

2003 年 4 月 7 日,《南方都市报》刊出《一名大学生之死》的长篇报道,披露一个重大案例: 在服装公司工作的大学生孙志刚在街头被警

---

① 胡耀邦:《关于党的新闻工作》,《新闻战线》1985 年第 5 期。
② 陈力丹:《舆论学——舆论导向研究》,中国广播电视出版社 1999 年版,第 149 页。

察查询时,因为没带身份证被当作“三无”(无工作、无居住地、无证明)人员送往收容人员救治站。尽管孙志刚同事带了证明去派出所证明孙志刚不是“三无”人员,但警察拒绝释放孙志刚。当晚,孙志刚遭同房间收容人员数次殴打而死。此事引发全社会震动。北京大学3名博士生联名上书全国人大和国务院,要求修改相关法规,网民纷纷响应,形成一股强大的声浪。最后国务院公布《城市生活无着的流浪乞讨人员救助管理办法》,同时废止了实施长达20多年的《城市流浪乞讨人员收容遣送办法》。这是传统媒体与新媒体联手、社会精英与公众联手,以网络舆论力量推动中国法制建设,维护私权利、监督公权力的典型案例。

2007年被称为网络民意元年。四大网络事件即厦门PX事件、陕西黑煤窑事件、重庆“最牛钉子户”事件、陕西终南山“周老虎”事件,随即成为“网络民意元年”的标志性事件。这四大事件中,公众的点击率、跟帖、评论数都高达数百万,网络舆论如山呼海啸般迎面扑来,最后都迫使地方政府及相关部门或让步、或处理、或检讨。自此,网络问政成为常态,网络群体事件频繁进入全社会焦点和政府日常议题。2008年6月,时任中共中央总书记胡锦涛在视察《人民日报》时作客“强国论坛”与广大网民在线交流,他指出“互联网已成为思想文化信息集散地和社会舆论放大器”,认可了网络舆论的强大力量。

第二个主要平台是微博。微博是基于用户关系的信息即时分享、传播互动的社交平台。微博的产生是基于互联网技术的巨大飞跃,即从2G进入3G。2009年1月7日,工业和信息化部为中国移动、中国电信和中国联通发放3G拍照,3G正式上线运作。手机发生两大变化:从功能机(按键手机)走向智能机(触屏手机),极大丰富了手机上网功能;从定点上网走向移动上网。这样一来,任何人在任何时间、任何地点收阅和发布任何信息,真正成为现实。与此同时,手机的价格大幅下降,从21世纪初的万元一机到千元一机,一般工薪阶层包括农民工都可以消费。同时网民暴增,2002年中国网民2 250万,而到2009年年底已达到3.8亿,互联网普及率上升28.9%,网民人数居全球第一;2015年网民达到6.88亿人,普及率达到50.3%,首次超过全国半数人口。在暴增的网民中,“三低”人群(低学历、低收入、低年龄)增长最快,超过网民总数50%以上,而且是网民中最活跃的群体。

“三低”人群成为当时网络舆论的主力军。“三低”人群尽管职业不同、性格不同，但他们的共同特征是：他们处于社会底层，即所谓“草根人群”，获得的改革开放红利不多，对社会有结构性抱怨，有种仇官、仇富、仇精英的情结；他们社会阅历浅，缺乏理性思考，情绪易被煽动。这就形成了这一时期独特的网络舆论。首先，爆发时间极短。据复旦大学传播与国家治理研究中心统计，从网民上传到网络舆情爆发平均为10小时。其次，网络舆论的议题集中。反腐、动迁拆迁及农民工讨薪构成三大热点，都与“三低”的利益相关。再次，舆论爆发频度极快，几乎每天都有新的舆情事件，此起彼伏，一波接一波。至今人们耳熟能详的“三鹿毒奶粉”“邓玉娇案”“郭美美案”“药家鑫案”等都在这一时期发酵、爆发。最后，舆论的烈度极大，点击率、跟帖数动不动就几百万，而且言辞激烈，群体极化现象严重，舆论呈一边倒，容不得有一点不同意见。

第三是多元化平台。微博、微信公众号以及网络问答社区等都成为网民发声平台。由于实名制的实施以及政府一系列清网行动，网络上为所欲为的不法行为遭清理，“三低”人群逐步退出微博平台。以2016年5月“雷洋事件”为节点，中国的中间阶层（或说中间收入群体）开始从微信群的后台走向公共表达的前台，逐步取代“三低”人群成为网络舆论的主导性群体。中间阶层以“70后”“80后”“90后”为主的青年一代，受过良好教育，有一份稳定工作和收入，以从事第三产业例如文教卫生、金融业、IT行业等等为主。中间阶层成为网络舆情主导性力量以后，网络舆情呈现出与以前大不相同的特点。安全（生命安全、环境安全、财产安全等）、教育、医疗卫生成为三大新的舆情热点，这都与中间阶层的生存、发展密切相关；网络的表达极富理性，“以事实为依据，以法律为准绳”成为表达主流；大量采用视频，“无视频，不新闻”，“无视频，不舆论”，这与互联网进入4G时代以后，网络的视频化、智能化相一致。

从2000年开始，网络舆论经历20年的跌宕起伏，人们逐步有了清醒的认识。

首先，网络舆论在一定程度上呈现出民意的走向，公众通过网络来参与国家的政治事务、社会建设，公开表达自己的愿望、诉求，大大推动了协商民主的进程，造成了我国党和政府全新的执政环境。同时，公众的眼睛无处不在、耳朵无处不在、嘴巴无处不在，从而对政府、政府官员以及企事业高管的监督无处不在，从而形成“不能腐”“不敢腐”的社会网络。这一切,都显示出网络舆论巨大的历史进步意义。

其次,网络舆论只能“在一定程度上”代表民意,但并不就完全等于民意,民意也并非必然正确。黑格尔曾经指出:“公共舆论又值得重视,又不值一顾。不值一顾的是它的具体意识和具体表达,值得重视的是在那具体表达中只是隐隐约约地映现着本质基础。”①在网络舆论的具体意识中,我们看到的是民粹主义的狂欢。在网络舆论的具体表达中,我们看到那种“群体极化”,那种肆无忌惮,甚至不顾基本事实的情形。中国社科院《中国新媒体蓝皮书(2014)》的数据显示,2012 年 1 月到 2013 年 1 月的 100 件热点舆情案例中,出现谣言的比例超过三分之一。

最后,网络舆论不仅仅是网民意愿的自发表达,还成为各方意志、各方利益的博弈场。网络舆论的强大声势,越来越引发政府和各种势力的关注、重视,各种势力都想营造有利于自己的社会舆论,也千方百计地来参与网络舆论。政府、资本集团、各种群体和社会机构,还有境外各种势力等等,都会参与其中。为此,对每一件网络舆论事件都必须具体问题具体分析,才能判断其具体性质。

---

① [德]黑格尔:《法哲学原理》,范扬、张企泰译,商务印书馆 1961 年版。

第十二章

大众传媒与社会

第一节　大众传媒与社会系统

人类社会发展导致社会结构的复杂和社会分工的加剧，社会日益分化成功能各异的不同部分，但各个部分之间并不是互相分离的，它们彼此间相互依赖，再通过协调，整合组成社会系统。因此，从社会系统论的角度来看，分析和研究任何一种社会现象，都应该结合特定社会条件，从总体的社会关系中去把握、理解它。

一、媒介生态环境对媒介发展的意义

媒介并不是孤立存在的，它也是一种社会子系统，是社会的有机组成部分，它的存在与发展与其他子系统（诸如政治、经济、文化等）也存在着密切的关系。这种关系的总和即是媒介的生态环境。以社会系统论来看，如果离开与其他社会系统的互动，就不可能对媒介有完整而透彻的理解。因此，从媒介的生态环境出发，媒介研究才能更加丰富和深化。从新闻媒介产生和发展的历史来看，媒介生态环境对媒介发展的意义主要在于五个方面。

1. 决定媒介制度

当今世界，健全的媒介体系已成为一个国家文明的标志。但各个国家的媒介制度却不尽相同，甚至是大相径庭的。这主要与一个国家的社会条件相关。比如，发达资本主义国家多为私有制，而社会主义国

家则较多采用公有制。在许多发展中国家，虽然社会制度不同，但媒介中有许多是国家所有的，政府对媒介有较强的调控能力，这又是与它们的经济水平和文化传统密切相关的。因此，尽管媒介发展有自身的内在规律，但一个国家或地区的媒介制度在很大程度上受制于媒介所处的社会环境。

2. 决定媒介发展水平

媒介是一种特殊的社会事业，它的发展依赖许多综合因素。如在观念方面，大众具有民主、自由与平等的思想，是媒介规范运作的前提保证；而在物质方面，经济发展水平直接制约了媒介的整体规模与媒介产品的质量，尤其是电子媒介，技术手段有时可以起到最为关键的作用。综观世界，一个国家或地区的媒介整体水平都是与社会发展水平相适应的，几乎无一例外。文明程度高、民主制度健全、经济发达、综合国力强的国家和地区，媒介的整体发展水平必然较高。

3. 决定媒介的改革方向和改革力度

纵观中国和世界其他国家，新闻媒介总处于不停变革之中，“小改年年有，大改三六九”，成了普遍现象。因为社会在不停变动中，尤其是进入信息时代，社会的变动加速，受众的兴趣要求在不断更新，媒介必须跟着变，谁不变谁就被淘汰，这是媒介发展的规律。

媒介要不要变革，变革所涉及的目标、措施、程序，这些当然由媒介决策者的意愿决定，但变革的成败却不以人的意志为转移，而是由社会生态环境所决定的。以中国共产党领导的三次新闻改革为例。1942年4月1日，以延安《解放日报》社论《致读者》为标志开始了第一次新闻改革。为什么要改革呢？因为当时的办报人员不从实际出发，基本上沿袭当时国统区办报模式。为此，毛泽东和党中央反复强调反对主观主义，反对本本主义，坚持一切从实际出发。经过几年的努力，逐步形成了我党办报的指导思想和适合当时抗日根据地（后来是解放区）的办报路子，比如，全党办报，群众办报，坚持以抗日根据地新闻为主，大树典型，等等。1956年7月1日，以《人民日报》社论《致读者》为标志开始了第二次新闻改革。这次新闻改革的原因是新闻媒介沿袭革命战争年代的办报模式，难以适应社会主义建设时期的新环境。但是良好的主观愿望并未取得预期目标，改革中途夭折。许多人把第二次新闻改革的失败归因于政治，即反右斗争。但导致失败的真正原因是新闻改革在一定程度上不从中国当时的特定国情出发。1956年正是中国实施第一个五年计划的高潮时期。计划经济要求的是思想和行动的高度统一和集中。然而,在新闻改革过程中不少学者和报人却主张新闻媒介要展开自由讨论,要求多元意见的公开表达,要求公开传播各种各样的新闻。这显然和计划经济背道而驰。当然,这批学者和报人被打成右派分子,是反右扩大化的错误。1979 年在党的十一届三中全会鼓舞下所展开的第三次新闻改革,在初期阶段的许多观点和第二次新闻改革几乎如出一辙,但第三次新闻改革却取得阶段性成果。为什么呢?因为第三次新闻改革与经济体制改革结伴而行,适应了经济体制的要求。比如,在 20 世纪 80 年代新闻媒介引入"信息概念",90 年代提出新闻媒介具有双重属性,和当时的经济体制改革的要求是相辅相成的。

"适者生存",自然界是这样,人类社会也是这样。新闻媒介的一切变革必须从国家的实际国情出发,从当时当地的实际出发。一切脱离实际的变革,不管有多好的主观愿望都将归于失败。

4. 决定新闻媒介的运作模式和操作方式

1997 年,上海《解放日报》创办了一份周报《申江服务导报》。这份报纸以消闲、服务为主,针对城市白领群体——坐办公室、从事第三产业的年轻人。不到 5 年,发行量达到 50 万份,广告收入过亿元。不久上海崛起一批白领报刊,有《申江服务导报》《上海壹周》《上海星期三》三份周报,有《世界服饰》《时尚》等杂志,引领上海报刊新潮,而且都很成功。白领是一批高学历、高收入、高消费的群体,是广告客户的黄金消费群。广告客户不惜重金打造广告,从而使白领报刊赢利丰厚。一时间,全国各地媒体纷至沓来到上海取经,不少媒体服务对象都转向白领,但遗憾的是,真正成功的并不多,失败的案例却不少。为什么呢?上海的经济发展以"三(产业)二(产业)一(产业)"为序,大力扶植第三产业,这就造就了一大批白领。据保守统计,上海的白领和准白领达到 200 万人,这就足以支撑起白领报刊,而且上海白领群体特点是追求时尚,舍得花钱买高档的个人消费品和旅游。这一特征在全国除北京以外是独一无二的。有些城市,人口有几百万,但真正的白领才一二十万,办一份白领报,能有多少读者?所以,除北京以外,全国各地"克隆"上海的白领报刊就难以成功。

白领报刊在中国各地的不同遭遇告诉我们:不同区域有不同的社会结构、不同的文化传统,即不同的社会生态环境,新闻媒介的运作模式和操作方法，包括受众定位、内容设计、版面安排、广告来源直到行文风格，都必须从当时当地特定环境出发。

5. 决定媒介的行业规范、职业理念和运作方式

媒介作为大众传播工具，它的理念与规范具有相当程度的共通性，如真实性原则与客观性原则。但处在不同社会环境中的媒介，在基本的规范、理念及运作方面也存在着相当大的差异。比如对新闻价值的认知，发展中国家与发达国家之间就存在很大差别。发展中国家的媒介多以维护社会秩序、促进国家发展为己任，因此认为"好新闻"具有较大的新闻价值，报道多以正面肯定为主；而发达国家认为舆论监督是媒介的重要职能，由此报道多反映社会冲突与变化，"坏新闻"的新闻价值就被凸显出来了。当然，媒介并非总是被动地受制于环境，它同时对环境产生巨大的反作用力。

二、媒介系统在社会系统中的作用

媒介作为新闻传播工具，属于社会信息系统，这是媒介系统在总系统中的基本定位。它的主要资源是信息，主要功能是收集信息、处理信息和传播信息。以此为出发点，媒介系统在社会系统中的作用主要表现在以下几方面。

1. 开发和利用社会信息资源

这是媒介在社会总系统中的基本作用。新闻媒介的主要功能就是新闻信息的开发和利用，主要体现在三个环节。

第一步，收集信息。媒介从业者通过采访将信息汇总至新闻机构。收集信息的基本要旨是全面和准确，尤其不能遗漏社会重大信息。

第二步，制作信息。媒介从业者对收集来的信息进行加工和处理，生产出信息制成品，供媒介传播使用。

第三步，发布信息。媒介从业者通过媒介将制作好的信息传播出去。前两个环节是新闻产品的生产环节，这一环节则是新闻产品的流通环节。在市场经济条件下，产品的流通对最终实现产品价值也是非常重要的。这一环节的要旨是迅速和有效。

总的来说，媒介对信息开发和利用的宗旨是：充分满足社会的信息需求。媒介的一切运作都应该以此为出发点。因此，传播信息是媒介最基本的职能。媒介的其他功能都是在此基础上派生的。这是媒介系统

在总系统中的立足之本,也决定了与其他子系统的关系与互动方式。

2. 实现社会系统总目标

社会总目标是由不同方面的目标集合而成的,其中包括：群体目标、组织目标、个人目标、社会其他系统的目标等。媒介系统作为社会子系统,必须为社会总目标服务：媒介系统是现存社会制度的一部分,它是维护既有社会秩序的。这实际上是媒介系统存在的一个前提条件。任何一种社会制度都会有意识地采用各种方式将媒介系统纳入自身的体系之中。媒介可能对社会制度的局部形成冲击或提出质疑,但不可能公开对抗整个社会制度。在社会处于相对稳定时期尤其如此。当然,在某些非常时期,媒介可能包含反抗现存社会制度的因素。

媒介系统维护社会主流意识形态,并通过自身的活动将其传播给大众。当然,并非媒介的每一次新闻报道都直接体现主流意识形态,但从整体而言,媒介的观念及活动不可能脱离主流意识形态的影响与制约。虽然媒介奉行客观中立的原则,但实际上不可能对所有意识形态都给予同等的传播机会。从总体上说,大众传媒是一种主流传媒,在其中起主导作用的必然是主流意识形态。

以媒介与现代化的关系而言,大众媒介又是促进社会进步和国家发展,促进现代化的必要工具之一。

大众传媒在国家发展中的主要作用包括三项：媒介可以提供有关国家发展的信息;媒介的报道和反馈功能,使大众有机会参与国家决策;媒介能传授国家发展所必需的技能。尽管这些功能不能完全实现,但媒介是促进现代化的因素之一,是没有疑问的。

因此,在充分认识媒介系统是维持既有社会秩序的力量的同时,也应看到媒介是促成社会变迁的力量。实际上,社会秩序并非是一成不变的,而是处在不断变化中,媒介在其中既有保守的一面,有时也体现出革命性。

3. 实现个人的社会化

每个人从生物个体成长为一个社会成员,参与社会生活,必须学习、了解以往社会积累中的经验、知识、技能、规范等,适应不同时期社会的变化,发展自己的社会性,即实现个人的社会化。媒介在个人社会化的作用方面主要体现在——

(1) 理解。理解自我：媒介提供信息帮助个人认识和理解自身。在现代社会,媒介是个人社会化的重要机构之一。理解社会：媒介将社会的真实情况告知个人,并帮助个人处理外界信息,以加深对社会的理解。

(2) 导向。行动导向: 媒介不仅能帮助个人了解社会,还能帮助个人做出行动决策。媒介是个人行动的导向之一,媒介导向有时是直接的,媒介传播的观念直接告诉受众如何行动;有时又是间接的,个人依据媒介传播的信息决定采取某种行动。互动导向: 媒介传播帮助个人协调与他人的互动,个人可能依赖媒介的内容处理人际关系。

(3) 娱乐。单独娱乐: 个人单独接触媒介以获得娱乐。如单独读报纸、听广播、看电视等。单独娱乐方式的效果基本是单一的,主要是为了个人的消遣。社交娱乐: 多人一起接触媒介以获得娱乐。这样的方式除娱乐外,还有一种重要功能——社交。在媒介发达的现代社会,媒介已成为人们进行社交的重要工具。

4. 促进社会整合

根据社会有机论的观点,社会机体各个组成部分是相互关联的,在其保持平衡状态时,社会呈现出一种平衡状态,社会秩序得以维持。但社会并不是总能保持这种状态,各个部分之间可能会出现冲突。最为常见的就是社会各个利益集团的冲突。无论是何种状态,社会整合都是必需的。社会必须通过某些中介机构将社会各个部分联系在一起,协调它们之间的利益关系,使得它们在同一社会系统之中共处,以维持社会系统的现行模式。

社会分工是现代社会整合机制的关键,而从人类社会的历史发展来看,社会分工是越来越细致了,自资本主义工业化以来,社会分工的精细与专门程度都达到了一种极致。在工业社会甚至是后工业社会,极端细致的分工,一方面使得社会各个部分彼此信赖加剧,另一方面又导致了社会离心力的增加。传统的中介机构正日趋衰微,而大众媒介正在成为强有力的中介机构,发挥着越来越重要的整合作用。现代社会结构的复杂性,使得社会需要一种在全社会范围之内交流与沟通的整合工具,大众媒介无疑是非常恰当的一种中介机构。它与传统的人际传播和群体传播相比,传播的速度、质量和数量都有极大的提高,这无疑契合了现代社会的整合需求。

社会出现了不同的利益组合,并经常会出现不同利益集团之间的冲突。在实行代议制民主制的社会中,大众媒介成为一种必要的工具。大众媒介传播的大众化特征,使得它成为社会整合的最佳工具之一。它能最有效地进行政府与民众以及民众之间的沟通。一方面,政府可利用媒介传播主流价值观念,制造有利于自身的舆论,协调各个利益集团之间的关系;另一方面,公民可利用媒介间接地参与国家事务与政府决策。

在现代社会,大众传媒整合作用主要表现在两个方面。

一是提供全社会共享的价值观念。一个社会的维持,仅靠武力是不可能的,必须有统一的价值观念。社会许多中介机构都或多或少地发挥着此种作用。大众传媒的优势在于传播的广泛性和无所不在的渗透力。大众媒介不仅可以传播主流价值观念,使之达到全社会的共享,还可以利用媒介运作,构建出某些促进社会发展的价值观念,并将其纳入主流价值观念的范畴。

二是协调社会各个利益集团以求平衡。从这个意义上说,各个利益集团都有权使用大众媒介这个工具为自身的利益服务,包括知晓权、表达权等。

总的来看,一方面,媒介的产生和发展受制于整个社会系统,另一方面,作为社会总系统的一个有机组成部分,在与社会各系统的互动中,媒介又扮演着日益重要的角色。而当代社会已进入信息社会,从某种意义上说,信息已成为推进社会发展的主要动力,社会各行各业的发展都离不开信息的开发和使用。媒介作为社会主要信息系统,对社会各个方面的渗透也更加深入了。

三、当代中国传媒业新的生态环境

进入 21 世纪以来,中国的发展,世界的变化,使中国传媒业在一个新的生态环境中运作。对中国传媒业具有重大影响的环境因素除了互联网,主要有三方面。

1. 全球化时代

全球化步伐在 21 世纪以后加快了,尤其是中国加入世界贸易组织(WTO)以后,中国加速融入全球经济。全球化意味着“在我们星球上发生的事情失去了地域的局限,所有发现,所有胜利与失败都与整个世界息息相关”[①]。2007 年开始的美国次贷危机,最后酿成金融危机风

---

① [德] 乌尔里希·贝克:《什么是全球化》,德国祖尔卡姆出版社 1997 年版,第 30 页。

暴，波及世界角角落落，让我们真切地感受到全球化带来的“蝴蝶效应”。

在全球化时代，传媒尤其号称第四媒体的互联网扮演着关键角色。因为，“全球化的基础就是信息”①。在全球化时代从事信息传播，需要有国际视野，不能仅仅局限于一个区域，甚至仅仅局限在中国。随着中国国力增强，中国在国际上影响力增长，中国与世界各国互动的频度加快，力度加重，深度加厚，报道国内事务要有国际视角，而不能仅仅考虑国内需要；报道国际事务要有国家利益考量，而不能人云亦云。

而在全球化时代，信息传播最基本的问题是话语权的争夺。为维护全球化的秩序，在许多领域，必须有全球共同遵守的规则，从而迫使各国和世界接轨，迫使许多国家在某些问题上做出妥协、让步，甚至是牺牲某些利益。但这不意味着各国甘心情愿地放弃国家核心利益或根本利益。恰恰相反，全球化时代“把竞争两个字写得很大，把团结互助几个字写得很小”②，各国为维护、捍卫本国利益在世界舞台上展开更激烈的争斗。这种争斗势必在媒体上呈现出来。

自诩美国公众“看门狗”的美国新闻界，在国际传播中却是不折不扣的美国政府“看门狗”，在推行美国对外政策过程中与美国政府亦步亦趋，在捍卫美国利益时寸土必争。在冷战时代，传媒业成为两大阵营意识形态领域攻防的武器；在全球化时代，传媒业则成为各国捍卫、争取国家利益的攻防武器。2008 年 6 月 20 日在考察人民日报社时，胡锦涛总书记一针见血地指明：当前世界范围内“新闻舆论领域的斗争更趋激烈、更趋复杂”③。

这种新闻舆论领域交锋不断的背后是国家利益之争、意识形态之争，关键是对话语权的争夺。中国的传媒业在全球化时代，不可避免地在世界范围内和各国展开竞争以捍卫国家利益。而且，随着全球化不断深化，中国国力不断强盛，传媒业的责任将更加沉重。可以说，没有具备国际影响力的媒体，不可能拥有具备国际影响力的跨国企业；没有强大的传媒业，不可能成为世界强国。

---

① ［英］拉尔夫·达伦多夫：《向前展望：全球化的机会与风险》，载《国际政治研究》2005 年第 2 期。

② ［英］拉尔夫·达伦多夫：《论全球化》，贝克主编：《世界社会的前景》，祖尔卡姆出版社 1998 年版，转引自张世鹏：《什么是全球化》，载《欧洲》2000 年第 1 期。

③ 胡锦涛：《在人民日报社考察工作时的讲话》，载《人民日报》2008 年 6 月 21 日。

毋庸讳言,当今世界,“西强我弱”的国际舆论格局还没有根本改变,在许多国际重大事件中,我们还没有实力与西方传媒业争夺话语权。但至少在关于中国事务的报道中,我们应该而且有能力夺取话语权,问题就在于我们如何操作。我们且看 2008 年“3・14”事件和“5・12”汶川大地震报道的对比。

“3・14”事件是西藏地区一小撮藏人在达赖集团教唆下发起的有预谋、有组织的打砸抢事件,意在制造事端、破坏奥运、图谋西藏“独立”,罪证确凿。但中国传媒业除 3 月 15 日中央电视台在《新闻联播》有一条短讯,次日新华网以“拉萨电”发一则消息外,在之后的 7 天时间里中国传媒业对此事件全部沉默无语。而此时西方媒体则开动全部舆论制造机器,或胡编乱造、或移花接木,把“3・14”事件演绎成了“藏人和平情愿,中共血腥镇压”的悲壮剧幕,而且造成国际舆论一边倒地指责中国政府。我们完全有理由谴责西方媒体的失真、失德行为。但反躬自问,我们可以禁止国内传媒业擅自报道“3・14”事件,但我们可以要求世界各国的传媒业吗? 我们自己不主动提供真实的信息,那只能看着谎言满天飞。我们的失语把话语权拱手让人了!

“5・12”汶川大地震发生后,国际对华舆论大变,包括大多数西方媒体在内几乎一边倒地同情、支持中国抗灾赈灾,大声赞扬中国政府及时、有力、有效的组织工作。无他,只因中国的传媒业掌握了“5・12”赈灾报道的主导权、话语权。地震一发生,新华社、中央电视台等中央级媒体变“及时上报”为“即时上报”①,大批记者深入现场,在第一时间向全国、全世界发出地震现场的报道。以央视国际频道的节目信号为例,“被海外媒体广泛采用,到 5 月 14 日,共计 113 个国家和地区的 298 家电视台机构转播或部分使用了中央电视台中文国际频道、英语频道、法语频道和西班牙语频道节目的信号。CNN、BBC 这样的国际大媒体也大部分引用新华社、中央电视台、四川电视台等相关国内媒体的报道”②。一时间世界响彻中国的声音。

---

① 包军昊、石岩:《这次“即时播报”,以前是“及时上报”》,载《南方周末》2008 年 5 月 22 日。

② 龚文庠:《国际形象的建构: 从央视四川地震报道谈起》,梁晓涛主编:《震撼: 媒体回想——5・12 汶川大地震备忘》,中国民主法制出版社 2008 年版,第 66 页,由研究者根据相关资料、数据整理。

2. 高风险社会

1986年,德国社会学家乌尔里希·贝克提出了全球进入风险社会的警示。风险社会“作为一个概念,并不是历史分期意义上的,也不是某个具体社会和国家的历史阶段,而是对目前人类所处时代特征的形象描绘”①。风险也不是具体发生的灾难,而仅仅是一个状态,是悬在人们头上的达摩克利斯之剑,让人们心存恐惧,时时在提心吊胆的状态中生活,“在风险社会中,不明白和无法预测的后果成为历史和社会的主宰力量”②。

无论化解社会风险,还是当灾难发生时减轻损失,传媒都有不可或缺的作用。传媒发布及时、准确的信息,可以有效消除人们的恐慌;当灾难来临时,它可以进行广泛的社会动员。在2008年的汶川大地震中,我们的媒体全力以赴,实时报道地震发生和震区实情,全国人民万众一心,共同抗灾,对夺取抗灾胜利发挥了不可替代的巨大作用。

传媒可以化解风险,但传媒本身也可能是个风险源,甚至会人为制造灾难。就以食品安全为例,这几年来,我们媒体先后报道了假酒、毒米、地沟油、假奶粉、瘦肉精、禽流感、苏丹红、毒蔬菜等等,似乎凡人们日常食用的一切都有假、有毒、有害,无形中造成“我们还能吃什么”的恐慌心理。比如“四川广元柑橘遭遇大实蝇事件”,就出现“四川长虫子,全国吃药”的情况,全国各地果农普遍受损。究其原因,人们因缺乏真实、全面的信息而产生了普遍性恐慌。

在风险社会中,我们既要及时发布准确信息,帮助公众明确风险,预防风险,同时又要把握好度,防止制造新的风险。

3. 多元社会

在社会主义市场经济逐步取代计划经济以后,利益格局在逐步改变,区域利益、行业利益、单位利益、个人利益,不同利益群体逐渐冒头。市场经济承认并且保护这些合法的利益群体。不同利益群体要维护他们的自身利益,就要公开表达他们的意见,这样就出现了社会的多元诉求。

但是,我们必须看到,任何一个国家要想稳定和发展,必须要有主流价值观,保持政令畅通。国家的基本国策、基本原则、基本指导思想

---

① 杨雪冬:《风险社会理论评述》,载《国家行政学院学报》2005年第1期。

② [德]乌尔里希·贝克:《风险社会》,何博闻译,译林出版社2008年版,第20页。

是国之根本,是容不得挑战的。这就是国家的一元要求。我国的传媒作为党和政府的喉舌,必须以宣传党和国家的一元要求为自己的责任。

在一个多元社会里,我们既需要宣传国家一元要求,又需要有多元意见充分表达,两者不可偏废。如果只有多元意见充分表达而缺少一元要求宣传,那可能出现“主旋律不明,噪音四起”的混沌局面;但如果只有一元要求宣传,不让多元意见表达,那将重回改革开放前舆论一律的旧格局。

第二节　大众传媒与政治

政治对大众媒介的影响是多方面的,集中体现于政治制度对新闻体制的影响。

新闻体制中起决定性作用的是媒介的所有制。如前所述,迄今为止,在世界范围内,媒介所有制主要有三种形式,即国有制、私有制、公有制。

新闻体制的焦点问题之一是媒介、政府以及公众三者之间的关系。而这一关系的基本面貌是由政治体制决定的,新闻体制只是将其明确地体现出来。在实行资本主义制度的社会中,媒介大多实行私有制,媒介相对独立于政府,并通过市场为公众服务,公众有合法权利接近并使用媒介。媒介的主要社会责任是为公众提供信息服务以及对社会权力进行监督,这通常是媒介代表公众舆论监督政府。这完全体现了资本主义政治制度所赖以生存的基础——自由与民主理念,以及权力制衡、个人至上的原则,这也是与由此派生的政治制度相吻合的。而在实行社会主义制度的社会中,媒介大多实行国有制,大众媒介运作基本前提是维护社会的稳定,因此多与政府保持一致,力图在政府与公众之间建立沟通的桥梁与纽带。

如果说政治体制对新闻体制的制约与规定是相对宏观的,那么,政治活动则是以无处不在、无时不有、具体而微的方式渗透在新闻传播中。

大众媒介是整个社会的信息系统,社会各个领域都有利用媒介谋求自身利益的需求,政治也不例外。从历史上看,政治活动与大众媒介有着非常密切的联系。在当前,尽管政治活动影响媒介的方式有所变化,但其实质依然没有变化。这种影响表现在政治利用媒介进行宣传。无论在何种社会背景中,政治活动都必须将大众媒介作为最重要的宣传工具。在当代社会,政治活动借助人际传播和群体传播的机会相对减少了,而更多地采用大众传播。在大多数情况下,政治家不再直接向民众宣传,而是利用媒介间接接触民众,宣传自己的政治主张。由于政治系统是社会权力的主要掌握者,政治对媒介的利用比其他的个人、团体或行业处于更加有利的位置。在当今世界上的各个国家,政治活动对媒介的渗透都是异常强大的(尽管方式不尽相同),能与之比肩的唯有经济。政府的政治活动对大众媒介的利用主要包括——

(1) 发布政治信息。政治一直是媒介报道的主要内容之一,无论是严肃的媒介还是通俗的媒介,都对政治人物和政治事件给予极大的关注,这既是受众需求,也是政治影响力的强大表现。政府成为现代新闻业最主要的消息来源。政府将大众媒介视为发布信息的主要手段。

(2) 宣传政治主张。政府要经常就政府立场和政治决策向公众做出解释和说明,以取得公众的理解、支持与信任。这不但能保证政策顺利贯彻、实施,更有维持政权稳定的意义。

(3) 塑造政府和政治人物形象。政府和政治人物的形象即他们在公众中的信任度,对于推行政府的施政纲领,对于政局、社会的稳定都具有重要意义。在西方社会中,政治人物的形象在各种各样的选举中具有举足轻重的影响。利用甚至暗中操纵媒体,这是塑造政府和政治人物形象的最直接最有效的手段。西方一些学者把现代选举称为“电视竞选”“显像管民主”,因为电视的出现让竞选者的形象直接呈现在千千万万的选民面前。在竞选中,候选人的形象比竞选纲领更重要。他们在电视上亮相,一举手一投足都给选民留下印象,决定选票的投向。

(4) 进行舆论导向。在现代社会,大众媒介是强大的舆论工具,不仅可以反映舆论,还有可能左右舆论。政府会尽可能地利用媒介将舆论引导至有利于自身的方向,甚至不惜制造舆论以配合政府的重大决策。这在当代社会已司空见惯。

除此之外,一些非制度化的、非常规性的政治活动也可能对媒介产生重大影响。比如政府官员个人与媒介的交往。政府要人与新闻媒介的关系也在某种程度上影响媒介。比如历届美国总统对媒介的个人态度大不相同,这在一定程度上也对媒介产生了不同的影响。罗斯福总统虽然有精明能干的新闻发言人,但他更愿意亲自向媒介发布新闻,在任期间举行过1 000多次记者招待会,颇得媒介好感,在民众中威信较高。而卡特则标榜"民意总统",企图摆脱华盛顿政治圈和新闻媒介的束缚,直接同民众接触,致使政府同媒介的关系跌入低谷,以至于影响了政事。演员出身的里根有良好的表演才能和幽默感,"媒介形象"颇佳,尽管备受"伊朗门"事件的困扰,但由于掌握了宣传舆论上的主动,从而避免了致命的伤害。政界要人与媒介从业者的私交也会对媒介产生影响。美国著名报刊专栏作家李普曼一生与政界交往密切,他撰写的政论对许多重大国家事务产生影响,同时,美国政府包括总统个人也通过他间接地宣传政治主张。

综上所述,政治活动对新闻传播的影响主要表现为:政界(主要是政府部门)通过持续不断的新闻发布活动,使自己成为媒介最重要的新闻来源之一;政府将媒介作为向公众传达自身观念和主张的工具;政府通过操纵媒介引导和控制社会舆论。

与一切社会系统的互动关系一样,大众传媒既受到社会政治的影响和制约,从另一个层面上来说,它又以自己的功能和特性影响社会政治的发展过程,并发挥着一定的社会政治作用。在现代民主政治中,新闻媒介已成为重要的中介机构,其作用主要体现在以下几个方面。

1. 维护政治权力的合法性

一种政治制度建立起来以后,政治权力必须取得它的社会合法性才能够稳固。亚里士多德因此说,"权威"或"统治"就是人们承认的能力(有时是违背他人意愿的),那么,权威就是合法的权力。而权威的反面是非法的权力——强制。非法的权力不可能长期维持一个政府的稳定,在现代社会尤其如此,它必须依靠合法的权力,即权威。

权威的存在对任何一个社会而言都是有必要的。它既具有分配权利的实际领导作用,更具有统一人们的观念、凝聚社会精神的作用。在现代社会,暴力的强制性的手段日渐失效,权威的精神功用愈发显得有效。

大众媒介维护政治权力合法性的主要手段是传播统治阶级的意识形态。从古到今,任何一个社会里,占统治地位的思想始终是统治阶级的思想,掌握着生产资料的阶级必须以控制社会的思想来保证自己对社会的统治。任何一个统治阶级为了维护自身统治,除依靠暴力镇压一切反抗,用法律手段、行政手段制裁一切有害于他们的统治行为外,还必须把自己的思想推广到全社会去，被其他阶级的人所接受。如果统治阶级不能在思想上战胜敌对阶级的思想，那么就始终不能稳定，统治也就岌岌可危了。思想上的混乱必然导致社会的动荡，思想上的尖锐对立必然导致社会冲突。

马克思、恩格斯在《德意志意识形态》中指出：资产阶级不同于先前的统治阶级，他们不再诉诸传统方式（如暴力）获取合法性，而是更加注重意识形态的灌输。西方法兰克福学派经过长期研究发现，西方资本主义制度历经数百年而不衰，其中一个重要原因就在于资产阶级统治集团利用大众传媒把一整套资产阶级意识形态，诸如自由、民主、博爱、私有财产不可侵犯、个人主义等，普及到了全社会，成为整个资本主义的主流意识。毫无疑问，社会主义制度的巩固必须以社会主义的意识形态深入人心来保证。

2. 参与政治决策

政治参与就是公民或公民团体影响政府活动的行为。政治参与的主体是公民或公民团体，即非专业的政治从业者。

政治参与的方式可分为直接参与和间接参与两种，其中的差异在于，参与者介入政治过程中是否通过中介机构。而大众媒介就是一种非常重要的中介机构。公民或公民团体可以利用媒介来间接地参与影响政府的活动。比如，公民个人可以在大众媒介上发表对当前政局的看法，并提出相应的建议；公民团体也可通过大众媒介宣传自己的主张，呼吁政府制定有利于自身的政策。

政治参与最主要、最直接的一个目的是参与政治决策。大众媒介参与政治决策主要通过两种方式实现：沟通信息和影响舆论。

在现代社会，大众媒介成为人们认识客观世界的重要工具。大众媒介的首要社会功能就是监视环境，虽然媒介以真实、客观作为传播新闻的基本准则，但不可否认的是，大众媒介不可能达到完全的客观，媒介所反映的现实与客观环境之间总是存在无法弥合的差距。而大众媒介作为整个社会的信息系统，以其无与伦比的传播量和覆盖面而成为人们认识客观环境最主要的工具。面对日益复杂的环境，人们亲身参与的机会和可能性越来越少，而更多地信赖大众媒介。无论是直接决策者还是间接决策者，都或多或少地受到大众媒介的影响，尤其是非专业的公民及团体。因此，大众媒介参与政治决策首先表现在：通过提供对客观世界的报道，影响人们对客观环境的判断。其中，媒介传播的信息量的多少以及重要程度是最为主要的两个变量。

公民参与政治决策的基本条件是对有关问题的了解,这包括对社会整体利益、集团利益和个人利益的认识,有长远和短期两个方面。如果对所有这一切皆很盲目,就不可能有效地参与决策。因此,大众媒介在此方面是否能提供充分、全面的信息,使人们对此不至于有很大的隔膜,就显得特别重要。如果信息不足会造成政治系统成员对所处环境的不确定性增加,对政治系统的信任感降低,政治参与和满足感减退,工作效率和品质低下。

大众媒介不仅可以影响人们获知的信息量,还可以决定人们对信息重要程度的判断。传播学研究证明,大众媒介具有"议题设置"的功能。人们根据信息在媒介中所占据的位置来判断它的重要性,也就是说,大众媒介突出报道某些信息,人们就倾向于认为它们是重要的。大众媒介并不直接影响受众的判断,它只设置了议题,便轻而易举地突出了信息在受众心目中的位置。大众媒介的"议题设置"功能使得某些信息凸显出来,改变了客观世界的本来面貌,从而影响了人们对时事的判断,进而改变了政治决策。

大众媒介还能够通过舆论来影响政治决策。因为大众媒介对舆论有引导作用,所以公民个人或团体都可以利用媒介鼓吹自己的政治主张,阐明自身的利益,并努力使政治决策符合自己的意图。比如,社会各种利益集团总是自觉或是不自觉地维护本集团的利益,他们进行政治参与的主要目的就是为了实现自身特殊的利益,他们通常采用直接和间接两种方式对政治施加压力和影响。其中影响公众舆论是间接参与的主要方式,这主要是利用大众媒介来完成的。利益集团在社会公众中的声望,决定了他们干预政府决策的作用大小。利益集团借助媒介持续不断地宣传自己的政治主张,以唤起公众的关注和认同,为他们的主张进入政治程序作舆论准备,进而对政府决策施加影响。

3. 塑造政治文化

"政治文化是指关于政治体系或体系之内人们的态度、信仰和感知,也包括关于政治目标的知识和信息。"[①]政治文化直接关系到公众对于一个国家政治制度的认可程度,对于议政参政的热情程度,对自

---

① ［美］劳伦斯·迈耶等:《比较政治学——变化世界中的国家和理论》,罗飞等译,华夏出版社2001年版,第43页。

己与公共权利的关系，以及由此而确定的自身权利的认知度。一个国家政治民主所能实行的程度，政治目标能否顺利推进，政治改革的容忍程度最终取决于政治文化。而大众传媒在塑造政治文化中扮演着重要角色，或者说，大众传媒对政治的影响力相当程度上是通过塑造政治文化实行的。它不断阐述一个国家政治制度的合理性，澄清一个国家的政治目标，鼓励大众参政议政，唤起大众的政治意识和政治热情。

4. 进行舆论监督

自从直接民主为间接民主所取代，代议制成为现代政治的主要方式，权力的监督就显得格外重要。由于人民并不直接掌握权力，而是将权力委托给他们选举出来的代表，所以监督就十分必要，因而间接民主便要求有一整套的监督机制。对权力的监督应包括：权力的产生过程、权力的运行状况和权力运用的结果。其中，权力执掌者是监督的中心环节，因为权力是由这些人来执行的。

在大众媒介产生的初期阶段，媒介常常是以公开舆论代表的身份出现的。媒介的监督之所以对政府有强大的压力，并不是媒介本身的力量，而是凭借公众的影响。也就是说，大众媒介在实施舆论监督时扮演了一个中介的角色。它将公众的监督传达给政府，同时也将政府的所作所为呈现给公众，以使政府接受公众的监督。如果失去公众的支持，大众媒介的监督作用就不再有效。当然，这并不意味着媒介在其中无所作用，只是充当被动的传声筒。大众媒介具有相当大的能动性。它不只能反映舆论，还能影响、引导甚至制造舆论。特别值得关注的是，随着大众媒介力量的日益强大，这一中介机构的地位越来越显赫了。在某些时候，媒介本身就是一种不可忽视的舆论力量。

第三节　大众传媒与经济

一、现代经济对大众传媒的决定性影响

政治体制、经济体制以及经济发展水平、文化传统是决定大众传媒的体制、规模和运作方式的三大因素。在这三个决定因素中，经济是其

中最活跃、最具活力的。我们在第五章“新闻事业的产生”中讲述过资本主义的商品经济催生了新闻事业。在第七章“新闻事业的发展及其基本规律”里讲述过政治、经济体制决定了新闻体制,生产力水平决定新闻事业的发展水平,都说明了经济对大众传媒的决定性影响。现在,我们再来看看改革开放以来中国大众传媒的状况,可以更加清楚地了解现代经济对大众传媒的影响力。

从1978年年底党的十一届三中全会以后,中国开始了改革开放,同时,新闻改革也拉开了帷幕。

短短的40年时间,中国的大众传媒发生了举世公认的惊人变化。中国新闻改革的直接推动力就是经济体制的改革和经济的快速发展。从党的十一届三中全会开始,中国稳定地推动了经济体制的改革,从计划经济逐步地向社会主义市场经济过渡;党的十四大确定中国要建设社会主义市场经济体制以后,社会主义市场经济快速发展,由此进一步拉动了中国经济,也进一步推进了新闻改革。多年来的新闻改革,每一步都和经济息息相关。现代经济对于大众传媒的决定性影响主要体现在四方面。

1. 经济体制制约着大众传媒功能的发挥

尽管大众传媒有五大功能,但在计划经济的年代里,中国的大众传媒基本只发挥单一的宣传功能。这倒并非是因为从业人员认识不到大众传媒有传播信息等多种功能,而是社会缺乏对信息的有效需求。因为在计划经济体制下,国家对企事业单位的产供销、人财物都采取大包大揽的政策,即:国家对企事业下达生产计划,并按计划调拨生产要素资料;企事业按计划生产,然后由国家全部收购,再按计划分配到各商品供应点。在这样的体制内,信息对企事业基本没有作用。因为他们没有决策权,不可能依据信息做出任何反应。大众传媒所起的作用就是鼓动劳动者的生产热情,保质保量地完成或超额完成国家的计划指标。

而在社会主义市场经济条件下,情况发生了根本变化。企事业,不管是国有经济还是三资企业、私营企业、股份合作制企业,都是独立法人,自主经营、自负盈亏,在市场经济大浪中,优胜劣汰,它们必须收集各种各样的信息来自主决策,信息在相当程度上决定一个企事业的存亡兴衰。决策主体的多元化使社会对信息的有益需求大大增强。1994年的一项全国报纸读者调查表明,读者对新闻题材最感兴趣的前三位是：国内突发性事件，国内重大人事变动，国家政策和法令[①]。这说明，信息性内容已经超越宣传内容成为人们首选的读报目的。正是在这样的背景下，中国的大众传媒逐步进行功能转换，到20世纪90年代初期，"传播信息是大众传媒的第一功能"在中国新闻界达成共识。快速传递信息、扩大信息量成为各新闻媒介孜孜以求的目标，并以此从机构设置、栏目设计到新闻业务实行一系列改革。同时，信息及时、信息量大也成为各个新闻媒介争夺受众、扩大市场份额的最主要手段之一。

2. 经济体制决定着大众传媒的运作方式

在计划经济体制下，中国大众传媒的基本运行方式是以传者为中心，即从宣传者的需要出发来选择新闻、安排版面（节目）。其背景就因为当时的大众传媒基本依靠公费（政府财政拨款）办报（台），依靠公费订报，无须操心生存问题，只需按要求做好宣传。而在社会主义市场经济条件下，中国大众传播走向市场，必须争取到足够的受众才能生存下去。为争取受众从而为争取广告，新闻媒介展开了激烈的竞争。为争取受众，新闻媒介就必须满足受众的需要。作为党和政府的喉舌，中国的新闻媒介当然不可能一切从受众需要出发，但目前中国新闻媒介已经从以传者为中心逐步向受者为中心过渡，已是不争的现实。

3. 经济发展推动了大众传媒快速扩张

近40年间，随着经济快速发展，中国传媒业增长速度惊人。

（1）报纸。从1978年的186家到1996年就达2 163家[②]。这以后报业经过调整，2019年报纸尚有1 851家[③]。2020年，我国有20家日报入围世界日报发行量100强排行榜，从2002年开始，我国已连续成为全球日报发行第一大国。

（2）电视。目前全国共批准设立电视台159套，广播电视台2 214座，承载电视节目3 329套。全国电视转播发射台11 254座，有线电视网络线路415万公里，电视节目综合人口覆盖率为98.6%，已基本完成"村村通"工程，其中数字电视用户占有线电视用户比重达81.6%[④]。

（3）网络与新媒体。1994年4月20日中国被国际正式承认为真正拥有全功能Internet的国家。自此，网络与新媒体突飞猛进。2008

---

① 喻国明：《中国报业：面对结构性转换》，载《中国报刊月报》1998年第9期。

② 胡春磊：《中国报业年鉴（2004年）》，中华工商联合出版社2005年版，第40页。

③ 引自世界报业与新闻出版者协会发布的《2019年新闻出版产业分析报告》。

④ 参见国家统计局2014年度数据《广播电视事业发展情况》《广播电视技术情况》。

年，全球网民数量超过15亿，中国网民达2.5亿，超过美国，成为全球网络用户第一大国。自此，网络与新媒体突飞猛进。截至2020年6月，全球网民数量超过46.48亿，中国网民达9.4亿，成为全球网络用户第一大国。

（4）广告收入。1979年1月28日，上海《解放日报》率先恢复刊登商业广告，同日，上海电视台播出中国电视史上第一条商业广告。40年来，随着经济高速增长，广告同步高速增长，到2013年中国传媒业总收入达到12 689亿人民币，超过日本，首次位居世界第二位。

4. *经济发展为大众传媒的发展提供雄厚的物质力量*

这包括：通讯的发达为媒介提供快速传送信息的便利；交通的四通八达极大地方便了记者采访新闻和报刊的发送；科技发明以及制造业发达为大众传媒提供了最先进的采访、编辑、传送设备，尤其是卫星通信的发展可以使全国从中央到地方的电视台联成网络，使得全国各地的观众可以接收几十个频道的电视节目。这一切都是显而易见的。这里特别值得一提的是，经济的发展加速了中国城市化的进程。城市化是一个国家现代化的标志之一。从一定意义上讲，大众传媒是依赖城镇而生，信赖城镇而长，尤其是报纸，必须依托城镇的读者群。

二、大众传媒对经济的促进作用

以传播的术语讲，大众传媒具有监测环境、协调关系、传承文化等重要功能，而这几项功能对于促进社会经济的发展也意义重大。

由于生产和经济活动在现代社会中所具有的极端重要地位，任何个人、组织与社会必须不断地获得可能对其经济生活产生影响的任何信息，并且根据这些信息调整相应的筹划与行为。因此，大众传媒对于社会经济的促进功能首先表现为收集与发布经济信息，引导生产和消费。从威尼斯手抄小报刊载商品行情开始，随着社会生产的发展，收集和发布经济信息已经成为现代大众传播最为重要的日常实践之一。报纸有经济版，电台有经济台，电视台有专门的财经节目，出版社与杂志社印刷发行大量的经济类书籍与杂志，经济信息成了现代大众传媒的宠儿。

大众传媒对经济信息的收集与发布，主要以刊载经济新闻的形式实现。由于经济信息既可以涉及宏观的关于国家或者地区的经济政策与经济形势，又可以涉及微观的关于某种产品、市场或者企业的具体情形，因此经济新闻具有丰富多彩的内容与形式。从内容上，经济新闻可以细分为工业新闻、农业新闻、科技新闻、金融新闻和贸易新闻等，从体裁上经济新闻又可以划分为动态新闻、新闻评述等。由于经济新闻的特质是反映社会经济活动，因而现代经济新闻总的趋势表现为解释与分析性的加强。

事实上，许多学者认为，解释性报道作为一种文体的出现，就是针对社会生活和经济生活的复杂性及超出一般人的理解的艰深性。解释性报道最早出现于20世纪30年代的美国。当时美国公众普遍认为，日常的新闻报道既未能使其预见第一次世界大战的爆发，又未能使其对20世纪30年代美国经济的大萧条做好准备[①]。针对这种批评，美国新闻从业者抛弃了以往为达到"客观性"而在报道中严格分割"叙述者"和"评论者"的角色的做法，在报道复杂的社会与经济事务时开始注重提供背景和解说成果，以便更好地为人们的经济决策提供依据。

目前，世界范围内存在一批影响很大的专业性财经报纸与杂志，如美国的《华尔街日报》(*Wall Street Journal*)、《商业周刊》(*Business Week*)、《财富》(*Fortune*)和英国的《金融时报》(*Financial Times*)、《经济学人》(*The Economist*)、《远东经济评论》(*Far Eastern Economic Review*)等，这些媒体对于国内国际经济问题的报道和评论，历来为世界各国人士所关注。改革开放以来，我国也涌现出许多新兴的全国或地方性财经类媒体，如一批证券和计算机类报纸和杂志崛起，对于宣传和解释国家的经济方针和政策、提供相关信息与知识、促进发展社会主义市场经济起到了良好的作用。

大众传媒对于社会经济的促进功能同时表现为监督市场秩序，反映社会舆论，纠正经济生活中的不公正现象和其他偏差。

市场经济虽然形成了一整套的法律和制度，但正如1986年诺贝尔经济学奖获得者M. 布坎南认为的，"在任何交易过程中，参加者有一种作伪、欺诈、骗取和违约动机"[②]，尤其在社会经济转型时期，由于市场的游戏规则往往不够健全，上述动机很可能会得到强化，从而在经济生活中侵害其他经济主体的正当利益。大众传媒在这种时刻应该担负

---

① ［美］J. 福克斯：《一个国家的声音》，美国麦克米兰出版社1989年版，第411页。

② 何清涟：《经济学与人类关怀》，广东教育出版社1998年版，第254页。

起公众赋予的责任，行使监督职能，这是大众传媒促进社会经济健康发展的另一种形式。

在很多国家的大众传播发展史上，大众传媒的这种作用都得到体现。

19世纪80年代末到20世纪初，美国社会中的经济权力逐渐高度集中化。当社会财富日益掌握在洛克菲勒和摩根这样的财团手中时，“三分之二的男性成年工人每年工资不到600美元——社会学家根据当时生活水准制定的维持像样的生活所必需的最低工资数”①。一批记者和作家针对这种社会现象，撰写了大量揭露像美孚石油公司、纽约人寿保险公司等大企业托拉斯通过不正当竞争或欺骗手段聚敛财富的真相，这些“揭丑者”成为这一时期美国进步主义运动的先锋。

从1950年至1970年，日本经济实现高速发展的同时，生态环境严重遭到破坏，但企业资本家与政府联手掩盖事实真相，直到“熊本县水俣病”等四大公害事件被《北日本新闻》等披露。“公害报道”对于企业与政府形成强大压力，才最终使受害群众得到赔偿，日本政府成立了环境厅，制定并通过了“公害罪法”②。

在中国建立社会主义经济秩序的过程中，中国的大众媒介同样以稳妥、积极的方式推进社会经济的良性发展。例如，1997年至1998年以《南方周末》为代表的媒介对维护消费者权益的报道就引起了相当大的反响。

大众传媒对于社会经济的促进功能还表现为：刊登商业广告、激活或满足消费需求。

刊载或播出商业广告是目前大众传媒主要的收入来源，但这并不意味着商业广告仅仅维持了大众传媒的经济运营。事实上，商业广告对于现代社会经济的运作有着非常积极而重大的意义。

市场经济制度一般包括以下目标：较高的社会生产力和较低的生产成本；生产和生活必需品的生产与生产成果的公平分配；生产资源的优化配置；生产活动与闲暇的均衡。而现代商业广告对于实现市场经济制度的各种目标能起到明显的作用：商业广告可以增加商品销售量，促进集约化生产，最终使得生产成本降低而消费者得益；商业广告

---

① ［美］埃德温·埃默里、迈克尔·埃默里：《美国新闻史》，苏金琥等译，新华出版社1982年版，第347页。

② 张国良：《现代日本大众传播史》，学林出版社1992年版，第106—107页。

可以刺激各类商品增加,质量改善,从而创造更多投资和就业机会;商业广告还可以鼓励社会成员为获得更多商品和服务而努力工作。

进入20世纪后,依托电子媒介和高新技术,广告业的发展更为迅速,成为世界各国的重要经济增长点,在国民经济中所占比例亦不断上升。以近邻日本为例,1990年日本广告费总额达428亿元,占国民生产总值1%以上。

最后,大众传媒作为一种信息产业,其本身就是国民经济中不可或缺的组成部分,为本国创造大量利税,提供大批的就业机会。在美国,大众传媒在国民经济中位列第十大产业;在中国,大众传媒在国民经济中列第十五位。

在现代信息经济的浪潮中,在电子媒介产业崛起的新技术背景下,随着媒介产业所有权的不断高度集中,现代媒介产业向技术密集型和人才密集型产业转化,大量媒介产品的成功开发带动了消费市场,媒介产业成为现代各国的经济增长点。据统计,从1982年7月至1989年7月,美国道·琼斯股票价格平均每年上涨30.3%,而传媒企业股在这7年每年上涨66%①。现代传媒产业的势力日渐庞大,出现了跨国的媒介集团和"地球村巨头"。1989年时代公司和华纳公司合并后拥有180亿美元的资产,超过约旦、玻利维亚、尼加拉瓜、阿尔巴尼亚、老挝、利比亚和马里七国的国民生产总值之和,成为世界上最大的传媒公司。时隔11年,2000年1月10日,全球最大因特网服务商美国在线公司和时代华纳公司宣布合并,合并交易总额达1 840亿美元,合并后,公司年营业额将达到300亿美元,市值总额达到3 500亿美元,俨然成为当今媒体王国超级巨无霸,其潜在的超强的经济实力更为世人瞩目。

第四节　大众传媒与文化

在社会系统中,文化系统有着不可替代的功能。社会学家帕森斯认为,一个社会体系的维持在很大程度上信赖于共享的价值。"一套共同的价值模式与成员人格的内化需要——性格的结构整合是社会系

① ［美］艾尔达·海伯特:《大众传媒与社会》,风云论坛出版社1997年版,第954页。

统动力学的核心现象。除了稍纵即逝的互动过程外，任何社会系统的稳定都取决于这类整合的程度。”[①]而提供这一共同价值观念的正是社会系统中的文化体系。文化系统的主要功能是使社会的规范秩序合法化。

一、主流媒体呵护主流价值观

文化的核心是价值观。价值观涉及人们对是与非、利与弊、得与失、荣与辱、正与邪、重与轻的判断。从这个意义上讲，“价值正是作为人的活动的价值走向成熟而发挥其功能的”[②]。相对成熟的价值走向构成人们的意识中心，支配着人们的行为规范，确定每个人行为的稳定性、连续性和一致性。

任何一个国家的文化总是多元的，价值观同样也是多元的。在这当中，总有一种处于支配地位的价值观，称之为主流价值观（或称基本价值观）。“在每个特定的社会中都有基本的价值”[③]，其他的则处于胁从的或对立的状态。主流价值观反映出一个国家意识形态和社会道德的基本取向，反映出一个国家主流社会的基本意愿。一个国家主流价值观的彰显，表现出一个国家的社会稳定和有序，并将有力促进经济的发展。反之，一个国家主流价值观混乱，必然导致一个国家人心涣散，社会秩序混乱，也将严重阻碍经济发展。一个公正、公开、公平的市场经济能够建立在一个主流价值观混乱的社会生态环境之中，那是不可想象的。

套用一句老话，主流价值观的倡导和彰显是一个社会的系统工程，政策的导向、领导的身体力行、干部的选拔任命、奖罚的分明都对人们的价值取向具有重要的导向作用。但是，主流媒体——综合性的日报（指每日出版）、大的电台、电视台——在宣扬一个国家的主流价值观中具有无可代替的作用。在世界各国，主流媒体是主流价值观的支柱，是社会的共识。美国著名的社会学家赫伯特·甘斯从分析社会稳定和新闻媒体的关系来认识新闻传播的意义。他指出：“新闻本身不局限

① 于海：《西方社会思想史》，复旦大学出版社1995年版，第387页。
② 王锐生、陈荷清等：《社会哲学导论》，人民出版社1994年版，第281页。
③ ［美］戴维·波普诺：《社会学》，中国人民大学出版社1988年版，第108页。

于对真实的判断,它也包含着价值观,或者说,关于倾向性的声明。"[①]他还认为,在西方各国,新闻报道的基础是媒体认为国家和社会应该如何的图景,媒体不仅仅是在报道正在或已经发生的事实,还在或明或暗地提倡什么反对什么,以其理想的图景力推主流价值观。美国是一个号称自由民主的国家,代表不同利益集团的媒体在具体问题上可以各抒己见,甚至争得口沫横飞,但在基本价值观方面却表现出惊人的一致[②]。这是因为美国主流媒体在重大题材报道上的基本口径都唯《纽约时报》《华盛顿邮报》马首是瞻,跟着这两家大报的调子起舞。正是因为如此,在美国和西方其他国家,教会和大众传媒成为维护西方各国主流价值观的两大精神支柱。

主流媒体成为主流价值观的支柱还在于媒体的影响过程和人们的价值观的形成过程十分默契。人们的"价值观不是一夜之间形成的。它们是人们在日常行为中逐渐形成的,并不断地发生变化或得到增强"[③]。而从 20 世纪 70 年代开始,世界传媒学界对大众传媒的效果达成了共识:大众传媒对受众的影响是长期的、潜移默化的,即适度效果论或称宏观效果论。大众传媒通过每日每时、无处不在的传播网络影响着受众的情绪、情感、态度、思想和行为,当然也对他们的价值观产生影响。这既包括接连不断的新闻报道、评论,也包括在电影、戏剧、电视剧中鲜活的人物形象。

在中国,主流媒体除共有的持续长久、覆盖面广的性能外,还有一个显著的特点是在受众心目中的权威性,尽管近年来这种权威性有所减弱,但它依然存在着。受众还是习惯地把这些主流媒体当作"生活教科书",中学生们把这些媒体当作"第二课堂"。这种权威性在受众的心目中逐步成为价值取向的标杆,应该提倡什么,反对什么,在受众心目中很清楚。

在 2003 年春抗击"非典"斗争中,主流媒体高扬主流价值观的作用十分明显。媒介通过树立一个个鲜明的典型,把中国医务界"救死扶伤""恪尽职守"的精神生动地诠释出来,医生护士的形象从来没有

---

① H. J. Gans, "The Message Behind News", *Columbia Journalism Review*, 1979(1).

② 赫伯特·甘斯把主流价值观确认为 8 种,包括民族优越感、利他的民主、个人主义、秩序等;戴维·波普诺在《社会学》一书中把美国主流价值观概括为 8 种,包括民族主义和爱国主义、平等、自由、效率和实用观、个人成就等等。

③ [美] 戴维·波普诺:《社会学》,中国人民大学出版社 1988 年版,第 109 页。

像现在这样崇高过。与此同时，“万众一心、众志成城”“一方有难、八方支持”的民族团结精神，“邻里之间，守望相助，和衷共济”的新风尚以及良好的卫生习惯等都通过媒体的精心报道得到弘扬。所以，不少学者认为，这次“非典”造成我国经济上的暂时损失，却使我国的公共道德水准上了一个新台阶。这里主流媒体的大力倡导功不可没。

二、大众传媒是大众文化的最佳载体

在现代社会，文化的主要形态为大众文化，大众传媒是大众文化的最佳载体。

首先，大众传媒和大众文化的对象完全一致。大众文化作为一种文化形态，最根本的特点在于，它的对象再也不是局限在某一狭窄的社会阶层中（如贵族或是精英），而是基本失去了阶层差别的大众。以此为特征的大众文化不可能沿用传统文化的载体，它所要求的、适合自身的新型载体，必须有能真正为大众所享用的特点。大众传媒无疑正是这样一种媒介。大众传媒之前的媒介或是存在着垄断，如书籍局限在识字者的范围之内，而在传统社会中，识字者往往是少数，并持有特权维护自身的垄断；或是传播范围极为有限，如口头传播，虽然难以垄断，易于为大众掌握，但它又不可能在短时间内广泛传播。因此，它们都不能真正为大众享用。大众传媒对于人类传播的意义就在于，实质性地拓展了传播的范围，使之完全可以成为一个地区、国家，甚至全世界通用的媒介。大众传媒的革命性成就更表现在，它完全冲破了传播领域内的垄断局面，废除了传播活动中长期存在的等级制度（新闻传播在某一时期甚至成为国王特许的贵族特权的一种），使得大众能在毫无外在限制的条件下，自由地享用大众传媒。大众传媒的这一特点无疑为传播大众文化准备了最充分的条件。

其次，大众传媒的特性契合了大众文化的内容要求。大众文化从内容上讲有通俗易懂的特点，而且供给人们短暂消费，因此追求快速更迭，而不讲求经典性。大众文化的生命力和活跃性主要表现在不断变换花样，求新求变。究其根本，大众文化在内容方面的基本特征是易于普及，及时消费。这也正是大众传媒的特点。大众传媒传播的内容期望为大众所接受，因此偏好适合大众口味，能为最多的人理解、接受、欣赏的内容。而追求时效也是大众传媒的特点。在大众传媒的世界中，

"新"就意味着"好"。在大众的日常生活中,大众传媒的产品正是一种即时使用的消费品。电视文化因此被人们称作"快餐文化",电视这一时效性强、受众面广的大众传媒,最适宜传播"用完即弃"的大众文化。

最后,大众文化的形式多追求感官刺激,这也正是大众传媒的强项。大众传媒集合了历史上所有传媒的传播手段,如电影集合了多种艺术的特征,因此被称为综合艺术。电视更是史无前例地包罗万象。可以说,以视像刺激为主要手段,辅之以声音、文字、色彩等诸种手段的现代大众传媒,对人类感官形成的刺激相对于历史上任何一种传播来说,都是无与伦比的。

三、大众传媒对于文化的消极影响

大众传媒在大众文化的生产、促进方面具有决定性的影响力。当我们肯定大众传媒对于大众文化的积极影响时,不能忽略大众传媒对于文化的消极影响。

首先,大众传媒限制了受众选择文化的自由。大众传媒决定了大众参与文化活动的基本面貌。大众传媒的无孔不入,形成了大众文化传播的天罗地网。身处其中的大众,作为一个个渺小的个体,在其中并没有很多的自由选择的机会。从理论上讲,他们有自主权——"买或不买"。但实际上,铺天盖地的大众文化产品通过大众传媒的狂轰滥炸,他们的选择恐怕只剩下"买"了。实际情形是,虽然大众有很多的机会接触到传统高级文化,但他们被大众文化消费耗尽了空闲时间,实际上在不知不觉中失去了这种机会。有许多调查表明,在工业社会或后工业社会中成长起来的年轻一代,花费越来越多的时间消费大众文化产品:看电视、读漫画书、听流行音乐。而用于阅读经典文学作品、听古典音乐的时间越来越少。大众文化传播的极度自由,导致了大众在接触其他形式文化方面的不自由。大众传媒的特征使得它成为大众最容易接触又最为廉价的媒介,这使得大众传媒最大限度地限制大众的选择自由。一个最有力的证明是,尽管现代社会有五花八门、多种多样的文化样式,但在世界范围内,电视成了人们消磨空闲时间的头号媒介,电视对全球大众的影响力惊人地相似。电视给予人们充分选择的幌子,实际上制约了人们接触其他文化媒介的可能性。

其次,大众传媒削弱了文化的社会功能。传统文化包含的一个重要特征是,超越现实,给人提供一个理想性目标。因此传统文化必须包含不与现存社会秩序妥协的异端因素。正如美国传播学者马尔库塞所说,“高级文化借此构成现实的另一向度”①。艺术通过虚构手法来打破日常生活经验的合理性,向人们展示超越于现实的梦想世界,从而保护、激发人们的创造力和思想自由。这正是文化对人类而言弥足珍贵的作用。文化的这种否定性功能随着大众文化的产生而逐渐削弱乃至消失了。这种对传统高级文化中异端因素的清除,并不是以大众文化的内容代替高级文化的内容来实现的,而是将大众文化的传播方式与手段用于高级文化,从而将其中的异端观点现实化,将理想物质化。在这一过程中,大众媒介起到了至关重要的作用。马尔库塞这样描述这一颇为微妙的过程,“如果大众传播工具和谐地而且经常地不引人注意地把艺术、政治、宗教和哲学同广告节目混为一体,它就使得这些文化领域成为它们的公分母——商品形式。灵魂的音乐也是推销商品的音乐。计算的是交换价值,而不是真理价值。现状的合理性集中在这种交换价值上,而且一切异化的合理性都服从于它。由于竞选领袖和政治家在屏幕、广播和舞台上奢谈自由和实现抱负的伟大言词,这些言词变成为无意义的声音,只是在宣传、生意、训练和休息的语境里才有意义。这种理想与现实的同化证明着理想已经堕落的程度,它从灵魂、精神或内在的人的崇高领域坠落下来,转化为操作的术语和问题”②。由于大众文化取消了对现实的怀疑、排斥与超越,其中包含的社会变革因素也就是十分有限的了,从而有可能沦为一种保守的社会力量。

再次,大众传媒影响并控制大众的需求。人类需求可以分为两个层次:需要和欲求。需要是由人类的生物本能派生出来的,它是人类延续自我生产所必需的。欲求从生理层面进入了心理层面,因而是永无止境的。消费不再是手段,而成为一种目的。消费带给人们更多的是欲求的实现而非需要的满足。欲求和需要的最大区别是它的不确定性和无节制。人们在某一时期的欲求是变幻不定的,在很大程度上取决于社会的参照系。在如此情形下,大众传媒就成为决定人们欲求的一个重要因素。大众传媒通过传播左右人们的价值观念、世俗风尚、生活态度、行为准则,规定着人们的欲求。现代商业广告就是一个典型的

---

① [美] 赫伯特·马尔库塞:《单向度的人》,张峰等译,重庆出版社 1988 年版,第 49 页。

② 同上书,第 16 页。

例证。商业广告原本是沟通生产者与消费者双方的一种信息传播活动，主旨在于让消费者充分了解产品的有关信息以便于购买，但在人类需要趋于完全满足的情况下，广告的功能大大改变了。现代商业广告更注重推销的是一种“形象”而非具体商品，接受（购买）某种形象即是一种心理上的满足。准确地说，现代商业广告是在不断地为大众制造新的欲求，通过满足这些原本就不存在的欲求来达到牟利的目的。大众媒介的巨大社会影响力足以使这些制造出来的欲求瞬间成为社会欲求，个人为了得到社会的认同，不至于沦为时代的落伍者，就得将这外界强制性的欲求当作自我的个人欲求，真正的个人欲求反而被遗忘了，这便是马尔库塞所说的“虚假”欲求。在这一过程中，大众媒介通过传播大众文化，影响、控制了大众的欲求，成为抑制大众自主性发挥的重要因素。

最后，“文化帝国主义”现象也是现代大众文化传播中值得忧虑的现象。由于传播媒介在技术、规模、经济实力等方面的巨大差异，发达国家与发展中国家之间传播地位不相等，发达国家（尤其是美国）有意或无意地控制或极大地影响了发展中国家的媒介系统和文化生活，由此造成了发展中国家消极、被动的后果。

当然，虽然世界传播模式存在不均衡状态，但传播的基本前提仍是“自由”，传播者与接受者大都是自愿的。文化霸权的形成，除了一部分有意识的宣传外，有很多是处于无意识状态，其中最大的驱动力是商业原则。传播者并非蓄意以本国文化控制别国，只是在输出文化产品有利可图时，间接地实施了文化侵略。本来国家、地区、民族之间的文化交流无所谓“侵略”，但发达国家处于绝对优势地位，使流通变成了单向的：发达国家的大量文化产品倾销至发展中国家。发达国家不但向发展中国家输出文化制品，还同时输出硬件，即与大众媒介传播相关的技术与机械系统，并由此附带操纵者，即传媒从业人员的职业培训。这样就在输出西方传播技术的同时也输出了西方的传播观念。大众媒介的从业者在自己的国家变成了接受西方思想最多的人群之一。在发达国家的文化产品，如电影、电视剧、流行音乐、报纸、杂志等大量输入发展中国家时，其中包含的文化传统、价值观念、生活方式也随之输入。即使是意识形态色彩相对淡薄的纯粹娱乐性节目，也因有意无意间展示、倡导了西方社会的生活方式，而对发展中国家的人们，尤其是年轻人产生了重大影响。而近几年来的事实表明，不仅是发达国家对发展中国家,即使发达国家之间也存在着文化传播的不均衡现象。有资料表明,美国的文化产品有很多倾销在世界发达地区。美国的近邻加拿大就深受影响。加拿大95%的电影、93%的电视剧、75%的英语电视节目和80%的书刊市场主要为美国文化产品所控制。欧洲大陆的传统文化也承受着巨大的冲击。

针对上述信息交流的不平衡现象,许多国家采取了某些措施来处理这一类问题,最主要的是对外国文化传播某些方面的限制,如限制外国电影、电视剧在本地区的播出时间。除了此类限制性措施之外,还出现了一些补救性措施,包括:生产和交换传媒产品的地方性合作,从而把传媒活动建立在本国文化的牢固基础上;增加传媒产品的进口国家,使进口产品来源多样化,防止外国单一文化的垄断;组织本国各类有影响力的团体以协助大众媒介的工作。这些措施旨在将外国文化传播中可能存在的负面影响转化为正效果。

第五节　大众传媒与国际关系

现代新闻媒介作为整个社会信息传播系统中最强大的力量,从诞生之始,便自觉、不自觉地参与到包括国际事务在内的社会各领域的公共事务中,从而也就自觉、不自觉地参与、影响了国际关系。从这个意义上说,新闻媒介与国际关系存在着必然的、不可忽略的内在联系。因此,研究新闻媒介与社会总系统的互动,还必须注重研究新闻媒介在促进、改变国家间的政治、社会、经济等关系中所起的作用。

近些年中,“软实力”一词风行全球,相对于经济、科技、军事的“硬实力”而言,“软实力”的核心是文化。1990年,美国哈佛大学教授约瑟夫·奈首先提出“软实力”的概念,他认为,冷战以后,作为劝说力、吸引力和同化力的文化力量在国际政治中越来越重要,“软实力”构成国家综合国力的不可或缺的组成部分。“软实力”一般是指一个国家依靠政治制度的吸引力、文化价值的感召力和国民形象的亲和力释放出来的对世界的无形影响力。构成“软实力”有很多因素,而传媒业无疑是处于“软实力”的核心地位。从长期来看,传媒业对于塑造国家形象作用巨大,而发生重大突发性事件,传媒业争取国际舆论的作用更是无法取代。比如,尽管美国军队遍布全球,常常发动战争或成为冲突的主要一方,却基本上没有专家、媒体或极少有国家站出来提“美国威胁论”,这与美国政府利用媒体来打造形象有着密切关系①。美国每一次军事行动,所有传媒都密切配合,美联社的新闻稿、图片、电视片,CNN的直播,《纽约时报》的评论、专栏,等等,美国媒体发出新闻、言论像水银泻地般渗透到世界每个角落,美国的立场、观点铺天盖地般地把其他声音都压下去,美国“恐怖主义受害者”和“正义”的形象就树立起来了。

就新闻媒介影响和作用于国际关系的历史和现状来看,通常情况下,媒介的力量主要体现在以下几方面。

一、塑造国家形象

这是新闻传媒对外报道中最重要也是最长期的目标。国家形象是一个国家在其他国家公众中所获得的综合性的印象和评价,包括对其综合实力、社会制度、国家发展、国际地位等各方面的评判。一国的国家形象从根本上说,取决于该国的综合国力及其在国际事务中所扮演的角色、所起到的作用等;但从某种程度上讲,一国国家形象的好坏与传媒的长期报道作用于人们头脑中所形成的印象有很大的关系。因为人们要了解本国或他国情况形成自己的价值判断,必须掌握大量的相关信息,而大众传媒关于本国及他国情况的新闻报道无疑是人们最主要和最经常的信息渠道。因此也有人认为,国家形象在一定意义上可以说是由大众传媒有意或无意地、客观或非客观地“雕塑”出来的。

国家形象对一个国家在国际关系中的地位和作用有着非常重要的影响,也是一个国家在涉外交往中最大的无形资产,它往往关系到国家在国际交往中的声誉、影响力和吸引力。国家形象好,在处理与他国交往的相关国际事务中就容易赢得信任、支持,有更大的发言权,能取得主动;反之,则容易陷于被动。

正因为国家形象对一个国家的国际关系有着极其重大的意义,所以各国普遍非常重视媒介的国际传播:一方面,下大力气加强本国的

---

① 隗静:《美国威胁论为何很少听到》,载《环球时报》2007年1月17日。

对外传播,通过报刊、广播电视及新兴的因特网等传统和新兴的信息传播媒介报道本国状况,以期对外塑造有利于本国的国家形象;另一方面,又呼吁他国传媒能客观、公正、全面地报道本国社会状况,避免歪曲本国形象、损害本国的国际地位及造成不良影响。

然而,在实际操作中,国家形象的塑造往往会受到来自政治、经济、文化等各方面因素的制约和影响,呈现在传媒中的各国的国家形象无论是正面的还是负面的,与该国的实际状况都很可能存在各种各样的差异。例如,第二次世界大战结束后的冷战时期,社会主义和资本主义两大阵营在意识形态上的尖锐对立,使不少媒介自觉或不自觉地充当了冷战的工具,出现在传媒上的对立国家的形象往往是负面的、令人厌恶的,而同一阵营或相同、相近立场的国家其形象则常常以正面居多。新闻的客观、公正原则屈从于意识形态斗争的需要,是这一时期国际传播的相当大的特点。直到冷战结束后,这种影响还未完全消失,有时还相当突出。例如,20 世纪 90 年代初期,伴随苏东剧变,冷战结束,中国作为世界上唯一的社会主义大国,受到了某些西方国家媒体不公正的对待,不但将报道重点集中在人权问题、台湾问题、西藏问题等事务的负面报道上,甚至在同一时期鼓吹“中国威胁论”,宣扬中国对地区和国际安全的威胁,严重损害了中国的国家形象和国际地位。再如 2000 年 8 月 12 日,俄罗斯“库尔斯克”号核潜艇在巴伦支海失事,118 名船员全部遇难。这本来只是一起不幸的海上事故,但不少西方传媒却并未“就事论事”,而是借机大肆渲染俄罗斯武器落后、军队士气涣散、政府为保密拒向西方求援以致耽误救援等。而对此前不久发生的法航协和式飞机空难、109 人遇难的事故(2000 年 7 月 25 日),却多停留在技术灾难的报道上,没有多少引申和“发挥”。两相比照,可以看出,一些西方国家的媒介在报道上多少还保留着一些“冷战”心态①。

二、影响对外政策

新闻媒介不仅是信息交流沟通的工具,而且常常是公众舆论的引导者和代言人,这就意味着它作为舆论工具,借助舆论的力量往往能够影响国家的政策。在国际关系中,则表现出影响、作用于国家的对外政

① 黄晴:《西方媒体说得轻巧》,载《环球时报》2000 年 9 月 8 日。

策,这种影响贯穿于对外政策制定和执行的全过程。传媒发挥影响的方式往往有两种：一是通过媒介的议题设置功能,使得某些国际事务的重要性凸显出来,引起公众普遍关注,从而也影响政府、外交决策的目标和重点。只要审视当今媒介现状就不难发现,凡是媒介报道的焦点、热点问题,往往也是政府对外政策的重点,有时甚至直接促成了政府的重大决策。例如,1898 年爆发的美西战争就是鲜明一例：纽约《新闻报》等美国传媒借助美国战舰“缅因”号爆炸沉没事件,极力渲染和煽动公众对西班牙的对立情绪,促成了政府的对西作战决策。再如,海湾战争期间,CNN 的新闻报道已成为美国政府对伊拉克战争决策中的主要信息来源;到科索沃危机事件中,西方传媒借助其发达和强大的传播优势,大量、集中报道科索沃的民族矛盾,负面报道南联盟政府及其领导,刻意引导国内公众舆论,为北约最终的军事干预行动作了舆论的准备。在 2003 年春的第二次海湾战争中,美国媒体跟着小布什政府的指挥棒演出了一场反伊大合唱,倾力宣传伊拉克萨达姆政权秘密发展化学生物武器和大规模杀伤性武器,并夸大其与拉登恐怖组织的关系,为第二次攻打伊拉克制造宣传攻势。在开战前和战争初期,一切反战声音几乎销声匿迹,并且营造了反战言论是“不爱国”“反美”的氛围,导致反战人士都陷于孤立。在这样的宣传声浪中,美国公众对于小布什的反伊战争在战前和战争期间的民众支持率高达 80% 以上。可以说,媒体成为美国对外战争中的“特种”部队,对战争有推波助澜的作用。

二是在既定对外决策的执行过程中,传媒通过舆论的影响力也常常能够促进或阻碍对外政策的执行,或造成政策的修订。例如,20 世纪 60 年代末 70 年代初,随着中美建交和两国关系的改善,美国传媒对华报道由负面居多向相对客观转化,对华态度较前友善,此后,两国国家间关系的改善或恶化,往往都能在媒介上有所反映,这多少也可以看出媒介对政府外交决策的响应。而在越南战争期间,著名的美国哥伦比亚广播公司新闻节目主持人克朗凯特揭露对越战真相的报道,作用于公众舆论,与国内的公众反战情绪相呼应,对政府形成很大压力。

鉴于媒介特殊的舆论影响力,政府在政策制定和执行中,往往十分看重媒介的力量,重视媒介的意见,尽力取得其配合,尽量避免因对立而造成的舆论压力。

三、影响吸引外资

新闻媒介通过对一国的政治、经济、文化等各方面的报道，形成人们对该国经济运行环境、经济制度、法律秩序、政权稳定状况、投资环境、经济发展潜力以及基础设施等各方面的综合判断和评价，从而影响到国家在国际市场上吸纳资金的能力等。例如，中国经过40多年的改革开放，经济飞速发展，人民生活获得显著改善，其已有的经济成就和未来的发展潜力使它对外资具有较大的吸引力，而传媒的报道无疑对此有极大的促进作用。美国《财富》杂志1999年在上海召开中国年会，以"中国未来50年"为题，吸引了577家著名跨国公司，其中位列全球500强的企业就有60家。为此，中国和国际间的不少著名媒体均就此事进行了报道。不少媒体还深入进行了关于中国企业经营、国家经济状况、投资环境等各方面的详尽报道和探讨，对世界各国企业和企业家了解中国、吸纳外资起到了良好的作用。反之，在中国争取加入关贸总协定以及WTO过程中，一些国家媒介对从中国宏观经济运行环境到具体企业行为，政府决策等方面的负面报道（如在知识产权保护、开放关税壁垒等方面），曾对中国吸引外资、融入世界经济发展的努力形成了一定的阻碍。

四、影响对外贸易

对外贸易中，一国的总体状况对企业的相互交往、选择合作伙伴以及投资方向，有着很大影响。这些企业决策所依据的信息不少来源于媒介提供的信息。尤其是跨国公司，对传媒报道更为看重。

正因为传媒在国际间的交往起到至关重要的作用，在政治、经济等各方面均有重大影响力，因此一般情况下无论任何国家都希望传媒在报道中能恪守职业道德规范，客观、公正、真实、全面地报道国际事务，形成良好的、正常的国际传播秩序。这种要求在处于传播劣势且发展相对落后的发展中国家，表现得尤为强烈。相当长时期内，发达国家与发展中国家之间信息传播的失衡、不平等确实十分突出：以美联社、合众社、路透社、法新社为代表的西方四大通讯社向世界提供80%—90%的国际新闻，其中只有10%—30%是关于占全世界人口70%的发展中国家的[1]。而且，这些报道常常以负面为多，这一点也是不少研究和了解西方媒体的人士所承认的。例如，美国学者威廉·哈森在其所著《世界新闻多棱镜》一书中，就曾引用美国记者的话："美国媒体历来对非洲毫不在意，除非那里发生了重大的灾荒或战争。"[2]从传媒技术上讲，发达国家与发展中国家在传播实力上的差距也进一步拉大：55个信息技术领先国家投入信息产业的资金占全球信息技术投资的99%，全球因特网网页总数估计达到15亿，而上网人数还不到全世界总人口的5%，区域间带宽的98%以上都与北美互联[3]。尽管发达国家也表示要做出努力，帮助发展中国家发展信息技术，填平"数码鸿沟"[4]，但根本解决之道还得依靠发展中国家自身的发展。传播实力差距对发展中国家在国际间树立自身形象、开展对外交往十分不利，同时对发达国家，展开与发展中国家多方面的合作与交流、开拓国际市场也同样不利。

当今国际关系的最大特点是，伴随着信息社会的来临和全球一体化过程的加快，地区间和国与国之间的政治、经济、文化等各方面的交流日渐频繁，相互依存度越来越高。因此，尽快在国际间建立合理的、平衡的、良性的、客观公正的国际传播体系和机制，尽最大可能为人们的交流和决策提供准确的信息和正确的引导，是整个国际社会迈入新世纪所共同面临并必须设法解决的问题之一。

---

① 杨伟芬主编：《渗透与互动——广播电视与国际关系》，北京广播学院出版社2000年版，第127页。

② ［美］威廉·哈森：《世界新闻多棱镜》，张苏等译，新华出版社2000年版，第278页。

③ 美、英等八国首脑会议发表的《全球信息社会冲绳宪章》，2000年7月。

④ 《全球"数码鸿沟"拉大》，载《新闻晨报》2000年7月11日。

第十三章

新闻自由和社会控制

第一节 新闻自由的含义

自由主义报刊一词的英文是“freedom of press”,这个词在西方国家的不同历史时期有过不同的内涵。在文艺复兴运动期间,“freedom of press”仅指言论自由,即文艺复兴运动的先驱们反对教会的思想禁锢,争取自由表达自己的意见;17世纪初,西欧各国印刷术广泛运用,“freedom of press”主要指出版自由;到报刊开始在西欧各国兴起,“freedom of press”又主要指报刊自由。而现在,在原有含义基础上,强调了信息交流的自由。“freedom of press”一词中文有不同译法:“出版自由”“言论自由”“言论出版自由”“报业自由”等等,现在一般都译为“新闻自由”。“自由主义报刊”是近些年的提法,专指相对社会责任论而言的一种新闻理论,以区别于西方国家作为一种政治制度的新闻自由。

什么是新闻自由?有各种不同的说法,但基本上大同小异。新闻自由包括:无需批准自由出版报刊,即不必向政府申请营业执照或交付保证金,在政治上、经济上不受限制,人人都拥有出版权;不受任何形式的事先审查,可以发布任何新闻和发表任何意见(当然,事后的追惩在任何国家都存在,即不容许报刊自由地损害国家、社会、个人);不受限制地自由接近新闻源。简要地说,新闻自由就是公民拥有出版权、采访权、发布权。

英国著名的政治思想家约翰·弥尔顿在1646年出版的《论出版自

由》中提出：言论出版自由"是一切自由中最重要的自由"，"这自由则是一切伟大智慧的乳母"[①]。这一思想，在西方各国被视为新闻自由的圭臬。

在西方各国早期为反抗封建专制统治、争取新闻自由的斗争中，那些资产阶级的思想先驱们以及一大批争取新闻自由的斗士们确实提倡过不受任何限制、不受任何约束的绝对新闻自由。在各国资产阶级取得政权之初，都实践过这种绝对的新闻自由，这就是西方各国的政党报刊时期。例如在美国，从建国之初到 1850 年的六七十年间，当时的共和党和联邦党各自操纵报刊，从报刊上相互谩骂到街头上大打出手，无所不用其极，"由于报上的谩骂之风，有些历史学家便将这段时期称作'新闻事业的黑暗时代'"[②]。由此而造成的社会混乱迫使西方各国不得不先后采取司法和行政措施来约束新闻界，这也宣示了不受任何限制、约束的绝对新闻自由的幻灭。到了 20 世纪 40 年代，美国一批学者从重新诠释自由的含义出发，宣称"完全的自由和绝对的自由是没有的"，"没有限制的自由只是一个幻想"[③]。这批学者认为，自由有两种，一种是"免于……控制或限制的自由"，另一种是"具有行动所必须的条件和设备"，即"有做……的自由"。前一种自由是消极的自由，这是早期资产阶级为免于封建专制的压制而争取的新闻自由。后一种是积极的自由，即在现代社会中所需要的自由。这种自由不是完全的或绝对的自由，而是人类所能达到的自由，即必须从各国所特定的政治、经济、社会、文化所能提供的社会环境出发，实现新闻自由。新闻自由必定受到特定的、具体的社会环境的制约和控制。

第二节　新闻自由是伟大的口号

出版自由绝不仅仅是报刊的专利，它决定着人们的信仰、思想自由、信息交流的自由、人身自由，所以出版自由是从根本上挖掉封建统

---

① ［英］弥尔顿：《论出版自由》，吴之椿译，商务印书馆 1958 年版，第 44—45 页。

② ［美］埃德温·埃默里、迈克尔·埃默里：《美国新闻史》，苏金琥等译，新华出版社 1982 年版，第 110 页。

③ *A Free and Responsible Press*, University of Chicago Press, 1947, p. 49.

治的基础,为资产阶级建立政权奠定基石。由此,从 16 世纪到 18 世纪,出版自由成为各阶级尤其是封建阶级和资产阶级斗争的焦点之一,出版自由成为资产阶级推翻封建统治、建立自己政权的核心口号和目标。

纵观世界新闻史,从 16 世纪到 19 世纪,争取出版自由的斗争大致有三个时期。由于各国的历史进程不同,时间是交叉的。

第一时期(16 世纪至 17 世纪),封建王朝采取高压政策妄图扼杀出版自由。

1450 年德国人谷登堡发明了金属活版印刷机,当时正值文艺复兴运动遍及欧洲,这两者的结合在欧洲引发了一场思想大地震。由于印刷机的出现,因而产生了"危险思想"的传播远远超过这种思想创始人的直接影响这一前景,于是问题尖锐了。技术的进步威胁到封建王朝,本能的恐惧使各国王朝先后颁布种种法令,严厉压制出版。这些禁令都不约而同地集中于新兴技术即印刷术上。所以,这场斗争是新思想与旧思想之战,是封建禁锢与出版自由之战,也是王权与新技术之战。

在欧洲各封建王朝扼杀出版社的禁令中,最著名、最具影响力的是英国都铎王朝于 1586 年颁布的《星法院法令》,它成为欧洲各国王朝上百年出版禁令的范本。该命令有 9 条,其核心条款是:一切印刷商的印刷机开印必须经"皇家出版公司"批准;不准在伦敦市外任何地方从事印刷;印刷商的学徒不得超过 3 人;等等。

在 16、17 世纪,法、德、俄罗斯等欧洲各国封建王朝都先后实施过类似英国星法院的法令。这些严厉的压制措施对刚刚处于萌芽时期的报刊无疑是极大的摧残,使得报刊的发展极其缓慢。在星法院法令颁布以后的近百年历史里,传播新闻仍以不定期出版的新闻书为主,宣传宗教改革、传播启蒙思想则以政论小册子为主,秘密印刷,暗中流传。

第二时期(17 世纪至 18 世纪),资产阶级革命时期。

各国资产阶级革命有先有后,但在此时期,敌对双方的宣传需要以及市民对了解错综复杂局面的需要,使得报刊活跃一时,从而大大推动了报刊的发展。

1640 年,英国资产阶级革命揭开序幕,代表资产阶级的国会派与保皇派都有自己的宣传报刊。敌对双方的报刊都以《信使报》命名,国会方面有《公民信使报》《不列颠信使报》,保皇派方面有《神圣帝国信使报》《学院信使报》,这些报刊都曾报道两次内战的战况以及国会、皇室的新闻。但这些报刊发行量小,只有几百份,对英国资产阶级革命影响不大。

对资产阶级革命真正产生过重大影响的是在法国资产阶级革命时期(1789—1794 年)的报刊。这些报刊都是以政论为主的政治报刊,大力鼓吹推翻僧侣和贵族统治的革命,同保皇派展开论战。其中《杜歇老爹报》《铁嘴报》《法兰西和布拉班特革命报》《宪法保卫者报》等都名噪一时,在市民中影响巨大。而这当中最具影响的是法国大革命雅各宾派的领导人马拉创办、主持的《人民之友报》(1789—1792 年)。马拉在《人民之友报》上发表一系列政论,严厉抨击大资产阶级的领袖人物拉斐特、米拉波、伊索背叛革命的种种行为,揭露保皇党流亡者的复辟阴谋,竭力把资产阶级革命推向前进。

第三时期(17 世纪至 19 世纪),为反对资产阶级政府控制,争取出版自由的斗争。

在欧美各国资产阶级革命取得胜利以后,都以不同形式宣布出版自由、言论自由。

英国:1688 年"光荣革命"以后,英国议会控制权力,实现议会君主制,1689 年通过《权利法案》,宣布"国王不得干涉人民的言论自由"。

美国:1791 年 12 月议会通过宪法修正案,即 10 条《人权》法案,其中第一条明载:"国会不得制定有关下列事项的法律……剥夺言论自由或出版自由。"

法国:1789 年 8 月制宪会议通过《人权宣言》,第 11 条规定:"思想与意见的自由交换,是人类最宝贵的权利。因此,每一个公民享有言论、著作和出版自由。""但在法律限制内,须担负滥用此项自由的责任。"

德国:在魏玛共和国时期的宪法第 118 条规定:"每个德国人在一般法律内,都有权通过言论、印刷品、图画及其他方式自由发表自己的意见。"

这些法律条文的确立,无疑是人类历史的巨大进步,标志着资产阶级革命的胜利。但条文毕竟还是纸面上的东西,出版自由的真正实现在欧美各国经历了漫长的道路。在 17、18、19 世纪,在资产阶级革命时期,有过封建王朝的复辟,有资产阶级政权对封建阶级的妥协,有过独裁统治,欧美各国政府都采取行政的、经济的、法律的各种手段来遏制出版自由。各国政府先后采取的方法主要有以下几种。

1. 出版物的事先检查制

这是欧洲各国资产阶级政府最先采取的措施,防止报刊批评政府。1662年6月,英国议会制定出版法案,明确规定报刊发行许可证制和出版物必须受议会设立的检查官的检查。1688年"光荣革命"后仍然实施,直到1694年出版法案颁布才正式废止。拿破仑统治下的法国于1810年重新恢复新闻事先审查制度,而德国从1819年开始重新执行书刊检查制度。

这种事先检查制度使得报刊万马齐喑,也引发越来越激烈的反抗。英国在1695年,法国在1814年,德国(普鲁士)于1850年,俄国于1905年都先后取消报刊事先检查制。

2. 取代报刊事先检查制,各国政府先后制订煽动法、诽谤法遏制出版物

煽动法、诽谤法对于防止滥用新闻自由以维护国家安全、社会安定是必要的,问题是当时欧美各国制定的煽动法、诽谤法定义太宽,使报刊动辄得咎,得不到伸展身手的空间;尤其是各国政府借此来镇压敌对势力,压制反对政府的声音。在18世纪初期,英国国会拥有可以随意确认煽动诽谤罪的权力。国会认为,凡属诽谤议员、指责议会、批评政府大臣、猥亵不敬议会的言论、报道,均可按煽动诽谤罪论处。政府或国会如发现可疑的出版物或作者,即可由总务大臣签发逮捕状,对可疑出版物实行搜查、扣押、没收或毁灭,对一切可疑著作人、记者直接逮捕、审讯。成百上千名报刊发行人、作者、记者遭到罚款、监禁,甚至判刑。在法国,在19世纪初的16年中,巴黎有109家报纸收到内务大臣警告,8家报纸暂时关闭,5家报纸永久关闭,白色恐怖弥漫欧洲报界。

3. 征收印花税、实行津贴制

英国国会在1712年5月16日通过印花税法案,除了报刊税(一般在1便士左右)外,还征收广告税、纸张税。这种种赋税占出版费的2/3,沉重的税负使得报刊入不敷出。印花税实行不到半年,报刊就停了一半。德国、俄罗斯都先后实行过印花税。直到1861年英国才取消印花税,欧洲各国也陆续取消。

与征收印花税相辅相成,政府以津贴方法支持、收买一批报纸,并把津贴列入政府预算。在18世纪前期,英国首相承认每年津贴给报纸5千镑,而"秘密委员会"说每年达5万镑。

以上种种手段,都使得报刊在重压下苟延残喘,种类少,报价高,售量少,发展迟缓。正像恩格斯所描绘的,“诽谤法、叛国法和渎神法,都沉重地压在出版事业身上……英国的出版自由一百年来苟延残喘,完全靠政府当局的恩典”①。

列宁在综览近代世界史时曾精辟指出:“‘出版自由’这个口号,从中世纪末到19世纪,在全世界成了伟大的口号。为什么呢?因为它反映了资产阶级的进步性,即反映资产阶级对僧侣、国王、封建主和地主的斗争。”②

时至今日,出版自由(新闻自由)仍是一个伟大的口号,它是联合国宪章所规定的各国公民的基本权利。

新闻自由和司法独立是现代化国家的两大基本标志。新闻自由的目的是确保信息的自由流动。这是确保公民的知晓权,进而参与国家、地区公共事务的前提,也是国家政权、企业、家庭(个人)对外界变动及时做出决策的前提条件。那种认为“新闻自由是资产阶级的”说法不是误解就是偏见。因为只有社会主义才能把新闻自由还给人民,社会主义理应实行比资本主义更宽广的新闻自由。

第三节 新闻自由属于人民

新闻自由是一种权利。谁拥有新闻自由权?有一种误解,以为新闻媒介才拥有新闻自由权。事实是,新闻自由权属于人民所有。1982年12月颁布的《中华人民共和国宪法》第三十五条明确规定:“中华人民共和国公民有言论、出版、集会、结社、游行、示威的自由。”在这一点上,西方各国的宪法或《人权宣言》都规定得很明确(可参见前一节):每一个公民都拥有新闻自由权。

那么新闻媒介和公民的新闻自由权是什么关系?有些人以为新闻媒介是代表人民行使新闻自由权,这也是一种误解。各国宪法所规定的公民的新闻自由权是不可转让的,人民从来没有也不可能委托任何

① 《马克思恩格斯全集》第1卷,人民出版社1964年版,第695页。

② 《列宁全集》第32卷,人民出版社1990年版,第492页。

机构来行使新闻自由权。当然,无论从历史上看还是从现实看,争取新闻自由最努力的是新闻媒介,而且,在现实生活中真正实践新闻自由权的也是新闻媒介。原因何在?如果用一句话来概括,那就是新闻媒介为了生存、发展。新闻媒介是向公众提供它们所需要的信息和意见的专业机构,并以此作为新闻媒介的生存条件,一旦新闻媒介不能满足公众的信息需求,那么它们就无法存在。西方经济学的鼻祖亚当·斯密曾经说过:"保证我们的营养不是面包师的仁爱,而是他个人对利润的追求。"为了满足公众对各种信息的需求,新闻媒介就必须拥有一定的新闻自由即出版权、采访权、发表权,对于新闻媒介来说,新闻自由就像空气、水、阳光对人一样的重要。在这个意义上,新闻媒介争取新闻自由的努力代表了人民的欲望和要求。

当然,新闻媒介一旦获得新闻自由权,能否满足公众对信息的需求,那另当别论。事实上,有不少新闻媒介阻碍了大众行使新闻自由的权利。在当今的西方各国,新闻媒介已形成一种垄断局面,一批巨型媒介集团垄断了各国新闻市场,旁人难以插足。尽管西方各国宪法都明确规定每个公民有出版自由,每个公民,不论穷人富人、小公司大公司都可以平等地出版报刊,可以申请创办广播、电视;但是,面对那些拥有几十亿、几百亿甚至几千亿美元资产的媒介巨人,那些只有几千、几万美元小资本的个人或小公司怎么可能与之竞争!所以,出版自由对于绝大多数人来说,只不过是纸面上的权利。

在现代社会,公众深深地依赖着新闻媒体。而新闻媒体却常常有意或无意地会掩盖、歪曲事实真相,误导受众,侵犯受众的知晓权,侵犯公众的名誉和隐私权,等等。

为了保护公众的各种权利,也为保护国家利益,就必须对新闻媒介实行有效的社会控制。

第四节　新 闻 法 规

对新闻媒介的社会控制有四种正规的途径。第一种是司法控制,国家以法律来监控新闻媒介;第二种是行政控制,行政部门以各种规定、税收来控制新闻媒介;第三种是资本控制,即大公司垄断媒介市场,使新来者难以进入;第四种是媒体的自律。当然,世界上任何国家,对新闻媒介最具威慑的社会控制是来自公众,即公众乐意还是拒绝接受媒介。

世界上大多数国家对本国新闻媒介的管理采取法律形式。新闻法规(以立法形式通过的法律条文和行政颁布的规定、规则)是国家实施管理的主要依据。

世界各国的新闻法规有三种形式:一是以立法形式正式颁布的《新闻法》,欧洲大多数国家都采取此种方式。其特点是法院审理案件只能依据和服从《新闻法》。二是以最高法院和上级法院的判例为标准来审理新闻案件,即判例法,而没有成文的《新闻法》,这在英国、美国、加拿大、澳大利亚、新西兰等国家通用。三是有些国家并没有单独成文的《新闻法》,而把新闻法规的有关条文写入《宪法》《民法》《刑法》以及其他的专用法律条款中,例如《少年法》《保密法》等等,在日本、新加坡、印度等国中采用,中国目前也是如此。

无论采取哪种形式,新闻法规所要处理的一个核心问题都是:保护新闻自由,同时必须防止滥用新闻自由,从而在确保国家利益、公众利益不受侵害的前提下,鼓励新闻媒体满足公众需要,促进国家发展。

国家以立法的形式保护新闻自由,这是资产阶级在和封建王朝作斗争并取得胜利以后的一个伟大成果,也是世界上任何一个现代化国家的标志。尽管不同社会制度、不同民族对新闻自由赋予不同的具体含义,但新闻自由总是任何现代国家的一个基本价值;保护新闻自由总是现代国家宪法的一个基本条文。

当谈论新闻法规的时候,我们应该记住:保护新闻自由,这是包括中国在内的现代国家最大、最主要的一条新闻法规。正因为有新闻自由,才需要有防止滥用新闻自由的规定;而防止滥用新闻自由,一定意义上也是保护真正的新闻自由。

为了防止滥用新闻自由危害国家和公众,各国的新闻法规对新闻报道和评论作了一定的限制。这种限制有多有少,执行过程也有宽有严。但国家安全法、诽谤法和隐私法却是大多数国家所共通的。

1. 国家安全法

新闻媒介不得以任何形式危害国家安全,尽管表达上有所不同,但这是各国新闻法规不可或缺的条文。这包括:不得煽动以武力及其他手段推翻合法政府,破坏国家制度和社会秩序;不得泄露国家机密;不得煽动宗教、民族对立，等等。例如，英国制定有“公务机密条例”，严禁新闻媒介泄露有关国家安全的机密。在法国，如果新闻媒介刊载政府认为危害国家内外安全的消息，政府有权没收报纸，取消广播电视节目，甚至逮捕有关记者、编辑。澳大利亚、新西兰等国几乎所有有关国家安全的新闻，都须经有关部的部长亲自签字同意才能发表。而美国自 1884 年国会通过《煽动法》《叛国罪》两个法案以来，从未明确宣布取消过。所以，西方的新闻学者都明确地说，绝对的新闻自由是不存在的。一切危害国家安全或者说危及资产阶级统治、危及资本主义制度的“自由”在西方都是不容许的。

根据《中华人民共和国宪法》和《中华人民共和国刑法》，为了保障国家安全，我国的新闻媒介严禁公开传播下列文字和图像：

禁止公开传播一切诽谤和煽动推翻社会主义制度的文字和图像（宪法第一章第一条）；

禁止公开传播一切破坏民族团结、煽动民族分裂的文字和图像（宪法第一章第四条）；

禁止公开传播歧视信仰宗教的公民和不信仰宗教的公民的文字和图像（宪法第二章第三十六条）。凡煽动民族仇恨、民族歧视以及在出版物中刊载歧视、侮辱少数民族的文字和图像，都是犯罪行为（刑法第二百四十九条、二百五十条）；

禁止泄露国家的政治、经济、军事机密（刑法第一百一十一条）。

2. 关于新闻诽谤

新闻诽谤是各国涉及面最广、案情最为复杂，也是令新闻界、司法界最挠头的案件。“不准利用新闻媒介诽谤他人”是任何国家新闻法规的必备条文。但一涉及具体案件，是否构成诽谤罪，是轻微伤害还是严重伤害，那就变得非常复杂，有时官司一打几个月甚至拖上一年半载。

什么是诽谤？各国法律的解释各有不同。美国法律研究会编辑的《法律的重述》所下的定义为：“无确凿的证据而散布对他人不真实的事实并损害他人的名誉。”“传播足以损害他人名誉的事实使其在社会上处于不利地位或有碍其与第三人的往来。”

诽谤的对象一般有三种：一是个人（无论普通公民还是政府官员）；二是某个特定团体（企业、事业及政府部门）；三是企事业单位所生产的产品（包括服务）。

诽谤罪的确认，在西方国家通行的标准，一般有四个条件：一是特定的对象，可以让他人确认的对象，不是泛指。例如“无官不贪”“无商不奸”，虽然指责了所有政府官员、所有商人，但不是指向特定对象，不构成诽谤罪；二是歪曲、夸大、捏造事实；三是必须含有恶意；四是公开传播，造成对象的名誉损害。

在中国，诽谤罪称作新闻侵权，又称作侵害名誉罪。近些年，随着新闻侵权案的日益增多，新闻官司不断跃升。最高法院于 1998 年 8 月 31 日公布了《关于审理名誉权案件若干问题的解释》。不久，最高法院副院长提出判定新闻媒介侵害名誉权的主要标准是两条：一看报道是否真实；二看是否有借机诽谤诋毁的内容。如果媒体报道“严重失实”或“主要内容失实”或有诽谤内容就会构成侵权①。这个标准和西方通行的标准基本相同。

无论是西方还是中国，在新闻报道中，真实性是防止触犯诽谤罪的最主要手段；在确认诽谤罪时，新闻真实是否定诽谤罪的最有力的辩护措施。

3. 关于隐私权

英国的《法律大辞典》对隐私权下了这样的定义：隐私权是“不被干涉的权利；免于被不正当地公开的权利……个人（或组织）如果愿意，可使他本人和他的财产不受公众监视的权利”。

隐私权虽然是个人神圣不可侵犯的生存权，但在世界绝大多数国家包括中国的宪法中都没有提到这个概念。在法律词汇中出现隐私权的条文还是近百年的事，但也只有近几十年才逐渐被社会所重视。因为随着各种电子监视器无孔不入地侵入人们的私生活，人们越来越感到正常生活受到威胁，需要运用法律来保护自己。

英国著名的法学家威廉 · L. 布鲁塞在《现代民主国家的新闻法规》一书中对侵犯隐私权的情况分为四类：① 闯入原告的私人禁地。例如，记者用远摄镜头、监听器或装扮成其他身份的人混入他人家庭、病房或私人聚会获取材料，并在媒介上公开传播。但在公共场合所获取的任何个人资料均不在此列。② 公开私人物件，使原告的正常社会生活被破坏。例如未经本人同意，公开私人信件、日记、病例、档案。③ 在公众面前将原告置于错误位置。例如，某家地方报纸在报道警察

---

① 新华社：《国内外新闻最新动态》，1999 年 1 月。

抓获一名盗窃犯时,不小心将协助警察抓盗窃犯的居民名字错写成盗窃犯,该居民上诉当地法院,获得50万美元名誉赔偿费。④未经本人同意,利用原告的姓名、肖像等进行商业活动,例如刊登商业广告、拍摄广告片等。

在确认诽谤罪时,真实性是防止犯诽谤罪的最强大武器;但在确认犯隐私罪时,真实不起作用,唯一能起作用的是"新闻价值"。法院在判决时,常以传播内容是否有新闻价值作为决定性依据。例如,英国伊丽莎白女王的女儿安娜公主在度假时,和其男友在游泳池裸体游泳,被人偷拍照片,登在报纸上,引起全英轰动。安娜公主上诉法院,法院以此照片有新闻价值为由,令安娜公主败诉。

在中国,新闻媒介还有其特殊性。我国的绝大多数新闻媒介,尤其各级党委机关报,都是在党的领导下的,因此,新闻媒介还必须受到党的纪律约束。《关于党内政治生活的若干准则》规定:党的报刊必须无条件地宣传党的路线、方针、政策和政治观点。对于中央已经做出决定的这种有重大政治性的理论和政策问题,党员如有意见,可以经过一定的组织程序提出,但是绝对不允许在报刊、广播的公开宣传中发表同中央的决定相反的言论,也不得在群众中散布与党的路线、方针、政策和决议相反的意见。这是纪律。

第十四章

新闻媒介的运行体系与管理模式

由于国情不同,不同国家的媒体有不同运行体系;不同运行体系产生不同管理模式。媒介管理,既指国家对媒介的管理即媒介的宏观管理,也指媒介内部的管理即媒介的微观管理。

第一节　世界新闻媒介的三大运行体系

世界各国的报刊和广播电视在运作体制上有很大不同。报刊基本上只有私营和国有两种所有制形式。而广播电视却有私营、公营和国有三种所有制形式。就广播电视而言,目前世界上有三种运行体制。即:以美国为代表的以私有制为主体的完全商业化运作体制;以西欧各国为代表的公私并举的双轨制运作体制;以中国为代表的完全国有的有限商业运作体制。世界其他国家的电视体制,或可归入上述三种体制,或是此三种体制的小小变异。这三种体制将基本上是 21 世纪世界电视业的主导。

一、以美国为代表的以私有制为主体的完全商业化运作体制

美国的广播电视从一开始就是私营的。1967 年经国会批准成立的公共电视系统(PBS),无论其规模还是收视率、影响力都不过是私营

台的补充。

私营台名义上是独立运作、自主经营、自负盈亏,不受政党、政府的控制,基本上依靠广告收入作为主要的财源。这一切决定了它们运作的商业化特点。

在20世纪80年代以前,美国联邦通讯委员会(FCC)为防止电视台过于低俗化倾向和恶性竞争、兼并,制定了一系列严格的规则来制约电视业。比如《反垄断法》规定,一个广播公司在全国至多只能拥有12家电视台,在全国50个大城市中不得同时拥有两家电视台;也不得同时拥有无线电台、有线电视;不得同时拥有电视台和电台;等等。又比如"公正原则"规定,广播电视提供一定时间的时政节目;在报道有争议的时政节目时,必须给争论各方以均等的时间;等等。但20世纪80年代以后,这些硬件规定陆续被取消。1996年2月,美国国会通过了《1996年电信法》。新的电信法对广播公司拥有的电视台、电台数量不作任何限制,只规定一家电视台对全国电视家庭的覆盖率不得超过35%;电视执照年限从5年延长为8年,对电视节目也不再有硬性规定,除了不得触犯法律以外。2003年6月美国电信管理机构又通过了一个新的法规,一家电视公司可以拥有45%的覆盖率,同时还允许有一个地区内的报纸、电台和电视台进行交叉持股①。这个新的电信法和新的规定意味着,美国的电视业运作彻底商业化了,也更典型地显示出商业化运作模式的基本特点。

1. 以营利作为最终目标

要营利就要争取广告客户。那些大的广告客户即大企业、大银行在相当程度上制约着电视台的成败命运;那么,电视台必须倾向、迎合甚至自觉地代表那些大企业、大银行的利益。

2. 以收视率作为节目制作、播出的直接目标

"电视台把节目播给观众看,然后把观众卖给广告商",这是美国电视台运作的基本规则。要争取广告,节目必须有相当的收视率;收视率越高,那么广告客户越多,广告收费也越高。所以,收视率是美国电视台所有节目的第一生命。比如美国一年一度的元旦超级杯橄榄球比赛,每30秒的广告费从1990年的75万美元一路攀升,到1999年每30

---

① 载《参考消息》2003年6月14日。

秒的广告费高达190万美元，且条件苛刻，但仍旧应者如云[①]。原因就在于收视率高，全美估计有50%左右的家庭收看，全球有15亿人收看，奇货可居。

3. 以迎合受众为节目策划的基本原则

这必然使节目有媚俗、低级的倾向。美国各电视台娱乐性节目的比重大大高于严肃的时政节目；而且，新闻节目也出现了娱乐化的倾向。一是爆炒政界、社会名流的绯闻案、暴力案，像人们耳熟能详的"辛普森杀妻案""黛安娜王妃之死""克林顿丑闻"等等，美国各大电视台全力以赴，连续数月，各种细节不厌其详。二是新闻的故事化倾向。新闻是以传播信息为主的，但20世纪90年代初以来，为迎合普通观众的口味，美国电视新闻尽可能故事化，一批"基于事实"加上许多"合理想象"的杂志性新闻纷纷出笼。像CBS的《街头故事》，以犯罪、毒品、卖淫等都市生活的阴暗面为背景，每周播出一个新闻故事。ABC和NBC则播出《没有公开的故事》《没有结果的秘闻》，挖掘联邦调查局内部阴谋、犯罪、伤害事件的秘闻，以一些真实故事加上道听途说来吸引受众。这些新闻节目使得新闻、纪录节目和娱乐性节目之间的界限变得模糊。

4. 垄断竞争是美国整个广播电视业运作的基本模式

长期以来，美国的三大广播公司——哥伦比亚广播公司（CBS）、美国广播公司（ABC）、全美广播公司（NBC）——有效地控制了美国70%以上的观众市场。20世纪90年代以后，随着联邦通讯委员会放松规则，又有三家电视网进入各观众市场，即福克斯广播公司（FBC）、派拉蒙广播公司（UPN）和时代华纳公司（WB）。这六大公司控制着全美90%左右的观众市场。这些大公司实力雄厚，人才荟萃，为追逐观众进行激烈竞争。所以，电视台节目不断创新，设备不断更新，从而使电视台节目丰富多彩，花样翻新，其中也不乏经典之作，世界一些重大事件能迅速及时地报道出来。在新千年到来之时，美国上述六家公司都派遣记者奔赴世界各地，从报道千禧岛上吉里巴斯全球新千年第一缕曙光开始，连续25小时，逐一现场播出全世界各地进入新千年时区的国家和主要大都市欢庆活动，场面壮阔，精彩纷呈，没有雄厚的财力和高技术难以做到。同时，美国大的电视公司对政府政策有相对独立的立

---

① 载美国《洛杉矶时报》1999年12月29日。

场和巨大的社会影响力，可以顶住来自政府和其他方面的压力，使得它们在批评美国政府、抨击社会腐败现象方面有许多深刻的、精辟的观点。像《60 分钟》《20/20》等专栏节目，以其对美国时政的深邃见解为观众所称道，长盛不衰。

上述四个方面是以广播电视私营化为主体的完全商业化运作的基本特点。其他国家会有各国的一些不同特点。

二、以西欧各国为代表的公私并举的双轨制运作体制

公私兼顾的双轨制运作体系，主要在西欧和日本。但在 20 世纪 80 年代以前，西欧 20 多个国家除卢森堡、英国外，电视业是单一的公营电视台。公营电视台既不像国营，也不像私营，有其自身的基本特点。

80 年代后，西欧各国先后开始了电视业的私有化。电视业的私有化有多种原因，其历史背景是 80 年代初英国当时的首相撒切尔夫人掀起的私有化浪潮，而直接原因是一批大企业强烈要求开放电视业，以及观众对枯燥的电视节目的不满。西欧的电视业私有化以议会、政府放松对电视业的管制为起点，以议会立法或总统命令形式逐步实现。

意大利在 1975 年议会通过了《关于广播和电视播出的新规定》即 103 法，规定广电业受国家控制，禁止私人经营。这引起企业界强烈不满，意大利最高法院于 1976 年做出裁决：私营公司可以从事地区性的广播电视业。然而，由于缺乏具体规定，广电业经历了十几年的混乱，直到 1990 年议会通过《公共和私人的广播电视体制之规定》即 223 法，正式承认私人拥有从事广播电视的权利，并对私营广电业的创办、运作做出了相应的规定。

1985 年 1 月，当时法国总统密特朗下令，同意设立私营的商业化电视台。随即，电视五台由公营改制为私营；1985 年 6 月，法国最大的公营台——电视一台改制为私营台，另一家电视台新频道也旋即改为私营。

联邦德国在 1984 年开始出现私营电视台，1987 年联邦各州达成改组广播电视事业的国家协议，规定了公共和私营电视台的并存。在东西德合并以后，这项协议又进行了修改，《联邦德国广播电视国家协

议》于1992年正式生效。

与此同时,英国、日本原先存在的公私电视台并存的局面进一步巩固。英国原先是公营的BBC和私营的独立联盟(ITV)并存,但BBC占有压倒性优势,现在ITV的地位正在加强。日本也是如此,过去公营的NHK占有绝对优势,近几年,其他私营台实力大大加强。西欧的其他各国(除卢森堡外)都先后出现私营台。

这里需要强调的是,除了法国,西欧其他国家的私营台都是新建的,即在公营台之外建立起新的私营台。只有法国的私营台是由政府出面,公开招标,卖给一些大公司,改制为私营台。

经过近20年的变革,西欧和日本正式确立了公私兼顾的双轨体制。公营台按原先的模式继续运作,私营台则以美国私营台的模式进行商业化运作。从实际情况看,公营台和私营台的实力不相上下,而且都是大的电视公司之间的垄断竞争。其中——

意大利是意大利广播电视公司(RAI)与贝卢斯科尼的菲宁威特集团(Fininvest)平分意大利观众市场(两者占据意大利电视市场的90%。)

法国是公营的电视二台、三台、四台和私营的电视一台、五台、新频道六家电视台平分法国电视市场。

英国是公营BBC两个电视频道(一、二频道)和ITV两个电视频道(三、四频道)以及英国空中广播公司(BSKYS)三家瓜分英国电视市场。

日本是公营的NHK和四大私营电视网——东京广播公司(TBS)、日本电视公司(NTV)、富士电视台(FTV)、全国朝日广播(ANB)——角逐日本电视市场。

欧洲各国允许甚至鼓励私营电视台的创办,但又同时继续保留、保护公营台,有其深刻的政治、经济、文化上的考虑。在政治上,旨在防止极少数人或少数集团垄断、控制全国舆论。公私并存的双轨制有助于保护政治上的多元化,保护西方的民主制度。在经济上,公私并存,相互竞争,但"分灶吃饭",从不同渠道获得收益,避免在有限的广告市场上恶性竞争,自相残杀。在文化上,旨在保护传承本民族文化传统,尤其是公营台的存在,对保护本民族文化、避免外来文化、低俗的商业文化冲击具有重要作用。

实施双轨制,其初衷是把竞争机制引入电视业,一方面大大丰富电视节目，满足各层次观众的不同需求，比如公营台多以严肃的时政节目为主，格调高雅；私营台多以娱乐节目为主，内容通俗。另一方面，又对本国政治、文化以及电视业本身不造成伤害。从10年来的实践看，这个目的基本上是达到了。从这个意义上看，西欧的电视业体制改革是成功的。依麦奎尔的观点，这个体制在欧洲将长期保持①。

但不能忽视的是，新的问题不断出现，麻烦也不少。其中最突出的是两个：一是私营台的商业化操作促使电视台的娱乐化倾向，这种娱乐化倾向又“引狼入室”，让美国的电视片尤其是好莱坞的电视连续剧充斥西欧电视台。因为私营台必须寻找价廉物美的电视片填充它们的播出时间，相比而言，美国的电视剧更适合这种需求。据统计，英国、西班牙的私营台，美国电视剧占整个娱乐片的70%，最低的法国三大私营台也占了40%，西欧各私营台平均达到60%左右②。西欧的新闻学者不得不喟然长叹：“电视越商业化，也就越美国化。”③二是公营台在和私营台竞争中渐处下风。虽然各国政府、议会采取了不少措施扶植公营台，但公营台的观众流失、收入下降已是不争的事实。目前虽然还没有达到危险的地步，但欧洲的不少新闻学者都担心，长此以往，公营台处境不妙。

三、以中国为代表的完全国有的有限商业运作体制

这在世界上尤其是在第三世界仍具广泛的代表性。这种体制的基本特点是——

1. 电视台的所有权完全属于国有

在中国，长期以来，除了政府投资外，其他任何部门，无论是国有企业还是私营企业，都不得在电视台投资或参股。2001年8月中央、国务院主管部门发文允许国有企业对传媒业投资，但仅仅限于经营部门（广告发行），投资方不得干预编辑，也不能参加具体管理。

2. 电视台是党和政府的宣传机构，即党和政府的喉舌

电视台的主要领导人是由党和政府任命的；电视台的宣传报道方针必须和党的行动纲领、政府的施行纲领保持一致并经党和政府的

---

① Denis Mcquail, *Media Policy*, SAGE Publications, 1998, p. 6.

② Ibid., p. 18.

③ Ibid., p. 42.

批准。

3. 电视台义不容辞地承担着宣传党和政府的重大理论、方针、政策的职责

在此前提下,要尽量满足观众对信息和娱乐等的需求。

4. 电视台的经费在20世纪80年代之前,都由政府直接拨款

目前,部分入不敷出的电视台仍由地方政府拨款,保证电视台的运作。

第二节 国家对媒介的管理

国家对媒体的管理理念是基于对传媒业的双重属性的认识,这无论在中国还是世界其他国家都是共识。正如一名美国学者所言:“传播管理与经济控制及社会管制同时相关,但又不完全属于其中任何一类。传播管制独特的双重性质是基于传播产业自身的独特性质,它既是一个经济组织也是一个社会组织。”①基于这样认识,国家对传媒业的管理需要考虑国家、公众和传媒业利益的三者平衡。国家利益首先是指国家安全包括国防安全、经济(金融)安全、意识形态安全等等。公众利益又称公共利益,包括公民知情权、表达权,普遍服务原则、公正原则以及法律赋予的公民权利的维护等。传媒业利益主要指法律所赋予的言论出版自由、传媒业的经济利益。国家、公众、传媒业三者之间的利益博弈贯穿着国家对传媒业管理政策调整的动态过程,一般来说,国家总是在确保国家利益、公众利益的前提下再考虑传媒业利益。从世界范围来看,无论何种社会制度,无论何种新闻体制,无论何种媒体所有制,媒体具有公共性进而公共利益优先的原则都得到一致认可。以美国为例,美国的广播电视从一开始就实行民营制,从事完全商业化的运作,但美国国会从1927年起历次通过的相关法案,尽管规制的侧重点不同,规制执行的严宽不同,但“符合公共利益、便利性和必要性”是相关法案对电讯业一以贯之的基本准则。英国广播电视业实行公共

① [美]菲利浦·纳波里:《基础原则和传播决策》,金冠军等主编:《国际传媒政策新视野》,上海三联书店2005年版,第43页。

广播体制，从 BBC 开播第一天起就声称："以利他主义思想为从业者行为准则，为公共利益而工作视为自己的天职。"①

国家对传媒业的管理，一般包括三个层面：

一是市场准入层面的管理。那就是出版、播出的许可证，在绝大多数西方各国，纸质媒体的出版无须审批，只有广播电视必须获得许可证，并有一定期限，到期时申请延期。而在许多发展中国家，无论是出版报刊还是广播电视都需申请许可证。

二是内容层面的管理。法律法规明令禁止刊发的任何内容，比如煽动暴乱、泄露国家机密、隐私、侵权等等。对广告的刊发同样有明确的规定，此外，各国政府还有特殊规定，美国联邦通讯委员会（FCC）对广播电视播出的内容有严格规定。最著名的莫过于"公正原则"在 1999 年修正案中规定"为有关公众关注的重大问题相互冲突的观点提供对等的讨论机会"②。还有保护儿童的原则，《1996 年电讯法》规定：所有电视机都必须植入"V 芯片"以便家长可以通过遥控器将少儿不宜的镜头滤去。

三是结构层面管理。对传媒结构层面管理最主要的手段是各国出台反垄断法，严禁几家媒体公司垄断全国媒体市场，保护公平竞争，保持观点多元。美国《1996 年电讯法》大幅放宽了媒体公司市场占有率，但规定任何一家媒体公司电视覆盖率不得超过 35%。

从世界各国媒介管理的实质看，管理手段都是法律和行政兼用，以美国为代表的完全商业化运行的体制，一般是以法律为主，行政调控为辅，以欧、日为代表的双轨制运作体制，一般是法律手段和行政调控并重。比如在英国，一方面英国议会对广播电视制定了非常严格的制度，另一方面英国政府在广播电视政策的制定和发展中起着举足轻重的导向性作用。很多政策直接影响到节目制作层面。任何一个重大结构性转变的酝酿和推出都要经历从专门调查委员会的研究报告到国会议案再到法案的过程。政府定期委任独立调查委员会，根据公众对广播电视的期望和未来发展对具体问题进行调查研究，并通过调查报告提出意见和建议。这些委员会在历史上对英国广播电视的发展产生过巨大的影响和推动作用③。

---

① 温飚：《英国广播公司的改革之路》，载《视听界》2004 年第 5 期。

② 《美国全文法令集》第 73 卷，第 557 页。

③ 唐亚明、王凌洁：《英国传媒体制》，南方日报出版社 2007 年版，第 152 页。

以中国为代表有限商业运作体制，近些年虽然不断强调要依法管理媒体，但目前依然显示行政调控为主，法律为辅。中国传媒业一直强调“以社会效益为主，经济手段为辅”的运行方针。在相当一段时间里，“社会效益”实际上指的是国家利益，确保国家安全、保证政令畅通成为传媒业的首要任务。进入新世纪以后，在“执政为民”“以人为本”的执政理念指导下，党中央强调传媒业要“贴近实际、贴近生活、贴近群众”的运行方针，意味着国家对传媒业管理的公众利益至上的原则得到确认。

第三节　新闻媒介的内部管理和运行

一、新闻媒介的决策、领导和监督机构

由于所有制形式不同，内部管理模式也不同。一般来说，私营的新闻媒介属于董事会领导制；公营的新闻媒介属于社会化领导制；国有的新闻媒介属于政府领导制。

1. 董事会领导制

其决策、领导、监督结构如下(图 14-1)：

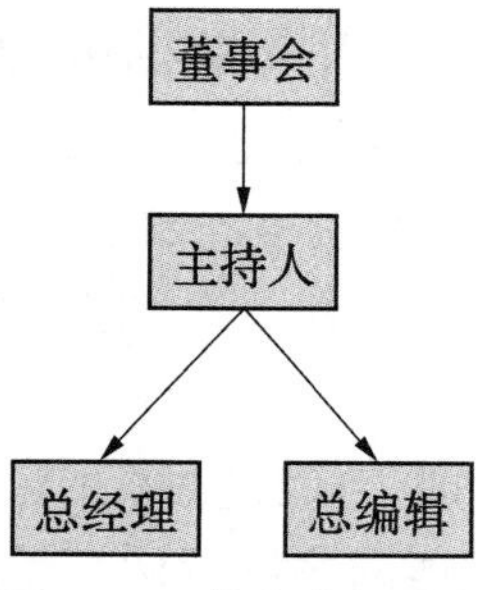

图 14-1　董事会领导制

比较大的私营新闻媒介多采取股份制。名义上股东大会是最高决策机构，但实际上分散的小股民对新闻媒介并无实际影响力，真正的决策机构是董事会。

董事会任命媒介的实际主持人(在大多数情况下，就是董事长)，

决定总经理、总编辑人选；决定新闻媒介的办报（台）方针；决定新闻媒介的预决算和财务分配。同时，董事会也是监督机构，监督媒介的运行，并根据实际情况，不断调整人选和经营方针。主持人，在报界又称发行人，实际领导媒介的日常运作，对外代表新闻媒介，向董事会提名总经理、总编辑人选；直接任命经理部、编辑部的主要业务干部；决定经营和编务上的重大问题。

总经理：主管媒介的经营。

总编辑：主管媒介的编辑业务。

在西方各国，由于私营新闻媒介以赢利为主要目的，广告和其他经营活动是其收入的全部来源，所以，总经理的地位比总编辑更重要。

在这种模式中，董事会作为最高决策机关，虽然也投票表决各种议案，但票数以股份数量计算，所以，实际上就是谁有钱谁就拥有最大的权力。

2. 社会化领导制

其决策、领导、监督结构以德国广播联盟为代表，图示如下（图 14–2）：

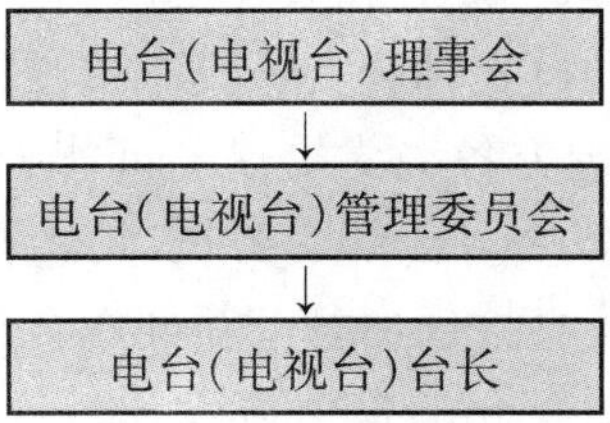

图 14–2　社会化领导制

理事会是电台、电视台最高决策机构，由大的民间团体和议会中各政党的代表组成，并由议会批准。理事会负责制定电台、电视台的基本原则，决定章程，向管理委员会推荐台长人选。

管理委员会是电台、电视台的监督机关，由社会知名人士、专家、技术人员组成。其职权是任命台长、与台长签订工作合同；审查年度预决算和年度工作报等并送理事会审查；监督电台、电视台的节目内容。

台长是整个电台、电视台业务工作的责任领导，对外则全权代表电台、电视台。

社会化模式的最大特点是，作为最高决策机关的理事会要吸纳各党各派各利益集团的代表参加，使其具有广泛的代表性；同时，尽可能不让政府染指电台、电视台的日常运作。

3. 政府领导制

这种模式图示如下(图 14-3):

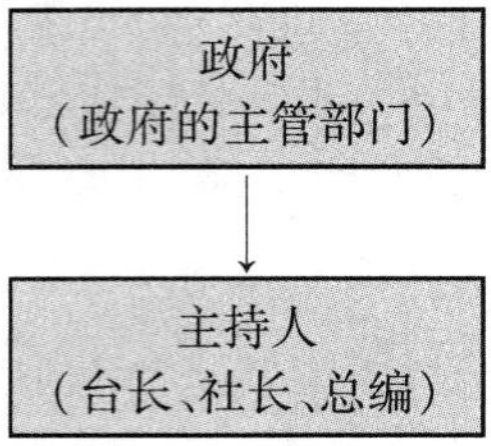

图 14-3　政府领导制

政府通过其主管部门任命报纸、电台、电视台的主要领导,决定新闻媒介的方针,负责财政拨款。

台长、社长或总编辑负责媒介的日常运作。

二、中国新闻媒介的决策、领导和监督机构

中国的新闻媒介是党、政府和人民的喉舌。这一基本性质决定了它采用“政府领导制”的模式,同时,还具有中国的特点。

在中国,党中央和地方各级党委是新闻媒介的最高决策机关。同时,中央宣传部和各地党委宣传部受委托,具体领导各级新闻媒介。党委(通过宣传部)批准或直接任命各个新闻媒介的主要负责人(一般是正职和副职);制定新闻媒介的报道方针,批准各阶段的报道计划;审查关系重大的新闻报道和重要评论;监督、审查财务收支情况。

在党的领导下,中国各新闻机构的内部领导机构有所不同,大致有两种运行方式。

1. 社长负责制(图 14-4)

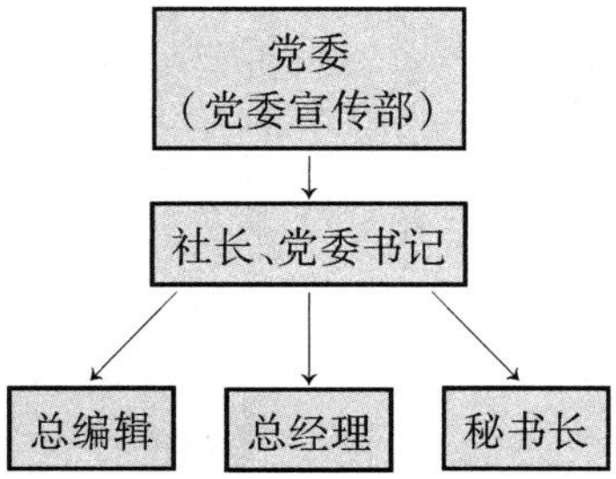

图 14-4　社长负责制

社长是报社的法人代表，和党委书记一起共同领导报社工作。一般地说，社长更多负责具体业务，党委书记分管党委、人事和纪律监督。总编辑负责每日的报纸出版；总经理负责广告和其他经营、财务收入；秘书长管理行政办公室和后勤保障办、对外联络。

这一模式的基本特点是在社长领导下，编务、经营、行政事务三者分工明确，尤其突出经营地位。各报业集团和南方地区（广东、福建、广西等地）多采用这一模式。

2. 总编辑负责制（图 14-5）

总编辑是报社的法人代表，和党委书记一起共同领导编委会，集体决定报社内一些重大事务。在总编辑下面，设若干副总编辑，分管各个部门。

这一模式自新中国成立以后，一直沿用下来。目前中国大多数报社还采用此种模式。

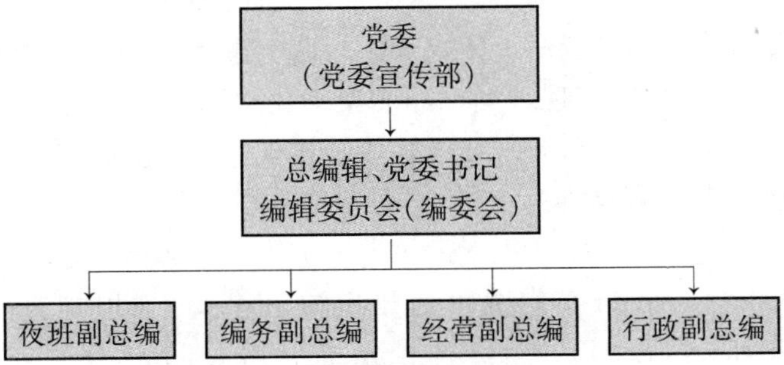

图 14-5　总编辑负责制

中国的电台、电视台在领导方式上和报社基本相同，稍有不同之处是，过去政府的行政主管部门在广播电视管理方面是在管理和指导电台、电视台的日常运作。而从 21 世纪以来，随着政府机构改革，广播电视台或与新闻出版局合并，或与文化局合并，已不再管理广播电视台的日常运作，只是负责广播电视台的职称考试、日常培训，或对某些节目尤其公益类节目作业务指导。

第四节　中央厨房的新闻生产模式

一、中央厨房：媒体融合的一种模式

2014年以来，党中央做出一系列部署，要求媒体机构整合新闻媒体资源，推动传统媒体和新兴媒体融合发展，着力打造一批具有强大实力和传播力、公信力、影响力的新型媒体集团。全媒体平台、中央编辑部，或“中央厨房”模式是传统媒体进行深度媒体融合、资源整合的一种机制，是对新闻产品形态、采编发生产流程和生产方式、组织架构、管理考核和盈利模式等的重构和再造，也是当前新老媒体融合的一种主要探索模式。

“中央厨房”这一概念源于连锁餐饮业，是企业集中采购、集约化生产成品或半成品的场所。传媒业引入这个概念，是希望借助数字化、智能化的技术平台，实现新闻产品的集约化生产和传播，整合资源，节约成本，提升生产效率，同时在内容传播过程中统一价值观，形成合力，增强媒体的舆论引导能力。

传媒业的全媒体实践探索最早始于美国。2000年，美国媒介综合集团(Media General)在佛罗里达州坦帕市建立了“坦帕新闻中心”(Tampa's News Center)，将《坦帕论坛报》、Tampa Bay Online(网站)、WFLA-TV(电视台)一起搬入办公，资源共享，协调指挥。我国媒体早期的全媒体探索是2007年成立的《广州日报》“滚动新闻部”和2008年烟台日报传媒集团组建的“全媒体新闻中心”，后者更接近当前“中央厨房式”媒体运作，即由全媒体记者采集包含文字、图片、音频、视频的素材，放入全媒体数据库中进行二次加工编辑，供传统媒体和新媒体使用。2015年以来，凭借重大新闻事件的集中策划报道，中央厨房模式获得广泛关注。《人民日报》的全媒体厨房在这一年两会期间共推出118个全媒体新闻产品，含一系列深度独家稿件、图片图表、视频、Html5(H5)等。随着重大新闻事件中的中央厨房运作手法越来越成熟以及宏观政策的支持，许多媒体集团纷纷在非常态化的试验中总结经验，尝试建立“中央厨房”的常态化生产机制，其中《人民日报》的“中央

厨房"机制是目前国内外传统媒体中较为先进、完备的媒体融合制度设计。截至2017年年底,全国有55家地级市以上各类媒体建立了"中央厨房"①,中央厨房正在逐渐成为媒体转型的"标配"。

二、中央厨房的主要类型

从目标诉求来看,当前的"中央厨房"实践可以分为聚合型和内控型两种主要类型(表14-1)②。

表14-1　中央厨房的两种类型

	聚　合　型	内　控　型
目　　标	以打造聚合平台为目的,通过内容、技术、渠道共享,构建媒体协作体	借助中央厨房实现媒体内部体制机制再造
一般路径	媒体围绕内容、技术建立合作,重点媒体聚合其他媒体、机构的内容生产资源,搭建平台,再将内容分发给其他媒体、机构	把媒体集团内各个子报、部门以及新媒体部门的记者、编辑、视觉、技术人员集中起来,成立全媒体新闻中心,进行统一管理、指挥调度
案　　例	《人民日报》打造"中国媒体融合云"平台,为合作媒体提供各种类型的内容生产、大数据运营与人工智能应用等定制服务,帮助其他媒体打造适合自己的"中央厨房"	《浙江日报》报业集团建立集舆情研判、统一采集、多种生成、多元分发、效果评估于一体的报道指挥中心;《解放军报》的融媒体指挥中心;《中国青年报》的"融媒小厨"等
	地方媒体如湖北广电集团"长江云",《广西日报》的"广西云"等整合地区媒体、政府、其他社会机构的信息资源,打造"新闻+政务+服务"综合平台,构建融合型媒体网络	重要新闻事件报道中临时设置的"中央厨房"也多属此类

三、基本架构和业务流程

过去我国新闻媒介实行的是条块分割的运作模式,媒体的各部门、媒体之间竞争多于合作,"壁垒"多于"融通"。相比之下,无论是聚合型还是内控型,中央厨房的基本理念都是希望"打通"媒体内部、不同媒体之间、媒体和其他社会系统间的壁垒,整合资源,借助开放和协作

①② 陈国权:《中国媒体"中央厨房"发展报告》,载《新闻记者》2018年第1期。

的平台，在业务层面实现“一次采集、多种生成、多元传播”的工作格局。其基本组织架构和业务流程如下图(图 14-6、图 14-7)①。

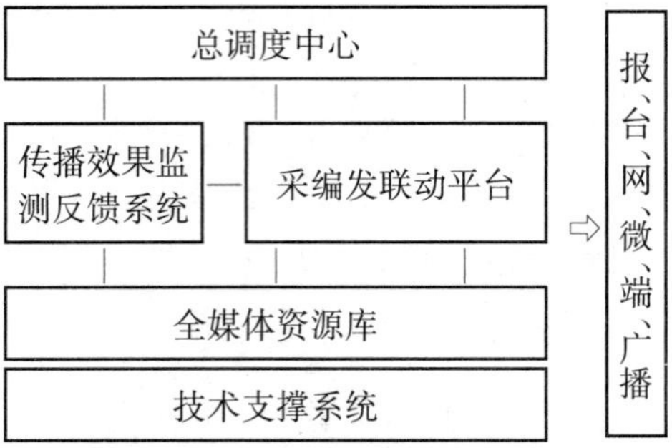

图 14-6　中央厨房的组织架构

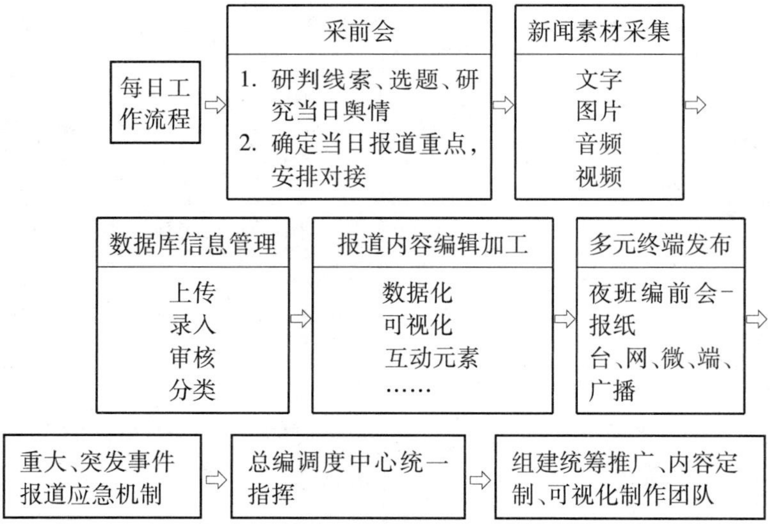

图 14-7　中央厨房新闻生产的基本模式

中央厨房组织架构的突出特点是：统筹调度是核心，技术平台是支撑。中央厨房模式的关键是统筹协调采编力量，特别是在一些重大、突发事件的报道上，通过专人实时监控、随时调度，可以第一时间进行

① 参见陈卫华、刘铁柱：《广电“中央厨房”解决方案在市级传媒集团的应用》，载《广播电视信息》2017 年 12 期；叶蓁蓁：《人民日报“中央厨房”有什么不一样》，人民网—新闻战线，2017 年 2 月 23 日；以及我指导的硕士研究生杨媛的毕业论文：《媒体“中央厨房”的新闻生产研究——以广州日报报业集团中央编辑部为例》(2017 年 4 月)；硕士研究生余茜的毕业论文：《传统主流媒体“媒体融合”的现状、路径和困境——以人民日报“中央厨房”工作机制为例》(2017 年 4 月)。

融合采集、加工、生产和传播,这一模式的优越性也更加凸显。技术系统使得所有新闻线索、选题策划、传播效果、运营效果都有数据支撑。数据化、移动化、智能化归根究底是为了让技术变得更简单、更方便、更廉价。《人民日报》中央厨房的“中国媒体融合云”技术平台为降低媒体融合门槛,打造了两套H5制作工具并完全开放,哪家单位需要做专业H5、VR或视频,可以直接在融合云上发包,全国媒体团队都可以使用技术工具“接包”,做完交付产品即可①。

依托中央厨房,过去报纸的“采编合一”开始转为“采编分离”,编辑的地位较过去更为重要。比如《人民日报》的地方部、经社部、政文部、体育部改为了完全的采访部门,原有的版面编辑任务移交总编室负责。记者在前方采访提供包括文字、图片、音频、视频等形式的“半成品”,编辑要将新闻素材加工成符合不同终端传播特点的新闻产品,有时还要就具体细节与前方记者保持沟通协调,并关注用户反馈,无论是记者还是编辑,工作量都有所增加。

在新闻内容生产和推送方面,流水线式的内容生产提高了新闻生产的效率,新闻全天滚动、全球传播成为常态。但也出现了内容同质化的现象,有些编辑为了省事,把已有的新闻直接复制粘贴到其他平台上。《中国地市报人》杂志在一次全国地市报“中央厨房”的调研中发现,虽然被调查媒体对“克隆报”“克隆新闻”都很反感,但现实中,这种现象还比较常见。有的主报和子报同日面孔一致,甚至标题、内容、作者、字号都一致②。

媒体中央厨房目前主要采用三种手段提升内容质量:一是建立工作室制度,如《人民日报》的融媒体工作室,鼓励不同部门的采编人员按照兴趣组合,项目制施工,释放全媒体内容生产能力;二是高频率的策划机制,如重大项目、重大节日的报道策划;三是寻求差异化的报道策略,实行“快、全、深”的操作模式,对同一新闻事件的报道,第一波抢时效,第二波求全面,第三波讲深度,突出滚动稿件与报纸稿件的差异性,在报纸端强化深度与延伸阅读。

在媒体中央厨房建设和运行过程中,目前已暴露出一些问题。中

① 叶蓁蓁:《人民日报“中央厨房”有什么不一样》,人民网—新闻战线,2017年2月23日。

② 高秉喜:《让“中央厨房”为提升地市报“四力”助威——对全国地市报“中央厨房”建设的调查与思考》,载《中国地市报人》2017年第3期。

央厨房的建设投入资金很大，一般都在亿元（人民币）以上，比较先进的都在数亿，而且后续的维修、改进、技术升级还需不断投入，一般中小媒体难以承受；在运作中，内部协调、人员、机构重新布局普遍存在矛盾，甚至冲突。因中央厨房不仅仅是对新闻生产线的重构，更主要是对媒体内外关系的重构，打乱了几十年甚至上百年以“部”为基础（例如采访部、编辑部、政文部、经济部、文体部等）的机构设置，这对新闻工作者的要求大幅度提高：从过去前宽后窄（大批记者在第一线采访，后台编辑只是配角）到前窄后宽（大大压缩第一线记者的数量，注重后台制作）；第一线记者从过去单一型必须变成全能型（各条线都要采访，采、写、编、摄一气呵成），而后台编辑也从单打独斗变成团队作战（编辑和技术人员协作进行数据挖掘和可视化表达）。因此，人才短缺成为各地中央厨房运作中最大的制约因素。为此，曾任南方报业集团董事长、社长的范以锦先生呼吁，各地各媒体在创建中央厨房时，应多点理性思考，不能一哄而上，要依据具体条件量力而行[①]。

---

① 范以锦：《“中央厨房”产品不是终极产品》，载《新闻与写作》2016年第3期。

第十五章

传媒业经营

传媒业作为企业,需要企业化运作。但传媒业又具有双重属性,不是一般意义上的企业。所以,传媒业的经营有许多特殊的理念和政策、方法。

第一节　传媒业经营的基本原则

从传媒业具有的双重属性出发,传媒业的经营活动逐步确立了三大基本原则。

一是普遍服务的原则。普遍服务的原则是传媒业公众利益至上理念在经营中的具体体现。普遍服务的基本要义是公平、公道地为全体人民提供信息等服务,而不考虑其成本。这无疑是超越市场的,这里的全体公民当然是指不分年龄、职业、地域、地位、收入、种族或民族,对全体公民一视同仁。以此作为标准,我国传媒业内盛行的所谓“有效发行”“有效收视”是违背普遍服务原则的。“有效发行”“有效收视”指的是要瞄准广告商眼中的消费群,只有针对这样的受众,广告商才愿意投放广告,而一批低收入群体、弱势群体因消费不起广告商提供的商品,于是成为“无效发行”“无效收视”人群而被传媒业所忽视。于是,这样的传媒成了富人的媒体,这种歧视性的经营背离了传媒业普遍服务的原则,理应抛弃,不应该提倡。

二是编营分离原则。一般的企业、产品生产和销售必须紧密联系在一起,适销对路是市场基本法则。但在传媒业,新闻生产和经营必然分开,在编辑部和广告部之间要筑起一道防火墙,防止广告经营部对编辑部的干扰,保证编辑的独立性,使新闻生产保持客观性、公正性。不管具体实施情况如何,编营分离是世界各国传媒业都遵守的一项原则,号称"国家"(经营部门)不得干涉"教堂"(编辑部门)。1996 年经过修订的美国职业新闻工作者协会伦理规范明白表述:"新闻与广告应分开,避免广告新闻。"①美国《巴尔的摩太阳报》的行政管理主编爱德华·休伊特(Edward D. Hewitt)针对"你们在报道时是否顾忌广告效果?听说你们美国报纸有时也会看大广告商脸色行事呢?"之类的问题,毫不犹豫地说:"我们从不考虑广告。在我们编辑部与他们广告部之间有一堵墙,这堵墙很高。广告部员工和编辑部员工是完全不同的。当我们的记者采访某工厂时,他绝对不会考虑这家公司是否是广告大户,你会看到报纸上有一些广告特刊,它看上去像副刊上的内容,但注明是广告。这些特刊都由广告部运作,和我们无关。我们的记者只管写新闻。公关部不愿失去金钱,而编辑部不愿失去读者。也正因为这样,你刚才问到的广告收入,我无法确切回答。"②

在中国,编营分离的原则同样得到认可和尊重,政府主管部门一再发文,强调新闻生产和经营活动分离,坚决制止"有偿新闻""广告新闻"。

在 1993 年 7 月《关于加强新闻队伍职业道德建设、禁止有偿新闻的通知》中,主管部门首先重申"新闻单位和新闻工作者要认清党和人民赋予的使命和职责,继承和发扬新闻工作的优良传统",在"不得接受"等具体要求之外,《通知》第三款明确提出"新闻和广告必须严格分开,不得以新闻报道的形式为被报道单位做广告",第四款又不避重复地再次提出"新闻报道与经营活动必须严格分开"。而 1997 年《关于禁止"有偿新闻"的若干规定》则规定得更为详细、直接。在列举新闻工作者或新闻单位"不得"的诸项规定之后,在第八、九、十款等分别进行具体描述"新闻报道与广告必须严格区别""新闻报道与赞助必须严格区分""新闻报道与经营活动必须严格分开"③。

---

①② 辜晓进:《走进美国大报》,南方日报出版社 2002 年版,第 315 页。

③ 以上各通知、规定、要求等,可参阅各年度的《中国新闻年鉴》,也可参阅新闻伦理类书籍附录,如中国人民大学教授蓝鸿文教授主编的《新闻伦理学简明教程》(中国人民大学出版社 2001 年版)等。

但近10年来，无论中国还是世界各国，不少媒体自我利益膨胀，“利润至上”的商业原则取代“公共利益至上”原则，编营分离的运作机制还受到严重威胁。

三是受众中心的原则。20世纪70年代以前，全球的媒体是以传者为中心而设立的，就是“我写你看，我播你听（看）”这样一种模式。中国传媒业情况更是如此，当时中国处于计划经济时代，处于短缺经济年代，传媒业也“按计划、有比例”来设计，一个省一家日报、一家电台、一家电视台，即一报两台。一名普通群众能看到报纸、能听到广播、能看到电视已是相当奢侈了，没有任何选择，也不可能有什么挑选。在西方，受众调查也会做，但也仅仅作为改进工作的参考。在西方各国，在商界包括传媒业的经销，盛行的是“4P”理论。它是由美国行销专家J.麦卡锡（McCarthy）1960年提出的，这个理论构建了传统市场营销策略的基本框架，包括产品（product）、价格（price）、渠道（place）和促销（promotion）四个要素：产品——注重开发产品功能；价格——根据不同的市场定位制定不同的价格策略；渠道——企业不直接面对消费者，而是注重培育经销商和建立销售网络，企业和消费者的联系通过分销商进行；促销——企业注重销售行为的改变来刺激消费者，以短期行为（如让利、买一送一等）促使消费增长。这个理论的基本点就是制造商控制整个流程。

从20世纪80年代开始，新创办的媒体不断出现。新办媒体为避开老牌媒体的锋芒，开始寻找特定受众，即媒体不是面向社会全体，而是面向其中特定一部分，这就是分众，分众有明确的传播对象（年龄、职业、性别、收入、区域等等），而这恰恰迎合了某些商品销售商的需要，这种分众广告更有针对性，而且价格便宜。随着新办媒体大量涌现，媒体竞争越发激烈。分众化不再是个别现象，而成为一种趋势，这种趋势意味着：传播开始从传者为中心向受者为中心转移。

1990年，美国的另一位营销专家劳特鹏（Lauterborn）提出营销的“4C”理论，即需求（consumer wants and need）、成本（cost）、方便（convenience）、沟通（communication）。消费者需求——企业应生产消费者所需要的产品而非自己能制造的产品；消费者愿意付出的成本——企业家要研究消费者的收入状况、消费习惯和同类产品的市场价，而非品牌策略；为消费者所提供的方便——销售的过程在于如何使消费者快速便捷地买到该产品，由此产生送货上门、电话订货、电视购物等新的销售行为;与消费者的沟通——消费者不只是单纯的受众也是新的传播者,必须实现企业与消费者的双向沟通,以谋求与消费者建立长久不散的关系。

通过"4C"理论可以看到,企业营销是以消费者为核心的,消费者的需求决定企业的经营方向和营销策略,当然也决定广告的内容和形式。以消费者为核心的营销理论就是整合营销。整合营销主张依据消费者的实际情况确立统一的传播目标,并综合运用各种传播手段,发挥不同传播工具的作用,以达到整体传播效果。

正是在这种理念的推动下,媒体高度重视自身品牌建立,高度重视媒体自身的定位,高度重视受众调查以及与受众的互动,追随受众的变化而不断创新。

第二节　传媒业经营的基本目标

传媒业的经营当然是争取受众,赢得市场份额,获取足够的利润,然而,无论在中国国内还是在全球范围内,传媒业的竞争日益加剧。在竞争如此激烈的市场上,每一家传媒靠什么来争取受众,赢得市场份额?从长远发展战略看,一靠传媒打造自己的核心竞争力;二靠传媒在受众心目中的公信力。

什么是核心竞争力?核心竞争力就是一家传媒超越其竞争对手的强项,这个强项就使一家传媒能占得市场先机,或稳固地占据市场相当份额。以通俗的话来说,就是一家媒体的绝活,是他人难以超越的独家武器。我们以号称世界传媒业龙头老大的时代华纳公司来看,它之所以能牢牢地长久地独占鳌头,就在于它拥有许多其他媒体难望其项背的独门绝活。截至2005年,时代华纳公司拥有:

● 全球发行量最大的新闻周刊——《时代》杂志,每期发行800万册。

● 全球影响最大的商务周刊——《财富》杂志,每年评选全球企业500强。

● 全球受众最广的有线新闻频道——CNN,拥有7 800万美国收视用户和全球212个国家及地区1.5亿用户。

- 全球受众最多的影视频道——HBO,拥有全美 8 000 万用户和全球 150 个国家和地区的用户。
- 全球最具影响力的影视制作商——华纳兄弟电影公司。
- 全球储量最大的影视片库。
- 全球的 CD 和 DVD 制作商。

当然还有其他的项目,仅仅上述七个项目,谁敢向时代华纳叫板?

在当今传媒市场上,凡是能长久不衰的,都因其具有核心竞争力。日本的《读卖新闻》《朝日新闻》长期霸占全球报纸发行量第一、第二的位置,除去其内容外,就是它们独具特色、行之有效的发行工作。前者在全球拥有 8 500 家《读卖新闻》专卖店和近 10 万名报纸专职销售人员;后者拥有 3 600 家《朝日新闻》专卖店和 88 000 名专职销售人员,深入到全日本每家每户,而且真正服务到家。

中国的中央电视台一套(新闻综合频道)和湖南卫视长期占据着收视率第一、第二的位置绝非偶然。央视以它精心制作的新闻节目和精彩的综艺、电视剧赢得观众,而湖南卫视以不断翻新的娱乐节目红遍全国。

没有核心竞争力,任何庞然大物都不过是泥足巨人,可能会一夜之间轰然倒下,法国维旺迪公司就是典型。维旺迪公司凭借其母公司的资金,从 1996 年开始,以 875 亿美元在全球疯狂收购媒体,打造维旺迪环球影视帝国。其业务范围涉及广电、报刊、电影、出版、音像、广告、互联网、主题公园、电信、能源、公交、水务等等,几乎无所不包,却无法有效实行资源整合,难以打造具有竞争力的媒体,几乎做什么亏什么,到 2002 年债务高达 290 亿美元,股价从 120 多法郎跌至 10 法郎左右,维旺迪总裁梅西埃一夜之间从民族英雄变成堕落天使,最后惨遭解职,新总裁上台以后调整战略,集中力量做收费电视业务,才稳住阵脚。

同样,原先的核心竞争力一旦丧失,媒体航空母舰就会像发动机被损坏而失去前进的动力。众所周知,迪士尼公司除了主题公园,就以动漫称雄世界,但 1997 年以后,迪士尼遭到新兴的动漫制作公司的挑战,景况一年不如一年。再加上内部纷争,搞得内乱外患,2004 年年初,美国有线电视运营商康卡斯特公司公开出价 660 亿美元收购迪士尼[①]。直到 2005 年,迪士尼新总裁罗伯特·伊格尔上任,重整动漫王国,其推

---

① 载《新闻晨报》2004 年 2 月 13 日。

出的新作在全球 10 大动漫 DVD 中占有 3 个,迪士尼才重新稳住阵脚。从这个意义上说,核心竞争力关系一家媒体的生死兴衰。

媒体的公信力就是公众对于一家媒体的信任度和忠诚度。我们在前面说过,任何一个媒体都要有一批核心受众,否则难以立足。媒体靠什么来稳定自己的核心受众并不断争取潜在的受众成为核心受众?就是靠公信力——获得受众长期的青睐和信任,并在一定程度上对媒体有归属感。比如说,读者几十年如一日订阅一份报刊;每天定时收看一个电视节目;在社会上对某些现象众说纷纭时,他们只相信一家媒体所言。

公信力和核心竞争力有相合之处,但也有很大区别。核心竞争力可以是单项的,所谓"一招鲜,吃遍天",而公信力却是全面的、整体的。现在,国内外的学者对媒体公信力制订了各种评判指标,有的 10 条,有的 20 条。但对于受众来说,能让受众信任的新闻媒体最关键的就是做到以下几条:

- 新闻真实、及时;
- 新闻有吸引力,满足受众的需要;
- 说真话,反映公众的要求,愿望;
- 敢担当,勇于揭露损害国家、公众利益的不良行为和不法之徒;
- 有责任心,对受众服务到位。

不同的媒体在公信力建设中会有不同的要求。但我们从国内外所有媒体的比较中可以看到,凡受众信任的媒体,上述 5 条是共同点。

公信力的建设是长年累月不懈追求和努力的结果,是与时俱进不断创新的结果。然而,几条不良新闻、几个不当举措却可以让信誉卓著的媒体毁于一旦。《纽约时报》号称美国历史的"档案记录报",可见读者对其新闻真实性的信赖。但 2003 年 5 月,该报一名 27 岁记者杰森·布莱尔被揭露制造了十几篇假新闻登在报上。此事一经公开,《纽约时报》的声望一落千丈。2003 年 7 月 3 日,该报发表 7 500 字长文,公开承认错误,也公开承认这一事件"导致本报跌入创刊 100 多年来最大的低谷"①。为此,两名常务主编引咎辞职。这一造假事件影响所及,不但损害《纽约时报》,也连累美国整个报业,报业公信力降到历史最低。

---

① 转引自《参考消息》2003 年 7 月 16 日。

打造媒体的核心竞争力，建设媒体的公信力，都是媒体经营管理的战略目标。这要从自身的条件出发，经过长期的努力来达成。从中国传媒业的实践来看，对于打造核心竞争力、建立公信力最有害的是急功近利的短视行为。为争一时的“眼球”，弄虚作假的“花边新闻”，小事大作的肆意炒作，追求“星、腥、性”的媚俗新闻，策划华而不实、愚弄受众的娱乐节目，虽然能赚得一时的轰动效应，但从根本上损害了媒体自身的形象，必然会激起社会的不良反应。

第三节　传媒业经营的基本路径

中国以及世界其他各国在传媒业经营的路径选择上，依据国情不同，各有自己的特色。然而，集约化、专业化以及跨区域、跨行业、跨媒体经营已成当前传媒业经营的三大基本潮流。

一、集约化

以最小的投入获得最大的产出，这是任何经营的基本原则。这一原则在市场经济的条件下必然促使企业走向集约化经营之路，传媒业的经营也不例外。

集约化经营就是走内涵发展之路，即合理化整合内部人、才、财和产、供、销的资源，不断开拓资源的利用价值，提高生产率。对于传媒业来说，集约化经营必然走向集团化经营。

从集团的组成看，全球传媒集团有两大类型：一类是单一的传媒集团，如报业集团、广播公司、出版集团等等；另一类是混合多媒体集团，包括报纸、杂志、广播电视、互联网、出版发行、影视制作、广告公关等等。前一类是专业化集团，把报纸或广播电视做深做细，尽可能做到极致；后一类是多种媒体的分工合作，协同作战。

无论是哪种类型，集团化作为一个整合平台，对集团内的人、财、物、产、供、销进行全面融合，把恰当的人才放在恰当的岗位上，人尽其才；一物多用，物尽其用，从而实现最小的投入最大的产出。

最早形成的报业集团是1892年成立的美国斯克里普家族拥有的

报团,当时有 5 家报纸在其麾下,到 1917 年已在 15 个州拥有 23 家报纸,但战后该报团逐渐衰落。在早期的报团中,有影响的是美国报业大王赫斯特集团,1904 年赫斯特拥有 6 家报纸,在其去世的 1951 年已拥有 18 家报纸,520 万订户,是美国第一大报团。英国早期的报业集团是哈斯沃斯(因受封为北岩勋爵,也称北岩集团),它拥有《每日邮报》《泰晤士报》等著名报纸,长期垄断英国报业市场。

进入 20 世纪 50 年代以后,世界各国尤其西方各国,报业集团快速发展,目前,西方各国的报业集团基本上垄断了报业市场。例如,美国前 10 家报业集团拥有全国五分之一的日报,却占有五分之四的报纸发行量。德国三大报业集团占有全德 70%以上的发行市场。日本五家报业集团占有全日本 90%以上的发行市场。

中国的传媒集团从 1996 年《广州日报》报业集团成立开始,到 2006 年共有报业集团 39 家,其中中央级报业集团两家,省级报业集团 23 家,省会城市及计划单位到市报业集团 14 家。从 2000 年开始,中国广播电视也开始集团化,先后成立 16 家广电集团,但从 2005 年开始,有些广电集团改称广电总部。而图书出版集团从 2000 年起步,到 2006 年已有 12 家出版集团。中国的传媒集团基本上是单一的专业化集团,基本上还没有跨媒体的传媒集团。不同于西方主要依靠市场实行集团化,中国传媒集团的组建主要依靠行政力量。这样组建的传媒集团往往是“集而不团”,增加了内部资源整合的难度。进入新世纪以后,中国传媒处于高速增长期,传媒集团基本上都采取粗放型的外延扩张方法来快速占领市场,而疏于内部的资源整合。从 2006 年开始,随着中央对文化体制改革的高度重视,传媒集团意识到,中国传媒业必须走集约化经营之路,开始重视内部资源整合。从 2012 年开始,传媒集团又踏上媒体融合之路。

二、专业化

专业化主要指广播电视针对特定受众设置特定的频道、频率。所以,也可以称为频道化、频率化。

专业化是从 20 世纪 80 年代后期从西方发达国家开始,到 90 年代末基本完成。实行专业化有两大基本因素:一是受众分化。不同年龄、职业、收入、地位、民族、区域的受众由于对广播电视节目需求不同出现分群化、小众化。二是由于新技术采用,包括卫星电视、有线电视、光纤电缆,尤其数码技术广泛应用,广播电视的频率、频道不再是稀缺资源,比如一条光纤电缆可以输送 1 200 套电视节目,有了社会需求,有了技术保障,广播电视的专业化成了顺理成章的事情。

在西方各国,率先实施专业化的是广播电台,尤其在 20 世纪 90 年代中期,电台采用数码音频广播取代模拟广播,接收更加方便、清晰,电台全部走向专业化,广播真正成为"窄播"——面向特定听众。以美国为例,电台节目分新闻、音乐、气象交通、体育、财经五大板块,每一板块下又细分许多类型。其中音乐台数量最多,边开车边听音乐,是开车人共同的选择,且音乐节目制作最简单。而音乐台又细分为流行音乐、途中音乐、乡村音乐、古典音乐、爵士乐、摇滚乐、怀旧音乐、黑人音乐、女性音乐、西班牙音乐等等。每一个听众都有自己喜爱的音乐。这样,每个台的听众数量不大,但听众层次清晰,听众固定,广告客户可以针对性地做广告,且广告收费低廉。

电视台的专业是和传输网络化同步进行的。世界上最早开播的专业频道是 1980 年美国电视大亨特纳的有线电视新闻网即 CNN,在当时还被业界嘲笑为"鸡汤面条网"(Chicken Noodle Network)。但到 20 世纪 90 年代中期,卫视传送和有线电视的光纤宽带网实施,使电视化专业化在 90 年代末在全球推广、普及。

电视专业频道以新闻、影视、体育、时尚、综艺节目为大,尤其影视是专业频道中数量最大的。电视有了小众化的专业频道,大众化的综合频道照旧,在世界绝大多数国家,大众化的综合频道都是区域性的(或称地方性的),一般是一城一地,而专业化频道基本上面向全国,造成"大众化小空间,小众化大空间"的竞争格局。

中国的频道、频率专业化从 20 世纪 80 年代起步。80 年代中期以后,广播以珠江经济台成立为标志,率先打破了综合台一统天下的局面,经济台、文艺台、交通台等系列台模式逐步风靡全国。到 21 世纪初,电台的频率专业化已基本上实现。新闻台、音乐台、戏曲台、经济台(财经台)、老少台(老人和少儿)等是比较普遍的。电视台的频道专业化,从 90 年代中期开始,那就是有线台的开播,财经频道、音乐戏曲频道、影视频道、体育频道、生活时尚频道等专业频道相继在各地问世。到 20 世纪末,随着台网分离(电视台与有线网络台)、无线与有线合并,各地广电集团成立,频道专业化加速。到 2003 年中期,全国已基本实现频道专业化,比如中央台已有 14 套节目,除中央一台是综合频道外,还有经济、体育、戏曲、电视剧、电影、外语等专业频道。全国各地方专业频道也基本如此。

但中国广电的专业化有一个先天缺陷,除了中央电台电视台所有频率频道各有一个卫视频道面向全国外,其他 95% 以上的频率频道都是区域性的,也就是大众化频道频率和小众化频道频率都在同一个区域内,这就造成三大问题。

（1）频道、频率设置雷同。从中央到各省、市所设置的频道、频率连名称都大同小异,有特色的频道、频率极少。像美国叫得响的著名频道:探索、野生动物、MTV、卡通、历史、ESPN、HBO,目前在中国两千多个频道中一个也没有。

（2）节目回放率过高。一档比较精彩的体育比赛往往反复播出四五次或更多;影视节目反复播出 5 次、10 次,原因就在于节目制作难以与频道、频率专业化相匹配;片库存储的资源少。

（3）专业化程度低。在中国,专业化频道和综合频道都在同一区域内,那么专业频道为了拉高收视率,不得不向综合化方向蜕变,造成专业频道成为准综合频道。比如,各地方的专业台几乎都播放电视剧,因为电视剧一般是收视率比较高的节目。

要改变目前的状况,需要采取一系列举措,从体制创新(比如制播分离、打破垄断局面等)、理念更新、赢利模式改变,到频道的进一步整合等。

三、跨媒体、跨行业、跨区域经营

跨媒体即广播、电视、报纸、杂志、互联网不同媒体组建成一个集团公司;跨区域即跨越国界、跨越同一个国家不同行政区,在异地开展经营;跨行业即传媒业外的资金、人才大批进入传媒业,尤其是电讯、金融业进入传媒最为普遍。

从全球传媒业发展情况看,“三跨”是促使传媒业迅速做大做强的不二法门。美国传媒业巨头维亚康姆(Viacom)就是典型。

在 20 世纪 80 年代中期,该公司只不过是个经营汽车电影院(坐在小车里看露天电影)的中型公司,公司名称是国家娱乐公司,整个资产只有 4 亿美元。1986 年,以雷石东为董事长的国家娱乐公园收购了

Viacom 公司。1994 年 Viacom 公司花 140 亿美元的价格收购了美国顶尖的电影制片公司派拉蒙公司;1999 年又以 230 亿美元的巨价收购了 CBS。三次兼并,一次一大跳跃,Viacom 成为全美国乃至全世界最著名的媒体巨头之一。

进入 20 世纪 90 年代,尤其是美国《1996 年电信法》颁布之后,传媒业掀起了一股兼并浪潮。传媒业跨媒体、跨区域、跨行业的经营成为一股全球化浪潮。

“三跨”经营,可以壮大自身实力,迅速占领市场,为客户提供全方位服务。例如,2001 年 6 月,Viacom 和著名大公司宝洁公司签署一个捆绑式广告协议,宝洁公司向 Viacom 支付 3 亿美元的广告费,因为宝洁公司的产品有老中青少不同年龄段的产品。而 Viacom 旗下的电视频道中,Nickelodeon 对准 2—14 岁群体,MTV 吸引着 15—34 岁群体,Showtime 的观众是 25—45 岁的群体,同时 Viacom 还拥有全美最大的户外广告公司、CBS 无线电综合电视频道。这将使宝洁公司可以充分利用较低的整体行销成本,通过一站式的广告服务,整体性覆盖不同年龄层次的消费者①。

“三跨”经营另一个优势是打造一个完整的产值链。无论是哪种类型的集团化,都需要打造一个完整的产业链。产业链是在一个总部(总公司)领导下由多个部门(或分公司)组成的使产品不断增值的过程。在这样一条产业链上,每一个部门都生产自己的产品供应市场,同时也为下一个部门生产新产品提供准备。例如迪士尼公司出口的动漫片《狮子王》,还未公演,就由公司的广告部门在全美继而在全球造势,结果未演先热,造成轰动。在电影放映的同时,开始改编成电视剧,并在迪士尼所拥有的 ABC 广播网上播出。《狮子王》热播之中,迪士尼的主题公园里《狮子王》中所有动物粉墨登场,吸引大批观众。然后,制作成动漫连环画上书店销售,出 DVD、出 CD 供应市场,再把《狮子王》中所有造型动物制作成各色儿童玩具,与麦当劳快餐店联手推出。再后来,《狮子王》改编成音乐剧,在全球巡回演出。2006 年 8 月该剧组在上海大剧院公演,在上海造成不小轰动。最后还有一笔收入:把《狮子王》的动物造型专利权拍卖给相关公司,成为 T 恤衫上的图案。《狮子王》一路走下来,路越走越长,路越长身价越高,在产业链的每一个

① 李亦非:《世界传媒集团 Viacom 的传媒并购纵横谈》,载《中国广告》2002 年第 4 期。

环节上都赚到大把的钱。

中国政府2003年在进行文化体制改革试点的文件中允许并鼓励包括传媒业在内的文化产业以资产为纽带,运用市场机制,推动兼并、联合、重组,实行跨媒体、跨行业、跨区域经营。在此政策鼓励下,一批“三跨”媒体应运而生,“第一财经”是其代表作。“第一财经”由上海文广集团(上海)、《广州日报》报业集团和《北京青年报》共同出资创办,包括《第一财经日报》、第一财经电视频道、第一财经电台频率,但从总体上看,“三跨”经营在中国目前还不成气候,还需要在体制上、机制上采取相应的配套措施才能逐步推行。

第四节 互联网宣告精准营销的来临

营销的目的是把潜在的消费者变成实际的购买者。但是,对于商家来说,潜在的消费者在哪里呢?怎么才能把商家的信息推送到这些潜在消费者面前呢?这在过去实在是大难题。为此,商家只能采取“广而告之”的方式来推送信息。那些大企业就找收视率高的电视节目、发行量大的报纸来做广告。至于到底有多少人看了广告,什么样类型的人看广告,是无法精确计算的。这种的广告效果是一种“广种薄收”式的营销。

互联网为营销开创了全新的方式,这就是精准营销。精准营销就是商家把营销信息推送到商家所认定的目标消费者面前。这是理想的营销模式。互联网正在逐步实现这样的理想模式。就像前面所说,新媒体作为个人化媒体,标志着媒体小众化时代真正来临。各人依照他们各自的年龄、性别、地域、职业、社会地位、收入、文化程度等来阅看网络上的信息。物以类聚,人以群分,在各个专业网站、在各个栏目下,团聚着一群志趣相投的人,他们有共同的志趣偏好,为精准营销提供了可能性。

当然,要准确地找到适合特定商家、特定的目标消费群也绝非易事。从一定意义上说,精准营销比粗放营销困难得多。因为精准营销不但要在海量用户中寻找到那么几群、十几群适合特定商家的特定目标消费群,而且还得非常仔细地研究他们独特的接受营销信息的模式。

在互联网时代，与精准营销相关的营销模式还有“长尾理论”。“长尾理论”由美国《连线》杂志主编克里斯·安德森在2004年提出。“长尾理论”是研究消费者的个性化需要和处理所谓“冷门”商品的理论。由于销售成本，过去商家只热衷销售需求旺、数量大的热销商品，对个别人、极少数需要的商品不予理会，从而变成“冷门”商品，形成销售顾头不顾尾现象。网络销售出现，使得营销成本大大降低。一切冷门商品，只要有卖，就会有人买，由此满足极少数消费者需求。由于冷门商品品种多，每一种销量少，形成长长的销售曲线，就像一条长长的尾巴。但积少成多，对商家来说，最终产生良好业绩。比如美国亚马逊网络书城，有四分之一的销售额来自排名10万名以后的书。

第十六章

新闻媒介的受众

如前所述,新闻媒介的功能定位和受众定位是媒介经营策划的两大支点。如果说前面所讲的功能定位更多的是着眼于媒介性质,由媒介主持人(主办者)自身的主观愿望确定,带有更多的以“传者为中心”的主观色彩的话,那么,受众,作为一种广泛性、客观性的存在,作为传播活动的起始点与最终归宿的对象,更多地表现为一种实实在在的、不以任何主观意志为转移的客观性的制约。它与功能定位在一起,相辅相成,共同决定着媒介传播的内容、风格和整体面貌,并最终决定着媒介传播的成败得失。

研究受众、重视受众、了解受众的兴趣和需要,已经成为今天所有媒介从业人员的共识和必需。

第一节 受众是谁

受众本身是一个中性的概念,只是表明它作为媒介信息接受者的地位。任何媒介自诞生之始就必须面对受众,依存于受众。媒介如何看待受众不但决定了媒介和受众的关系,而且在相当大的程度上决定了媒介的编辑方针、内容特点、风格定位、运作模式和操作方法,甚至进一步决定了媒介的发展方向和它在社会历史发展进程中所扮演的角色。媒介受众观的演变伴随着媒介发展和变革的过程,两者相互作用,又互为因果。因此可以说,当代新闻媒介变革的每一步在一定意义上都取决于媒介受众观的革新变化。明确的受众定义、概念和范围是现代大众传播学的产物。但实际上,任何时代、任何类型的媒介自诞生之初便与各自的受众相依存,这是每个媒介主持人、传播者都明了的道理。但纵观新闻媒介所走过的历程,不同所有制、不同类型、不同时代的媒介主持人和媒介传播者的受众观却并不一致。也就是说,在他们眼中,受众有着不同的身份,也正是依据这不同的身份,媒介采取了各自不同的方针,表现出各自不同的特点。

1. 受众是学生

在媒介面前,受众是受教育对象。媒介的内容如同课堂上的教科书,要给受众以丰富的知识和先进的思想,媒介肩负教导受众的责任。媒介工作者的角色就像学校的教师,其职责为尽可能甚至要确保媒介内容是严肃的、负责的,媒介发表的每一句话最好都是有教育意义的。虽然如同学校教育之教学相长的原理,媒介及其工作者也会倾听受众的意见和呼声,从而改进自身的工作,但这多少有自上而下的"俯就"意味,纵然先当学生或暂时当一回学生,向受众求教,其目的是为了更好地当教师。媒介和受众最终定位于教育者和被教育者的关系。

新闻传媒的确具备教育指导功能,而且在特定的历史时期基于特定的社会发展需要,这种教育引导功能显得更为重要,尤其是在激烈的社会变革期,先进的政党、先进的知识分子往往以媒介为启迪民智的工具,这一点中外皆然。特别在中国近代历史上,自王韬办《循环日报》始,无论是维新变法时期,还是以孙中山等人为代表的资产阶级民主革命派的报刊活动,直至中国共产党人的新闻实践,处于社会变革甚至是激烈的社会革命时期,改革者和革命者往往侧重于报刊的教育启蒙功能,以宣传先进的、革命的理念,宣传本党的路线、方针、政策,教育、指导大众为己任,以报刊为"国民教育之大机关"①(《浙江潮》第4期),"对于国民而为其向导"②(梁启超《敬告我同业诸君》),直至认为"报纸是人民的教科书"③。必须承认,在特定历史时期,针对特定的历史需要,媒介的这种受众观有其不可否认的内在合理性。革命实践事实也证明,在许多情况下,媒介工作者成功充当了教师,媒介甚至起到了

---

①② 转引自方汉奇:《中国近代传播思想的衍变》,载《新闻与传播研究》1994年第1期。

③ 胡乔木:《报纸是人民的教科书》,《中国新闻史文集》,上海人民出版社1987年版,第257页。

社会“灯塔”的作用。

但媒介的本质属性是社会的耳目,是社会信息交流沟通的工具。更多时候它首先是“探照灯”,报告社会的最新变化。因此,教育是其附属的功能,不是第一位的,更不是全部的功能。这就决定了从长远和整体来看,媒介不能只把受众当作学生,这只有在特定时期承担特殊使命的媒介方才适用。

2. 受众是接受指挥的芸芸众生

在这里,报纸甚至所有的传媒俨然是不见面的指导员,甚至是不见面的司令员。报纸的内容就是指示、命令,媒介上的内容不只是生硬,有时简直就是杀气腾腾。受众已不仅仅是应声而倒的靶子,甚至成了无知的“阿斗”,必须确信媒介上字字句句是“真理”。受众被剥夺了最起码的自尊,更谈不上自由和权利了。第二次世界大战期间法西斯主义的新闻理念,我国文化大革命时期林彪、“四人帮”反革命集团所掌握的媒介工具及其实践,都是这种受众观的印证。而人们也从这种媒介受众观的痛苦教训中获得觉悟,把它彻底扫进了历史的垃圾堆。

3. 受众是消费者

这是一切商业性媒介最容易接受也最愿意信奉的受众观。在这里,媒介等同于企业,执行利润最大化原则。对于媒介,一如对于企业,高扬消费者至上的旗帜,满足受众需要、捍卫受众权利与满足消费者需要、保障消费者权益没有本质的区别。而其根本目的在于,通过争取消费者、争取广告,获取最终的利润。在这个过程中,存在着二次买卖和消费,受众不仅消费了媒介产品,同时也不自觉地消费了媒介刊登(播发)的广告,成为广告产品潜在的消费者。所以,尽管媒介工作者有时甚或常常像是谦恭的服务员,但实质上永远是经营者、企业家、中间商。它的直接目的就是出售媒介产品,最终目的则是出售广告。

对于商业性或具有商业化倾向的媒介,广告与市场是主宰,发行量、收视率等标志着受众群的量化指针,已成为生命线。企业的利益最大化原则转化为对受众群的追逐。而媒介产品生产和销售也不可避免地执行市场经济商品的大数原则和通用原则。即什么商品最好销,消费群最大,就生产什么。而不是像对待公民那样,基于公众利益,照顾少数人的兴趣和观点。市场经济条件下,人们的兴趣观点以及利益要求各异,最大共同点在哪里呢? 媒介的选择是: 娱乐。这样一来,娱乐化成为商业性媒介的共同趋向。

4. 受众是公民

这是国有或公营媒介的受众观。公民，在现代社会，则不仅是一个法律上的术语，它更是现代民主政治的产物，是基于维护个人权利和人民主权原则的现代宪政体系中的核心概念。把公民概念引入媒介受众观（无论是自觉还是不自觉），把受众看成公民以维护公民权作为媒介责任和运营基础，是现代民主政治发展和市场经济内在运作机制在媒介观上的折射和反映。在西方媒介史上把受众当作公民，在理论上集中体现为社会责任论的出现。在媒介运作模式上最有代表性的是欧美各国的公共广播电视业，在法律上则突出表现为现代知情权（知晓权）在观念上的提出和在法律上的确认。

第二节　受众是新闻媒介的参与者

受众是传播学意义上的特定概念，它由原始的演讲的听众、戏剧的观众一词演化而来，在传播学上，泛指媒介信息的接受者。在大众传播领域里，受众指的是大众传播媒介信息的接受者，其中最主要的是指三大新闻媒介即报纸的读者、广播的听众和电视的观众。

在相当长的一段时期内，人们把新闻媒介的运作仅仅看成它的主持人和记者、编辑的劳作而已，对受众的作用认识不足。最具代表性的理论就是 20 世纪 30 年代盛行的"魔弹论"——把受众看作被动的接受者，只是无条件地接受传媒提供的任何信息和宣传。与此相对应，传者（主持人和记者、编辑）是整个新闻传播过程的中心，即"传者中心论"。但是，随着大众传媒的多样化和媒介竞争的日趋激烈，同时，也伴随着传播学研究的深入，人们发现，事实与最初的想法不同，甚至可以说截然相反。受众并不是消极被动的接受者，相反，他们是积极的参与者，甚至可以说，是整个新闻传播活动最为活跃的决定性因素。在新闻传播活动的各个环节，受众都或明或暗、或强或弱地起着各种制约作用。

受众对于新闻媒介整个运作的参与，并不是说他们都到媒介内部来当记者、编辑，而是以各种形式的反馈向记者、编辑，向媒介的决策者发出他们的“指令”。这些指令通过多种形式和途径,例如,新闻媒介在内容和形式方面在对受众作调查过程中受众明确表达的态度;受众在有关座谈会上公开发表的意见;受众平时的来信来电等。但是,受众对新闻媒介最经常、最权威的评价就是对各种各样媒介的接触程度,即报纸的发行量、电台节目的收听率、电视节目的收视率。发行量、收听率、收视率是新闻媒介的生命线。而这条生命线就掌握在受众手里。

那么,受众对于新闻媒介有哪些决定性的影响呢?主要表现在四个方面。

1. 决定着新闻媒介内容的取舍

从表面上看,新闻媒介内容的取舍是由媒介的负责人,由记者、编辑决定。但从长远看,从整体上看,新闻媒介内容的最后取舍权属于受众。任何信息的发布必须从满足受众实际需要出发,任何宣传同样必须从顾及受众所能接受的实际程度出发,否则就真的成了“对牛弹琴”。

2. 决定着新闻媒介的风格定位

我们曾在第八章“新闻媒介的性质”第一节中讲过,北京、上海、广州三家晚报各有鲜明的风格。这种风格的定位看似报人长年累月探索、实践的结晶,而实际上,正是报人从三个不同地域读者的心理定势和阅读习惯的实际出发的经验总结。读者的文化底蕴决定了报纸的风格。

3. 决定着每条新闻(评论)的意义

当记者、编辑按照一定规则和生产流程,把新闻(评论)公开发表出来,能达到预想的效果——受众毫无抗拒地全盘接受吗?事实上并非如此,受众有着“选择性认知”。英国著名学者霍尔提出了“编码—译码”模式①,编码就是记者编辑按照自身意图用文字、视频、图片等方式编辑成一条新闻(或评论),向社会传播;译码就是受众按照自己的理解来接收、解读这条新闻(或评论)。

编码—译码的互动有三种可能:第一种,受众“完全、直接地接受其内涵意义”,这当然是编辑们想象中的最理想状况,霍尔称之为“完全不失真的传播”②。第二种是协商式的代码或立场,就是基本接受其

---

①② 张国良主编:《20世纪传播学经典文本——编码/译码》,复旦大学出版社2003年版,第423—425页。

内涵意义，但有一些修正、补充或保留。第三种是对抗式的，“他或她以自己喜欢的代码分解讯息，将讯息在另一种参照体系中重新组合”①。对新闻（或评论）产生质疑，并试图重新加以解释。在传统媒体时代，受众当然有反馈，但反馈比较慢或间接。在互联网时代，网络媒体上的每一条新闻、评论，我们都可以看到网民在评论区立即产生互动，基本上就是这三种态度。正如霍尔所指出，“正是经过译码后获得的意义，才能产生‘效果’，对人们施加影响，为人们提供娱乐，起到教导或说服作用，从而造成非常复杂的感性上、认识上、情感上和意识形态上及行为上的后果”②。

4. 决定着新闻媒介变革的方向和进程

不断变革是新闻媒介的一个特点，无论报纸的版面安排、专栏设置还是电台、电视台的栏目更换，可以说，一年一个样，三年大变样。变革的依据何在？归根到底在于新闻媒介不断追逐受众的新需求。是受众迫使新闻媒介不断变更，并按照受众的需要进行变革。

5. 受众是传媒财富之源、传媒权力之源

追逐利润是传媒的基本宗旨和终极目标。从表面上看，广告是媒体（除公共媒体外）主要的收入来源。然而，广告客户愿意付出大笔广告费并不意在媒体本身，而在于媒体所拥有的受众。所以，对于媒体来说，谁拥有受众，谁就拥有广告，谁就拥有利润。媒体获取利润的全部秘密就在于：它向广告客户出售受众——卖出受众，收入广告费。对于报纸来说，它的秘密在于两次出售——向读者出售报纸，然后向广告商出售读者。除了付费电视，电台、电视台都是免费向听众、观众播出各类节目，他们的收入就是依靠广告。而广告收费的依据就是电台、电视台的听众和观众的收听率、收视率。

无论是媒体通过各种节目尽可能多地聚集受众，然后去寻找相应广告商，还是主动为广告商度身定制节目去聚集受众，有一点是共同的：把受众当商品。正如加拿大的政治经济批判学者斯密塞所指出的，在后工业条件下，受众实际上已成为一种商品，大众媒介其实就是这种商品的生产者，而广告商是买主。坐在电视机前的观众、报纸的读者在阅看的同时正在承担把自身生产成商品的角色。媒介向广告商出

①② 张国良主编：《20 世纪传播学经典文本——编码/译码》，复旦大学出版社 2003 年版，第 423—425 页。

售的也不是物质形态的空间，而是所谓的特殊商品——受众①。

在西方各国，大众传媒号称“第四势力”，无论是政界还是商界，各行各业都不能无视传媒的力量。这并非媒体自身有什么了不起的权利，而是媒体背后庞大的受众是强大的舆论影响力。西方号称是民主制度，民众的力量是任何政府不敢小视的。无论是政府主要官员上台，议会议员的当选，还是政府的重大举措，民众手中握有的选票具有最后的发言权。

西方的大众传媒尤其那些主流媒体总是顺应并力图代表、反映主流意见，以此获得对政府、大企业的影响力，以此构筑它们号称的“第四势力”。在其他国家，传媒虽然不自称“第四势力”，但其影响力谁也不敢小视，尤其是拥有大量受众的传媒，社会上方方面面都对它们敬重有加，这就是因为传媒拥有庞大的受众。

从中外新闻史上看，重视受众是一切新闻媒介兴旺发达的起点。重视受众的新闻媒介不一定是非常成功的媒介，因为新闻媒介的成功还有其他因素，但不重视受众的新闻媒介绝不会是兴旺发达的媒介。

毋庸讳言，中国的新闻媒介在相当长一段时间内是以传者为中心的，媒介生产什么，就要求受众接受什么。1956 年当代中国著名的新闻学教授王中提出“读者需要论”，以后长期被当作资产阶级观点加以批判，直到党的十一届三中全会以后才得以确认。但对受众的真正重视和尊重，那是在党的十四大召开以后，当新闻媒介真正走向市场、参与市场竞争以后，新闻媒介的从业人员才懂得，受众是新闻媒介的“衣食父母”，是新闻媒介真正的“上帝”。中国的新闻媒介从这时候开始了从以传者为中心逐步以向受者为中心的过渡。伴随着这一过渡，新闻媒介更加重视受众的调查，真心实意地倾听受众各种形式的反馈。

第三节　受众的特点

意识到了受众对于新闻媒介工作的重要性，作为新闻传媒的从业

① ［加］文森特·莫斯可：《传播政治经济学》，胡正荣等译，华夏出版社 2000 年版，第 144 页。

人员就有必要更深入细致地了解、认识受众的特性以及受众的不同信息需求特点。

一、新闻媒介受众的特征

新闻媒介与其他传播方式（如人际传播、组织传播等）相比较，它的受众表现出某些独有的特征。

1．广泛性

这是指受众成员组合和地域分布上的广泛性。新闻媒介是面向全社会开放的。从广义上讲，所有的社会成员都是新闻媒介现实或潜在的受众群，无论种族、性别、年龄、职业，这时他们都只有一个共同的身份——新闻媒介的受众。新闻传播的广泛也使受众超越了地域的间隔，在相同或相近的时间里聚合而为传媒信息的接受者。当年全球有数亿电视观众在荧屏前同时目睹了“挑战者”号爆炸的悲壮瞬间；不久，全世界不同国别的观众又同样通过新闻报道关注着南联盟动荡、伊拉克的战争风云；当第十六届世界杯足球赛开赛的一刻，从遥远的阿尔卑斯山麓到炎热的海地岛，全世界球迷就聚集在电视机前守候着心中的盛典。新闻传播的高度开放性和由之而来的受众的广泛性是其他传媒难以比拟的。

2．混杂性

也正因为新闻媒介受众成员广泛地分布在全社会的各个角落，造就了受众群体成员的混杂性特征。他们在同为传媒受众这一点上是同一的，但他们彼此之间又存在着许多明显的个体差异，如身份、地位的悬殊，贫富的差别，文化教育程度、价值观念的不同等，可谓千差万别。这种混杂必然造成他们各自的兴趣爱好和信息需求的丰富、多样。这既给新闻媒介满足受众需要带来了相当的难度，但同时也为新闻传媒发展的多样性奠定了受众基础。

3．隐蔽性

尽管分散的受众成员有时也采用各种形式直接、间接参与新闻媒体工作，如加入受众参与类节目，来信、来电反映意见和要求，或参与、接受媒体组织的受众调查等，但在总体上，受众对于新闻媒介来说，是不见面的，是一种笼统的、隐蔽的存在。新闻媒介执行的是宽泛的大众传播，媒介与分散的受众成员很难进行直接的双向交流，媒体也很难确知具体的受众的个体特征，只能依赖经常性的大范围的受众调查，通过受众反馈把握受众总体特性和其相关要求。随着历史的发展，特别是伴随社会的变化和时代的进步，在不同历史时期，受众也呈现出不同的特性和相应的信息需求特征。以我国受众来说，改革开放40多年来，特别是进入20世纪90年代以来，无论是受众群体自身还是相关的信息需求都出现了许多新的趋势和特点。

二、当代中国受众的群体信息需求变化

中国当代的社会改革是围绕着体制转轨和社会转型同步展开的，即从计划经济向社会主义市场经济体制转轨，从旧有的、封闭落后的农业社会向现代开放的工业社会转型。在此总体变迁的框架之下，引发了当代中国受众的群体和群体信息需求变化。

1. 在急剧的社会变动和开放的社会联系面前，受众表现出旺盛的信息需求，求新、求变之心表现得尤为强烈

计划经济体制下，社会封闭、稳定，受众与外界联系少，外界变动对其切身利益影响也不大，这使得整个受众群体信息需求不旺。随着开放的市场经济的到来，整个社会处于较剧烈的变动期，每天甚至每时每刻都可能涌现出新的事物、新的现象。同时，开放社会中受众与外界的联络和交往变得越来越频繁。社会变革的深入和社会交往的增加，使外界环境变化与受众自身利益的联系日益紧密。这就带动、引发了受众强烈的信息需求，使之急欲求新、求变，从而及时、准确了解外界最新变动。有调查表明，对国际新闻感兴趣的受众已从20世纪80年代集中在知识分子阶层，转而到90年代延伸扩大至很多农村受众。这也从一个侧面证明，社会开放度增加带动受众信息需求面的扩大，受众对新闻媒体的接触频率也在同时大幅度上升①。今天的中国受众，求知欲更强，敏感度更高，眼界更开阔，这给新闻媒介的发展带来了良好的机遇。

2. 市场经济条件下决策主体增加，带来受众对硬性的决策参考性信息的需求增加

计划经济体制，一切都由国家包办，政府握有唯一的决策权，是唯

---

① 廖圣清：《中国受众与新闻媒介——从15年来受众调查看获取新闻主渠道对传媒总体评价的变迁》，载《新闻大学》1997年夏季号。

一的决策者，企业、公众当然也就缺乏旺盛的决策信息要求。但随着向市场经济体制转轨，决策权相应分散，政府、企业、家族成了相对独立的决策主体，拥有各自的决策权，也就产生了对相应的决策参考信息的需求：政府需要了解社会变动和政策施行的反馈信息以及时调整宏观决策；分散的千百万个家庭需要了解国家的经济形势和与百姓相关的方针政策，以确定家庭余钱的投资去向；至于企业，作为自负盈亏的独立法人和市场主体，决策对错，生死攸关，更是迫切需要确知市场行情和外界（国际、国内、本地）重大政治、经济、社会、文化等方面的最新变动和变动的影响、意义，以便做出正确的经营决策……这说明，市场经济条件下，决策主体呈现出多元化的特点，决策重要性增加，相应地，受众对于决策富有参考价值的硬新闻和解释性、指导性信息需求转旺。如进入 20 世纪 90 年代，有调查表明，受众对国内政治、经济新闻的兴趣相对 10 年前显著增加，有超过 90%以上的读者对国内重大人事变动表示出了兴趣，全国有 68. 5%的读者对市场信息感兴趣等①。这对新闻媒介是一个重要的启示：在市场经济确立的过程中，新闻媒介在提供硬性的决策参考信息方面，大有可为。

3. 受众群体分化趋势明显，新增群体涌现，造成受众信息需求的多元与分化

当代中国变革反映到社会结构上，就是从总体性社会向分化性社会转化。一方面，在旧有的社会群体内部裂变产生新的阶层，如在传统的农民群体里，已分化出农业人口、农业工人、农民企业家、农村基层行政管理人员、乡镇企业经营管理者等多个阶层；另一方面，在传统社会群体外部，随着改革的深入，在混合体制下，又产生出许多新兴阶层，如私营企业主、民营企业家、外资企业雇员等。整个社会群体包括媒介受众群体出现了多元和分化的趋向。这也引发、带动了受众兴趣和信息需求的多样性。不同群体间，共同兴趣点减少，兴趣和信息要求分化，同时在各自不同的方向上，出于各自不同的利益要求，表现出不同却强烈的信息欲求。媒介要及时、充分满足多元群体的多样化要求，自身也必须相应实行分流发展，从笼统追求“共赏”走向细致地满足“分赏”，在不同层次上满足受众多元信息要求。

---

① 廖圣清：《中国受众与新闻媒介——从 15 年来受众调查看获取新闻主渠道对传媒总体评价的变迁》，载《新闻大学》1997 年夏季号。

受众是新闻传播的积极参与者，受众又是流动和富于变化的，媒介必须及时追踪、了解他们的最新动态和发展趋向，才能不断适应、满足受众需求；也只有赢得受众，媒介才能占有市场，求生存、图发展。

第四节 受众的细分

新闻媒介要做到深入了解受众、准确定位，仅仅把握它的总体特征是远远不够的，还必须对受众群体做更细致的分类研究。

受众在大众传播中是个集合性的群体，数量众多、成员广泛，而其分类方式从不同角度出发，也是多种多样的，主要有以下几个方面。

（1）按照接触的媒介类别，可简单地划分为报纸读者、广播听众、电视观众，不过这三类受众并非截然分开，而是彼此交叉的，同一个受众个体，可以既是报纸读者，同时又是听众、观众。

（2）按照人口统计学原理，受众群体内部可以按照性别、年龄、职业、地域、教育水平等再划分成不同的次属群体。不同次属群体有其相似特性，在受众总体的共同兴趣和共同信息需求之外，会形成特殊的兴趣和特殊信息需求。比如，20世纪80年代以来的数次调查表明①，男性受众对新闻类节目的兴趣明显高于女性受众，女性受众则明显偏爱文娱类内容；在不同年龄段的受众群中，青年人敏感、适应性强、求知欲旺盛，渴望了解外界变化，在调查中显示出热衷于新闻和知识类节目等②。类似的不同受众群的信息需求特征还有很多，我们将在下一节结合受众定位详加阐释。

（3）按照接触新闻媒介的频率，可分为稳定受众和不稳定受众。凡是比较习惯地、固定地接触和使用一定媒介的受众，称为稳定受众；反之，没有固定习惯，只是偶尔接触媒介的称为不稳定受众。对任何一家新闻媒介来说，稳定受众群数量的多少是衡量媒介传播内容效果好坏的重要指标之一。因此，不断争取扩大稳定受众群是所有新闻媒介恒定不变的努力目标。

---

①② 孙崇山、孙五三主编：《媒介·人·现代化》，中国社会科学出版社1997年版，第66—79页。

（4）按照受众不同信息需求，可分为一般受众和特殊受众。一般受众是指剔除年龄、性别、教育程度、职业、地域等方面的特性差异和相应兴趣区别，对于新闻媒介的各种传播内容抱有一致的共同需求。这些受众兴趣广泛，信息需求旺盛，但目的不是十分明确，信息需求的指向性比较模糊。特殊受众与之相反，是基于年龄、性别、职业等方面的差异形成不同的兴趣，对某类或某几类信息产生兴趣和相应信息需求。这类受众兴趣比较专一，对媒介的接触目的明确，信息需求指向鲜明。

当然，一般受众与特殊受众也是相对而言。不仅是受众总体有一般与特殊之分，有时在同一受众群体内部也有一般与特殊之别，如青年人在受众总体中是特殊受众群体，但在青年群体内部又可分为大学生、中学生、青年工人等更小的特殊群体，这时青年人群体相对而言成为一般受众。

以往媒介在受众研究和定位时，鉴于受众群体的广泛和媒介扩大受众面的需要，往往注意从一般受众出发，在最大范围内追求最大限度地满足全体受众的共同兴趣。但随着现代社会向分化性社会的转变，受众群体的分化和多元趋势越来越明显，群体间兴趣差异和信息需求区别日益显著，共同兴趣点内涵减少，这给媒介争取一般受众带来困难。为适应受众群体这种日渐分流的趋向，新闻媒介也在逐渐调整自己的受众观念，更多地顾及、考虑满足特殊受众的特殊信息需求，实现分流、分层次发展，由笼统地追求“雅俗共赏”走向更现实的“雅俗分赏”之路，在不同方向上更成功地争取各自的受众。

（5）按照接触新闻媒介的确定性分为现实受众与潜在受众。凡是已经确实接触、使用新闻媒介的受众，称为现实受众。凡是具备正常的媒介接触能力，但还没有接触、使用媒介的受众称为潜在受众，即其具备成为媒介受众的可能性。新闻媒介是开放的大众传媒，从理论上说，全社会的成员都可成为其受众，即任何媒介的受众群都有潜在的、不断扩大的可能性，这是媒介得以不断拓展受众面的基础。

（6）按照新闻媒介明确的传播对象，可分为核心受众和边缘受众。新闻媒介在总体上对全社会开放，全社会成员均可作为其争取的受众对象。但实际上，各个单独的媒体和媒体上设置的各类栏目，都有着不同的传播内容和个性风格，这些内容和风格是针对并满足某些相对比较固定、明确的传播对象，这部分受众就是媒体和特定栏目的核心受众。它是媒体需要稳定和竭力争取的最重要的对象，也是媒体的生命线。媒体的内容选择、栏目设置、风格定位等都较多地以核心受众需求为考虑的出发点，进行筹划、设计和编排。所以说，新闻媒介各自的传播内容和风格特色的确立，争取了各自的核心受众，而核心受众的兴趣爱好、信息欲求反过来又在不断强化着媒体自身的传播个性。核心受众的确立，在目前受众群体分化与多元的大潮面前，对于新闻媒介显得非常迫切和重要。要实行媒体分流、分向、分层次发展，必须首先有明确的核心受众观念，改变以往模糊的笼统的受众观。媒介整体和媒介设定的栏目，都要强调传播特色和鲜明的个性风格，在针对并稳定核心受众基础上，再争取拓展受众面。

在核心受众群体之外的称为边缘受众。他们当然不是媒体及其栏目确定的传播对象，但由于某种特殊原因，也有可能对这类传播内容抱有一定兴趣，例如中央电视台开办《半边天》节目是针对妇女而设，但有关收视调查表明，不少男性观众也时常收看这一节目，原因是节目中很多涉及家庭伦理、家庭生活的内容也同样吸引了他们；美国系列动画《猫和老鼠》是针对少年儿童的，但片中离奇的情节和丰富、奇特的想象也吸引了很多成年人等。这时候，这些“额外”的受众无形当中拓展了专栏的受众面，但首先是在稳定核心受众、满足他们要求的前提之下。

受众群体的细致划分方式还有很多，这不仅说明了受众组合情况的多样性和复杂性，更重要的是为媒介的受众定位提供了详细的参考体系。

第五节 新闻媒介的受众定位

对于任何性质的新闻媒介，受众的接触与选择，都是其一切功能、目标实现的首要前提。无论从哪方面讲，受众对于媒介的成败与生存都是至关重要的制约因素之一。要占有市场，要赢得受众，这是媒介的必然选择。而占有市场、赢得受众的第一步就是新闻媒介及其设定栏目的准确的受众定位，即确定媒介整体和所设栏目的明确的传播对象，解决“向谁传播、为谁服务”的问题。

在新闻事业产生之初以及其后很长一段时间，新闻媒介实行的是严格意义上的“大众”传播，笼统地把社会上的全体大众都作为自己的传播对象。受众定位问题并没有得到足够的重视。在我国，类似情况也较明显。自新中国成立以后相当长时间里，媒介构成比较单一，从中央到地方，基本上是“一报两台”格局（一家党报、一家广播电台、一家电视台），媒体品种数量少，受众数量庞大。这时期的媒介更多地考虑如何扩大宣传报道面，拓宽媒介受众覆盖范围，传播对象广泛但模糊，很少认真思考具体、明晰的受众定位，或者说，那时受众定位还没有作为一件大事摆上媒介决策者的议程。但是，此后情况发生了很大的变化，随着社会的发展和传媒业的日臻发达，新闻媒介的品种和数量急剧增多。到20世纪90年代，报纸超过2 000种，广播电台1 200余座，电视台（包括无线台、有线台、教育台）近3 000座。如此庞大的媒介群落和有限的社会受众群相映照，再加上越来越多的新闻媒介正式步入市场，媒介受众市场的严重分割已成必然。与此同时，就像我们在前面一直强调的那样，随着向现代社会转型，受众群体分化与多元趋势越来越显著，群体细分化势必带来相关兴趣和信息需求的分化，群体与群体间共同兴趣的内涵越来越小，彼此信息需求的分野越来越明显。媒介的发达多样与受众以及受众兴趣的日渐分化多元，两者相随同步，意味着以往不重视受众细分与定位的做法不可能延续下去。新闻媒介不得不做出一个重大的转向：即由“大众”走向“分众”，由雅俗“共赏”走向雅俗“分赏”；在分化的受众群中确立自己的受众市场，也就是明确自己的具体受众定位。同时，受众定位对于新闻媒介不再是一个无足轻重的话题，而是已经成为媒介成败得失的决定性因素之一了。

总体上，新闻媒介的受众定位主要包括两部分内容：媒体的整体受众定位和媒体的各个分设栏目、频道等方面的特定受众定位。如中央电视台作为唯一一家全国性综合电视台，整体受众定位是全国电视观众，但其各个频道和频道各个分设栏目均有各自的受众群：如中央一套、二套节目以国内外重大时事新闻、深度报道、经济信息等严肃的硬性节目为主，主要用于指导工作、提供决策参考信息、开阔视野。受众定位主要针对文化层次相对较高的知识分子，握有一定社会决策权的各级领导干部，急需经济决策参考的企事业经营管理者和求知欲旺盛的青年学生等。而专门的体育频道则面向全国的体育爱好者，军事频道以部队指战员和军事方面的爱好者为主要对象，《经济半小时》《世界财经报道》等经济类专栏节目则向各地企业经营管理者提供国内外重大的经济信息参考，《金土地》栏目则又面向广大的农村电视观众提供服务等等。其他省市无线综合台和有线电视频道的情况也与中央台大体类似，只是受众限于本省市。电子传媒是这样，报纸及其专版、专栏也需要细致定位,如上海的《解放日报》作为党报,整体主要面向各级干部、广大党员、知识分子等,但具体版面、栏目受众定位也有细致区分,如头版要闻版和其他新闻版面主要提供重大时事和政策参考,面向各级领导;但其增设的计算机专版则针对广大计算机用户和计算机爱好者;汽车专版针对都市汽车爱好者;股市行情、财经信息则又面向广大股民及企事业经营者等。这是在核心受众基础上,以专版、专栏方式满足特殊受众要求,以进一步拓展媒体受众面。对这些媒体来说,无论是媒介整体受众定位还是分设栏目、版面、频道的受众定位,都具体而明晰,彼此之间的界限也是很清楚的。

当然,媒介清晰、准确的受众定位并不是凭空想象、随意为之,而是有着认真、细致的筹划、设计过程,而最关键的步骤就是在正确的定位原则指导下确定核心受众群。

不论是媒介整体还是其分设栏目、频道,受众定位的总体指导原则都是同一的,即宽窄适度、范围适中。我们已经说过,在分化的现代社会中,媒介必须走分众传播之路,但分到什么程度需要认真斟酌、仔细权衡。范围过宽、过大,等于不分。一味追求扩大受众面,笼而统之地要去争取所有受众,去满足所有受众的共同兴趣,那行不通。在一个分化社会中,所有受众的共同兴趣能有多少?外延越大,内涵越小,分化群体间的共同兴趣是日趋减少的,最后只剩下衣食住行、奇闻异事等日常生活的软性内容。这种状况在我国目前媒介中相当普遍地存在着。媒介受众定位普遍过于宽泛,片面追求增加受众数量,不同程度地出现晚报日报化、小报大报化、专业报纸社会化、地方报纸全国化、专业电台综合化等倾向,只要出现一种广受欢迎的节目、栏目形式,许多媒介就群起仿效、一哄而起。这种种做法的结果是媒介内容大量雷同,题材撞车现象层出不穷;又或一味求"软",媒体品位出现低俗化倾向。这说明在当前形势下,受众定位过宽是不可行的。但如果反其道,走到另一个极端,即受众定位过窄也不行,曲过高,和者必过寡。媒介产品是精神产品,也是商品,它毕竟也是现代大众文化的一个有机构成部分,太过"阳春白雪",就失去了媒介产品的特性。从经济角度考虑,定位过窄,报纸发行量太少,广播、电视节目的收视率、收听率太低,受众过少,广告商自然不愿投放广告,广告上不去,媒介收入下降,生存都成问题。因此,定位过程中一定要注意"度"的把握,这个宽窄适中的"度",就是确定适当的核心受众群,以核心受众群为中心,再力图扩大至边缘受众群落，争取把潜在受众不断变为现实受众。在核心受众群确定以后，边缘受众、潜在受众等范围也就比较容易明确了。

在核心受众确立过程中，主要考虑以下四个方面的要素。

1. 受众区域定位

新闻媒介虽然是高度开放的大众传媒，以现代传播技术的发达程度，媒介信息产品可以在全球范围内自由流通，使受众在全球范围内实现信息共享。但就各个单独的媒介而言，其传播范围一般总是特定的、有限的，因此媒介需要确定一定区域内的受众作为主要传播对象，然后根据特定地域内核心受众的兴趣偏好和信息需求指导自己的内容选择和风格定位。如前面所列举的京、沪、粤三地报纸不同个性，很大程度上就是由其地域受众的需要决定的。首先在稳定区域性核心受众前提下，再图扩大受众地域范围，这对那些地方性的新闻媒体显得尤为重要。如上海的《解放日报》，主要以上海读者为核心受众，在优先满足上海人信息需要前提下，再利用上海独特的地区优势，特别是它作为亚洲、全国和华东地区的经济中心，对外联系广泛，该报根据各地读者关注上海，希望了解上海的心理，逐步以上海为中心，向周围地区（尤其是和上海联系紧密的江浙等华东六省）乃至全国辐射，扩大边缘读者群，争取扩大潜在读者面。南京的《扬子晚报》主要面向南京读者，以南京为中心，逐步覆盖江苏全省，同时利用沪宁之间地域接近的优势，开设上海地区的新闻专版，沟通两地读者，也慢慢向上海地区渗透，但其核心受众始终还定位在南京地区，这是该报受众的根基所在。《人民日报》总体面向全国各级领导干部，但该报华东版定位面向华东六省一市，风格个性更接近南方风范。各个媒介的具体做法不尽相同，但都是以一定地域内的受众为核心受众。一旦确定某区域受众为核心受众，就主要以他们的需求作为媒体筹划、设计的出发点之一。

2. 受众职业和身份定位

对于媒体或栏目主持人，除了要明确核心受众区域范围之外，还必须要明确其职业和社会身份。同一个地区的受众，身份不同，职业不同，社会地位不同，甚至同一个受众在不同时间、不同场合处于不同社会角色上，其需求都会有很大的差别。比如，领导干部、企业家与普通工人之间、大学生与农民工之间、知识分子与农民之间，甚至一名领导干部，在他处在工作岗位作为领导和他回到家中作为普通市民时，相应的需要都会有相当大的差异。不同的媒介要注意以不同职业和身份的受众作为其核心受众。例如我国目前大量涌现的晚报、都市报,就明确以全体市民为核心受众,无论受众中还有多少其他的差别,即使是省长、市长、大学教授等,在晚报、都市报面前,他们都有一个共同的身份:市民。以市民为核心受众,以为市民服务为办报宗旨,是这些报纸的显著定位特点。既然是面向市民,市民最关心的是身边生活,因此报纸内容尽可能突出服务性、生活类的软性内容,市民阅读晚报、都市报主要供业余休闲之用,因此报纸尽可能突出娱乐性,体现消闲的情调,风格温馨,富于人情味,编排形式灵活而富于变化,都市气息浓厚。

在另一个层次上,我国的各级党报则不同。它们以指导工作、宣传、解释大政方针为主要功能,这就需要以各级企事业单位领导干部和中高级知识分子为核心受众。这些人是社会的决策层和思想库,社会地位重要,社会影响力大。出于工作需要、兴趣爱好,他们比一般人更关心党和国家的重大方针政策和国内外形势变化,有了解这些信息的要求和必要,与党报决策指导功能相契合,最适宜作为党报首选的核心读者。为了适应这部分读者,党报在内容上就须突出硬性的政治、经济新闻和评论,突出政策性信息,风格严谨,格调高雅,体现严肃的大报之风,适合核心读者需要。同时考虑到我国一些特殊情况,如新兴民营企业主阶层,一方面处于市场竞争和企业经营决策需要,对决策参考信息需求量很大,另一方面自身文化程度不高,对信息的消化过滤能力差。因此党报在提供指导信息时就尤其要注意对信息的分析、综合、归纳、整理工作,着重阐释重大政治、经济变动和方针政策的意义、影响,供其参考,指导决策,逐步争取把他们从党报边缘受众转而纳入核心受众群中,从潜在受众逐渐变为现实受众,扩大党报覆盖面,增强党报影响力。

电子媒介与报纸一样,定位时受众职业和身份也是个必须事先考虑的要素。如前些年,受电视和报纸双重夹击,很多电台收听率下滑,但北京广播电台的收听率却直线上升,成功关键就在于卡准了受众身份。北京地区大专院校集中,学生人数多,学生学习压力重,生活紧张,渴望放松,同时处于青春期,求知欲旺盛,信息需求量大,大量阅读报纸时间上不允许,而看电视或受家长限制,或受学校学生宿舍的条件限制,唯独收音机携带、收听方便,受个体支配,不易受外界干扰,对学习影响也较少,这样广播成为很多学生钟爱的媒体。北京广播电台看准这个趋势,转向以学生为核心受众群,内容大量突出受学生欢迎的新闻类和音乐类节目，信息量大，娱乐性强，适应了学生求知和休闲的双重需要，风格上尽量突出时代感，适合了青年学生热衷新潮事物的心理。结果一举成功，吸引了大量学生。广告收入直线飙升，超过亿元，为同行所羡慕。再如各地陆续开办的交通广播电台，也正是看准了现代人对外交往、联络频繁、大量时间要在交通工具上度过，同时城市出租车业日趋发达，出租车司机渐成较大群体，因此以“旅途中的人”为核心受众，满足人们在旅途中的需要，信息量大，流动感强，娱乐性、休闲性内容较多，风格清新明快，轻松愉悦，缓解人们在旅途的疲劳，舒缓人们紧张、疲惫的神经，结果一样广受欢迎。

3. 受众的年龄定位

人在不同的年龄阶段，处于不同的环境和地位，有不同的理解力，就会有不同的需求偏好。媒介在受众定位时，一定要顾及年龄因素。如大型综合性日报，以硬新闻和指导性信息为主，一般应以中年人为核心受众。因为需要这类信息的多为决策层领导、企业经营管理人员、中高级知识分子等，其年龄段多集中于35岁以上，这部分人有较丰富的社会阅历，又掌握着相当的社会决策权，文化程度也比较高。考虑到这些特点，报纸内容要突出深度，重在意义阐释、原因、影响的深入解析等，多登重大的政治、经济、文化方面的硬新闻，适合决策者、知识者的信息偏好，满足其决策参考需要。

在同一个年龄段的受众，身份、职业不同，信息欲求差异也会很大，因此需要同时将身份和职业要素综合考虑在内，如上海《青年报》主要面向大学生，其子报子刊——《学生导报》主要面向中学生，《生活周刊》则主要面向文化程度不高的青年工人。这就是在总体以青年人为核心受众基础上，顾及青年群体内部分化和信息需求的不同，进一步细化受众定位。

4. 受众文化教育程度定位

受众的文化教育水平也决定了其对媒介传播内容的偏好和理解力。媒介在受众定位时，一定要将其作为一个重要参考系数。一般来说，大型综合性日报内容严肃而有深度，应以受过大专以上教育的受众为主，也正是这部分读者可能对重大决策参考信息关注度较高，理解力较好，与大报优势亦相契合。晚报、都市报面向广大市民，要顾及市民间巨大的文化教育水平差异，起点不宜过高，以定位在中、小学水平为宜，内容通俗易懂，形象性强，浅显而明快。电子媒介产品也类似，像新闻调查、新闻观察等深度报道和综合性新闻评论节目,可以定位在文化水平较高的受众层(如大专以上),突出内容的纵深感和厚重感,体现出一定深度;而生活类节目则与晚报类似,文化水平起点可低一些,贴近生活实际,简明易理解等。总之,不同媒介、不同栏目有不同功能和特性,要仔细确定受众大致文化水平、受教育程度和相应的理解力、信息欲求等,以此确定不同的内容和风格。

媒介核心受众定位的要素还有不少,如性别、民族等,但最重要的就是区域、身份和职业、年龄、文化教育程度这四点,它们是任何时候、任何媒体受众定位所必须考虑的决定性要素。

第六节 受众的权利

受众不仅是信息传播的接受者,在国家的社会生活中,在法律意义上,受众又是公民,享有作为公民在法定范围内应当享有的一切权利。因此,新闻传播学不仅要研究受众接受信息的需求,更要注重研究受众作为公民在信息传播领域里应有的权利。在中共十七大报告中,胡锦涛总书记在讲到发展民主政治时明确提出:"人民当家作主是社会主义民主政治的本质和核心。……要保障人民的知情权、参与权、表达权、监督权。"这"四权"是公民言论、出版自由应有的题中之义,却是中国共产党以最高权威的文件第一次加以确认。

一、知情权

知情权又称获知权、知晓权、知悉权、知的权利等,是指公民获取有关社会公共领域信息以及与本人相关信息的权利,具体可包括政治知情权、司法知情权、社会知情权和个人信息知情权(如出生情况、亲生父母等)①。在新闻传播领域,特指受众通过媒介获取上述信息特别是公共生活信息的权利。随着现代民主政治的发展,知情权对于社会公共生活的重要意义日益凸显,而新闻媒介作为职业化、专门性的大众信

① 谢鹏程:《公民的基本权利》,中国社会科学出版社 1999 年版,第 263 页。

息传媒,有权利更有责任及义务保障和实现公民的知情权,开拓公共信息资源。从这个意义上说,知情权是现代媒介的核心问题,也是新闻传播学所要研究的核心课题之一。

尽管知情权在社会公共生活中至关重要,但人们对它的认识和了解直到将其上升为法定的权利,却经历了相当长的过程。在相当长的时间内,知情权只是一项隐含的权利,既没有明确的概念,也较少具体的法律规定,只是模糊地附属于公民的基本政治权利之中。在近代资产阶级民主思想家的著作和一些早期资产阶级民主革命的文献中有所反映(如法国大革命时期的《人权宣言》等)。知情权作为一个鲜明概念的提出,直到20世纪40年代中期,特别是第二次世界大战结束后,人们反思与法西斯主义斗争的经验教训,深刻地认识到没有知情权作为基础,人民的民主权利和政党的社会生活都会成为一句空话。尽管人民的民主政治生活的权利早被不少国家列入宪法,作为一项基本人权加以保护,如人民享有言论、著作出版、集会、结社、游行、示威的自由,享有选举权,对政府等公共部门及其工作人员享有批评建议权,对其公务活动享有监督权等,但这一切权利行使的前提是什么?毫无疑问,就是知情权。如果重大事情人民根本不了解,也就谈不上参政、议政;如果了解得不充分也不可能正当地、正确地行使自己的民主权利。例如,不充分了解选举对象的情况,如何能正确地行使选举权?不了解社会公共政策制定和执行的情况,如何能正确地、及时地参与政策讨论,监督政策执行?不充分了解政府及其工作人员的政务状况,如何能正确地行使监督权和批评建议权呢?……这一切说明,知的权利不仅仅是一项基本人权,更是公民正确地、正当地行使其民主权利的前提和基础,是整个法定权利的重要一环,是首要的政治权利。基于这种认识,知情权的重要性和明确意义逐渐明晰起来。1945年,美国记者库柏首次明确提出"知晓权"概念,产生了极大的反响,逐步在不同的国家和社会内获得较广泛的认同,迄今已成为国际社会公认的公民基本权利之一。不过,最初人们对于知晓权的理解,局限于新闻媒体有权了解政府等公共部门的情况并向公众公开。随着人们对知晓权认识的深入,它很快从媒介回归到一般公民普遍享有的社会权利。

知情权不是媒介特权,它是人民的权利,受众作为公民,理所当然享有知情权,特别是通过媒介了解公共信息的权利。当然,在这个过程中,新闻媒介作为职业化的专门从事社会信息整合和传播的公共部门,其行使知情权的权利和义务得以更加明确和强化。

与人们对知情权的认识相应，知情权作为法定权利也经历了较长的明确和推广过程。其中瑞典属于较早在法律上明确涉及的国家，它于1776年通过立法确定了政府文件向人民公开的原则，1812年将其列入宪法，1937年又公布人民对政府拒绝公开文件不服"可以依诉愿程序请求裁决"①。而迄今影响较大的，则是1966年美国制定的《信息自由法》和1976年规定的《阳光照耀下的政府法》（简称《阳光法》）。《信息自由法》规定记者可以依法要求查阅政府记录（不仅是一贯向社会公开的，而且极少例外，应当包括政府活动的所有记录），而在10年后推出的《阳光法》中，则要求联邦、州及当地政府部门公开办理业务。迄今，美国各州已有知情权的条文，并多从媒介权上升为公民权。《世界人权宣言》中规定："人人有权……通过任何媒介及不论国界寻求接受和传递消息和思想的自由。"

在我国，宪法虽然没有明确、具体的知情权条款，但公民的知情权已隐含在宪法规定的公民权中。改革开放40年来，党和政府积极、稳妥地扩大公民知情权，尤其在十届人大二次会议上（2005年2月）温家宝总理在政府工作报告中提出："为便于人民群众知情和监督，要建立政务信息公开制度，增强政府工作的透明度。"同年3月24日发布《中共中央办公厅、国务院办公厅关于进一步推行政务公开的意见》。2008年5月1日，《中华人民共和国政府信息公开条例》正式颁布实施。这就从制度上保障了中国公民的知情权。

当然，包括媒介在内的公民知情权并不是无限的，在涉及国家安全、国防机密、公民隐私等方面，各国都有较翔实的法律限定。但从总的趋势看，知情权在社会的公共领域内的范围和强度都呈扩大和加强之势。它也成为当今媒介受众权利中最重要的一环。

二、表达权

从一般意义上说，表达权又称表达自由，是指"公民通过口头或书面以及特定行为表达自己意见的自由，包括言论自由、著作自由、出版

---

① 季燕京：《新闻侵权法律辞典》词条选刊（二），载《新闻大学》1993年夏季号。

自由、新闻自由、集会自由、结社自由、游行示威自由等"①。在新闻传播领域,主要是指新闻媒介的表达自由和受众通过新闻媒介表达自己意见的权利和自由,对于受众而言,则进一步细化为受众在媒介上的表达权。

应当说,表达自由作为现代公民最基本的民主权利,在世界各国的法律中都有较明确的规定,我国宪法规定"中华人民共和国公民有言论、出版、集会、结社、游行、示威的自由"。美国在宪法第一修正案中规定"国会不得制定法律……剥夺人民的言论或出版自由"。在我国已参加的《公民权利和政治权利国际公约》中第19条规定:"……人人有自由发表意见的权利;此项权利包括寻求、接受和传递各种消息和思想的自由,而不论国界,也不论口头的、书写的、印刷的、采取艺术形式的或通过他所选择的任何其他媒介。"

以此类推,具体到媒介的受众,受众自然也享有使用媒介、在媒介上按照法律规定发表意见的自由权。美国学者巴隆于1967年提出应由宪法确认大众"接近"媒介的权利。这时提倡的"接近权"即是针对受众而言的媒介表达权,其中包括受众针对媒介批评自己的意见提出反驳的权利,参与媒介上的关于社会问题讨论发表意见的权利等,如在美国,除一般形式外,公众还可以通过付费形式在报刊上刊登意见广告,表达自己的意见。

当然,在任何国家,受众作为公民的表达权既有保障也有限制,任何表达自由必须在法定范围内,如在德国,对于一切法西斯主义主张的言论就被严格限制。在其他各国,一般对有碍国家及社会稳定和安全的言论也都有不同程度的限定。另外,媒介表达自由和受众表达自由之间有时也面临较大的冲突,特别是在媒介资源相对有限的现代社会中,这一矛盾已成为人民必须面对并设法解决的问题,否则便不可能维护真正的新闻自由,也不可能真正维护受众的权利。

三、批评建议权和监督权

这里应当具体分为两部分:

第一,受众通过和借助新闻媒介对政治、经济、文化等各公共领域

---

① 谢鹏程:《公民的基本权利》,中国社会科学出版社1999年版,第224页。

内的部门和各项活动依法行使批评建议和监督的权利,即受众借助媒介行使的舆论监督权。这部分权利与媒介享有的新闻自由权是重合的,也是公民基本权利的组成部分之一。

第二,受众针对新闻媒介的活动所行使的批评建议和监督的权利。我国宪法中明确保障公民对国家机关及其工作人员的公务活动的批评建议和监督权,针对我国新闻媒介的特有属性,公众自然有权依法监督其活动是否符合社会公共利益。同时还必须指出的是,社会公共生活的信息属于社会公共资源,事关公众利益,带有公共性,新闻媒介作为专门性的社会信息系统的重要组成部分,整合和传播公共信息是其重要而无可推卸的责任。在这个特定层面上,无论任何国家、任何属性的媒介都带有一定意义的"公共性",应当属于受众监督的范围之内。因此,对于媒介的建议权、监督权不是媒介自上而下赋予受众的,而是受众作为公民自然应享的权利。在当今世界性的媒介商业化浪潮中,商业性有日益威胁、损害媒介公共性的势头,这时强调和坚持受众对媒介公共活动及其公益性的批评和监督显得尤为重要。

当然,受众的权利远不仅上述几方面,诸如受众选择权、传播服务保障权等都在其列,但知情权、表达权和监督权在任何时候都是媒介受众权利的核心。

第七节　受众和媒体认知

媒体认知是指受众自身如何认识媒体,如何定位自身与媒体的关系。这种认识和定位可能是显意识的,也可能是潜意识的,而且会随着受众自身变化和媒体变化而发生改变。比如,如果受众认同"报纸是人民的教科书",那么,受众就会认为媒体是先生,我们是学生,会自觉依顺媒体的教诲、指导。如果受众认为"媒体不过是政府的看门狗,就是为政府摇旗呐喊",那么受众就不会信任媒体,对媒体的报道、言论便是怀疑,甚至会对抗。如果受众认为"媒体代表我们老百姓利益,替老百姓说话",那么受众会把媒体当作"自己人",对媒体会言听计从。如果受众认为"媒体也就是一种商品",那么受众会把自身当作消费者,把媒体当作消费品,等等。

受众的媒体认知,包括五项内容[①]:

(1) 能够意识到媒介产生的影响,这种影响不但有正面的、积极的,也有负面的、消极的。

(2) 能够理解媒介的基本性质以及它们各自的特点,从而能正确选择自己所需要的媒体。

(3) 能够了解、分析、识别媒体的内容,包括新闻、评论、娱乐节目、社教节目,并透过这些内容辨别媒介的基本价值取向。

(4) 能够识别信息的真伪、节目的好坏以及媒介的优劣,对媒体保持一种独立判断的态度。

(5) 能够理解媒介的生产过程和传播过程,明白媒介生产过程,传播过程中的特殊语境,包括不同国情、不同形势、不同境况。

不同受众对媒体有不同认知,从而对媒体就有不同期待和不同需求,进而对媒体产生重大影响。

一、受众的媒体认知事关国民素养

传媒的影响越来越大、越来越深,人们正逐步生活在“媒介社会”之中;许多学校把媒介称作学生的“第二课堂”。全面认知媒体,正确使用媒体已成为整个国民素养不可或缺的一部分。

对媒介有一个全面、完整的了解,这对于受众是至关重要的,正如美国传播协会对媒介认知所下的定义中所指出的,“成为一个有批评意识的、深思熟虑的传播消费者,需要对文字、画像、图示和声音在一起产生的微小和巨大效果都要有所理解”[②]。只有这样,受众才能真正欣赏、享受媒介带来的文化成果。

二、受众的媒介认知直接关系媒体的改革和发展

受众如何定位自身与媒体的关系直接决定媒体的价值取向,决定媒体的内容和风格选择。例如,当受众认定“报纸是人民的教科书”,媒体的一些说教还能被公众所接受。而如今,传媒过去在受众心中那

---

① 参见[美] 斯坦利·J·巴伦:《大众传播概论》,刘鸿英译,中国人民大学出版社 2005 年版,第 56—65 页。

② 同上书,第 57—58 页。

种神圣的、神秘的光圈已经褪去，受众感到传媒与公众是平等关系，那么媒体就应该千方百计提供受众需要的信息，满足受众的需求。如果媒体还在“谆谆教导”受众，甚至高高在上，对受众颐指气使，纵使媒体说的都是正确的话，受众也难以接受，甚至引发受众反感。

三、受众的媒体认知影响着国家新闻政策制定

受众如何评价传媒，媒体的影响力大与小，影响是正面的还是负面的，受众对媒体是信任的还是对立的，这些评估都直接引发政府主管部门的反思，关系国家新闻政策的调整。

有什么样的受众就会有什么样的媒体。一个国家受众的媒体认知水平决定着一个国家的媒体水准。

第八节　受众地位的新变化

20世纪90年代，中国传媒业开始走向市场从而引发媒体间激烈竞争，这导致了整个传媒业从传者中心逐步转向受者中心。21世纪以来，新媒体的快速发展，尤其2010年以微博为代表的自媒体井喷式发展，给了受众前所未有的主动权，受众的主体意识越来越强，在传媒业的传者与受者关系中，受者中心地位得以确立。

受者中心地位的确立，表现在以下方面——

一、受者既是信息接受者，也是信息生产者、传播者

自媒体具有4A元素（Anyone、Anywhere、Anytime、Anything）①，即任何人在任何地方、任何时间报道任何事情。这是一个数字化武装起来的个人通讯时代，人人都是记者。这样一来，突发性事件一旦发生，在现场的公众就可以立即运用微博向全国报道，而且是与事件同步的全程现场报道。于是，近几年来，中国境内一批重大突发性事件，像

---

① 赵战花：《微博客对新闻传播的影响探析》，载《理论导刊》2010年第4期。

2008年的汶川大地震、2010年11月15日上海胶州路大楼的火灾，最先报道的不再传统媒体，而是新媒体；报道者不再是职业记者，而是亲历者或目击者。这就打破了传统媒体信息发布的垄断权。传统媒体不报道，过去受众没办法，只能口口相传。现在，你不报道，受众自己来报道。

有一些重大新闻，即使专业记者也深入现场报道，但他们的人数毕竟有限，而数以亿计的受众分散在角角落落，他们用视频、音频、照片等手段在现场直播，虽然不那么专业，但真切、直观，与事件同步，使新闻事件全方位、多视角呈现出来。

还有些新闻报道，则是在专业新闻记者和公众共同参与下完成，例如杭州电视台拍摄的《抗击台风"罗莎"5小时直播》，在直播过程中，有记者现场直播，网页上传互联网的图片，公众拍摄的DV，手机拍摄的画面，台风的肆虐，军民合力抗击台风惊心动魄的场面全方位、多视角地呈现出来，获得一致好评，荣获2010年中国新闻奖一等奖。

二、受众从被动接受信息到按需主动搜索信息

"我编你读，我播你看"，这是长期以来传媒和受众的基本关系，受众被动地接收传媒给他们的内容。现在，在传媒数字化时代，受众可以通过"超链接"搜索他们自己需要得到的信息。而当云计算实施以后，天网地网连成一片，受众可以按需订制他们需要的信息，可以随时随地拉出他们需要的信息。这就是说，信息接受的主动权操控在受众手里，不是你给我什么我接收什么，而是我需要什么我来获取什么。他们自由地选择他们要看、要读、要写的信息。

三、受众从被传媒指导到传媒被受众指导

"报纸是人民的教科书"，记者编辑"先当群众的学生，再当群众的先生"，传媒是受众的指导者。受众对媒体有意见、有想法，至多在偶尔的"读者来信"中透露一点。借助于新媒体，受众可以大胆地、自由地对媒体的新闻报道评头论足，甚至指手画脚。对于怀疑歪曲事实真相或故意隐瞒事实真相，受众都会毫不迟疑地公开批评。这在过去是难以想象的，显示了受众中心地位的确立。

第十七章

新闻生产和新闻选择

第一节　决定新闻生产的因素

新闻生产是指新近变动的事实经过加工形成新闻作品的过程。

新闻是被生产出来的。这话的含义不仅仅是指事实经过采访、写作、编辑最后成为新闻作品这样一个生产流程,更深的含义是指新闻是新闻生产者经过有意识加工的产物,新闻生产者从而建构了新闻事件,进而建构了现实。

新闻生产无论采访、写作、编辑都看似新闻生产者的个体劳动,然而每一名新闻生产者都是在一定的组织机构中从事生产。他们从事新闻生产必须遵守国家的法律法规,必须服从每一个组织机构的规章制度和领导的要求,必须遵循新闻的基本要求,必须考虑方方面面的关系和压力,最后才有个人的发挥。我们可以说,新闻生产过程是各种力量博弈的过程。新闻生产的产品是各种因素共同作用的结果。

决定新闻生产的主要因素或者说在新闻生产中必须权衡的主要因素包括——

(1) 专业标准: 新闻选择的基本标准,例如新闻价值,这具有普适性,任何新闻媒体都必须遵守。

(2) 法规: 各国制定的新闻法规、新闻政策,这是由各国的政治制度、经济制度、文化传统以及社会结构所决定,也就是国情。

(3) 形势: 包括国际形势、全国形势、地方形势。新闻生产必须审时度势,把握时局,预测趋势,考虑新闻报道的社会效果。

(4) 决策者：既包括最高的中央决定、主管部门的决定，媒体主持人的决定，也包括新闻从业者直接领导的决定。

(5) 市场：广告客户的要求和受众（用户）的需求。

(6) 媒体的定位：媒体的性质——独立的或非独立的，商业性的或非商业性的；媒体的诉求——商业利益，社会效益；媒体的类别——综合性的、专业性的，全国性的、地方性的；等等。

上述6个基本要素可以分为两大块：前3个要求构成新闻语境，后3个要素构成新闻场域。新闻语境就是在特定的空间、特定的时间、特定的条件下从事新闻生产的环境。

第二节 新闻生产的场域

场域是法国社会学家皮埃尔·布尔迪厄提出的概念："一个场域可以被定义为各个位置之间存在的客观关系的一个网络，或一个构型。"①新闻生产的场域就是在新闻生产过程中，新闻生产者与社会方方面面的客观关系。这种关系处在不同位置上，有不同的矢量，对新闻生产产生不同的影响或压力。从这个意义上讲，新闻生产的场域是各种不同力量之间博弈的场所。新闻产品是各种力量博弈的产物。

在所有方方面面的关系中，有三组关系在媒体日常的新闻生产中产生决定性影响。

一、政府、社会与媒体

在这三者关系中，新闻生产者几乎每天都遇到政府（或曰国家）的一元意志与社会的多元诉求之间的矛盾如何来平衡的问题。

我们知道，依照党性原则，服从党的领导、宣传党的方针政策是中国传媒尤其主流媒体的基本职责所在。但在改革开放以后，中国社会的多元利益格局已经形成，党和政府出台的各种政策，各种举措在一定

① ［法］皮埃尔·布尔迪厄：《实践与反思：反思社会学导引》，华康德等译，中央编译出版社1998年版，第133—134页。

程度上必定会引发社会利益格局的调整，有得益的，有无利无害的，也有受到损害的，有百利而无一弊的政策是空想。政府只能从利弊得失的大局出发来制定政策，尽可能趋利避害。而那些利益受损的群体，甚至有些无利无害或只得小利的群体会感到不公平。“不平则鸣”，他们要求公开表达他们的意见以维护或寻求他们的利益。例如，国家教育部门考虑到教育资源的平衡，要求相对减少全国名牌大学在当地招生数，增加在全国各地招生数。那当然对全国大多数地方是有利的，但这势必损害名牌大学所在地公众的利益，引发他们大声抗议。再比如，国家社保部根据目前中国公民的健康状况、劳动力短缺前景以及社保基金收支状况，提出逐步延长退休年龄的意见。全国公众有喜有忧，有拍手叫好的，有拍案而起的。还有诸如房地产政策、医保改革、教育改革、计划生育政策，甚至在国家的基本方针上，都有不同意见存在，可以说众声喧哗。在新闻报道中，如何在体现国家的一元意志和表达多元意见之中保持平衡，是新闻媒体几乎每天都会遇到的问题。

二、资本、公众与传媒

除了少数非营利性的媒体外，全世界绝大多数需要自负盈亏的媒体的基本运行逻辑是：传媒向社会提供内容，吸引广大受众（用户），从而吸引广告商来投放广告，传媒依靠广告收入来获取利润。而广告投放的数量和价格是以媒体受众的数量和质量来权衡的。受众数量以报纸发行量、广播电视的收听率、收视率来衡量。这就是传媒“二次买卖”理论：把报纸卖给读者，把读者卖给广告商。在这样运作过程中，资本（广告商）、受众、媒体三者看上去很一致，但这个过程中的一个核心问题是：如何对待受众？这是在处理资本、受众与传媒三者关系中，每天都会遇到的一个问题。

按照传媒与生俱来的公共性要求，传媒必须承担起社会责任，首先满足公众的知情权，向公众提供真实严肃新闻，并对此做出合理解释。这就是中国一直倡导的“社会效益第一，经济效益第二”方针。但这样做，既费时费力费钱，而且往往不讨好，因为“曲高和寡”，受众不一定买账。

按照“二次买卖”理论，传媒把受众当作消费者，当作商品，为了取悦受众，他们就会大量提供娱乐内容，甚至把一切严肃内容都加以娱乐包装,“为我们提供纯粹的娱乐是电视最大的好处,它最糟糕的用处是企图涉足严肃的话语模式——新闻、政治、科学、教育、商业和宗教——给他们换上娱乐的包装”①。为了在激烈的竞争中胜出,许多传媒甚至不惜牺牲新闻的真实要求,夸大、扭曲直至造谣,肆意炒作。

传媒为谁服务?为公众、为资本、为自身,这往往考验着每一家媒体。

三、政府、传媒与记者编辑

记者编辑是新闻生产的第一线操作者,新闻产品的最后完成者。记者编辑作为个体,当然有他们自己的意志,他们的理想、追求、专业理念、职业精神,他们的个人利益。但每一个记者编辑都处在一个组织构架之中,他们绝不可能完全按照自己的意志来决定内容取舍。在中国的新闻体制下,政府管着媒体,媒体管着记者编辑,政府、媒体、记者编辑都各有自身目标、自身意志、自身利益,这势必形成三方博弈。记者编辑在新闻生产过程面对着来自方方面面的压力。

来自政府具体部门的压力,党管媒体,不能动摇。宣传党的方针政策,媒体责无旁贷,但媒体在日常运作过程中,往往会遇到许多政府职能部门的压力,尤其是一些批评性新闻、公众投诉稿件,相关职能部门总会通过不同渠道给媒体施加压力。

来自编辑部领导的压力。新闻单位的设置是像行政单位一样的科层制。记者编辑受部主任领导,部主任受总编、副总编领导。内容取舍的标准以及内容取舍最终裁定都在各级领导手里,尤其是一些重大事件的新闻稿,其终审权都由领导决定。或者是记者、编辑没有领会编辑部领导的意图,或者是编辑部领导出于各种考虑,新闻记者、编辑的选题往往被否定,精心制作的节目轻易被否决。

非组织的社会关系压力,各种亲朋好友的关系稿,各色企事业单位的公关稿,利益攸关部门的红包稿,等等,都在时时刻刻向记者编辑施压、诱惑,也就时时刻刻考验着记者编辑的意志。

从上述关系中,我们可以说,新闻生产是一个错综复杂的关系处理

---

① ［美］尼尔·波兹曼:《娱乐至死》,章艳译,广西师范大学出版社 2004 年版,第 207 页。

过程,新闻产品是各种力量博弈的产物。

第三节 新闻选择和新闻选择的标准

从新闻生产的专业视角来看,新闻选择是新闻学专业知识、新闻工作经验和其他社会科学、自然科学知识的综合运用。新闻选择是新闻生产中最重要的工作之一。

我们在第一章讲过新闻的定义:新闻是新近发生的事实的报道。这个定义就把过去发生的事实(历史)、重复出现的事实(人们所熟知的、司空见惯的)以及虚假的"事实"排除出新闻之外。这个新闻,不但包括了大众新闻传播工具所传的新闻,还包括亲身传播、群体传播所传的新闻。对大众新闻媒体来说,光有新闻定义还不能解决问题。戈公振先生在20世纪20年代末所著的《中国报学史》一书中就指出,把新闻看作"发生事件之报告",这是正确的,"但于报学之处置上,有散漫而不明显之憾"[①]。所谓"散漫而不明显",意思是说,大千世界每日每时发生的事件实在太多,把新近发生的事件都报道,报纸不胜负担,而且也做不到。因此,光有一个新闻定义还不能解决报纸所面对的难以尽数的新近发生的事实与有限版面的矛盾。为了解决这一矛盾,还得对新近发生的事实进行选择。

对现实生活中发生的事实加以鉴别,选出新闻媒介值得传播的事实,这就是新闻选择。新闻选择仅仅是对事实的选择。

选择事实是新闻工作具有决定性意义的一环。如果说文学的基本任务是调动各种艺术手段来塑造具有鲜明个性的艺术形象,那么新闻的基本任务就是从大千世界每日每时变动的无穷事实中挑选事实。新闻学关注于挑选事实。新闻工作者必须把注意力集中在选择事实上。

从整个社会来看,新闻工作者是社会的把关人。报纸、广播、电视、互联网是人们了解世界的四大窗口。新闻工作者通过新闻媒介向人们提供什么样的新闻,这在很大程度上关系到人们如何看待这个世界,关系着人们思考什么、怎样思考以及思考的结果,在很大程度上关系到人

① 戈公振:《中国报学史》,上海商务印书馆1927年版,第2页。

们的思想和情绪。美国作家西奥多·怀特把新闻媒介的这一效果称为“报纸……安排公众讨论的议程”①,日本的新闻学家把它称之为“变事情为事件”②。2008年5月12日,四川汶川大地震,震区的一举一动都揪着亿万人的心,人们为每一名获救者激动得泪流满面,为每一名遇难者难过得茶饭不思。

采访、写作、编辑,是新闻业务的三个主要环节,都和新闻选择有着密切关系。

新闻采访过程是不断挑选事实的过程。记者获得新闻素材的来源主要通过两种途径,一是在新闻现场亲眼目睹,一是听别人介绍。在新闻现场,记者目光所及,可以看到许许多多东西,不可能把一切都记下来,必须有所选择。被采访对象在介绍情况时,滔滔不绝地讲述,可能向记者提供了许许多多事实,记者就得不断地进行筛选,哪些事实无关紧要,哪些事实重要;凡重要的事实,记者就得抓住不放,追问下去,直到全部弄清为止。你说我记,不加选择,笔记本上记得满满的,结果,无关紧要的事情记了很多,至关重要的事实却记得不清楚,这样的记者是不称职的。

新闻写作的过程是重新挑选事实的过程。新闻写作是组织事实、描述事实。为此,就必须对采访到的事实作一番梳理、挑选:哪些事实应该淘汰,留下哪些事实写入新闻稿;哪些事实非常重要,在新闻稿中要突出;哪些事实只需一笔带过。“有闻必录”只能是一笔流水账,写作前不挑选事实,那就必然主次不清、轻重不分,同样不合要求。

新闻编辑过程是再一次挑选、审视事实的过程。编辑面对的是新闻稿,一篇新闻稿能不能用,当然要考虑到写作技巧。但取舍一篇新闻稿的标准,首先不是写作技巧,而是新闻稿中的事实。新闻工作有句行话,叫“稿件的分量”。“稿件”指的是新闻稿中的事实,“有分量”是指这篇新闻稿所提供的事实重要,可以放在显要的位置上发表。事实有分量,写得也好,这当然是最理想的新闻稿。有些稿子,写作技巧不怎么好,但提供的事实十分重要,编辑经过文字加工,可以公开播发;有些稿子,尽管写得很漂亮,但提供的事实并无多大价值,好比麻袋上绣

---

① [美] 西奥多·怀特:《美国的自我探索》,美国大使馆文化处,香港1984年出版。
② [日] 和田洋一等:《新闻学概论》,吴文莉译,中国新闻出版社1985年版。

花——底子太差,也无法被编辑看中。

当一名记者、编辑,仅有生花妙笔是远远不够的,首要的是有挑选事实的过硬本领。我们经常所说的"新闻敏感"就是迅速地判断事实的价值的本领,善于选择事实的本领。

新闻选择的标准不是一种,而是有多种,像有许多把筛子,对事实进行一次一次筛选,最后记者才把符合要求的事实写成新闻稿。

对任何新闻媒介来说,新闻定义、新闻价值、宣传价值、新闻法则是新闻选择的四项主要标准。

一、新闻定义

新闻是新近发生的事实的报道。根据这个新闻定义,我们所选择的事实一要真实,二要新鲜。为此,要淘汰下列事实:

(1) 虚假的"事实"。

(2) 陈旧的事实(当作背景用另当别论)。

(3) 人们司空见惯的事实。

(4) 空话连篇的"事实"。

新闻选择通过"新闻定义"这一标准的筛选,去掉假的、旧的、空的事实,留下真的、新的事实。

二、新闻价值

为了弄清新闻价值对新闻选择的作用,我们必须先把共同兴趣的问题弄清楚。我们在前面讲过,新闻事业与口头新闻、书信新闻最大的区别是:新闻事业所面对的社会大众,他们分属不同的阶级、阶层,有不同的社会地位、不同的职业、不同的年龄、不同的爱好。一张报纸印出来,要大家都来买,都愿意读,那就不能仅仅满足个别人的需要,必须满足社会大众的共同兴趣。否则,报纸就没有销路,连维持简单的再生产也不可能了。"共同"的范围越大,报纸的销路也越好。从这一点上讲,报纸是依赖共同兴趣而生存的。在一些新闻学术文章、专著中,共同兴趣有的称共同需要或共同关心、共同关注,都是一个意思。

大众传媒既然有阶级性,那么怎么可能满足不同阶级、不同阶层受众的共同兴趣呢?既然肯定了共同兴趣,岂不丢掉了阶级性吗?其实,共同兴趣和阶级性并不相互排斥。所谓新闻的“共同兴趣”，是指新闻要反映社会大众关心的事实，不是个别人关心的事实。而阶级性是指新闻单位对事实的选择和阐述。例如，一个重大战役在进行着，不论敌我友各方无不关心，一般老百姓和国内外各种不同的政治集团都关心。不管属于什么阶级，对这场战争是反对还是赞成，不论站在交战双方的哪一边，都得随时了解这场战争的进程，并根据实际情况采取对策，因而持各种不同政治态度的报纸都会刊登这场战争的消息。阶级性则是指对战争的态度（希望甲方胜利还是希望乙方胜利），表现在对这一事实的表述上：甲胜，拥护甲方的报纸欢呼“战果辉煌”，拥护乙方的报纸则千方百计掩饰败绩，“完成歼敌任务，转进新阵地”“由于气候不佳，运输困难……”两个立场两种说法，但不能改变甲胜乙败这一事实。刘志清写于1930年6月16日的散文《一个伟大的印象》[①]有一段写当时红军武装抢报的事。

> 上海的报纸是不容易输送到他们底手里的。有一次，现在的第四军，因为山上二十几天得不到报纸，心里是非常的焦急，后来探得某一城的某处，有几份报纸，于是就在当夜，开了一团兵，走了六十几里的长路，攻进城，取得了这几份报纸回来。

1930年，当时在上海的党中央并没有机关报，即使有，也不可能发行到偏僻的县城去。可以肯定，红军取来的报纸是属于资产阶级办的报纸。红军为什么对这几份报纸这么有兴趣，“开了一团兵，走了六十几的长路”去取，因为他们可以通过报上刊登的新闻来了解形势。这些报纸站在什么立场，用什么观点评论形势，红军不感兴趣，只对新闻中所传播的事实感兴趣。可见新闻的共同兴趣是建立在读者对当前变动事实的共同关心的基础上，因此，完全没有必要担心提倡共同兴趣会把阶级性丢掉。

我们可以说，任何一种大众新闻传播工具，不管宗旨、目的是什么，它想要在社会上存在下去，就必须考虑受众的共同兴趣。共同兴趣直接关系到报纸的发行量、广播的收听率、电视的收视率。

现实生活中每天发生的许许多多的事实和有限的版面之间的矛

---

① 刘志清：《一个伟大的印象》，载《世界文化》1930年9月10日创刊号。

盾，在报纸一产生时就出现了。报纸到底在无数的事实中选择什么样的事实才能引起社会大众的兴趣呢？我们都知道，任何大众传媒总是出版在前，阅读在后，记者不可能在每篇稿子写好以后，先征求广大受众的意见再登报。为此，必须事先要研究出一套标准，凡符合这些标准的，就会引起受众的共同兴趣。新闻工作者为此进行了多年的探索，尤其是在美国便士报运动（1833 年）开始以后。因为便士报完全自负盈亏，以社会大众作为对象，为了扩大发行，就必须考虑报纸的内容能否引起众人的兴趣。报人根据他们的经验，提出了各自的标准。例如，美国第一张成功的便士报《太阳报》（1833 年 9 月 3 日创刊）的创办人戴伊说：

> 我们报人的兴旺基于他人的灾难之上，把你真实的“莫斯科大火”告诉我们；把你的“滑铁卢战役”告诉我们；当某个“拿破仑”带着他的纵队在世界上冲杀，把千年的皇冠打落在地，并将世界淹没在血泪之中，那我们这些人太荣幸了。①

这就是说，戴伊认为在世界上发生的事件中，只有新奇的、不寻常的、灾难性的、骇人听闻的事才可以上报，才会引起公众兴趣，从而使报纸兴旺。

被称为“报界怪杰”的普利策在主持《世界报》（1883—1911 年）期间，对新闻的共同兴趣提得更具体。他反复告诫手下记者，去采集“与众不同的、有特色的、戏剧性的、浪漫的、动人心魄的、独一无二的、奇妙的、幽默的、别出心裁的，适于成为谈资而又不致破坏高雅的审美观或降低格调的，尤其不能损害人们对报纸的信任……”的事实②。他的这个标准，使《世界报》别具一格，到 1897 年，该报成为美国销路最大的报纸。

在中国新闻史上，凡能取得成效的报纸也都注意到了共同兴趣，提出了新闻选择标准。《申报》从 1872 年创刊的第一天起，就开宗明义提出，报上所刊载的内容是：

---

① ［美］莫特：《美国新闻史》，原载美国《太阳报》1833 年第 3 期。

② ［美］斯旺伯格：《普利策传》，陆志宝等译，新华出版社 1989 年版，第 380 页。

凡国家之政治、风俗之变迁、中外交涉之要务、商贾贸易之利弊，与夫一切可惊可愕可喜之事，足以新人听闻者，靡不毕载。[①]

《申报》认为，只有这样，报纸才能“上而学士大夫，下及农工商贾”，使得人人爱读。

这些说法都有一定的道理，对我们有一定的参考价值。它还进一步说明，共同兴趣对一张报纸的兴衰具有何等重要的意义。19 世纪中期《纽约时报》的主持人雷蒙德眼红《纽约先驱报》的主持贝内特常常发表公众感兴趣的新闻，曾感慨地说：“我宁可出一百万美元，如果能使魔鬼每天晚上来告诉我，就像他告诉贝内特一样，纽约的人们明天早晨喜欢读些什么。”[②]当然不会有魔鬼，告诉贝内特的，正是他自身的实践经验。这种经验是可贵的，但它毕竟没有上升到理论，因此，它们是零碎的、不系统的，而且应用范围有限，对某一种报纸适用，对另一种报纸不一定适用。经过不断的实践、总结，新闻工作者终于提出了“新闻价值”这一概念。新闻价值是为了解决究竟选择什么事实才会引起公众兴趣这个难题的。新闻价值就是事实本身包含的引起社会各种人共同兴趣的素质。这些素质包括五个“性”。

(1) 时新性。事件是新近发生的而且是社会大众所不知道的，即时间近、内容新。事件发生离公开报道的时间越短，新闻价值就越高。

(2) 重要性。事件和当前社会生活以及广大群众的切身利益有密切关系，势必引起人们的关心，例如，政局变动、政治决策、战争、重大经济信息、重要科技发明、天气的显著变化、重大的灾害、疾病以及当前国际政治经济的新动向等等。与人们关系越密切，关系的面越大，新闻价值也越高。就拿天气来说，没有哪一天的天气比 2008 年 8 月 8 日晚上北京是否下雨更让人关心的了。因为那一晚北京奥运会正式开幕，开幕式能否顺利进行与天气关系极大。所以，8 月 8 日晚上北京是否会下雨成了一个月时间内媒体上的重大新闻。

(3) 接近性。地理上接近——读者首先要知道自己周围发生的事情，因为本地发生的事情，对他们生活有更直接的关系。在报纸发行范围内发生的事情，要比外地发生的、性质相似的事情更能引起读者的兴

① 《申报·本馆告白》，1872 年 4 月 30 日。
② ［美］斯裘特逊：《报道新闻》英文版，纽约出版社 1946 年版。

趣。心理上接近——有些事情虽然发生在远方，但由于经济上、文化上、人事上有密切联系，远方发生的事情会引起公众感情上、心理上的共鸣，“天涯若比邻”“千山万水不隔心”，就是这种心理上接近的反映。在报纸工作中要加强地方报纸的地方性，其实就是接近性的具体表现。毛泽东同志在《普遍地举办〈时事报〉》中反复强调“简报”要有本地的内容。他指出：

> 红军编的《时事简报》，它的内容国内国际消息要少，只占十分之三，本军、本地、近地消息要多，要占十分之七。只有这样，才能引起士兵和群众看报的兴趣，取得我们所要取得的效果。①

在新闻学上说，就是接近性。毛泽东同志的这一办报思想在 1942 年 4 月以后延安《解放日报》的改革中又进一步得到了贯彻。

（4）显著性。名人、胜地和著名团体、单位的动态往往为世人所瞩目，例如，生老病死是社会上天天发生的事情，对一般人来说，当然不会登在报上当新闻；但著名人物的生老病死却成了大新闻。西方的新闻学教科书提出一个著名公式：名人+普通的事=新闻；普通人+不寻常的事=新闻。正是出于“名人效应”的考虑，西方一些新闻媒介记者对名人穷追不舍。日本著名歌星、影星山口百惠淡出影坛生孩子，结果全日本 200 多家新闻媒介记者云集医院门口，争拍山口百惠抱孩子出院的第一张照片。英国黛安娜王妃死于车祸，震动世界，其中一个重要原因是摄影记者对她穷追不舍，想抢拍她和新男友的照片。当她和男友乘车外出时，后面有十几名摄影记者（西方称为狗仔队）紧追其后。为了摆脱记者纠缠，司机高速行驶，最后造成车毁人亡的大悲剧（当然也掺杂着其他一些复杂的因素）。

（5）趣味性。这就是我们通常说的奇事趣闻，富有人情味和高尚的生活情趣，能引起人们感情上的共鸣。

任何一个事件，只要具备了时新性再加上其他任何一性，就有成为新闻的可能，就可供新闻单位选用。一个事实所具备的这些素质越多，其新闻价值就越高，越能引起人们的兴趣。我们以“9·11”事件的报道《美国纽约华盛顿受到严重袭击》（《人民日报》2001 年 9 月 12 日）

---

① 《毛泽东新闻工作文选》，新华出版社 1983 年版，第 32 页。

为例：

综合本报纽约、华盛顿9月11日电 记者何洪泽、丁刚、任毓骏、王如君报道：今天上午，纽约世界贸易中心和华盛顿五角大楼接连遭到飞机撞击而引发爆炸，震惊了美国乃至整个世界。

美国东部时间11日上午8时45分许（北京时间11日晚8时45分许），一架被劫持的由波士顿飞往洛杉矶的波音767型飞机撞击了位于纽约曼哈顿区的世界贸易中心安装有电视天线的一号大厦。约18分钟之后，另一架被劫持的飞机拦腰撞入世界贸易中心的二号大厦。上午10时30分许，遭到撞击的世界贸易中心双子大厦相继坍塌。411米、110层高的世界贸易中心是纽约市的标志性建筑，平时在那里上班的人多达4.5万人。据了解，在世贸中心有一些中国公司和不少华裔工作人员。

目前尚不清楚具体伤亡情况。据纽约市长朱利安尼说，这些爆炸事件导致了“巨大的人员伤亡”。

此后不久，位于华盛顿的美国国防部所在地五角大楼也发生了飞机撞击事件，导致建筑物浓烟滚滚，部分倒塌。有报道说，国务院附近也发生了汽车爆炸事件。

这一系列爆炸事件在美国引起了极大恐慌。美国国防部发布了最高级别的国家安全警报。国会、白宫及政府各部均迅速将所有人员撤离。全国的所有航班停飞，机场关闭，所有飞往美国的国际航班转停加拿大。

事发之后，美国总统布什立即向全国发表了简短声明。他说，这些飞机撞击事件可能是恐怖分子所为，这是一个“全国悲剧”，并发誓捉拿和严惩肇事者。

这条新闻所反映的事实具有多种素质。9月11日发生的事件，媒介几乎都同步报道，具有时新性。美国纽约作为世界级的经济中心，为世人瞩目，具有显著性。更令人瞩目的是，“9·11”恐怖袭击是美国建国以来第一次遭遇，毫无疑问，震惊了美国乃至全世界，因为这将对世界的政治格局、经济走势、社会心态都产生难以预料也难以估量的影响，具备了重要性。袭击造成数千人死亡，这当中不知有多少催人泪下的生离死别，因而极富人情味。纽约作为国际性大都市，包括华人在内,世界各国都有自己的同胞在纽约,他们的生死牵动着世界各地亲人,这条新闻也就有了心理上的接近性。可以说,“9·11”事件具备了新闻价值的五要素,怎能不引起全世界的普遍关注?

这里,我们顺便讲讲“狗咬人不是新闻,人咬狗才是新闻”这句广为流传的行话。这句话最先出自19世纪下半叶美国著名报人戴纳之口(也有说是出自戴纳手下一位老编辑之口)。这句话原意并非是给新闻下定义,而是戴纳试图告诉初学者什么样的新闻才是报纸所需要的。他采用了一个形象的比喻:“狗咬人”,这是当时人们都司空见惯的、正常的事情,这样的事情不能供报纸用。“人咬狗”是罕见的、反常的事情,只有这样的事情才能供报纸刊登。“狗咬人不是新闻,人咬狗才是新闻”这句话告诉记者,只有反常的事情才是有用的新闻,而正常的事情不能成为新闻,这涉及新闻价值问题。这句话形象、生动、易记,就广为流传开来。我们认为,对这句话的评价不能全盘否定,也不能全盘肯定,有它积极方面,也有消极方面。从积极方面讲,它反映了新闻采访、新闻选择有一个具体要求。反常的事情确实比正常的事情更能吸引受众。从消极方面讲,它可能诱使新闻工作者去猎奇、追逐耸人听闻的消息。我国的新闻工作者要吸取它积极的一面,防止消极的一面。

三、宣传价值

上面说过,新闻价值是解决报、台新闻的阅读率、收听率、收视率问题,即让人们愿意读、听、看。但是,对于追求政治利益的报、台,尤其是政党报纸,这还不够。因为它们传播新闻决不仅仅是为了满足受众的需要,他们还要关注社会效果。这样,经过新闻价值筛选的事实还要再经过宣传价值的筛选,挑选具有宣传价值的事实。

宣传价值就是事实本身所包含的有利于传播者能够证明和说明传播者主张的素质。

由于新闻媒介的背景不同、性质不同、办报(台)的方针不同,宣传价值表现出强烈的政治倾向、利益取向(国家或民族利益、团体利益)和价值取向。一般地说,宣传价值的素质包含五个方面,合称宣传价值“五性”。

1. 与新闻媒介所持的政治主张、价值标准的一致性

这里的标准就是政治上的“利”与“害”的问题。凡对我有利的就

多选多报道;凡对我有害的就少选少报道,即使不得不报道,也尽量避重就轻,反话正说。对于我们国家的媒体来说,就要以党的理论、方针、政策,以国家的法令和社会主义的价值观作为选择新闻的标准。世界各国严肃的高级报纸、一批重要的电台、电视台在选择新闻时,无不首先从政治上考虑。毛泽东同志提出的《人民日报》等党报要"政治家办报",也是要求报纸要有政治敏感性,从政治方向出发选择新闻。

2. 针对性

针对社会上的各种猜测、怀疑、歪曲、流言,选择事实进行有的放矢的宣传。针对性越强,宣传价值越大。1999 年 1 月 25 日,新华社发出一条电讯:朱镕基总理在会见老挝总理西沙瓦尔时重申"人民币不贬值"。几乎就在当天,世界所有重要新闻媒介都把它作为重要新闻发出。因为就在朱镕基总理这次谈话的前两天,受人民币可能贬值的猜疑、流言的影响,东南亚各国的汇率、股市双双大幅下跌,人心浮动。这条新闻一发出,人心趋稳,汇率、股市再次稳定。

3. 普遍性

事实中所包含的思想观点对广大受众具有普遍的教育意义、指导作用,从而能引起人们广泛的注意,启发人们去思考,引导人们去举一反三。

4. 典型性

事实不但要和作者想说的思想观点相一致,而且能够有力地说明观点,所选用的事例能以一当十、以少胜多,使人口服心服。

5. 时宜性

有些新闻要选择适当的时机来发表,才能够收到更大的宣传效益,避免引起不必要的思想混乱。

四、新闻法规

新闻法规是新闻选择的最后一道关口,其目的是"去毒",即把危害国家或人民利益的新闻卡下来,不准公开传播。

某一事实在政治上、法律上容许不容许公开传播,这是任何新闻机构必须考虑的问题。容许不容许的标准就是新闻法规。

新闻法规一般由国家的立法机关制定,对新闻事业有强制性,目的在于约束新闻报道,以免危及国家利益和社会公众利益。

第四节　新闻选择的具体运用

一、新闻选择的过程

新闻选择的过程可以制作一张流程图如下(图 17-1)：

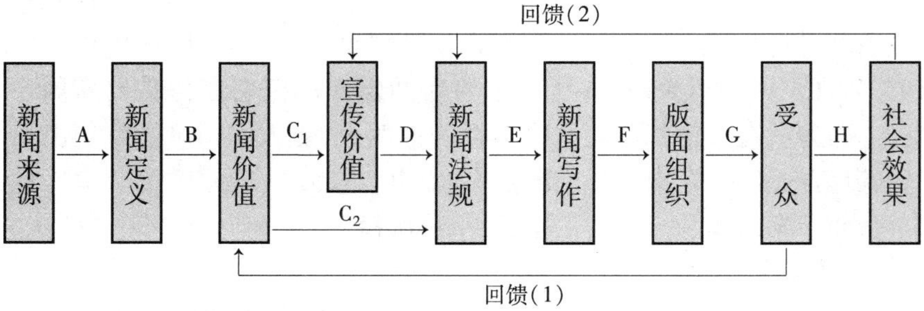

图 17-1

我们现在对这张流程图做些说明。

A：从新闻来源到新闻定义。记者获得现实生活中的材料，一般有两种途径：一种是直接的，即在现场亲眼目睹的事实；一种是间接的，即当事人、目击者或有关的人、单位提供的。一般来说，直接得到的第一手材料比较可靠。而间接得到的材料，由于有些人出于种种原因会向记者提供假情报或真假掺杂的情况。为了确保新闻真实性，要求记者不要轻信盲从，强调记者多深入现场，力争得到第一手材料，对间接得到的材料加以核对。新闻选择的第一道工序就是把一切不真实的东西和陈旧过时的、人们司空见惯的材料筛选掉，使所有材料都符合新闻定义的要求。

B：从新闻定义到新闻价值。这一道工序是尽量去掉只满足个别人或少数人特殊需要的材料，选用引起社会公众共同兴趣的材料。这是去掉“杂质”的过程，淘汰不适宜于新闻事业传播的材料。

接下来，两条流程同时并行。第一条，C_1 从新闻价值到宣传价值；第二条，C_2 从新闻价值到新闻法规。

由于宣传价值的选择比较严格，像一张筛子一样，它的孔是很小的。具有新闻价值,甚至具有很高新闻价值的事实,不可能全部有宣传价值,比如并不说明什么政治观点的经济信息、奇事趣闻等。如果每一个事实都必须具备宣传价值才能发表,那么新闻的报道面势必很窄,就不能满足社会公众的需要。为了满足受众需要,有些具有较高新闻价值的事实虽然宣传价值不高,也会刊登。而政党所办的新闻事业,对宣传价值比较讲究;商业性的新闻机构就不会那么严格。因此,经过新闻价值筛选以后的事实,到新闻法规这一工序时,有些具有宣传价值,有些并无宣传价值。

D:从宣传价值到新闻法规。这是把凡不符合新闻法规的材料都筛选掉,使所有能传播出去的事实都符合党纪国法。这是去掉"毒质"的过程,力求使传播出去的新闻不产生危及国家(政党)利益的社会效果。

到新闻法规为止,新闻选择即挑选什么样的事实来供新闻事业传播的全过程就结束了,接下去进入新闻写作阶段(E)。

F:新闻写作和版面组织有另外的要求,这是新闻写作和编辑的任务。当记者、通讯员把写成的稿子送到编辑手中,编辑就再经过一次新闻选择。编辑首先考虑的是新闻稿中的事实是不是符合要求;然后再来考虑新闻写得是否符合要求。经过挑选,淘汰一批质量较次的稿子,留下的组织到版面上去。像美国的《纽约时报》,每天收到 120 万到 150 万字的来稿,见报的仅占十分之一。

G:从版面到受众。受众各自根据自己的需要和兴趣挑选新闻来看、听,凡不能符合他们兴趣的就不看、不听。

H:从受众到社会效果。受众看了、听了新闻,对他们的思想、行动产生了影响。我们在前面说过,有些影响是立刻显示出来的,有些影响是潜移默化的。但产生社会效果的前提是受众必须看(或听)新闻。如果新闻不能引起他们的兴趣,大家不愿看、不愿听,那也就谈不上什么社会效果了。

回馈(1):受众对新闻阅读率、收视(听)率的高低,取决于新闻能否引起受众的兴趣,这就和新闻价值直接有关。"读者的兴趣是新闻价值的试金石"就是这个意思。这就是说,新闻价值直接影响阅读率、收视(听)率问题。考核新闻价值的高低,从报纸的销售量以及对受众作调查就大体可知。新闻工作者要通过对阅读率、收视(听)率的了解,不断改进自己的工作,更好地运用新闻价值。

回馈(2)：新闻所产生的社会效果，有好的、有坏的，也有不好不坏即受众无动于衷或不置可否的。如果效果良好，证明新闻选择是正确的，那就应该坚持和发扬。如果产生不良的社会后果，那么就根据具体情况分析新闻选择过程中的原因，或调整新闻法规，重新加以修订，或调整宣传价值(一种情况是政党、政府的主张本身有不正确之处，一种情况是政党、政府的主张正确，新闻工作者理解错了，在宣传上犯了错误)，改进宣传方法。也就是说，社会效果的好坏，是受新闻法规、宣传价值来制约的，如果说新闻法规的目的是力图使新闻不产生有害的社会效果，是防御性的做法，那么宣传价值的目的是争取群众跟我走，那是积极进取的做法。但是，我们必须指出，社会效果是复杂的。对于一条新闻，对于一种主张，常会有不同反应。有的表示热烈欢迎，有的强烈反对；有的在局部地区产生好的效果，却对全局不利；有的在短期内反映良好，但到后来出现许多弊病，等等。而且还应该考虑到影响新闻传播的社会效果的其他因素。因此，考察社会效果要作全面的、历史的、具体的分析，力戒片面性。

我们从上述分析可以看出，新闻价值和新闻法规、宣传价值之间，既有相辅相成的一面，又有相互制约的一面。新闻价值是解决阅读率、收视(听)率问题。既然任何社会效果必须以受众愿看、愿听为前提，那么掌握新闻法规、运用宣传价值就必须考虑到新闻价值。限得过死、禁令太多，使新闻报道面过窄，许多有很高新闻价值的新闻不能上报，新闻不能满足读者需要，读者不愿看、听，那么一切良好的愿望都会落空。但新闻报道只考虑受众兴趣，不考虑受众看后、听后的社会效果，那就可能对社会产生不良后果。因此，选择新闻要两方面都考虑到。

二、新闻选择的标准要和各新闻媒介的具体情况相结合

上述新闻选择的过程，仅仅是报、台工作的一般过程，在具体运用过程中要复杂得多。不同的国家、不同性质的报、台，各有不同的具体标准。在一个国家内，新闻法规是统一的标准，各报、台一律不准违背。但不同类型的报、台由于各自的对象不同，发行地区不同，所承担的任务不同，宣传价值和新闻价值在运用时千差万别。以我们国家来说，不同报纸由于各有不同的宣传任务和读者对象，因此，对新闻的宣传价值、新闻价值就有不同的要求。例如新闻价值中的“重要性”，任何报

纸都强调这一点，但什么样的新闻才是重要的，不同报纸有不同要求。例如，一场重大的体育比赛，《体育报》认为十分重要，登头版头条；《人民日报》可以认为它的重要性不及一条政治新闻，把它放在第三版、第四版；《经济参考》又可能认为与它无关，可以不登报。这里没有现成公式，要和各报具体情况结合起来。也正是因为这样，才能使报纸上的新闻丰富多彩、各具特色，满足人们多方面的需要。如果以为提倡“共同兴趣”，所有报纸的新闻都是一样的，那就错了。所谓“共同兴趣”，指的是每一家新闻媒介要提供给自己的受众共同感兴趣的内容。各种新闻媒介各有各的受众群，共同兴趣的具体内容当然各不相同。

三、澄清一些模糊的认识

新闻价值、新闻选择曾在中国新闻界引起过热烈的讨论。有些模糊的认识，至今还未得到澄清。

1. 不能把新闻价值等同于新闻的价值

有些同志望文生义，一谈到新闻价值就和价值取向标准联系起来。比如，有些文章提出：

> 新闻价值指新闻事实具有政治、知识和实用价值，即对群众的启发教育作用，实际工作的指导作用，以及对读者日常生活的参考作用，核心是政治价值。①
>
> 我们常谈的新闻的指导性、思想性、战斗性、知识性，谈新闻报道的鼓舞作用、激励作用、教育作用、推动作用等等。这个“性”是强是弱，那个“作用”是大是小，还不就是个新闻价值问题吗？换句话说，不就是新闻的社会效果吗？②

确实，新闻是有价值的，有政治价值、经济价值、社会价值、文化价值。但这是新闻的价值，不是新闻价值。新闻价值考虑的仅仅是新闻是否能引起受众共同兴趣的问题，它并不考虑新闻的社会效果问题，比如鼓舞作用、激励作用、教育作用等等。新闻的价值是由宣传价值和新

---

① 转引自《新闻学专题讲座》，人民日报出版社 1983 年版，第 208 页。
② 《新闻学会通讯》1980 年第 11 期。

闻法规这两个概念来解决。

把新闻价值和新闻的价值混为一谈，实际上是把新闻价值和宣传价值混为一谈，表面上看，这些人也在大谈新闻价值，很重视新闻价值，但实际上，他们以宣传价值取代了新闻价值应有的地位，无形中排斥了新闻价值。选择新闻只看宣传价值而忽视新闻价值，最终新闻还是很少有人爱看。

2. 新闻定义无法概括新闻选择的标准

用新闻定义来概括新闻选择的标准，中外学者做过不少尝试。

> 人们想要读的东西，不违背高尚趣味或诽谤法，都是新闻。①
>
> 新闻就是新发生、发现或发表的事件。它具有时间性、社会性和正确性的程度，和新闻价值成比例。②
>
> 新闻就是能唤起读者、引起人们的关心，进而教育他们，鼓舞他们并使他们能够得到乐趣的一种对于人们活动的最适时的记录。③

他们希望用添加许多限制词的办法，来指导新闻工作者正确地选择新闻单位所要求的新闻。但是，新闻的定义只能解决“是”或“不是”这样一个问题。至于新闻是否触犯“诽谤法”、是否“正确”、是否能使读者得到“教育”“鼓舞”“乐趣”，定义是无法解决的。因为下定义用形式逻辑，而分析新闻是否合法或分析社会后果如何，不能用形式逻辑。比如上述定义中的第一条，至少包括三个内容：人们想要读的东西——涉及新闻价值；不违背高尚趣味——涉及社会道德要求；不违背诽谤法——涉及新闻法规。这样一系列标准，怎么可能用一个新闻定义来解决？

3. 不能用新闻价值一个概念囊括全部新闻工作

有些同志为了强调新闻价值的重要性，把新闻写作的要求也包括在新闻价值之中。

> 新闻价值是指新闻为群众所喜闻乐见的程度以及它在社会实

---

① ［美］哈里斯·约翰逊：《全能记者必备》，宋晓男等译，中国新闻出版社1988年版。
② 田振玉：《新闻学新编》，商务印书馆1944年版。
③ ［美］华连：《现代新闻报道》英文版。

践中产生影响的广度、深度和作用的大小。[①]

新闻价值还包括新闻写作的要求，“让事实说话”的新闻比假大空的新闻有价值；单独报道一件重大事情比把它淹没在长篇讲话、长篇报道中有价值；短的比长的新闻有价值；迅速及时的比迟缓的新闻有价值。[②]

按这种见解，一个新闻价值问题不但包括新闻选择的一切过程，还把新闻学的基本课题都包括进去了，新闻学几乎等于新闻价值理论了。科学是分科之学，只用一种方法解决不同性质的问题，反而把问题搞混了。比如，群众所喜闻乐见的程度和社会实践中的影响、作用，这里包括了三个层次的问题：

（1）新闻的内容为群众喜闻乐见，这涉及新闻价值。

（2）新闻表达的形式、语言为群众喜闻乐见，这涉及新闻写作的要求。

（3）社会实践中的影响、作用，这涉及新闻法规和宣传价值。这样三个不同层次、不同要求的问题，不能简单地用一个标准去衡量。

新闻选择是极其重要的，新闻选择的过程也是极其复杂的。它是对新闻工作者政治、经济、社会、文化和新闻素质全面、综合的检测，反映出他们对党的路线、方针、政策熟悉的程度，对时局认识、把握的能力，对实际工作、对受众理解的程度。

---

①② 《新闻价值及真实性指导性》，李松晨等著，人民日报出版社1984年版。

第十八章

新闻报道的基本原则、专业要求和基本体裁

第一节　新闻报道的基本原则

以人民为中心，维护公众利益是新闻报道的出发点和归宿点，是新闻从业人员至高无上的原则。

对人民负责，对新闻工作者来说，就是要真实、及时、准确地告知世界的最新变化，告知公众需要的、公众必须知晓的重要信息。这是新闻工作者“不忘初心、牢记使命”的真旨所在。不因权力的胁迫而隐瞒真相，不因金钱的诱惑而歪曲事实，不为个人功利而投人所好。我们可以看到，在新冠疫情肆虐期间，当全国、全球都忐忑不安地看着武汉的疫情变化，我国一大批新闻记者不顾个人安危，穿着厚厚的防护服，奔走在各大医院，奔走在大街小巷，把第一手消息向全球、全国报告。我们同样可以看到，世界各国一大批记者怀着新闻理想在战火纷飞的战场上采访，不顾个人安危深入实地，揭开一个个骇人听闻的真相。

“像看待空气和水的质量那样来看待信息质量”①，这个见解极具现实意义。对于当代人来说，媒介环境和空气、水所构成的自然环境对于人类的生存、发展具有同等重要的作用。媒介环境学的创始人、美国知名学者尼尔·波兹曼在媒介环境学学会成立大会（1998 年 9 月 20

---

① ［美］W. 兰斯·班尼特：《新闻：政治的幻象》，杨晓红、王家全译，当代中国出版社 2005 年版，第 15 页。

日)上以《媒介环境学的人文关怀》为题发表主题报告。波兹曼提出媒介的新闻报道的四点要求：有助于理性的应用和发展；有助于民主的发展；能够使人获得更多有意义的信息；提高公众的道义感和向善的能力①。这种呼吁振聋发聩。

但学者的道德呼喊却挡不住金钱的诱惑、资本的压力。正如美国两位学者在考察全球传媒业时所得出的结论："真正的严肃媒体不多。"②越来越多的媒体充斥着粗制滥造、充满低级趣味的新闻作品，正如美国一位学者所归纳的：我们的新闻已经到了"只报道校园枪击事件，不报道学校；只报道火车事故，不报道交通；只报道地方政治家丑闻，不报道选举本身；只报道最近的谋杀案，不报道正在降低的犯罪率"的地步③。互联网时代来临，这种现象有增无减。正如波兹曼所痛斥的"新媒介使我们的国家成为信息垃圾场，就是说，我们 170 年来的努力把信息变成了垃圾"④。

新闻报道的低俗化、浅表化、碎片化，在西方国家最主要的就是来自资本的压力。"由于大众传媒时代的新闻机构受到日益控制他们的大财团的利润压力，他们普遍的趋势是寻求最方便采写、也最容易吸引读者的稿子。由于缩减开支，每天硬新闻定额不断减少，新闻越来越向生活方式方面的特稿和实用新闻靠拢，如健康、消费、天气、时装和旅游咨询等，新闻越来越依赖于公关、政府发言人和传媒顾问提供的精心包装的新闻素材和新闻事件。"⑤

在中国，这种低俗化甚至恶俗化的现象照样存在，集中表现在新闻报道的"3X"主义(xing，星、腥、性)，新闻报道娱乐化，娱乐新闻以影星、明星为主角，以血腥味为诉求，以两性关系为聚焦点，以此来博取点击率、收视率，甚至不惜歪曲事实，制造假新闻。党性原则被商业原则取代，以人民为中心被以营利为中心取代，违背了新闻报道的基本原则。

---

① [美] 林文刚：《媒介环境学》，何道赛译，北京大学出版社 2007 年版，第 43 页。

② [美] 阿诺德·S. 戴比尔、约翰·C. 梅里尔：《全球新闻事业：重大议题与传媒体制》，郭之恩译，华夏出版 2010 年版，第 14 页。

③ [美] W. 兰斯·班尼特：《新闻：政治的幻象》，杨晓红、王家全译，当代中国出版社 2005 年版，第 14 页。

④ [美] 林文刚：《媒介环境学》，何道宽译，北京大学出版社 2007 年版，第 48 页。

⑤ [美] W. 兰斯·班尼特：《新闻：政治的幻象》，杨晓红、王家全译，当代中国出版社 2005 年版，第 8 页。

第二节　新闻报道的专业要求

新闻报道的基本要求包括政治要求、法律要求、社会与文化要求、专业要求。政治、法律、社会与文化要求因各国不同的政治制度、社会、文化传统而各不相同，但在专业层面上，各国新闻有基本一致的要求。

1. 新闻报道的总体要求有三个面向：真实、真相、真理；公开、公平、公正；速度、广度、深度

（1）真实、真相、真理是新闻报道在反映客观世界中逐步递进的要求。新闻必须真实，这无须多言；同时，新闻报道必须揭示任何重大事件的真相，这当然难。新闻界有共识：离我们最近的是事实，离我们最远的是真相。尽管难，但揭示真相却是新闻必须承担的责任。因为唯有揭示真相，才能查清事情的原因，确定事件的性质。真理则是世界万物变化、发展的规律。

（2）公开、公平、公正，这是新闻报道对公众的基本态度。公开，即公众有权了解世界上所发生的、与公众利益相关以及公众感兴趣的任何新闻。故意隐瞒事实、歪曲事实真相都是对公众权利的践踏。从依法治国的要求看，“法无禁止即自由”的原则应该适用于新闻报道。从这一原则出发，信息公开是常态，禁止是例外。公平地获取信息、平等地表达自己的意见是公民应有的权利，信息公平是社会平等的前提。在当今社会，信息不公平、“信息特权”是社会最大的不平等。公正，就是新闻报道的客观公正要求，在新闻报道里，不应出现种族歧视、民族歧视、地域歧视、区域歧视、性别歧视、阶层歧视、群体歧视、职业歧视，等等。

（3）速度、广度、深度是指新闻报道时空上的要求。从新闻的一般要求讲，新闻报道越快越好，与事件同时进展的“零时差”“零距离”是最理想的。广度是指新闻报道面，凡与大众利益相关、引发公众兴趣的事情都应满足公众未知、欲知的愿望。深度则揭示重大事件在时间、空间上与方方面面的相互关系。

2. 单篇新闻报道的要求

真实、全面、客观、公正是每一篇新闻报道的基本要求。

（1）真实：本书第三章“真实性是新闻的本质规定”阐述过了。

（2）全面：构成新闻事件的基本要素、基本要件都要清楚呈现，不得遗漏、不得故意隐瞒重要部件、关键性细节。

（3）客观：以中性语言呈现完整的事实，不得将个人的好恶、倾向表现在新闻中。

（4）公正：前面已经说了，在新闻报道中，对任何报道对象都要平等对待，不能歧视；守正持中，不同观点都要平等表达。

3. 在叙事上要求：开门见山，直截了当

新闻报道就是向公众提供信息，让公众知道发生了什么，继而明白为什么会发生，所以不必曲曲折折、弯弯绕绕，只要开门见山、一目了然。在叙事上，一般都是先果后因，先事后人，先近后远，先事后理，先具象后抽象，先个别后一般。

4. 在语言上要求：准确、简洁、明快

“准确、准确、再准确”是新闻报道语言上最基本的要求，构成新闻的基本要旨：时间、地点、事情、人物等都必须以准确的语言表达清楚，容不得含含糊糊。同时，新闻语言要简洁明快，一看就懂，一目了然。

上述这些要求，尤其是总体要求体现了新闻从业者的理想与价值追求，即对事实的敬畏、对社会的担当、对公众的责任，坚持新闻工作守正持中的立场，坚守社会平等公正，维护公民知情权、表达权、监督权、参与权。

第三节　新闻报道的构成

新闻是新近发生事实的报道。在各种各样的新闻作品中，往往是由报道、分析、判断三个部分构成的。

新闻是（一种）报道。报道是什么？为了弄清新闻定义的内涵，有必要把报道、分析、判断三个概念区别开来。

报道是对可以查证的事实的客观陈述。这里所谓“可以查证的事实”是指人们看得见、摸得着、感受得到，有根有据。

新华社北京（2008年）4月11日电　我国外汇储备继续攀

升，中国人民银行11日发布消息称，今年3月末国家外汇储备余额达16 822亿美元，同比增长39.94%。根据央行最新数据，在2007年底国家外汇储备余额超过1.52万亿美元的基础上，今年一季度国家外汇储备又增加了1 539亿美元，比去年同期多增加182亿美元。值得注意的是，今年前3个月国家外汇储备增长呈现逐月放缓迹象。统计显示，今年一季度国家外汇储备每月增量分别是598亿美元、573亿美元和350亿美元。①

以上列举的这些数字全都可以核对。

中新社北京(2007年)11月19日电 国土资源部部长徐绍史今天在此间召开的全国土地执法百日行动督察整改第三阶段动员电视电话会议上用“扎实推进、态势良好”来形容前两个阶段执法百日行动现状，但他亦坦陈，查处土地违法难度大。徐绍史说，综合百日行动清查的三个重点来看，违规违法的宗数约3.2万件，违规违法占用土地的面积350万亩左右。②

这里需要核对的不是数字，而是在2007年11月19日国土资源部部长徐绍史有没有讲过这些话。

中央文明委今天公布了全国首次文明城市评选的获奖名单，张家港、厦门、青岛等12个城市、城区获得了全国文明城市、城区称号。获得文明城市、城区称号的是张家港市、厦门市、青岛市、大连市、宁波市等12个城市、城区。专家表示，本次文明城市、城区评选是依据一套新的评测体系，这套体系综合考虑了政务环境、市场环境、人文环境、生活环境等多个因素。③

这些获得“文明城市、城区”称号的地方被公开报道，人们可以去看、去听、去核对。

---

① 载《新华每日电讯》2008年4月12日，第1版。

② 《国土资源部部长徐绍史坦陈查处土地违法难度大》，中国新闻网(http://news.163.com./07/1119/19/3TME1866000120GU.html)，2007年11月19日。

③ CCTV《经济信息联播》，新浪网(http://finance.sina.com.cn)，2005年10月26日。

而报道如果让人无法核对，那就可能出错。请看一则德国通讯社的报道《错把绿发当青草》①：

德国19岁的吉他手奥吉把头发染成绿色，并剪了一个古怪的发型。一天下午，他去汉诺威动物园与女友约会，对方迟到，于是他沐浴着阳光在长凳上睡着了。这时适逢骆驼“托尼”路过，看中了他的头发，于是决定饱餐一顿。奥吉从疼痛中醒来，发出阵阵尖叫声。骆驼把头发在嘴里嚼了几口，发觉上当，于是吐了出来。“托尼”的饲养员说，这是“托尼”第二次犯同一个错误，几年前它也拔掉了一个留有绿头发的小伙子的头发，它显然是把绿头发错当成了青草。

在上述新闻中，吉他手奥吉的举动以及“饲养员说”的话都可以核对，骆驼“托尼”嚼奥吉的头发也可以核对，但“托尼”“看中了他的头发，于是决定饱餐一顿”，“发觉上当，于是吐了出来”，这一连串“看中”“决定”“发觉”属于动物的心理活动，怎么去核对？骆驼“托尼”不能告诉记者，记者只能“想象”出来。这样报道就错了。

分析是建立在事实基础之上的，是对事实发生的原因、意义、影响所作的解释以及对未来发展趋势、结果所作的预测。分析的前提是掌握全面的事实，分析的依据是事实（人们常称之为背景材料），分析的结论同样必须是事实，或者是构成该事实的必要材料。正如恩格斯在《致〈社会明镜〉杂志的读者和撰稿人》中所要求的：“杂志将完全立足于事实，只引用事实和直接以事实为根据的判断——由这样的判断进一步得出的结论本身仍然是明显的事实。”②一名司机开车压死一名路人，经最后查证，是因为司机喝醉了酒；一幢大楼失火，经最后验证，是因为电线老化引起短路起火。这些事件的原因分析简单且显而易见。

上海在推进全面质量管理方面成绩显著，全市企业质量管理成熟度处于全国前列，制造业质量竞争力指数全国第一。……据了解，本市的全面质量管理工作经过30年推进，已有5万人次的

① 载《新民晚报》1998年7月21日。
② 《马克思恩格斯全集》第42卷，人民出版社1979年版，第413页。

企业领导干部通过了全面质量管理知识培训,120万人次成为QC(质量管理)小组骨干,300余万一线职工加入QC小组。全市企业的质量管理总体成熟度为“三级水平”,即处于国内前列;其中有三成上海企业处于“四级水平”,即达到国际先进水平;还有宝钢股份、振华港机、大众汽车等1.5%的企业达到“五级水平”,即世界水平。在最新一轮全国制造业质量竞争力指数情况中,上海达到86.78,在全国31个省市自治区中拔得头筹。①

制造业质量竞争力的提升,是由于长期以来质量管理工作的切实推进,这些管理工作均由可量化的一系列数据来体现。像这样用一个具体事实来解释另一个具体事实,令人信服。令受众生厌的是有些新闻报道“戴帽穿靴”,如“在××精神的鼓舞下”,“由于落实有关政策”,因此取得巨大成绩,等等。

判断是对某一事件利与弊、是与非、对与错、得与失、善与恶、荣与辱所作的结论。这种结论,有强烈的主观倾向,有鲜明的价值取向。“申城打假特别执法月成绩斐然”,这“斐然”两字是作者对此事情持鲜明的肯定态度;“今晚,上海京剧团《曹操与杨修》剧组以精湛的演技征服了爱挑剔的天津观众”,一句导语里有三个判断词:演技精湛、天津观众爱挑剔、演出结果征服观众,这一条导语显示出作者鲜明的倾向。一些厅、局级干部“工作繁忙而效率不高”,是对厅、局级干部工作的评判。“美佳饭店的服务既不美也不佳”,是对一家饭店服务质量的判断。

新闻既然是新近发生的事实的报道,那么,它就应该尽可能多地向人们提供可以查证的事实,也不妨作些分析,但应尽可能避免下判断,更不要以判断来代替事实。但从实际情况看,在不少新闻中,事实不多,判断不少,以作者的主观判断来代替具体事实的情况比比皆是,造成新闻的空洞。

1985年6月26日《经济日报》二版在《五省、区信访接待室见闻》总标题下,有两条新闻,我们来对比一下:

《内蒙古——既讲政策又讲人情》:18日上午8时,记者来到

---

① 载《解放日报》2008年9月3日。

内蒙古自治区信访接待室。第一个来上访的是伊盟达拉旗一位60岁的复员军人，负责接待的同志搬来椅子热情地招呼这位同志坐下，刚刚翻开接待记录，一位老农在儿子的搀扶下又走了进来。接待员站起来说："看您的身体不好，隔壁有长条凳子，您先躺一会儿，等接待完这位同志再过来。"10点钟，记者看到这位老农手捧水碗发呆，问是不是对接待不满意？老农含着眼泪连连摆手说："我遇到了好人，这碗水就是接待我的那个女同志给倒的。"

《山西——安置孤儿局长过问》：18日上午6时，记者来到山西省委、省政府接待室。接待室干净、整洁。厅角的桌上放着一只装满开水的大保温桶，十几名上访者秩序井然地坐在长椅上等着依次接待。工作人员热情地询问情况，认真做着记录。这时一位年轻人推门进来，激动地对工作人员说："太感谢你们了，真没想到事情解决得这样快，这样好。"这个年轻人叫李晓前，1960年随父母下放到潞城县农村，以后父母病故，小李成了孤儿，生活无着。1982年小李找到信访局要求给予安置，工作人员多次联系，局长还亲赴潞城县协商，终于解决了小李的问题。

这两则新闻，明眼人一看就知道是前好后次。前一篇，作者在仔细观察的基础上，用一连串动词来描述那位接待员一连串的动作：搬来椅子……招呼……坐下，站起来说，倒了一碗水，等等，使读者如闻其声、如见其人，令人信服地表明：这位接待员热情、周到、礼貌。而后一篇，对接待员的现场工作情况的叙述只有一句：热情地询问，认真地记录。接待员们究竟怎么"热情""认真"，这本来是全文的主题，也是读者最关心的事情，恰恰没有提供。具体的情况却被"热情""认真"两个副词淹没了。作者用自己的判断代替了对客观事物的叙述，用自己的评价代替应该让读者从具体事实中得到的结论。这样的新闻空空洞洞，作者不得不用过去发生的事情来代替现场描写。

在中国媒体许多新闻中，报道、分析、判断往往交织在一起，一篇优秀的新闻要求这三者水乳交融，而不能油水分离。请看下面一篇新闻：

白瓜变“苦瓜”，土苹果成金苹果

——西北两大特色农产品盛衰两重天①

“吃瓜到兰州”，这句话道出了兰州白兰瓜的名气。但在今天，白兰瓜风光不再，原来的品味和市场尽失，即使在兰州街头也难寻白兰瓜的影子。可就在短短的十年间，陕西苹果却悄悄走出山沟，摆上了中外消费者的果盘。

西北地区两大优势农产品一盛一衰的变化，发人深思。

甘肃省农科院专家的调查表明，盲目生产与无序竞争将香甜的白兰瓜变成了“苦瓜”。白兰瓜自然生长周期本来需要120天，但为了抢市场卖好价，许多瓜农将传统的肥料渣改换成硝铵和尿素，甚至用一种叫乙烯剂的催熟剂擦洗，硬是将其生长期缩短到75天左右。可“早产”的白兰瓜非但不甜，反添涩味。据兰州市农牧局介绍，今年兰州瓜类种植总面积4.94万亩，其中白兰瓜只有千亩左右。

就在白兰瓜逐渐衰弱之时，陕西苹果近年来却逐渐叫响全国，而且还销往30多个国家和地区。去年年底陕西省的苹果种植面积达800万亩，仅苹果一项，去年苹果产区1 000万农民人均增加纯收入910元。

陕西苹果崛起的奥秘在于一方面加大优果工程、绿色果品基地建设力度，全面推行果园生产标准化，指导果农合果套装、用药和施肥，使果品的优质率有明显的提高；另一方面着力扶持外向型农业产业化龙头企业，打造开辟国际果品市场的“旗舰”，这几年，陕西形成了15个果品加工、储藏和营销龙头企业。

这是一篇把三者结合得比较好的新闻。“白兰瓜风光不再”，陕西苹果“摆上了中外消费者的果盘”，这是报道；“盲目生产与无序竞争将香甜的白兰瓜变成了苦瓜”，“陕西苹果崛起的奥秘在于，一方面……另一方面……”是分析；记者对两种瓜果没有直接作判断，但“苦瓜”“金苹果”的称谓以及“一盛一衰”的描述，已使读者明白记者在提倡什么，反对什么。这是中国古代的“春秋笔法”在新闻中的灵活运用。

现实生活是复杂的，有许多新闻事件一时原因未明、性质未定，而

① 载《人民日报》2003年7月3日。

新闻又要求迅速做出报道。这里的一个技巧就是善于把判断变成报道。举例说，1998 年 7 月 8 日，在第 16 届世界杯足球赛的半决赛法国队对克罗地亚队的比赛中，裁判吹罚法国队后卫布兰科打人犯规而出示红牌。当时，无论是现场直播的主持人还是第二天的各报新闻，基本上都这样报道：

> 法国队与克罗地亚队的半决赛，战至下半场第 22 分钟，法国队核心后卫布兰科因击打克罗地亚队前卫比利奇的脸部而被罚红牌下场，法国队不得不以 10 人应战克罗地亚队 11 人。

但事实证明，这个报道错了。布兰科被罚红牌下场是实有其事的，但录像显示：布兰科没有击打对方，只不过在双方争夺中推了一下比利奇的前胸。而克罗地亚队的比利奇却装作脸部被打，捂着脸倒在地上，骗得裁判给对方一张红牌。所以，英国的《卫报》、法国的《队报》都大字刊出一条新闻标题：裁判的错误，比利奇的耻辱。但同一件事，如果“把判断转为报道”，那么新闻媒介就不必承担报道错误的责任。可以改为这样写法：

> 法国队与克罗地亚队的半决赛，战至下半场第 22 分钟时，克队前卫比利奇捂着脸倒在地上。裁判判罚法国队后卫布兰科击打比利奇脸部而出示红牌，把布兰科罚出场外，法国队不得不以 10 人应战。

这里报道的是裁判的判决和举动。至于布兰科有没有击打比利奇的脸部，新闻媒介不承担责任，它只承担裁判是不是这样裁决的这个事实的责任。

第四节　传统媒体的新闻体裁

传统媒体报纸、广播、电视都是在逐步探索中形成适合自身特征的体裁。这一点，我们在第七章第五节“反映现实生活的需要决定新闻体裁的多样化”中作了阐述。这里要强调的是：每一种媒体新闻的成熟都以报道体裁的定型为标志。

说到报纸、广播、电视的新闻体裁，在新闻写作的各类教材中会罗列许多种，但真正对各种媒体具有代表性、决定性意义的体裁是以下几种。

1. 报纸：倒金字塔结构的客观性报道、解释性新闻

报纸上有许多报道体裁，但真正为报纸所独创且适应报纸特点的就是这两种体裁。

典型的倒金字塔结构是按照事情的轻重缓急或读者感兴趣的程度来陈述一个事件。一般都是按先主后次、先重后轻、先急后缓的次序。这种结构最早在19世纪60年代美国内战时产生。随军记者采访，用刚刚发明的电报发稿，由于担心电报中断，记者不再把故事按先后顺序发稿，而是把最重要的事实放在新闻头部，一旦电报中断，也可以在报纸上刊出①。由于这种结构非常适合读者阅读，适合编辑，很快在全球报纸上流行，成为消息（短讯）的典型写作结构。客观性报道是把客观性的目标转化为一套可操作的程序，即以不偏不倚的公正态度来报道新闻，竭力把事实与意见分开，由此在报道中提出如下要求：

第一，构成该新闻事件的基本要件必须齐全，不得缺失；

第二，尽可能用中性词汇；

第三，任何事实都必须明确来源；

第四，引语必须完整，不得断章取义，歪曲原意；

第五，平衡原则：不同观点、见解得到平等表达，不能有重有轻，偏袒一面。

倒金字塔结构的客观性报道历经150年，至今还在媒体尤其在报纸上采用。

报纸上另一种典型体裁是解释性新闻，被誉为20世纪新闻界的最大创新。解释性新闻就是解读新闻，解读该新闻的原因和意义，其核心就是以大量背景材料来揭示该事件在时间与空间上方方面面的关系。在时间层面上，解释性新闻以昨日来透视今日、预测明日。在空间层面上，宏观背景下的微观表达，微观层面上的宏观影响，政治变化、政策变化对经济、社会的影响，如此等等。解释性新闻在20世纪30年代兴起，在电视日渐扩大的20世纪六七十年代开始兴旺，时到今日，在全球

---

① ［美］梅茨：《怎么写新闻：从导语到结尾》，苏金琥等选译，新华出版社1983年版。

报业中，尤其西方报纸，解释性新闻占有绝大多数版面。

2. 电台：短平快新闻、现场播报

电台当然也有多种报道体裁，但由电台创造并适应电台特性的体裁就是短平快新闻和现场播报。

电台在刚开始的数年内，新闻报道就是由播音员读稿，而新闻稿与报纸新闻并无二致，或者说，电台的新闻就是报纸的新闻，只不过电台是读出来的。到后来才明白，电台播报由于声音稍纵即逝的特点，不适合长篇大论，只需要播报发生了什么就够了，而且电台语言比报纸语言更浅显，这就形成了电台新闻短平快的基本特点，或者我们常用的“一句话”新闻。

而现场播报则充分显示了电台的优势，真正实现了“零时差”，即与新闻时间同步播报，如果再配上各种音响，可以把现场表达得绘声绘色。

3. 电视台：主持人节目、现场互播

早期的电视台新闻节目就是播报员读新闻，就像电台一样，只不过电视台播报员在屏幕前，不但有声音，还有画面。再就是把电影纪录片放在电视上播放。到后来电视台才比电台有更多的报道体裁，但真正由电视台创造并体现电视台优势的报道体裁就是主持人节目和现场直播。

新闻的主持人节目是由电视画面配以主持人播报，而更重要的是由主持人穿针引线，把各种现场画面切入电视屏幕，并由主持人加以报道、加以解读，电视新闻由此而生动活泼。

现场直播包括各种体育比赛、文艺演出、各种庆典以及一些现场突发性事件。这更能体现电视台优势，不但实现零时差，还让受众有了零距离的感受。

第五节　新媒体的新闻制作

一、新媒体新闻的基本特征

互联网作为一个新媒体，具有与生俱来的数字化、交互性和超时空的基本特征①。这些基本特征颠覆了传统媒体新闻生产、传播、反馈的模式，呈现出一系列全新的特点。

1. 新闻生产：从单元走向泛社会化

传统媒体是点对面的大众传播，所谓“点”就是一家新闻机构，以记者编辑为核心群体，也就是一群专业化的精英团队来生产、传播新闻。记者编辑队伍无论怎么庞大，相对于受众毕竟是极少数，他们不可能遍布世界任何角落去寻找新闻，所以，新闻迟报、漏报是大概率的事情。而且报纸、电台、电视台的版面、时间有限，公众想人人都上报纸、电台、电视台是不可能的事。而互联网技术却赋予公众自由表达的权利，任何人可以在任何时间、任何地点向任何人发布任何信息，如果没有人为干扰的话。这就是人们所说的“互联网是人人有麦克风的时代”。这样一来，新闻生产就从单一的极少数精英专业化生产变成泛社会化生产。从繁华都市到穷乡僻壤，从人们日常生活到重大突发性事件都在互联网上一一呈现。现在，全球重大突发性事件的最早报道者几乎都是亲历现场的网民，“记者还在路上，新闻已传遍全球”。

2. 供给对象：大众化、小众化、个性化定制

前面说过，传统媒体是点对面的大众传播，而互联网具有交互性的特点，不但可以实现点对面，而且可以实现点对点、面对面的传播。正是基于这一技术优势，互联网新闻不但可以是大众传播，也可以是小众化传播；同时，用户可以个性化定制，主动选择自己所需要的新闻，定制界面风格。

3. 表达方式：以视频为主的全媒体

新媒体具有数字化特征，打破了报纸、广播、电视各媒介之间的壁垒，媒介融合得以在互联网上实现，即文字、图片、视频、音频能融合在一起，从而使传播得以立体化、全景化呈现。而近些年来，视频化成为互联网新闻一大趋势。因为视频更能体现互联网新闻特征，更受用户青睐。

4. 产品呈现：从固态走向液化

传统媒体呈现给受众的新闻都是一次性定型的产品，即固化的、不可更改的。传统媒体也有追踪式报道，但追踪式报道每一个阶段的新

① 李良荣主编：《网络与新媒体概论》，高等教育出版社 2014 年版，第 16—19 页。

闻也是固化的，而互联网上有很多新闻却是液态的①。所谓液态的，就是随时变动的：新闻发布者在现场目击中追踪事态进展而随时发布、随时补充、随时修正，实现新闻发生与发布的零时差。

5. 发布时空：零时差、零距离

零时差、零距离是信息传播的最佳状态。互联网新闻可以达到这一理想状态。网络直播基本实现了这一美好愿景，而互联网新闻中的VR和AR可以全方位再现新闻现场，让用户身临其境。

6. 相互关系：互动的、兼容的

互联网一大特点是节点与节点之间是平等的，信息传播不再有传者与受者之间的严格界限，传播方式由单向传播演变为双向甚至多向交流。用户可以对信息传播做出即时反馈，或评点，或质疑，或补充，或更正。互联网新闻生产往往是传者与受者、专业人士与业余人员合力完成的。

7. 接收方式：碎片化

斯科特在《网络社会的崛起》一书中指出互联网是“没有时间的时间”②，在传统媒体时代，人们工作、生活的作息时间相对固定，比如早上8点上班时间，下午4点下班时间，而对于互联网新闻而言，发布新闻和接受新闻都是随时随地在发生着，尤其在手机可以无线上网以后，通过手机收阅新闻不仅随时随地进行，而且越来越碎片化了。碎片化阅读带来新闻内容浅表化、表达方式视频化的趋向。

二、新媒体新闻体裁

早期的互联网新闻，目前的网民基本上都经历过，那就是把传统媒体的新闻平移到网络上。所谓报网互动，就是把报纸上的新闻粘贴到网络上；台网互动，就是把电台、电视台新闻移到网络上，成为网络音频、视频节目。经过近30年的逐步探索，逐步形成了5种新闻体裁：短消息、短视频、数据新闻和可视化表达、网络直播新闻、AR新闻与

---

① 陆晔：《液态的新闻业：新传播形态下的新闻业变迁》，载《新闻记者》2019年第3期。

② ［美］曼纽卡·卡斯特：《网络社会的崛起》，夏铸久等译，社会科学文献出版社2000年版，第5页。

VR新闻。这5种体裁还在不断完善中,随着技术进步,还会创造出更适合网络表达的新闻体裁来。

1. 互联网短消息

互联网短消息是在互联网平台上主要以图片配简要的文字,其地位相当于报纸中的动态消息,是互联网新闻最基础的表现形式,由稿件来源、正文、链接、背景、网络跟帖五大要件构成。

(1) 互联网短消息需要充分保证稿件来源的公开透明。公开透明是保证新闻真实性和客观性的需要,也是保护版权的需要。稿件来源指的是新闻稿件的出处,强调消息内容的获得方式。根据稿源的性质,可以判断其权威性、可靠性。

(2) 正文。由标题和主体组成。网络新闻主要是通过点击标题列表上的标题来链接正文,标题尽可能在第一时间抓住用户,向读者传达更多内容。标题制作简明扼要,字数一般在十二字左右。

消息主体要用最简洁的语言表达基本完整的事实。为适应互联网碎片化阅读,互联网短消息内容短小精悍,一般以不超过五百字为宜,只要能把事情说清楚,可以是几十字,甚至是一句话。

(3) 链接。短消息中的链接,是指以超链接的形式提供与消息主体相关的报道等。从单篇新闻来看,链接作为该新闻的背景;若从网络空间来看,链接把该相近新闻串联起来,一起新近发生事件可能勾连起多年前的"相关"事件,形成互文关系,赋予更多意义。

链接为消息主体服务,要体现与主体的相关性;链接设置要保证消息主体的完整性和流畅性,不应打扰、中断主体叙述;要保证链接的有效性,防止"死链接"。

(4) 背景。新闻背景是对消息主体进行补充说明的材料,是新闻不可分割的组成部分,包括知识背景、地理背景、人物背景与历史背景等。

(5) 新闻跟帖管理要宽严相济。网络新闻跟帖是网络评论的一种形式,与传统评论不同,新闻跟帖不能脱离新闻主体单独存在,互动性强,行文风格是即兴评论,有话则长,无话则短。

网络跟帖有三方面功能:其一,在网民的倾向性意见中了解网民对该新闻(事件)的基本态度;其二,从网民不同评论意见中多视角理解新闻;其三,补充该新闻的素材或细节,纠正该新闻的谬误或虚假陈述。

2. 短视频新闻

现场拍摄是短视频新闻优势所在。要做到真正的现场拍摄，不能造假，不允许干扰和摆布。任何摆拍都是假新闻。短视频不讲究起承转合，但新闻基本要素要交代清楚，时间、地点、人物等不可缺席。这是真实性的具体体现，也有助于用户更好地理解新闻内容。短视频新闻时长在60秒之内。通过对不同平台上的短视频进行研究后发现，短视频平均时长大约为60秒左右，绝大多数短视频时长在30—90秒区间。个别重大突发性事件，时长适当放宽，但不超过3分钟。

短视频可以分为用户原创内容（UGC）、专业机构原创内容（PGC）以及用户与专业机构合作生产内容（UGC+PGC）三大类。

3. 数据新闻与可视化表达

数据新闻能让记者"通过数据和信息图表来报道一个复杂事件"[①]，"广度"与"深度"是数据新闻制作的关键词。

数据新闻要求公开数据来源。就是要告诉受众数据的出处，这不仅能够说明所报道的事实、揭示的关系言之有据，而且帮助受众根据数据来源来判断新闻的可信度与权威性。更高的要求还需要公开数据采集方法、分析方法和工具以及收集的时间。

数据可视化表达是通过可视化编码，将复杂抽象的数据及关系改造成简单具体的视觉语言。内容层面要做到准确和高效：不存在任何错误地呈现数据分析的结果，突出重点信息，降低阅读障碍；形式层面要做到设计新颖和富有美感，作品符合人们的审美要求，激发读者阅读兴趣。

4. 网络直播新闻

网络直播新闻，是以传递新闻为目的、以实时视频流为主要形式的报道形态。

网络直播新闻灵活性强，受时间、地点限制弱。电视直播基本上是在规定时间、规定地点拍摄，播出规定内容，网络直播除了像电视台那样拍摄、播出外，最显著的区别是随时随地拍摄任何内容。

真实是网络直播新闻的优势。坚持真实，禁止伪造现场或改变现场，不得摆拍作秀；不使用特定拍摄技巧，造成受众对视觉信息误解。

---

① Jonathan Gray, Liliana Bounegru, and Lucy Chambers, *The Data Journalism Handbook*, O'Reilly Media, 2012, p. 6.

镜头运用以一镜到底为主,不使用过多花哨的运镜技巧。单一镜头运用,不仅现场感强,还可以节省拍摄资源。但一些重要重大活动,会使用与电视直播雷同的多机位、多角度直播。

5. VR 新闻与 AR 新闻

VR 新闻与 AR 新闻是以用户为中心,强调用户新闻体验和新闻参与的新闻样态。“体验”与“参与”是其新闻制作的关键词。

在传统媒体时期,纪录片以影像的方式带给受众一种视觉和听觉上的全面感知。VR 新闻和 AR 新闻为人们提供了一种较之纪录片更加贴近的体验,可以说是对纪录片的延伸。其中,VR 新闻是纵向推进,带给了人们更加身临其境的实景体验;AR 新闻则是横向扫描,带给了人们多场景叠加的新闻体验。从受众参与体验角度来讲,我们从原来的“看新闻”转向“沉浸新闻”。

AR 技术与 VR 技术提供沉浸新闻新体验,让 VR 新闻与 AR 新闻有两个明显特征。

一是个性化叙事。传统新闻叙事是由媒介主导,是固定“线性叙事”逻辑,也就是说,不同的受众看到的是同一个故事。而 VR 新闻与 AR 新闻,则打破原有由媒介主导的叙事流程,用户沉浸其中并自由选择叙事顺序,结果是不同的受众看到的是不同的故事。

二是场景化互动。在传统媒体时代,受众只能被动地接收新闻,而 AR 新闻与 VR 新闻则为用户带来了一种场景化、交互式的新闻体验,即用户需要参与到新闻场景当中,才能够观看内容。例如,2019 年 2 月 18 日,新华社客户端推出元宵节 AR 新闻《月夜灯如昼》,用户点击新闻标题,手机屏幕上就会出现一个放飞天灯的夜幕。有一种趋势是,用户可以利用 VR 技术和 AR 技术,在新闻场景中互动,更加直接地表达对新闻的看法,推动新闻的发展,对新闻叙事主动参与和构建。

第十九章

新闻工作者的修养

第一节 新闻专业理念

如果以新闻周刊作为近代报业起源,那么新闻传媒业已有近四百年的发展史,已成为整个社会系统中不可或缺的一个子系统,成为社会认可的一个职业,并且具备了获得专业称号的基本条件。

新闻业首先是为社会总系统的有效运作提供信息支持。社会群体的决策工作都要建立在一定的信息资源的基础上,尤其是信息社会的到来,信息资源在社会中的重要性愈发明显。新闻业具备"监视环境"的功能:或告知外界的异常变动以起到预警作用,或提供对经济、公众和社会生活至关重要的工具性新闻,而后者是维持整个社会系统长期运作的主要支柱。在市场经济环境下,新闻业为构建"公正、公平、公开"的竞争秩序提供信息环境,并且为公众参与民主政治提供必需的信息支持。

新闻业作为现存社会制度的一部分,倾向于维护既有的社会秩序。它通过协调整合各个社会子系统以保持整个社会有机体的平衡状态。新闻业具备"联系社会"的功能,通过强化社会规范,提供全社会共享的价值观念,促使个体的社会化过程,阻止越轨行为的蔓延,协调各个社会集团的利益冲突,从而维持整个社会体系的稳定性。

新闻业还在促进整个社会系统进步和发展上发挥着重要作用。大众媒介具备"传承社会文化"的功能,将信息、价值观和规范一代一代地在社会成员中传递下去,通过这种方式使社会在扩展共同经验的基础上更加紧密地凝聚起来;新闻业具备"娱乐"的功能,通过让个体得到休息和调整,保持社会成员的良好状态,同时也培育大众文化和大众品位。

上述种种功能使新闻业对现代社会的稳定、发展提供了强有力的支撑。但如果新闻业一旦失控,同样将对社会产生巨大的破坏。

社会学的功能主义学派把社会设想成为一个各部分相互信赖的体系,其中的每一部分都为该体系的平衡做出贡献。正因为体系是由互相信赖的各部分组成,所以一个部分的变化会引起其他部分的变化,甚至会改变整个体系,造成一种暂时的平衡失调①。社会的稳定和发展要求社会各子系统——各种专业必须恪尽职守,必须担任起必要的社会责任。例如,司法工作者必须公正,一切以事实为依据,以法律为准绳,司法失去公正,社会就会一片混乱;会计工作者必须坚持真实,不造假账,否则市场的信息就会失真,导致资源错误配置,引发经济混乱;医生必须坚持"救死扶伤,治病救人",否则有病不敢上医院,人心惶惶,哪来的社会安定?

对于新闻业来说,新闻专业理念是为了确保新闻业对整个社会的稳定、发展发挥有效功能的一种保障,从而也是新闻业赖以在整个社会系统中立足的保障。

什么是新闻专业理念?不同的学者有不同的说法。例如,美国学者阿特休尔将其归纳为四条信念:新闻媒介摆脱外界干涉,摆脱政府、广告商甚至来自公众的干涉;新闻媒介为实现"公众的知晓权"服务;新闻媒介探求真理、反映真理;新闻媒介客观公正地报道事实。阿特休尔认为这"四条信念是美国、西欧和其他实行市场经济工业国解释新闻媒介问题的根本法宝"②。美国记者赫尔顿从一个记者的视角归纳新闻专业理念为:提供真诚、真实和准确的新闻报道;必须公正、公平,给予争论各方同等机会,应诚心诚意迅速更正错误③。而英国学者塔奇曼则把新闻专业理念归纳为一点:新闻的客观性④。但是,几乎所有学者都强调了新闻专业理念的一个基本出发点:新闻媒介是社会公共

---

① [美] 戴维·波普诺:《社会学》,刘云德等译,辽宁人民出版社 1988 年版,(上)第 171—173 页,(下)第 623—624 页。

② [美] J. 阿特休尔:《权力的媒介》,黄煜等译,华夏出版社 1989 年版,第 133 页。

③ [美] Huheng, John L. *The Messenger's Motives*, p. 23.

④ Mcqual, *Mass Communication Theory*, SAGE Publications, 2000, p. 256.

事业，必须为公众服务，新闻从业人员必须承担起社会责任。

综合学者、记者们的意见和新闻媒体的实践，新闻专业理念是：新闻媒介必须以服务大众为宗旨，新闻工作必须遵循真实、全面、客观、公正的原则。

新闻专业理念看似简单明了，但真正实践起来并非那么简单，往往受到方方面面的干扰。从历史上看，对新闻专业理念干扰最大的是来自政治上的压力和经济上的市场压力。

政治压力，最大的来自政府。本书第七章已阐述过媒体与政治的关系。政治对媒体的影响是客观存在的，而且有过许多积极的影响。媒体要脱离政治，这是不可想象的。但是，在现实的实践中，我们经常可以看到，政治上的巨大压力往往会使媒体偏离新闻专业理念。美国发动的第二次伊拉克战争是极好的佐证。美国自称是民主自由的象征，新闻传媒强调客观性作为其新闻报道的最高原则。但在这次伊拉克战争中，美国传媒业的这一原则受到了挑战。美国对伊开战，不但未找到大规模杀伤性武器的有力证据，且有陷入困境的危险。但美国媒体对布什政府的决策支持声压倒反对声。有识之士的反战言论常被传媒扼杀，敢于发表不同意见的记者、编辑不被人理解。媒体上看到的是一边倒的"支持"——美国民众支持，"友好"国家支持，伊拉克民众"欢庆解放"，等等。美国媒体一向标榜的客观、公正哪里去了？纽约独立媒体中心的负责人曾说："美国读者需要做的第一件事就是停止阅读美国媒体的文章。他们应该开始阅读英国、法国、西班牙、阿拉伯等外国新闻媒体的报道，而不是该死的美国媒体的报道。"①这就是国家利益和政府的压力使得新闻媒体偏离专业理念。

新闻专业理念的另一端压力来自市场。世界上绝大多数媒体都必须赢利，才能维持日常运作，支持今后发展。为此，媒体都必须竭力拓展市场，争取更多的受众，这是天经地义的事情。问题在于，在媒体进行市场化运作的时候，必须坚守新闻专业理念，决不能为了媒体一家之私利而损害公众利益，忘掉媒体必须承担的社会责任。然而，令人遗憾的是，随着媒体竞争的日趋激烈，从 20 世纪 80 年代开始，世界许多国家的媒体逐渐向受市场利益驱动的产业方向发展，"整合新闻业"的概

---

① 《美国媒体：歪曲事实》，载泰国《亚洲时报》2003 年 3 月 7 日，转引自《参考消息》2003 年 3 月 17 日。

念开始走俏传媒业,即将编辑、广告、发行(推销)、市场研究全面统一在利润最大化的目标之下,使媒体最大限度获取利润。这就冲击了编辑方针。为了获取更多的市场份额,争取更多的受众,许多媒体走上娱乐化之路。关系国计民生的硬新闻减少,“性(男女关系)、腥(暴力)、星(娱乐体育界明星)”的新闻大量增多。看看中国的媒体,我们也可以发现同样的问题,明星的绯闻成为不少媒体每天必备的佐料。这就偏离了传媒业的专业理念,把媒体纯粹作为赢利工具。

坚守新闻专业理念,事关传媒业的存亡兴衰,是传媒业从业人员为公众服务的具体体现。为坚守新闻专业理念,大多数国家的新闻记者协会都制定新闻从业人员的职业道德准则,培训新闻从业人员,提高他们的职业修养。新闻从业人员的职业道德准则是新闻专业理念的外化形式;新闻从业人员的职业修养,则是新闻专业理念的内化形式。

第二节　新闻工作者的职业道德

在世界绝大多数国家,除了明令的新闻法规,还制定了明确的新闻工作者职业道德标准。新闻法规是一种法律条文,它是把国家意志以立法形式强制新闻工作者服从;而新闻职业道德是新闻工作者自立的行为准则,它借助于舆论力量促使新闻工作者自觉遵守。新闻法规是一种他律,新闻职业道德是一种自律(行业的自我约束,个人的自我约束),两者相辅相成,促使、鼓励新闻工作者完成社会使命。

新闻媒介太重要了。它对于国家的安危、发展,对社会的稳定、对公众的生活具有举足轻重的影响力。

新闻工作者的地位也太特殊了。上至总理部长,下至平民百姓,接触方方面面的人物,走遍角角落落的地方。所以,人们把新闻工作者称为“无冕之王”。然而,这也是个危机四伏的工作,充满太多的诱惑和陷阱。中国著名记者范长江曾深有感触地描绘新闻工作者的机遇和危险:“我想世界上很少有像新闻工作者这样有更多诱惑与压迫的。一个稍有能力的记者,在他的身边,一方面摆着:优越的现实政治地位,社会的虚荣,金钱与特质的享受,温柔美丽的女人,这些力量诱惑他出卖“贞操”,放弃认识,歪曲真理。另一方面摆着:诽谤、诬蔑、冷眼、贫困、软禁、杀头,这些力量迫使他颠倒是非,出卖灵魂。"①

正因为新闻工作的极端重要性、特殊性,除了新闻法规强制新闻工作者"不准"做的禁区,以防止滥用新闻自由外,还要提倡新闻职业道德,以行业内部的相互监督、以个人的自觉来抵御社会上种种诱惑,防范不良行为,促使他们做一名坚持真理、维护真实、敢讲真话的新闻工作者。

在当前,在中国,提倡新闻职业道德还具有现实的紧迫性。从计划经济转向社会主义市场经济,给新闻工作者带来巨大的活力和前所未有的发展机遇,同时,也带来前所未有的挑战和诱惑。这些年,在中国不少新闻媒介出现了煽情主义恶浪,为了扩大发行,提高收视收听率,争取多拉广告,不少媒介的内容低俗、媚俗,甚至出现黄色新闻;还有屡禁不绝的"有偿新闻"。市场经济必须有相当高的伦理为基础,在市场经济下的新闻工作,必须有新闻职业道德作保证。

新闻职业道德包括职业理念、职业态度、职业纪律、职业责任等四个基本方面。《联合国国际新闻规约》《中国新闻工作者职业道德准则》以及世界其他国家的新闻职业道德标准都基本上包含上述四个方面。

第一,职业理念。这涉及新闻工作的宗旨和"为什么""为谁"从事新闻工作。联合国《国际新闻道德信条》中提出为公众利益服务的理念:"职业行为的崇高标准,是要求献身于公共利益。谋求个人便利及争取任何有违反大众福利的私利,不论所持何种理由,均与这种职业行为不相符合。"而《中国新闻工作者职业道德准则》则要求新闻工作者全心全意为人民服务。"为人民服务是社会主义道德建设的核心,是社会主义道德的集中体现,也是我国新闻工作的根本宗旨。"

第二,职业态度。新闻工作必须严肃、严谨、认真、踏实。《国际新闻道德信条》中指出:"报业及所有其他新闻媒介的工作人员,应尽一切努力确保公众所接受的消息绝对正确。他们应当尽可能查证所有的消息内容,不应任意曲解事实,也不故意删除任何重要的事实。"并且强调:"任意中伤、污蔑、诽谤和缺乏根据的指控,都是严重的职业罪恶;抄袭剽窃的行为亦然。""对公众忠实,是优良新闻事业的基础。任何消息发表以后,如果发现严重错误,应立刻自动更正。"

① 转引自陈桂兰主编:《新闻职业道德教程》,复旦大学出版社 1997 年版,第 45 页。

第三,职业纪律。国际新闻记者联合会通过的《记者行为原则宣言》指出记者必须遵守的两条纪律:“只用公平的方法获得新闻、照片和资料。”“对秘密获得的新闻来源,将保守职业秘密。”除此之外,世界各国的新闻职业道德准则中,规定新闻工作者“不得以任何名义索要、接受或借用采访报道对象的钱、物、有价证券、信用卡等;参加各种会议和活动不得索取接受任何形式的礼金”,等等。

第四,职业责任。竭尽一切努力,以确保新闻的真实、全面、客观、公正。

为保证新闻职业道德准则的执行,除对新闻工作者经常进行教育外,世界许多国家还建立新闻评议会。其中英国的报业总评议会是世界上最早、影响最大的组织之一。第二次世界大战结束后,英国议会有鉴于新闻业垄断已导致新闻职业道德水准下滑的现实状况,于1946年建立了皇家报业委员会,对新闻业现状做彻底调查。1949年,皇家报业委员会的调查报告发表,其中提出了建立报业评议组织以维护新闻自由、提高新闻道德的建议。1953年7月1日,在英国政府的支持下,英国报业总评议会宣告成立。该组织共有25名委员,均为来自7个报业团体的编辑或经理代表,其主要职责是受理外界对报界的控告与申诉,做出裁决与结论,但这些裁决只有道义上的权威,并无实际约束力。据统计,英国报业总评议会每年收到的申诉信为100多件,其中60多件被立案处理。1963年7月,英国报业总评议会根据两届皇家报业委员会的建议,改组为由报界、司法界以及其他社会各界人士共同组成的报业评议会,以增强其权威性与社会性。在此先后,日本、比利时、荷兰、德国、意大利、土耳其、奥地利、韩国、南非、智利、巴基斯坦、以色列、加拿大、丹麦、印度、菲律宾等国家的新闻评议组织也纷纷建立,其名称除了报业评议会外,还有新闻纪律评议会(比利时)、新闻荣誉法庭(意大利、巴基斯坦、土耳其)、报业伦理委员会(韩国)等,其地区也由欧洲扩展至亚洲、非洲以及南、北美洲。

这些新闻评议组织的基本职能是对报业及其他传媒的表现进行评议,并对一些违反新闻道德的案件做出不具有法律效力的裁决,一般不受理违法案件。但是,悖德与违法之间的界限很难划分,有些国家因而对此另作特殊规定。例如,土耳其报业荣誉法庭规定,凡法院审理过的案件,荣誉法庭不再审理;挪威报业评议会规定,在受理案件时,如果认为被告已触犯法律,则应请求法院或律师公会派员参加审理;瑞典、菲律宾等国的报业评议会要求原告在投诉的同时须发表一项保证不将该案件向法院控告的书面声明。大多数国家的新闻评议组织仅有裁决权,但也有少数国家如日本等则既有裁决权,又有处罚权,处罚的项目有警告、记过、罚款、开除会籍等。其中个别国家由于新闻评议组织与政府机构紧密结合,使这些组织带有半官方色彩,因而还拥有核发与取消记者证、向报社征税等权力。就人员构成而言,大多数国家的新闻评议组织是由新闻界与其他各界代表共同组成的,也有的仅有新闻代表而无其他社会各界代表,或仅有社会各界代表而无新闻界代表。

第三节　中国新闻工作者的基本素养

中国新闻工作者的基本素养是世界各国基本认可的职业理念、职业伦理和中国新闻工作特殊性相结合而建构的。

中国新闻工作者的基本素养包含三个方面。

一、政治思想和道德素养

过去,新闻每天都是新的;进入互联网时代,新闻每时每刻都是新的,新的事件,新的现象,新的问题,新的观点,无时无刻不从各种新老媒体中喷发。多元的世界,多元的群体在不断博弈、不断冲击,全球的不确定性在增长。“黑天鹅”频现,“蝴蝶效应”频发,未来越发不可预测。

面对如此复杂多变的现实,如何去报道、如何去解读、如何去评论,都对中国的新闻工作者提出严峻挑战。面对严峻挑战,做一名合格的新闻工作者需要有更高的政治思想和道德修养。

坚持马克思主义新闻观,尤其要强化党性,掌握马克思主义的基本理论,能够运用马克思主义立场、观点、方法去观察问题、分析问题,这样才能在错综复杂的局面中坚持正确的政治方向。

“共产党记者最可宝贵的知识,是理论知识。”这是刘少奇同志在《对华北记者团的谈话》中的一句名言。

我国新闻事业的性质决定了我国的新闻工作要指导人民群众的思

想、工作,给人们以前进的方向,必须以科学的革命理论的光辉思想赢得人心。人民群众通过新闻事业不但要了解新闻,还要受到思想上的启发,在错综复杂的现象中能豁然开朗。这就需要新闻工作者善于从理论上来分析,有自己的独到见解。要做到这一点,没有一定的理论水平办不到。报纸上有些新闻、评论,人云亦云,套话空话连篇;就事论事,只会罗列一些事实,而不能作深入的分析;只会用"应该""必须"来发号施令,而不善于通过分析让读者自己去得出结论。谢觉哉同志曾这样说:文章的好坏,首先要看内容是否好。人云亦云,没有独到的思想见解,没有比较深刻的思想,决不能说是好文章。当然,这是不容易的,这就要求我们在有些问题上站得比别人高一些,看得比别人远一些。这靠什么?不靠聪明,而要靠我们真正地掌握马列主义、毛泽东思想,锻炼自己明辨是非的能力①。

熟悉、理解党的方针政策和法律法规。党的方针政策和法律法规是我国新闻工作者明辨是非、权衡利弊的价值判断标准。我国正在推进全面依法治国,"以事实为依据,以法律为准绳",不但是法院判案的原则,也是从事新闻和评论的原则。

有不断学习、学习再学习的动力。新闻工作者就得不断更新知识,才能赶上时代发展。这种不断学习的动力来自对新闻工作的热爱,热爱是最好的老师。

二、工作态度和工作作风

新闻工作是艰苦的工作。新闻工作不但动脑、动手,还动脚,"记者永远在路上",新闻随时随地发生,记者始终枕戈待旦。记者是一项高风险的工作,灾害、冲突、战争,哪里出事故,记者就在现场,真是"明知山有虎,偏向虎山行"。

在战火中采访的战地记者年年都有牺牲,在灾害中冲在第一线采访的记者随时会遭遇不测。而且,为揭露真相,记者会遇到各种阻挠,甚至遭到威胁、恐吓,会遇到各种陷阱。在平时,记者得走街串巷,深入基层调研,风霜雨雪是家常便饭。同时,新闻工作又极其精细,容不得一丝马虎。误说一句话,错用一个词,点错一个小数点,就可能引发一

① 转引自顾行:《谈谈记者的基本功》,人民出版社 1980 年版。

场重大事件，一起社会动荡，一场金融风暴，这都有前车之鉴。

正是这样性质的工作，需要新闻工作有高度的工作责任心、严肃认真的工作态度和工作作风。

这要求新闻工作者不仅仅把新闻工作当作一种谋生的职业，而是当作自己为之奋斗的事业。有事业心才会有责任心，才会有毅力、有定力，才能吃得起苦、经得住磨炼，才会有认真、踏实的好作风。

三、敏感的眼光和熟练的业务操作能力，尤其是表达能力、沟通能力

新闻工作就是和时间赛跑的工作，在全球化时代，各大媒体都以重大新闻“第一发稿”作为竞争力的一项标志，以“争分夺秒”来形容决不过分。哪家媒体比别人早一秒发一条重大新闻，其他媒体再发出的都成旧闻。全球各大通讯社天天为抢发重大新闻而你抢我夺，一年竞争下来，所有重大新闻的发稿时间相差就那么几秒钟。进入互联网时代，新闻生产泛社会化了，人人都可以成为新闻发布主体，上传到各种互联网平台上的新闻或新闻线索数以亿计，“记者还在路上，新闻已经传遍全球”。这其中有真有假，许多新闻线索稍纵即逝。

在当下全球化和互联网时代，专业的新闻工作者需要敏感的眼光和快速的应对能力，抓得住稍纵即逝的新闻线索去深入发掘，能很快意识到有些新闻有弄虚作假的嫌疑，分辨真假，考验着新闻工作者的真功夫。

当下，从中国到世界各国，媒体融合正如火如荼。过去，不同类型记者、编辑各有分工，有文字记者，有摄影记者，有电视拍摄记者、录制编辑。而在融合媒体中都需要全能记者，采写编评一体化，文字、摄影、视频一体化，必要时还要现场主持。全能记者就是能用各种手段来表达的记者。这大大提高了对记者表达能力的要求。

在各种表达能力中，文字表达仍然是必须强调的。落笔成章、倚马可待的快速的文字表达是任何记者、编辑不可或缺的一项基本能力。

而在新媒体时代，沟通能力的要求凸显出来。过去，当记者、编辑基本上都是单枪匹马。沟通能力，过去主要指和采访对象的交流、互

动。而现在,许多报道都需要团队合作,包括数据的挖掘、分析、综合,包括可视化的图表制作、视频、音频和文字的合成,没有一个紧密合作的团队,做不出融合新闻、可视化新闻。这需要记者、编辑有团队合作精神,善于沟通才能配合密切。

第二十章

中国的新闻改革

从 1978 年年底党的十一届三中全会开始,中国的新闻改革已走过了 40 年。40 年来的新闻改革波澜起伏,有顺也有逆,有进也有退,但总的趋势是在党的基本路线指引下,由浅入深、由表及里地蓬勃地发展着。尽管人们对新闻改革的评价不一,新闻界现状还难尽人意,但和 40 年前相比,中国的新闻媒介的变化是深刻的。这是中国新闻界和广大受众的基本共识。

第一节　40 年四次跨越

40 年的新闻改革,中国的新闻媒介有过四次大的跨越。现在,按照时间顺序来叙述。

一、第一次跨越:高扬新闻规律的旗帜

从 1979 年到 1982 年,高扬新闻规律的旗帜,否定“阶级斗争工具”论,重新恢复报纸作为“新闻纸”的本来面目,是这 4 年的主课题。

从 1979 年到 1982 年,是中国“拨乱反正、正本清源”的时期。拨乱当然是拨“四人帮”倒行逆施、祸国殃民之乱。那么,新闻事业的“正”是什么、“本”在哪里?那就是新闻规律。“要使报纸完成自己的使命,必须承认它具有连植物也具有的那种为我们所承认的东西,即承认它

是有自己的内在规律。”[①]马克思的这段话是当时新闻界使用频率最高的语录，既为新闻界高扬新闻规律寻找理论依据，又为新闻界正本清源的一系列举措作理论辩护。由于当时改革开放刚刚拉开序幕，新闻界不可能从实践的突破中概括出新的理论，也不可能从借鉴世界各国的模式中得到新的启迪，所以，不得不回过头去寻找历史上的闪光点，以图重铸昔日辉煌。这样，在尊重新闻规律的旗帜下，新闻界所做的基本上是“复旧”——实践界以20世纪四五十年代形成的党报传统为蓝本，学术界重提1956年新闻改革的老话题。这段时期所取得的基本成就，主要有以下几点。

第一，摒弃“报纸是阶级斗争工具”的“性质说”，重新肯定新闻事业是以刊登时事为主的、面向社会大众的传播机构；社会主义的新闻事业是党、政府、人民的耳目喉舌，是党联系人民群众的桥梁。

第二，摒弃“假大空”，提倡“短快新”，尤其重新确立新闻真实性的权威。在这段时期里，对新闻真实性的讨论占有各种新闻学刊物的最大篇幅。

第三，随着党的工作重点逐步转移到经济工作上来，经济报道逐步成为新闻媒体的主体。

第四，纠正了历史错案，肯定了“读者需要论”“社会需要论”是合理性的命题，并由此为立足点，重新确认新闻价值是选择新闻必不可少的标准。

但无论是基本达成共识的还是引发争论的话题都不是新的，全是20世纪50年代的老话题。然而，如果把新闻界高扬新闻规律的旗帜仅仅看作“复旧”的需要，那实在低估了其意义。新闻界高扬新闻规律的旗帜，有其深思远虑，那就是考虑如何从根本上防止、消除新闻媒介再次沦为像林彪、“四人帮”那种反党集团胡作非为工具的可能性。鉴于林彪、“四人帮”集团都是践踏新闻最基本的要求来实施他们的阴谋，新闻界试图把新闻规律作为维护其自身纯洁的最后一道防线；并且也想以客观规律是不以人们的意志为转移的真理之光来阻止不讲新闻规律的长官意图任意干预新闻界的行为。而对学术界来说，探索新闻规律则试图为新闻学科建立核心概念，构建新闻学框架，为“新闻有学”打理论基础。

---

① 《马克思恩格斯全集》第1卷，人民出版社1997年版，第90页。

新闻规律究竟是什么？不少学者竭力要概括出具体的条目来。一时众说纷纭，争论不休。新闻规律究竟有多少条，并不重要；重要的仅仅是建立一个观念，新闻也像其他自然学科、社会和人文科学一样，也是一门科学，有其特殊的规定性，不能随心所欲，更不能胡作非为。这才是在此期间一个全新的观念，是中国人对新闻媒介认识上的巨大飞跃，为今后的新闻改革奠定了坚实的基础。

二、第二次跨越：引进信息概念

这是从1983年开始的。信息概念引入新闻界，导致新闻媒介功能的重新定位，从而引发新闻媒介的巨大变化。

在20世纪80年代初，信息还是个全新的概念。信息概念一进入新闻界，立刻和传统观念发生了猛烈的碰撞。我国新闻界历来把新闻媒介当作宣传工具，新闻机构就是党和政府的宣传机构，甚至断言：从报纸第一版到第四版，每篇文章都必须体现、宣传党的方针政策。新闻媒介的第一功能甚至全部功能就是宣传。一切与宣传意图无关的、与宣传意图相悖的新闻都不能公开传播，即使是知识性、娱乐性新闻，也必须"寓教于乐""寓教于知"，目的还在宣传教育。而信息概念一旦引入新闻界，立刻使所有新闻媒介面对每天必须应付的难题：有许多信息没有或无法体现宣传意图，有些甚至有悖于宣传意图，却是社会需要、受众欢迎的，新闻媒介应不应该公开传播？这是实践的困惑。

信息概念的引进，在学术上表现为新闻与宣传两者关系的全国性大争论。这里所说的新闻是指纯新闻，即新近变动的信息。讨论者先后提出三种对立的观念：一是新闻就是宣传，或者说新闻是手段，宣传是目的；二是新闻与宣传是各不相同的现象，相互独立，且在一定程度上表现为对立；三是承认新闻和宣传是独立的社会现象，但它们往往是相互交叉的、相互渗透的。如果说在理论上，上述三种观点的争论是激烈的，那么在实践上，所有新闻媒介面对更尖锐、更为紧迫的问题：中国的新闻媒介是否应该承担传播信息的功能？新闻媒介究竟以传播信息为第一功能还是以宣传为第一功能？这关系到中国新闻事业的功能定位以及各报纸、电台、电视台的编辑方针。

上述讨论，有些已形成基本共识，有些至今还在争论。但无论怎样，信息概念已被新闻界普遍接受，新闻媒介不但要从事宣传，还必须提供信息、介绍知识、提供娱乐等多种功能的观念,已扎根在新闻从业人员的脑海深处。请看中国的新闻媒介,哪一家不以“信息灵敏”“信息量大”为号召来吸引受众?而且,信息概念渗透到新闻的方方面面,引起中国新闻界的巨变。

首先,媒介结构发生改变。一大批以提供纯信息尤其经济信息为主的报纸纷纷创办,电台、电视台也纷纷开设以提供经济信息为主的新频道。到1988年,中国形成三纵三横的媒介结构。从横向看,报纸、广播、电视三足鼎立,从纵向看,中央级、省(市)级、地(市)级三级新闻媒介网很完整。

其次,媒介内容构成发生变化。纯信息的新闻逐步在各新闻媒介占据重要地位,“信息之窗”“各地动态”“股市行情”“期货交易”“物价”等专版、专栏已经成为省级以上媒介的必备内容,从而大大开拓了新闻报道面。

再次,新闻报道样式更加丰富多彩。预测性报道,以挖掘“新闻背后的新闻”为特征的深度报道,全方位扫描的立体式报道,纯客观报道等新的报道形式大量出现;原有的报道模式也改变了旧有的模样,例如,会议新闻的改革,过去只见会议不见新闻,现在则强调跳出会议抓新闻;头条新闻改革,不少报纸打出“不拘一格选头条”的口号,把具有重大新闻价值的新闻放在突出的版面上。

这一切,使新闻的面目焕然一新。

三、第三次跨越:重新认定新闻事业性质

这是在1992年以后开始的。这是对新闻事业只属于上层建筑范畴的跨越。

新闻事业属于上层建筑,这是长期以来的传统观点。这一观点和前述的要把新闻事业当作宣传机构相一致。既然新闻媒介完全是一种宣传工具,那当然是属于意识形态范围内的。当党的十四大确认我国要建立社会主义市场经济的体制以后,新闻界面对改革开放以来经济、社会条件的深刻变化,要重新审视新闻事业的归属问题,并逐步形成一个共识:新闻事业就它生产带有强烈的意识形态的精神产品来说,属于上层建筑领域;但同时,就它为全社会提供经济活动和人们生活必不可少的信息、知识和娱乐来说,属于第三产业即信息产业。这个理论上

的突破带来了新闻事业发展的新思路。这个新思路可以归结为“事业性质、企业管理”。“事业性质、企业管理”的完整含义是：在保证党的新闻事业是党的耳目喉舌的前提下，以企业管理的方法来经营新闻媒介。这个思路可以说是“稳住一头，放开一头”。这样，从1992年以后的新闻改革，重点不再放在媒介的功能以及媒介的传播内容，而是转移至媒介的外围即经营管理上。

新闻媒介一旦在经营上走向市场，竞争立刻在新闻市场上展开。竞争的直接目的是争夺受众，最终目的是争夺广告。发行量、收视率、收听率成为媒介的成败标志，广告成了媒介的生命线。

到20世纪末，中国新闻媒介的竞争态势可以用“3×3”来描绘。

从全国而言，报纸、电台、电视台形成三足鼎立，各自竭力扬长避短，发挥自己的优势。

从报纸而言，综合性日报、晚报、专业报，形成三足鼎立，各有一批相对稳定的读者。

从电台而言，综合台、经济台、专业台（以娱乐节目为主）形成三足鼎立。

从电视台而言，无线台、有线台、教育台形成三足鼎立。

竞争既在三大媒体之间展开，也在各个媒体内展开，可以说相当激烈。

竞争给媒介带来了显著的变化。

1. 受众中心地位的认同

在计划经济年代，国家对媒介采取大包大揽政策，人财物、产供销完全由国家掌握，媒介不过是一个生产单位，生产什么、生产多少，完全由宣传的决策者决定。对受众来说，你生产什么，我们就接受什么。20世纪50年代提出的“读者需要论”，新闻界基本没有付诸实践，也无法实践。当新闻媒介一旦走向市场，受众就成了媒介的衣食父母。受众需要，你不想考虑也得考虑。从这一点上说，竞争推动了媒介内容的变化，各报台都花样翻新，不断追逐社会热点、受众关注焦点，但总的趋势是力求贴近生活、贴近市场、贴近受众。

2. 调整内部结构，搞活媒介机制

为适应新闻市场激烈竞争的需要，各媒介都对内部结构作了大的调整，力图建立起“分工合理、人员精简、反应灵敏”的新机制。大致的变化是：提升经营管理部门的地位和作用，有些媒介已实行社长负责制,社长以下,总编辑和总经理双驾马车,处于同等地位;试图打破按政府行政部门对口设置部室的老模式,建立条块结合、采编合一、对外反应灵敏的新结构;精简冗员,竞争上岗,奖勤罚懒,奖优罚劣。

3. 扩充硬件,扩大容量

从 1992 年开始,各地增版扩台的势头不可遏制。到目前为止,全国省市以上的日报、晚报都在 12 版至 16 版。每一个电台、电视台都有两个以上频道。在中等以上城市,有线电视台一般都已拥有 12 个频道(包括无线电视节目)。兴建办公大楼、办公现代化、排版电子化,都已成为城市中一道亮丽的风景线。

四、第四次跨越:从单一走向多元

从 1996 年开始,中国传媒业的重头戏是结构调整和结构转型。结构调整和结构转型的结果是中国传媒业原先的单一结构走向多元结构,从而转变媒体的增长方式。这也标志着中国媒体的改革向着深层发展。

结构调整与转型的基本目标是想解决中国传媒业“小、散、滥”的状况,做大做强中国传媒业,具体目标可以归纳为——

(1) 适度的市场集中,在全国范围内打造十来家跨媒体、跨行业、跨区域经营的媒体集团,成为中国传媒业的支柱,从而形成一个竞争有序的市场。

(2) 从粗放型发展转化为集约化增长,从外延性增长转向内涵性增长,这就是在集团化平台上对内部资源进行有效整合。

(3) 从小而全媒体走向专业化媒体,从同质化竞争走向差异化竞争。

(4) 实行分层分类管理。

在结构调整和转型中,传媒业采取了六大举措。

1. 报业集团——报业的集约化经营

1996 年,中国新闻史上第一家报业集团——《广州日报》报业集团正式挂牌。在以后数年时间里,全国有 39 家报业集团成立。除了中央级的《光明日报》《经济日报》报业集团外,其余报业集团都是以省(市)级党委机关报为龙头而组建的。报业集团的一般构成是:除一家主报(党报)外,有 6—12 家子报,一家出版社、几本杂志、一家印刷厂,还有其他一些经营性公司。

建立报业集团，其重要意义不仅是各种小报归在集团旗下便于管理，还标志着中国报业增长方式的改变：从过去数量增长转到质量提高上来，把粗放型外延增长转到集约化经营内涵增长上来。所有报业集团成立的初衷，都想把集团当作一个平台：将集团旗下的各类报纸进行人、财、物以及产、供、销的有机整合，实行资源共享，人才合理配置，打造报业的核心竞争力。

2. 频率、频道专业化——广播电视多元化之路

广播电视频道化，就是把无线、有线、教育台合并在一起，成立广电集团（或广电总台），打破原来建制，按节目内容设置频道。这说起来简单，但在技术层面上比组建报业集团复杂得多，然而能在短短的三两年内完成，得益于其单一的行政归属。因为不同报纸归属不同的行政单位，而电视的各台、各频道都归属于广电局领导，所以行政一个命令，下面都会闻风而动。

频道专业化的理论依据是受众分众化（或称小众化）的原理或称市场细分原理。这种提法源于市场营销学。按分众化的说法，在现代社会，由于年龄、性别、职业、区域、受教育程度、收入、社会地位等不同，消费者的需求表现出多种多样且差异越来越大，大众社会分化为小众社会，这需要提供能满足不同类型消费者的需求，甚至个性化需求的节目。电视的频道专业化就是顺应不同受众的不同需求而设置的。在西方各国，20 世纪 80 年代后期开始频道专业化，到 90 年代中期基本完成。

频道专业化，就其本质来说，是一条集约化经营之路。通过内部整合，把相关的节目、人员聚合在一个频道，避免在一个集团（总台）内部相互竞争而浪费资源，同时使相关从业者不断积累专业经验，增长专业知识，把专业节目越做越好。从而使我国的电视节目从单一走向多元——满足不同人群的多种多样需求。

3. 二级电视、三级报纸、四级广播——中国传媒业结构的基本框架

二级电视指在中央、省市级（包括省会城市）、计划单列市建立广电集团（或电总台），除了经济发达的地方级保留适当的广播电视台外，其余的归集到省市级广电集团麾下，成为其子公司。三级报纸是指报纸只在中央、省市、地方兴办，县市级基本不再独立办报。四级广播

是指在中央、省市、地市、县市设立电台。

为实施二级电视的设计，国家广电总局下达一系列文件：1999 年 4 月 6 日，总局宣布县级台“不再完整自办电视频道”。2000 年年初，国家广电总局在其工作要点中明确“推进我国广播影视管理体制向中央和省两级管理，地市以下实行由省垂直管理的方向发展”。2000 年 11 月 17 日，国家广电总局明确“广播、电视、电影三位一体；无线、有线、教育三台合并；省级、地级、县级三级贯通”。

为实施三级报纸的设计，中央、国务院两办联合发出《关于进一步治理党政部门报刊散滥和利用职权发行，减轻基层和部门负担的通知》（中办发〔2003〕19 号）。随后，新闻出版总署发出“实施细则”，明确规定县级报纸除个别经济特别发达的县由省级、地级党报兼并外，一律停办；地市级各部门的报刊一律停办。新闻出版总署还吊销 677 家报纸刊号，并在中央级报纸上公布。此外，中央成立治理领导小组，督办各项举措的落实。

4. 制播分离，编营分离——传媒的产业化之路

制播分离、编营分离都是传媒业运行机制上的改革。

对电台电视台来说，制播分离就是电台电视台只制作新闻节目以及部分核心节目，大部分节目（主要是娱乐类、社教类节目）由独立制作公司提供，无论是公开招标、度身定制还是外购，独立制作公司将成为各电台电视台主要节目来源。

对所有媒体来说，编营分离就是将内容生产（编辑部）和经营活动（经营部）分开，内容生产在不受经营的干扰下独立完成，以保证其真实、全面、客观、公正。中央和国务院两办的文件里明确规定，要将媒体经营部门从整体媒体中分离出来，成为独立经营的公司，允许业外资本进入媒体的经营性公司。

实施制播分离、编营分离的目的有二：一是确保媒体可以集中精力做好新闻节目；二是充分利用社会资源包括人力、物力、财力，打破传媒业单一的资本结构，吸纳传媒业特别缺乏的经营人才，引入企业经营的灵活机制，实行真正产业化，从而迅速把传媒业做大做强。

在 2001 年开始，各媒体都纷纷成立发行公司、广告公司，成为传媒集团下的子公司，承包各传媒集团或媒体的广告、发行。其中，湖广传媒、北青传媒在大陆、香港成功上市发行股票来融资。民营的影视制作公司也纷纷涌现，独立制片，像光线、英氏、金英马等开始崭露

头角。

5. 跨媒体、跨行业、跨区域——从封闭结构走向开放结构

报业集团、广电集团的成立为"三跨"创建了一个极好的平台。所以,中央及时出台相关政策,支持"三跨"。在2003至2004年两年里,"三跨"成为新闻界热门话题。"三跨"的模式基本上有三种。

(1) 两家或数家媒体实行跨区域联合,共同出资、出人,创办一家新媒体,这是"三跨"最基本的模式。比较出名的案例有:四川《成都商报》和上海《解放日报》在上海合办《每日经济新闻》;广东《南方日报》和北京《光明日报》在北京合办《新京报》;广州《广州日报》、北京《北京青年报》和上海文广新闻传媒集团组成上海第一财经公司,创办《第一财经日报》并把上海电视台财经频道、上海电台经济频率分别改称为上海第一财经频道、频率,实现跨区域、跨媒体经营。

(2) 两家或数家媒体实行跨区域合作,对已有的一两家媒体注资改造、重新包装。例如,湖南经济台曾出资2 000万人民币,对南昌市电视台第四频道进行改造。湖南电视台和武汉电视台合作把武汉电视台一个频道改为女性专业频道,等等。

(3) 大型国企注资媒体,实行跨行业经营。这些大型国企名义上多为投资媒体的经营部门。但实际上往往是实行内部股份制,国企有权参与媒体的管理,包括对主要负责人的提名或批准。当然,这些媒体基本上是专业性报纸或新闻杂志。例如,2005年5月,四川的五粮液公司出资近4 000万和新华社共组瞭望东方传媒有限公司,并对《瞭望东方周刊》进行改组。

6. 二分大众传媒——从单一结构走向多元结构

在中共中央关于文化体制改革的文件中,将我国的文化单位包括大众传媒划分为两大块:公益性事业单位和经营性企业单位。

这对中国文化界而言,是一次具有时代意义的体制转型。一大批原属事业性质的文化单位将转制为企业,不再吃皇粮,而必须在市场竞争中寻求生存、发展。

进入21世纪以后,尤其是近5年来,互联网以及新媒体异军突起,迅猛发展。中国公众依托新技术,获得前所未有的知情权、表达权、参与权和监督权,还在形成前所未有的传媒新业态。随之,中国传媒业的新闻体制、机制、操作模式、业务运作,都将或迟或早、或快或慢发生变动。新闻改革获得新的动力,中国的传媒业将实行新的跨越。

第二节 新闻改革的基本特点

当前中国新闻改革有四个鲜明的基本特点。

1. 从自发走向自觉——中央掌握改革主导权

从1978年年底到1999年的20余年间，中国新闻改革在整体上是自下而上进行的。

在20余年的时间内，从邓小平到历任中央领导人都高度重视传媒业，发表过许多重要指示和讲话，为新时期的新闻工作指明了方向，对一个时期的新闻工作提出了具体要求。然而，就新闻改革而言，中央以及中央主管部门并没有制定过具体规划、提出专门的部署。

然而，这种自下而上的改革，从微观上看是一种自觉行为，但从整体上看却是自发的。自发的改革越到后来越显示出其先天不足。改革往往是零碎的，缺乏系统性；往往是头痛医头、脚痛医脚，缺乏整体性；往往是单兵突进，缺乏全面性。到20世纪90年代后期，新闻改革进入攻坚阶段，需要在制度创新上下功夫，这要求改革的系统性、整体性，绝非自发的改革所能承担。

正是在这种背景下，在新世纪开元之际，中共中央和国务院的主管部门就新闻出版、广播电视深化改革做出了系统、全面的部署，并由中共中央办公厅和国务院办公厅向全党全国转发，显示出党中央、国务院对新闻改革的重视。

这一系列文件就中国新闻改革的热点问题、焦点问题做出了明确的政策说明，涉及中国传媒业结构调整、运作模式转型、宏观管理体制，并在全国范围内对传媒业的转型改制进行试点。

这一切都意味着，中央以及中央主管部门已经站到了新闻改革的前台，掌控新闻改革的主导权。新闻改革从此由自发走向自觉，即从过去以自下而上的改革为主变成自上而下的改革为主。

中央掌控新闻改革的主导权将给今后的新闻改革带来巨大的影响。中国的新闻改革已不再是零敲碎打的改革，单兵突出的改革，修修补补的改革，而是整体的、宏观的、全局性的改革。中国传媒业的体制、宏观结构、运作模式等等，在中央的主导下正在并继续发生重大的变化。

2. 从观念更新走向制度创新——制度创新成为新闻改革的主动力

20世纪80年代信息概念的引进,引发对传媒功能的重新认识。90年代重新确认传媒业的性质,媒体具有双重属性成为学界、业界的共识。传媒从此理直气壮地走向市场。时到如今,观念更新的能量已基本释放,也就是说,光靠观念更新已无法解决当前新闻业面临的深层次问题,必须依靠制度创新来推动改革。历史证明,一切改革都从观念更新开始,最后都将遭遇制度壁垒。如果制度能够顺势创新,那么改革将会继续向前,否则改革就会毁于一旦。制度安排,才是改革的落脚点。

目前,中国的新闻改革正遭遇着制度壁垒。中国传媒业目前存在的“结构失衡、竞争失序、运作失规、管理失范”都与现存新闻体制相关,制度不创新,这些问题都难以解决;新闻报道“公开、公正、公平”原则的实施,改进时政报道,治理党委机关报,资本运作,“跨区域、跨行业、跨媒体”战略目标的实施等,中国传媒业进一步发展所面临的问题都涉及新闻体制,只有制度创新,才能为中国传媒业进一步发展创造广阔的平台。

中国的新闻改革已开启了制度创新的新阶段。

3. 从边缘突破走向中心突破——新闻报道成为新闻改革的主攻目标

中国的新闻改革是从边缘突破开始的。这个边缘主要指传媒业微观层面上的经营管理,恢复广告经营(1979年开始)、自办发行(1985年开始)、扩版扩台(1988年开始)、开展多种经营、制播分离、人事用工制度、工资资金制度等等,与热热闹闹、快速发展的媒体产业化进程相比,传媒业中核心的部分——新闻报道的改革显得迟迟疑疑,冷冷清清,以至于学者受众批评媒体“千报一面”“千台一声”的声音不绝于耳。

新闻报道是整个传媒业的核心业务和支柱,无论是中国还是世界各国都是如此。无论是美国的CNN、《纽约时报》,还是英国的BBC、《泰晤士报》,能够在世界上产生如此广泛的影响,无不因为它们有出色的新闻报道。目前,中国的新闻改革正逐渐从边缘走向核心——着力于新闻报道的改革。

新闻报道尽管难尽人意,但也并非没有进步,从新闻报道自身来说,也是由边缘向核心推进。按时序排列,中国传媒新闻报道的改革进程是：20 世纪 80 年代，改进经济新闻，尤其是产供销的商品信息在各媒体上活跃一时；改进会议报道——跳出会议抓新闻；90 年代初，娱乐报道成为许多媒体走向市场的当家品种；90 年代中期，国际新闻异军突起，尤其是以《环球时报》为代表的一批周报对国际新闻的深度报道受到格外青睐；与此同时，随着大批公司上市，证券交易活跃，财政金融报道备受关注，以《中国经营报》《21 世纪经济报道》《经济观察报》三大周报为代表的财政金融媒体对推动财政金融报道改进发挥重大作用；到 90 年代后期，都市报的迅速发展，民生新闻成为都市报、许多地方电视台的当家新闻。进入 21 世纪，危机报道和公共政策报道的突破给媒体带来新的生机，"非典"报道、"孙志刚之死"报道成为这两类新闻报道的经典之作。危机报道虽然阻力重重，但毕竟已成为常态新闻报道，这不但是新闻业的成就，更彰显出新一届政府"执政为民"的理念。

在当前乃至今后相当长一段时间内，时政报道的突破将成为中国新闻改革的重中之重、难中之难。

4. 从增量改革走向盘活存量——中国党报打造主流媒体

中国新闻改革从一开始就是增量改革。

新中国成立以后 30 年，中国传媒业的基本格局是一报一台一统天下，到 70 年代末有了电视台，变成一报两台。一报就是党委机关报，两台指广播电视的新闻综合频率、频道。它们都是党和政府的喉舌，主要承担宣传职责。

20 世纪 80 年代，随着经济体制的改革，社会对信息有效需求急切增长，一报两台的办台理念、办报模式无法满足社会的需求，而一报两台的改革又显得步履艰难。于是一报两台开始裂变——创办子报、子台来适应新形势要求。新报新台新套路，旧报旧台老思路，这就是增量改革。80 年代，大量的经济类报纸、经济台都是一报两台裂变出来的。90 年代，中国传媒业在确认双重属性以后，大步走向市场，一报两台快速裂变，掀起了一浪高过一浪的大众化浪潮。90 年代初期的周末报热，90 年代中期的晚报热，90 年代后期的都市报热，广播电视不断增设影视、时尚、体育、财经等新的频率、频道，都是一报两台不断裂变的结果。

一报两台不断裂变，传媒业的实力、影响力不断壮大，而与此同时，一报两台尤其党报却不断萎缩。赢利能力逐年下降，社会影响力逐年下降。党报历来处于中国传媒业的核心地位，现在核心正在走向边缘化。

从世界各国看,主流媒体是社会、政治的一项稳定器,是主流价值观的主要支撑,是主旋律的主要弘扬者。而主流媒体一般都以硬新闻为主,以时政报道和评论取胜,以社会精英阶层为主要受众。而从目前情况看,中央、省(市)两级党委机关报最具条件成为真正的主流媒体。

我们要盘活存量——下力气改革党报,让党报重回其应有的核心地位,打造成为中国的主流媒体。

第三节　学科建设:从“小新闻”走向“大传播”

所谓“小新闻”,是指以采写编评、媒介经营管理等新闻业务和媒体内部业务为主的新闻学教学与研究。1978 年到 1992 年之间的 15 年新闻改革,奠定了中国新闻传播学学科的基本框架,即“小新闻”的取向。

所谓“大传播”,是指新闻学研究突破“小新闻”的框架,视野不再局限于媒体内部,也突破了以“受众为重点、效果为目的”的大众传播学领域,而是以互动、沟通为重点,在更广阔的视野中探索信息传播与社会治理、国家治理、全球治理之间关系的宏观研究。

不断翻新的信息传播技术是新闻传播学学科建设与拓展的重要推手。从世界范围来看,文字与印刷术推动了报纸的诞生与普及,以采写编评为研究重心的传统新闻学得以诞生;电影、广播、电视的相继问世,是催生大众传播学的主因;互联网与新媒体的迅猛发展,又推动了传统新闻学、大众传播学逐渐走向以互联网为基础、以信息传播为重心、以沟通互动为目标的“大传播”领域。

从“小新闻”走向“大传播”,是为了适应全社会的信息化进程,新闻传播学科自身必须进行的新的调整、突破与转向。对整个学科来说,这不仅是挑战,更是学科发展的机遇。

一、中国新闻传播学学科建设历程

30 余年来,中国新闻传播学科的建设,是在外部力量推动下不断拓展的。这一过程可分为三个阶段。

1. 承认学科规定性:“小新闻”框架的确立

这一阶段是从1979年到1991年。与新时期的新闻实践和新闻改革相伴,通过一系列的讨论、争论和研讨,“小新闻”框架最终确立。

1979年到1982年,和整个中国社会一样,新闻界也进行了“拨乱反正、正本清源”的工作。新闻事业的“正”与“本”,当然是新闻规律。这4年间,新闻界否定了“报纸是阶级斗争工具”的性质说,恢复了报纸是刊登时事为主的、面向社会大众的传播机构;摒弃了“假大空”的做法,重新确立了新闻真实性的权威;肯定了“读者需要论”和“社会需要论”的合理性,进而确认新闻价值是选择新闻必不可少的标准。

如果说重新讨论和确认新闻规律的重大意义在于明确了新闻学作为一门应用性社会学科有着特殊的规定性,并为新闻学科建立了核心概念、构建了学科框架的话,那么信息概念的引入才真正开启了新闻学学科建设和不断拓展的大门,并且主导了此后30余年的学科建设和科研的取向。

1983年,信息概念的引入立即引发了关于新闻和宣传的争论,其结果是导致媒介功能的重新定位,即向社会传播信息是新闻媒体的第一功能和生存依据,新闻媒介不但要从事宣传,还必须承担提供信息、介绍知识、提供娱乐等多种功能①。自此之后,信息的概念、功能被新闻界普遍接受,并主导了30年的新闻改革,导致媒介结构、媒介内容、新闻报道样式等发生重大变化,也拓宽了新闻学学科领域。

20世纪80年代末关于舆论监督的讨论,1989年下半年到1991年年底新闻界对党报党性原则的权威的确立,明确了中国的新闻改革必须坚持“一个中心、两个基本点”。这些讨论引发了全社会的关注,但它仍是对新闻媒介功能的探讨,仍在媒介内部的范畴内。

至此,通过对新闻规律的重新确认,对新闻学基本理论的厘清,对传媒性质的确认,对新闻媒介内容、结构、报道方式、功能的实践和学术争论,从而奠定了新闻学学科框架,学科规定性得以确立,即“新闻学是以人类社会客观存在的新闻现象作为自己的研究对象,探索新闻事业的产生、发展的特殊规律和新闻工作的基本要求”。新闻学包括新

---

① 李良荣:《艰难的转身:从宣传本位到新闻本位——共和国60年新闻媒体》,载《国际新闻界》2009年第9期。

闻理论、新闻史、新闻业务、媒介管理与经营四方面的内容①。

不难看出,这些努力都是针对新闻业内部问题进行的讨论与厘清,其结果是"小新闻"的框架的确立。

2. 新闻学走向大众传播学:突破"小新闻"框架

这一阶段是从 1992 年到 20 世纪 90 年代末。1992 年,中共十四大正式确立了建立社会主义市场经济体制的目标。市场经济的运行有赖于巨量的、多样化的信息,以信息传播为第一功能的媒介在市场经济中开始发挥举足轻重的作用,这在相当程度上促进了新闻媒介功能的转化,进而促使媒介改变内部结构。1993 年 6 月,中共中央、国务院发布了《关于加速发展第三产业的规定》,正式将报刊列入第三产业。在媒介内部,信息产业概念的引进,突破了以往把新闻业局限于上层建筑范畴的认识,使新闻界明确了新闻业既属于上层建筑领域,同时也属于第三产业即信息产业的双重属性②。

媒介市场化浪潮从此蓬勃而起,报纸开始了大众化之路,电视将新闻与娱乐并重,媒介集团纷纷组建。新闻业走向市场立刻引发了以争夺受众和广告为目的的激烈竞争,媒介从单一的党报走向多元化的报纸结构,媒介的功能从唯一的宣传走向多元化功能,媒介经营方式也越来越多。

于是,从 1992 年以后的新闻改革,重点不再放在媒介的功能以及媒介的传播内容上,而是转移到媒介的外围即经营管理上。但传统新闻学理论已经不适应媒介多元化、功能多元化、结构多元化的媒介现实,新闻学必须开辟新的研究领域。20 世纪 90 年代,受众研究、收视率研究、效果研究等大众传播学的研究纷纷被借鉴、效仿和移植到新闻学领域,美国大众传播学的核心理论如"议程设置""使用与满足"等被全面介绍、引进,并在中国现实中予以研究。这样,新闻学研究逐渐突破了立足于媒介内部如采写编评等新闻业务以及内部管理的研究,即突破"小新闻"的框架,将重心向媒介与信息、媒介与市场、媒介与受众的关系方面转移,探讨整个信息传播业与社会其他领域的结构性关系。新闻学开始走向大众传播学③。

---

① 李良荣:《新闻学概论》(第四版),复旦大学出版社 2011 年版,第 1 页。

② 李良荣:《十五年来新闻改革的回顾与展望》,载《新闻大学》1995 年春季刊。

③ 李良荣、李晓林:《新闻学需要转向大众传播学》,载《新闻大学》1998 年秋季刊。

新闻学转向大众传播学是对传统新闻学的一次改革,是对蓬勃发展的新闻实践的一种观照。

3. 走向"大传播":新传播革命重构学科格局

20 世纪 90 年代末,特别是进入 21 世纪之后,互联网和新媒体异军突起,电脑、手机、平板电脑等终端设备不断推陈出新;BBS、博客、微博、微信等传播手段日新月异,日益丰富。互联网与新媒体不断在形态上将文字、视频、音频融为一体,媒介融合成为不可逆转的大趋势。

而进入 21 世纪后特别是近几年,社会化媒体、移动终端和大数据等新技术又开始对传媒业产生着深远影响。社会化媒体开启了"用户为中心"的时代,新闻生产模式将是公民新闻与专业媒体平分秋色;新闻消费模式转变为个人门户兴起而大众门户式微;移动传播重新定义了新闻生产与消费的时空观;大数据时代,数据成为新闻的"富矿",成为新闻的核心资源之一①。如此一来,以往的新闻样式、新闻生产、媒体形式、传播形式以及传受关系被颠覆。传媒业的整个生态随之改变,其中心正飞快地转向移动终端和互联网,如今的新闻业是互联网新闻业。

互联网和新媒体的广泛应用,深刻改变着我们的生活方式和社会生态。国家、社会、个人均处于信息传播的全球化、碎片化和分工的精细化当中,这使得人与人之间的依赖更强,更需要分工协作和沟通,鲁滨孙式的生存方式无法适应现代社会。当下中国社会,急剧转型、矛盾凸显又恰逢新媒体介入,社会冲突事件不断发生。民间舆论场的声音越来越强烈,与官方舆论场处于激烈的胶着状态。现实提醒我们,媒介技术的进步、信息传播的便捷、海量信息的喷涌并不必然带来沟通障碍的消除,如何重建互信成为一个难题。

互联网和新媒体通过技术赋权改变了执政者和民众之间在信息传播、公共事务处置等方面不对称的关系,新媒体为执政者形塑了一个全新的执政环境。社会与政府、国家与国家之间争夺传播主导权的斗争,成为一个重大命题。在全球范围内,新传播革命大大加速了全球化进程,编织起一张错综复杂的全球传播网络,时空被无限压缩,全球信息空间被重构。跨国传媒公司的信息传播突破,解构了民族国家的疆界,

① 彭兰:《社会化媒体、移动终端、大数据:影响新闻生产的新技术因素》,载《新闻界》2012 年第 16 期。

动摇了民族认同的基础,个体主义与全球化相颉颃的局面将在长时期内存在。而互联网与新媒体的个人化运用,促使世界范围内的非主流媒介向主流的媒介话语以及统治性媒介政策提出挑战。这引发了新一轮的世界信息与传播新秩序的斗争,又影响着全球格局的确立。争夺传播主导权,不仅仅在于对硬件设施即传播渠道的掌控,更在于能否利用传播来赢得舆论,赢得人心,利用传播来治国理政,获得参与重塑全球格局的权利。

总之,互联网和新媒体正水银泻地般地渗透到政治、经济、社会、文化诸多方面,正深刻地改变着世界。传播与社会治理、国家治理、全球治理联系勾连在一起,不仅是一个未来趋势也是现状。在国家战略、世界格局的层面上观照新闻传播现象,就打开了新闻传播研究无比开阔的新视野,也是新闻传播学大显身手的机会。

而综观近些年的新闻传播学研究,学者们已经在这一信息技术引发的全局变革的背景下展开了学术研究,并取得了相当丰硕的成果。这些研究及成果突破了“小新闻”的框架和大众传播学的领域,体现出宽广的学术视野和包容的学术胸怀,说明新闻传播学研究在不断深化、扩展,“基础渐厚,蓄势待发”①。有学者通过对 2012 年新闻传播学专业 CSSCI 9 种期刊所发表论文的统计,发现传统的新闻理论和狭义的传播学研究的比重在下降,网络与新媒体研究论文数量超过了广播电视研究的论文数量。“新的媒体形态、传播活动以及传播现象层出不穷,大大拓展了学术研究的外延。新闻传播学研究正在发生结构性变化,重心开始转向新媒体领域”;而且“学术研究内涵正在发生革命性变化。新媒体带来的更深刻的影响是全面性地改变了学术研究的内涵,它将我们从‘职业新闻传播研究’推向‘社会化新闻传播研究’的新阶段”②。

再以《新闻与传播研究》《新闻大学》《国际新闻界》《现代传播》等学术期刊为例,其栏目分类在立足于新闻传播学各二级学科的基础上,又设置了交叉性更强的栏目,如“传播艺术与艺术传播”等新兴研究方向。这些期刊近年来所刊登论文的主题与涉及专业领域、理论资源等,均呈现出多样化的特点。曾经属于其他社会科学学科的研究议题,如

① 黄旦:《由功能主义向建构主义转化》,载《新闻大学》2008 年第 2 期。

② 刘自雄、刘年辉等:《2012 年度我国新闻传播学研究综述——基于 9 种 CSSCI 期刊的分析》,载《现代传播》2013 年第 3 期。

“身份”“共同体”“社区”“城市”“国家形象”“国家战略”等，近年来也有了新闻传播学学者的成果出现。这些研究以传播、交往、沟通为切入点，为相关研究奉献了学术见解，也为新闻传播学科拓展了学术领域。

从上述学术前沿可以看出，新闻传播学从“小新闻”走向“大传播”的研究取向已初具规模。我们想强调的是，目前的研究成果并不能完全说明这一“转向”出于新闻传播学术界的学术自觉，它或者仅仅是学者个人的学术兴趣所在，或者仅仅是对传播现状的反应。我们应抓住新传播革命给理论创新、学科布局拓展带来的历史机遇，以完全的学术自觉、以学科建设的胸怀实现新闻传播学的又一次跨越和突破。

二、“小新闻”走向“大传播”的含义

“小新闻”走向“大传播”，不是放弃传统新闻学和大众传播学的研究而“另起炉灶”，而是在新传播革命的背景下，将新闻学、传播学研究推向更为广阔的领域，进一步确认学科发展的方向，确立学科建设的重心，确定学术研究的课题。

具体来说，从“小新闻”走向“大传播”，有两层含义。

1. 新闻学研究超越媒体内部，面向整个社会

新闻传播学学科的突出优势是始终与社会现实保持紧密联系，关注并解决现实问题，这是新闻传播学的“生命”所在。新闻传播学学科通过向社会提供科研成果和毕业生这两大“产品”来满足社会各阶段的不同需求。

第一，就科研来说，应在沟通、交流层面上，研究信息传播与社会治理、国家治理、全球治理的大问题。“大传播”的研究视野和目标决定了新闻传播学不应仅仅关注并解决国内经济社会发展中的问题，即中国问题。因为在全球化的语境中，中国问题和世界问题很大程度上是同构的，这就要求我们必须从全球治理的高度来审视全球传播下中国的境遇以及与世界的关系。同时也要以传播的视角，针对全球问题如气候、环境、食品、医药、能源、和平、发展等问题展开研究，提出对策。一句话，新闻传播学应为社会治理、国家治理、全球治理做出贡献，是这门应用性学科的最大价值。

在这样的指导思想下，新闻传播学首先要对社交媒体的应用及“新意见领袖”的崛起如何改变了社会关系、如何改变了舆论做出回

应。微博、微信等社交媒体拓宽了信息获取和与外部联系的渠道,信息传播的速度加快和范围扩大,从而建立起新型人际关系网络。但也应看到的是,局部范围内社会冲突存在和愈演愈烈的重要原因,正是沟通不畅,误解至深。

大众政治的勃兴、网络社会思潮的喷涌、网络舆论的涨落、网络群体性事件的爆发,这些都改变着政治生态,执政党如何应对新执政环境同样也是“大传播”要研究的课题。美国学者蒂莫西 · E. 库克(Timothy E. Cook)于20世纪末提出了“新闻执政”的概念,认为新闻媒体是政府每天日常运作不可或缺的一个政治机构①。近几年国内也有一些关于该话题的硕博论文出现。我们更应关注的是新媒体时代执政者如何与民众有效沟通,共同治理社会。

在媒体与个人、社会的关系研究方面,也应有新的方向和突破。信息生产与传播的个人化、社会化、碎片化,严重冲击着传统媒体组织化的信息生产与发布方式。人们接触信息的途径已不再以大众传媒为主,各种正式和非正式的组织传播,如手机短信、BBS、QQ群、微博、微信等,其沟通影响力大大超越了大众传媒。新闻传播学必须创新自身理论,超越新闻学、大众传播学中关于新闻和传播的定义中或明示或暗含的“专业化的组织机构”这一前提,面向个人化、碎片化、社会化的新闻、信息生产与传播。同样,新媒体注重交互、即时的传播特点,使传统媒体的线性传播优势不再。对三大传统媒体的研究,不能延续“信息如何有效传递”的原有思路,而应放在沟通的角度和位置上。

第二,就另一“产品”——学生——来说,据统计,新闻传播院系的毕业生,到媒体就业的已不足30%。这一数据一方面说明,由于各种原因,新闻传播学专业学生到媒体就业变得困难;但另一方面,也应看到其他大约70%的毕业生的就业去向是各级党政机关、部队、学校、企业、社区、医院等很多行业。这正说明,社会各行业认可并大量吸收、接纳新闻传播学专业的毕业生就业。这就提醒我们,不应该将培养目标、就业方向局限在媒体特别是传统媒体,而是根据社会的需要,主动调整培养方案、课程体系、培养模式、培养目标,突破“小新闻”和大众传播学的教学框架,面向整个社会,培养能够从事诸如健康传播、商务传播、

① Timothy E. Cook : *Governing with the News: The News Media as a Political Institution*, London University of Chicago Press, 1998.

社区传播、政务传播、国际传播等工作的各种人才。

2. 超越单一学科，实现跨学科的融合

1992年，有43年悠久历史的东京大学新闻研究所(Institute of Journalism)更名为东京大学社会信息研究所(Institute of Social-Information and Communication Studies)，旨在以"社会信息综合研究"为基本定位，设立信息媒体、信息行动、信息社会三大部门。到了2004年，在信息环境多元化的社会现实中，该所又与计算机等相关院系合并，组建为研究生院"信息学环·学际信息学府"。它标志日本新闻传播学从20世纪50年代的新闻学跨越了大众传播学和传播学后，开始进入了"社会信息学"时期①。这鲜活地说明了半个世纪以来学科的转向与融合是必然的趋势。

就我国目前的传媒业现状和新闻传播学研究来说，也经历着同样的路径。新媒体环境下，层出不穷的传播现象和不断嬗变的传媒形态拓展了学术研究的外延，新闻传播学研究的格局不断翻新。媒介融合、移动互联网、大数据、云计算等成为学术研究的热点和前沿领域，新闻传播学研究的内涵也发生了变化。例如上文提到的传统新闻学、大众传播学赖以存在的基础即"组织化传播"的坍塌，传者、受者、过程、效果等传播规律必然被改写，传统新闻学、传播学的理论体系必将重构。而重构的起点，就是突破囿于媒介组织内部的"小新闻"研究框架和以受众、效果研究为重点的大众传播学研究，走向以沟通、交流、互动为目标的"大传播"。这就要求新闻传播学突破原有的专业、学科限制，借鉴、容纳其他学科的研究成果、研究方法、理论体系，实现跨学科的融合。

以最近的研究热点"大数据"为例，数据挖掘和相关性分析，可以有效地预测、分析新闻热点事件的发生、舆论热点的生成和群体性事件的突发，从以往的抽样分析到大数据时代的相关性分析，转换了研究思维和研究方法。而大数据的研究与应用，就需要数学、统计学、计算机科学等多门学科知识的支撑。

再以现实研究为例。近年来拆迁、环保、食品安全、公共卫生等议题始终是新闻传播学学科的热门议题，但这些议题和问题的研究，必须

---

① 吴信训：《新媒体时代传媒及创意人才培养模式的再考量》，载《新闻与传播研究》2013年第4期。

借助其他学科才能有深度、有突破,比如最热门的就是社会学中的阶层分化、阶层流动等理论[①]。关于新型社会关系的研究,社会学中社会关系理论、社会资本理论为目前大热的微博、微信研究以及人际传播研究提供了一个新视角。

在技术变迁及社会现实的双重逻辑下,新闻学、传播学已不能囿于原有的专业、学科划分。新闻学必须与其他社会科学学科如政治学、社会学、社会心理学、法学、经济学、哲学,甚至一些自然科学学科实现跨学科的融合。

三、"小新闻"走向"大传播"的途径

"小新闻"走向"大传播"已是必然的趋势,但如何转化? 这条必由之路在哪里?

新闻传播学学科每个阶段的理论创新与实践突破,都是学界、业界对信息新技术、媒介新形态做出的回应,都是新闻人在观念的进步与更新中推进的。新媒体时代,更要具备这样的创新意识。"小新闻"走向"大传播",新闻传播学者自然不能画地为牢、自我封闭,要树立开放的观念,站在学科建设的高度,以开阔的学术视野、海纳百川的胸怀,融合多学科、多专业、多取向的相关研究,为新闻传播学所用;也要以新媒体时代的理论勇气和学术智慧,不囿于"小"问题,进一步开拓学科的领域,重新开辟新闻传播学研究的新课题,规划学科建设。

在此指导思想下,新闻传播学界必须不断更新知识结构,组建具有多学科背景的科研、教学队伍。近几年来,新闻传播学教育教学改革取得较大进展,调整了本科专业设置,网络与新媒体教育得到加强。但新闻传播院系教师的学科结构和知识结构仍显单一,这自然无法应对媒介融合以及新传播技术带来的媒体和社会变化。要适应"大传播"的转向,对研究者个人来说,必须更新自身知识体系,包括新闻传播学知识的更新以及相关学科知识的补充。对研究团队来说,其成员不应限于新闻传播学的专业背景,而应是多学科专业人员的汇聚。

目前,一些综合性大学出现了一个新动向:长期被其他学科所轻视的新闻传播学专业忽然很"吃香",医学、信息科学、社会学、政治学、

---

① 陆学艺:《当代中国社会阶层的分化与流动》,载《江苏社会科学》2003 年第 4 期。

管理学等专业纷纷到新闻传播学专业来挖人,吸收到他们的研究团队里。这说明,其他专业已明白,在当下传播已极其重要。而我们新闻传播学专业是否有这样的学术自觉去组建跨学科的研究团队?

总之,“小新闻”走向“大传播”,是媒介变迁、社会转型对新闻学、传播学提出的新要求,我们应抓住历史机遇,从理论创新、学科结构设置、教育教学改革等多个角度探索转化路径。

第四节　中国新闻传媒业的新生态、新业态

政府规制、技术进步、资本介入、社会变迁是影响传媒业发展的重要变量。通常来讲,政府对传媒业的政策比较稳定,随着互联网的深入发展,资本和技术对新闻传媒业的影响越来越大,改变了过去以传统媒体为主的传播结构,中国新闻传媒业的新生态、新业态已悄然形成。

当前中国新闻传媒业新生态、新业态的基本表现主要有四个方面。

1. 以混合所有制为标志的传媒新体制基本成形

在传统媒体时代,传媒资本归国家所有,实行企业化管理,尽管部分业外资本可以进入媒体的经营性业务,仍必须坚持“宣传和经营两分开”和“国有传媒资本控股”的基本原则,民营资本想要染指新闻业阻力重重,政策壁垒难以突破。现在,传统媒体中属于党的喉舌性质的报纸、广播、电视仍然坚持国家所有,但互联网上的大部分新媒体都属于民营资本所有。其中,以百度、阿里巴巴、腾讯(简称 BAT)为代表的实力雄厚的民营资本在政策的支持下,以参股、合作、收购等多种方式在传统媒体和新媒体领域积极布局。阿里巴巴通过在传媒业的一系列的并购,已经成功在视频、社交媒体、传统媒体、电影业、新闻客户端等传媒业领域布局,传媒帝国已然成形①。

2. 以互联网为中心的传播新格局形成,新媒体成为主导,传统媒体全线收缩

在当前新老媒体共同组成的传媒格局中,传统媒体整体上面临着

① 崔保国:《中国传媒产业发展报告(2016)》,社会科学文献出版社 2016 年版,第 241 页。

江河日下的困境。下面这组数据可以有力说明这一现状：2015年电视广告投放量首次下滑，报业的“断崖式”下跌仍在持续，停刊和休刊成为传统报刊行业的“新常态”。受互联网冲击较小的广播媒体市场在2015年也出现小幅下滑[①]。与之形成鲜明对比的是，网络媒体的受众和市场规模仍在持续扩张。2015年传媒产业细分行业中，互联网媒体（包括网络和移动增值）的市场占比已经超过50%，传统媒体的市场占比萎缩至20%。同时，互联网媒体的广告收入（2 096.7亿元）也首次超过电视、报纸、广播和杂志四类传统媒体广告收入之和（1 743.53亿元）。从市场规模上看，互联网媒体已经成为真正的主导，传统媒体更加式微[②]。

3. “制播分离”新模式出现，传统新闻媒体面临沦为“内容提供商”的风险

相比于过去传统媒体垄断新闻信息来源和传播渠道的“自产自销”，新闻传媒业“制播分离”的模式越来越普及。“制播分离”指新闻内容的生产和分发渠道的分离。主要表现在两个方面：社交媒体已逐渐成为新闻获取、评论、转发、跳转的重要渠道；以今日头条和一点资讯为代表的个性化资讯平台，采用“算法分发”模式，精确推送用户感兴趣的新闻资讯，正在改变门户网站历经10余年塑造出的格局。“制播分离”模式一方面推动了新媒体与传统主流媒体的融合，但传统媒体可能会沦为互联网公司的“内容提供商”。有学者分析脸谱网（Facebook）进军新闻业的举措后认为，社交媒体依靠庞大的用户基础和高度的用户黏性，控制了新闻信息流向受众的主要渠道，以脸谱网为代表的技术寡头将取代传统媒体成为新的“信息把关人”和“议程设置者”，成为控制公共生活和媒介生态的决定性力量，从而颠覆了新闻业传统的利益格局，并使互联网公共领域呈现出“再封建化”的趋势[③]。

4. 多生产主体、多媒介渠道、融合新闻重塑新闻生产和传播生态

互联网的深度发展彻底改变了以媒体机构为主导的媒介生态。在新闻生产领域，机构生成内容（Professional-generated content, PGC）+用

---

① 崔保国：《中国传媒产业发展报告（2016）》，社会科学文献出版社2016年版，第6—7页。

② 郭权中等：《2015年我国传媒类上市公司发展情况研究》，载《西部学刊》2016年第10期。

③ 史安斌、王沛楠：《传播权力的转移与互联网公共领域的“再封建化”——脸谱网进军新闻业的思考》，载《新闻记者》2017年第1期。

户生成内容(User-generated content, UGC)融合的新闻生产特征日益显现。从信息接收来看,用户获取新闻信息的媒介边界在不断弱化,报纸、网站、客户端、微博等媒介入口不断完善,社交媒体在新闻获取和传播的影响力不断扩大。从新闻内容形态来看,以图像、视频为主的融合新闻产品逐渐占据新闻生产和传播的主体地位,“有图有真相”,“无视频,不新闻”,对新闻生产者提出了新的要求。

附录一

中国新闻工作者职业道德准则

中国新闻事业是中国特色社会主义事业的重要组成部分。新闻工作者要坚持以马克思列宁主义、毛泽东思想、邓小平理论和“三个代表”重要思想为指导，深入贯彻落实科学发展观，高举旗帜、围绕大局、服务人民、改革创新，贴近实际、贴近生活、贴近群众，用马克思主义新闻观指导新闻实践，学习宣传贯彻党的理论、路线、方针、政策，继承和发扬党的新闻工作优良传统，积极传播社会主义核心价值体系，努力践行社会主义荣辱观，恪守新闻职业道德，自觉承担社会责任，敬业奉献、诚实公正、清正廉洁、团结协作、严守法纪，做到政治强、业务精、纪律严、作风正。

第一条　全心全意为人民服务。要忠于党、忠于祖国、忠于人民，把体现党的主张与反映人民心声统一起来，把坚持正确导向与通达社情民意统一起来，把坚持正面宣传为主与加强和改进舆论监督统一起来，发挥党和政府联系人民群众的桥梁纽带作用。

1. 积极宣传党和政府的重大决策部署，及时传播国内外各领域的信息，满足人民群众日益增长的新闻信息需求，保证人民群众的知情权、参与权、表达权、监督权；

2. 牢固树立群众观点，把人民群众作为报道主体和服务对象，多宣传基层群众的先进典型，多挖掘群众身边的具体事例，多反映平凡人物的工作生活，多运用群众的生动语言，使新闻报道为人民群众喜闻乐见；

3. 积极反映人民群众的正确意见和呼声，批评侵害人民利益的现象和行为，依法保护人民群众的正当权益。

第二条　坚持正确舆论导向。要坚持团结稳定鼓劲、正面宣传为主，唱响主旋律，不断巩固和壮大积极健康向上的舆论。

1. 始终坚持以经济建设为中心，服从服务于改革发展稳定大局不动摇，着力推动科学发展、促进社会和谐；

2. 宣传科学理论、传播先进文化、塑造美好心灵、弘扬社会正气，增强社会责任感，坚决抵制格调低俗、有害人们身心健康的内容；

3. 加强和改进舆论监督，着眼于解决问题、推动工作，坚持准确监督、科学监督、依法监督、建设性监督；

4. 采访报道突发事件要坚持导向正确、及时准确、公开透明，全面客观报道事件动态及处置进程，推动事件的妥善处理，维护社会稳定和人心安定。

第三条　坚持新闻真实性原则。要把真实作为新闻的生命，坚持深入调查研究，报道做到真实、准确、全面、客观。

1. 要通过合法途径和方式获取新闻素材，新闻采访要出示有效的新闻记者证。认真核实新闻信息来源，确保新闻要素及情节准确；

2. 报道新闻不夸大不缩小不歪曲事实，不摆布采访报道对象，禁止虚构或制造新闻。刊播新闻报道要署作者的真名；

3. 摘转其他媒体的报道要把好事实关，不刊播违反科学和生活常识的内容；

4. 刊播了失实报道要勇于承担责任，及时更正致歉，消除不良影响。

第四条　发扬优良作风。要树立正确的世界观、人生观、价值观，加强品德修养，提高综合素质，抵制不良风气，接受社会监督。

1. 强化学习意识，养成学习习惯，不断提高政治和业务素质，增强政治意识、大局意识、责任意识，努力成为专家型新闻工作者；

2. 深入基层、贴近群众、体验生活，在深入中了解社情民意，增进与群众的感情；

3. 坚决反对和抵制各种有偿新闻和有偿不闻行为，不利用职业之便谋取不正当利益，不利用新闻报道发泄私愤，不以任何名义索取、接受采访报道对象或利害关系人的财物或其他利益，不向采访报道对象提出工作以外的要求；

4. 尊重新闻同行，反对不正当竞争。尊重他人的著作权益，引用他人的作品要注明出处，反对抄袭和剽窃行为；

5. 严格执行新闻报道与经营活动分开的规定，不以新闻报道形式做任何广告性质的宣传，编辑记者不得从事创收等经营性活动。

第五条 坚持改革创新。要遵循新闻传播规律，提高舆论引导能力，创新观念、创新内容、创新形式、创新方法、创新手段，做到体现时代性、把握规律性、富于创造性。

1. 深入研究不同传播对象的接受习惯和信息需求，主动设置议题，善于因势利导，不断提高舆论引导能力和传播能力；

2. 认真研究传播艺术，利用现代传播手段，采用受众听得懂、易接受的方式，增强新闻报道的亲和力、吸引力、感染力；

3. 善于利用新载体、新技术收集信息、发布新闻，提高时效性，扩大覆盖面。

第六条 遵纪守法。要增强法制观念，遵守宪法和法律法规，遵守党的新闻工作纪律，维护国家利益和安全，保守国家秘密。

1. 严格遵守和正确宣传国家的民族区域自治制度、各民族平等团结和宗教信仰自由政策，维护国家主权和社会稳定；

2. 维护采访报道对象的合法权益，尊重采访报道对象的正当要求，不揭个人隐私，不诽谤他人；

3. 维护未成年人、妇女、老年人和残疾人等特殊人群的合法权益，注意保护其身心健康；

4. 维护司法尊严，依法做好案件报道，不干预依法进行的司法审判活动，在法庭判决前不做定性、定罪的报道和评论；

5. 涉外报道要遵守我国涉外法律、对外政策和我国加入的国际条约。

第七条 促进国际新闻同行的交流与合作。要努力培养世界眼光和国际视野，积极搭建中国与世界交流沟通的桥梁。

1. 在国际交往中维护祖国尊严和国家利益，维护中国新闻工作者的形象；

2. 积极传播中华民族的优秀文化，增进世界各国人民对中华文化的了解；

3. 尊重各国主权、民族传统、宗教信仰和文化多样性，报道各国经济社会发展变化和优秀民族文化；

4. 积极参加有组织开展的与各国媒体和国际(区域)新闻组织的交流合作，增进了了解、加深友谊，为推动建设持久和平、共同繁荣的和谐世界多做工作。

附则：对本《准则》,中国记协各级会员单位要结合实际制定相应实施细则,认真组织落实;全国新闻工作者要自觉执行;各级各专业记协要积极宣传和推动,欢迎社会各界监督。

（中华全国新闻工作者协会第七届理事会第二次全体会议2009年11月9日修订）

附录二

联合国国际新闻道德规约二则

其一 《国际新闻道德信条》草案

（联合国新闻自由小组委员会，经过五次讨论制订）

序言：新闻及出版自由是一项基本人权，是《联合国宪章》及《世界人权宣言》中所尊崇与宣示的所有自由权利的试金石；因此，和平的增进与维护，必须靠新闻及出版自由。

当报业及所有其他新闻媒介的工作人员，经常自动努力保持最高度的责任感，切实履行道德义务、忠于事实，以及在报道、说明和解释事实中追求真理时，这项自由将获得更好的保障。

因此，这一国际道德信条，对所有从事新闻及消息采访、传递、发行和评论的人，以及对从事文字、语言，或任何其他表达方法，描述当前事件的人而言，可作为职业行为的标准。

第一条　报业及所有其他新闻媒介的工作人员，应尽一切努力，确保公众所接受的消息绝对正确。他们应当尽可能查证所有的消息内容，不应任意曲解事实，也不故意删除任何重要的事实。

第二条　职业行业的崇高标准，是要求献身于公共利益。谋求个人便利及争取任何有违大众福利的私利，不论所持何种理由，均与这种职业行为不相符合。

任意中伤、污蔑、诽谤和缺乏根据的指控，都是严重的职业罪恶；抄袭剽窃的行为亦然。

对公众忠实，是优良新闻事业的基础。任何消息发表之后，如果发现严重错误,应立刻自动更正。谣言和未经证实的消息,应加指明,并作正当的处理。

第三条　唯有符合职业原则和尊严的任务,才能指派给报业及其他新闻媒介的工作人员,以及参加新闻事业的经济与商业活动人员承担。

发表任何消息或评论的人,应对其所发表的内容负完全责任——除非在发表时已明白否认这种责任。

个人的名誉应予以尊重,有关个人私生活的消息与评论,可能损及个人名誉时,并非有助于公共利益,而仅仅是迎合公众好奇心理者,则不应该发表。如果对个人的名誉或道德人格提出指控时,应当给予答辩的机会。

关于消息来源,应慎重处理。对暗中透露的事件,应当保守职业秘密;这项特权经常可在法律范围内,作最大限度的运用。

第四条　描述及评论另外一个国家事件的人,有责任获得有关这个国家的必需知识,确保自己作出正确公正的报道和评论。

第五条　本道德信条的基本原则是:确保对职业道德忠实遵守的责任,落在从事新闻事业者身上,而不是由任何政府承担。因此,本道德信条的任何内容,均不得解释为政府可以任何方式加以干涉,并强制新闻界遵守其中所列举道德义务的理由。

其二　《记者行为原则宣言》

(国际新闻记者联合会 1954 年通过)

此项国际宣言,经正式宣布为从事新闻采访、传递、发行与评论者,以及从事事件之描述者的职业行为标准。

一、尊重真理及尊重公众获得真实的权利,是新闻记者的首要责任。

二、为履行这一责任,新闻记者要维护两项原则:忠实收集和发表新闻的自由,及公正评论与批评的权利。

三、新闻记者仅报道知识来源的事实。不删除重要新闻,不假造资料。

四、只用公平的方法获得新闻、照片和资料。

五、任何已发表的消息，发现有严重的错误时，将尽最大努力予以更正。

六、对秘密获得的新闻来源，应保守职业秘密。

七、视下列行为为严重的职业罪恶：

——抄袭、剽窃；

——中伤、污蔑、诽谤和缺乏根据的指控；

——因接受贿赂而发表消息或删除事实。

后　记

屈指数，我已为复旦大学新闻学院的本科生上了20年的新闻学概论课，应得上一句俗话：年年岁岁花相似，岁岁年年人不同。20年来，面对一届又一届新生，新闻学概论课的框架基本未变，但每年总有一些新的观点、新的思考充实进去。这是从不断进步着的新闻实践中总结出来，也是从不断深化着的新闻学研究中借鉴过来的。于是，20年来，我先后写过四本《新闻学概论》方面的书。本书是在原先几本《新闻学概论》基础上修改、充实而成。

我指导的博士生林晖参与了全书的编撰工作。其中本书的第十一章由林晖编写，第十六章由我的博士生张克旭编写，第三章、第八章由我的博士生孙玮、洪兵、林晖共同编写。

我永远怀念我的导师——已故的王中教授。他的睿智至今还启迪着我。

我深深地感谢栽培过我的余家宏、宁树藩、董荣华、徐培汀、叶春华等一批德高望重的老教授。

在新闻学教学、研究中，我一直得到新闻界同行、读者的关心、指点。本书定会有纰漏之处，恳请继续得到他们的批评、指正。

作者于复旦校园

2000年12月26日

第三版后记

第三版《新闻学概论》基本上都是我自己动手修订的，只有第四章第四、五节互联网和其他新媒体由我指导的研究生刘璐执笔改写。关于互联网和其他新媒体曾分别由我指导的研究生张克旭（第一版）、李舒、单凌（第二版）、刘璐（第三版）来编写。这倒不是我懒，而是我对新兴媒体的了解不够，只好请年轻人来写。我明白，新技术推动着传媒业日新月异，迫使我要不断努力。此外，刘璐还帮我收集了部分案例。

其余由我学生执笔写的部分章节在第一版后记里已注明。

《新闻学概论》不断修订中记录了传媒业的不断发展和新闻传播学的不停探索，也记录了我不停学习、不断进步的过程。

谢谢大家对我的鼓励。

作者于复旦校园

2008年8月

第四版后记

“光阴如箭，日月如梭”，这是我记得读小学写作文时开头的一句必备语。那时的真实想法却是盼着自己快快长大，一夜成人。而现在才真切感受到光阴逼人。

光阴逼人，不仅是岁月的流逝，更在于传媒业令人眼花缭乱的变化。《新闻学概论》第三版的修改仿佛就在昨天，一转眼却过去了近三年。这三年里，中国传媒业在新技术推动下发生了始料未及的巨变。3G手机推出，平板电脑问世，微博兴起等等，已经并将继续改变传媒业的业态，并深刻影响历史进程。为此，我必须对《新闻学概论》做必要的修订。

修订的具体内容，我在前言中已说明。新设立的第五章“互联网与新媒体”由我指导的博士生方师师编写。方师师还帮我做了其他整理工作。其余修订都由我自己执笔。

正如前言所述，我正在构思《新闻学概论》整体框架，希望能在两三年内出版一版全新的《新闻学概论》。

再次谢谢大家对我的鼓励。

作者于复旦校园

2011年4月

第五版后记

每次翻阅《新闻学概论》，心里就有一阵一阵的不安，总是觉得这里写得不好，那里案例太旧，感到处处要改。每次修改前，都雄心勃勃想好好改一改，但到最后，只能改自己认为最迫切要改的那几块，还有些就留待以后再改。内心是对读者们的愧疚，更深深感谢读者们的厚爱，使教材不断再版、重印。

本次修订，第五章"互联网与新媒体"第一节由我指导的进修教师叶冲撰写，其他修改都由我自己执笔完成。我指导的研究生张莹自始至终帮助我完成本次修订工作。

作者于复旦校园

2013年2月

第六版后记

正如我在本版前言所述,这五年来,我一直在从事着互联网研究。在研究中,除了写出上百份的研究专报送中央相关部门,写出了十几篇论文,再就是主编了由高教出版社出版的《网络与新媒体概论》(2014年2月)以及即将由复旦大学出版社出版的《网络空间概论》。《新闻学概论》《网络与新媒体概论》《网络空间概论》组成一个系列,代表着我40年来从事新闻传播学研究的基本成果。

由我指导的博士生袁鸣徽自始至终帮助我完成此次修订工作。

作者于复旦校园
2017年11月

第七版后记

2019年3月,我应聘担任浙江传媒学院新闻与传播学院院长,在上海与杭州来回奔波,工作量大增。但也给了我机会,让我与学生有更多更直接的互动,更真切了解学生,有助于我更深刻地理解新闻传播学专业面临的问题和挑战,推动我不断修改《新闻学概论》,更符合实际需要。

在我打算再次修改《新闻学概论》时,新冠疫情在全国、全球暴发。这给我难得的机会,让我宅在家里、宅在办公室里静下心来读书。三个多月的时间,我读了近20本书、上百篇学术论文,补了我忙忙碌碌中错失的读书时间。读书的成果多多少少体现在第七版的《新闻学概论》中。

复旦大学的孙玮教授、上海财经大学的林晖教授依据她们多年的教学经验,对本次修订提供许多宝贵意见。这些意见都体现在修改稿中。我的学生米雪自始至终帮助我完成第七版《新闻学概论》的修订。

作者

2020年8月

图书在版编目(CIP)数据

新闻学概论/李良荣著. —7 版. —上海: 复旦大学出版社, 2021.2 (2021.11 重印)
新闻与传播学系列教材. 新世纪版
ISBN 978-7-309-15400-9

Ⅰ.①新… Ⅱ.①李… Ⅲ.①新闻学-高等学校-教材 Ⅳ.①G210

中国版本图书馆 CIP 数据核字(2020)第 228956 号

新闻学概论(第七版)
李良荣 著
责任编辑/章永宏

复旦大学出版社有限公司出版发行
上海市国权路 579 号 邮编: 200433
网址: fupnet@fudanpress.com http://www.fudanpress.com
门市零售: 86-21-65102580 团体订购: 86-21-65104505
出版部电话: 86-21-65642845
上海新艺印刷有限公司

开本 787×960 1/16 印张 25.25 字数 400 千
2021 年 11 月第 7 版第 4 次印刷

ISBN 978-7-309-15400-9/G・2183
定价: 50.00 元
